Thomas Philippon

The Great Reversal:
How America Gave Up on
Free Markets

競争なきアメリカ

自由市場を再起動する経済学

トマ・フィリッポン

川添節子 訳

みすず書房

THE GREAT REVERSAL

How America Gave Up on Free Markets

by

Thomas Philippon

競争なきアメリカ　目次

凡例

一、本文脇の（番号）及び対応する章末注は原注である。
一、〔　〕は訳注を示す。
一、『　』は書名である。既訳がある書籍は原則としてその訳文を引用したが、本書の文脈に合わせ表現を変更した場合がある。

はじめに

私がこの本を書くきっかけになった疑問は、驚くほどありふれたものだ。アメリカ人ならおそらく誰でも一度は感じたことがある疑問だろう。なぜアメリカの携帯電話の利用料金はこんなに高いのか。もっとはっきり言うなら、こういうことだ。なぜヨーロッパやアジアの消費者はアメリカより安い携帯電話料金で、総じてアメリカより良いサービスを受けているのだろうか。

一見単純に思えるこの問いかけは、現代経済学で盛んに議論される論点をいくつか追究する旅の第一歩となった。答えを求めた私は、賃金停滞、企業のロビー活動、特別利益団体、大手金融機関の統治《ガバナンス》、カネと政治、自由貿易、テクノロジー、イノベーションといったテーマを調べていった。

それは、アメリカとヨーロッパにおける財とサービスの相対価格に関して驚きの発見にもつながり、世界最大規模の二つの経済市場で消費者が置かれた状況について、一般的な認識——私の認識も含む——を覆すことになった。

どのようにしてそこに至ったのか。信じられないかもしれないが、そこは私が意図して行き着いた場所ではない。すべてはデータのせいである。私は明確ではっきりと定義された疑問を出発点とし、事実を追った。追ったのは事実だけだ。それ以上でもそれ以下でもない。そして、率直に認めようと思う。この結果には私も驚いたことを。

これから読者の皆さんといっしょに、その過程の一部を再度たどることにする。ついてくれれば、皆さんが携帯電話に毎月高いお金を払っている理由がわかるだろう。しかしそれだけではなく、経済学についても多くを学ぶことができるはずだ。本書は一般的な経済書の形をとっていないが、現代経済学の入門書として役立つようになっている。

私の姿勢について簡単に記しておく。経済学やほかの分野で議論の分かれるテーマを取りあげる一部の人と違って、私は自分がすべての答えを持っていないことを積極的に認める。経済や社会について書いた最近の文章は断定的で、あるべき姿を示したものが多い。問題は「明らか」で、そうなれば当然ながら解決策も「明らか」だ、という。

だが、そのような提言は（大いに）疑わしいと思う。何かについて明らかだと言う著者や解説者がいれば、時間をかけて考えてみるとよい。ほとんどの場合、明らかには程遠いことがわかるだろう。

私の経験から言えば、経済学における大きな問題への答えが明らかだと言う人は、話の半分しか語っていない。そういう人たちの多くは、何かしらの意図があるか、あるいは自分が言っていることが本当はよくわかっていないから、答えは明らかだと言っているのだ。

だから、懐疑的になるべきだ――常に。ほとんどの人はデータを確認せずに、聞いたことをうのみにして繰り返す。実のところ、目に見える自信と事実情報のあいだには、負の相関が見られることが多い。興味深い問題を追究するときに、必ず最初に確認しなければならないのは自分の知識の限界である。マンサー・オルソンは『国家興亡論』（加藤寛監訳、ＰＨＰ研究所）のなかで、そのことを雄弁に語っている。「したがって読者は、本書の議論が単にもっともらしくて既知の事実と一致しているからといって、それをうのみにしてはいけない。これまでにも多くのもっともらしい話が語られ、しばしば広く信じられてきたものもあるが、それも長くは続かなかった」

これは本書のもう一つの重要な点につながる。私はどのように研究を進めたかを示すことで、読者の皆さんに疑いの目を持って見てもらえるようにするつもりだ。この本の大半は調査研究が占め、それをもとに結論を出しているので、根拠となったデータを提示することで、私の発見について皆さん自身で判断できるようにしたい。できるだけそのままはっきりと事実を示し、根拠となるデータを持たない主張は慎むつもりだ。それで私の主観を押しつけてしまう可能性を減らせれば、と思っている。

しかし、ある程度失敗するのは目に見えている。だから、私の基本的な考えをお伝えしておいたほうがいいと思う。これを経済学では、新しい事実が出てきたときには考えを変える意志を強調して、事前信念という。ジョン・メイナード・ケインズが批評家に言った言葉としてよく引用されるように、「事実が変われば、私は考えを変えます。あなたはどうですか」というものだ。

私の事前信念を端的に言うなら、おそらく私は自由市場リベラルということになるだろう。私は「自由」市場が意味するものについて皆の意見が一致するかぎりにおいて、自由市場がいちばんうまく機能すると信じている。市場が恣意的な政治介入にさらされることなく、また、既存事業者が競争力のある新規参入者から意図的に守られることがないとき、市場は自由だと私は考える。自由市場が維持されるためには、ときには政府の介入を必要とするが、政府が私有財産を没収したり、既存事業者が競争を抑圧したり、ロビー活動により自分たちのレントを維持したりするときには、当然ながら市場が自由だとは言えない。

私は格差の削減は価値ある目標だと考えているので、その意味ではリベラルでもある。格差が悪だとは思っていない。格差は成果に報い、失敗を罰するうえで欠かせないもので、否定することに意味はないと思う。

しかし、結局のところ、今の経済システムのなかでは、過剰な平等に向かう力よりも、過剰な格差、不当な格差、あるいは非効率な格差に向かう力のほうが強く働いていると考える。本書を執筆するにあたって、これが私の事前信念である。いろいろな意見があるだろうし、もちろん反論もあるだろう。それらに振りまわされないようにするつもりだが、念には念を入れることの潜在的な価値を無視しないようにしたい。

データ、逸話、直感について

「データ、データ！　データだよ！」いらいらしながら彼は声を上げた。「粘土がなければレンガはつくれないじゃないか」

——アーサー・コナン・ドイル『ぶな屋敷』

科学の世界ではよく知られた言葉を引用して話を終えたいと思います。「われわれは神を信じる。神以外の者はデータを出さなければならない」

——エドウィン・R・フィッシャー（病理学教授）による1978年米下院小委員会での演説

もし経済学者が社会の役に立とうとするなら——非現実的な仮定だと付け加える者もいるだろうが——、

少なくとも従来の常識に挑み、逆張りの視点を持ち、皆が言うことを繰り返したりしないようにならなければならない。これは、ロバート・ゴードンの『アメリカ経済——成長の終焉』を読んで、新鮮な気持ちで受けとめた考えだ。かつてないスピードでイノベーションが進んでいるというテクノロジー楽観主義者に対して、ゴードンは現代のイノベーションの波の力は過去の波には遠くおよばないと主張する。その真偽はともかく、ゴードンは一つのテーマについて理路整然と考え、過去の逸話や先入観ではなく、データと論理をもとに結論を出している。

大切な視点としてもう一つ指摘しておきたいのは、賢い人々はしばしば異議を唱えるということだ。多くの場合、それは良いことである。実際、私たちは賢い人々が異議を唱えたときに興味深い学びを得る傾向がある。2014年、アトランティック誌のジェームズ・ベネットによるインタビューで、マイクロソフトの創業者ビル・ゲイツはこう言った。「イノベーションの速度が遅くなっているというのは、このうえなくばかばかしい考えだと思う」。そして説明のために付け加えた。「エネルギー生成、材料設計、新薬開発、教育方法、それぞれの可能性を考えてみてほしい」。起業家は「茂みに潜んだ鳥」を見るが、われわれ経済学者は「手のなかの鳥」を見る人種なのだろう。確かにアイデアを生かす「可能性」にはひかれるが、納得するためにはその影響力をデータのなかに見る必要がある。そして、今のところ、ゲイツの言う可能性には納得していない。データが別の可能性を示すまでは、シュテファン・ツヴァイクにならって「ブラジルは未来の国である——この先もずっとそうだろう」と考える。

社会通念を変えるのは決して簡単なことではない。アメリカの市場は世界でもっとも競争が激しいという見方は、この何十年ものあいだ経済学のなかで広く受けいれられてきた。かつてないほど簡単に起業できる時代であり、どの業界も競争が激しく、インターネットのおかげで消費者はいちばん安いものを探せると言われている。私たちはこれまでにもっとも競争が激しく、もっとも革新的な社会に生きているという。本当だろうか。こうした主張には、ある程度まで人間心理に特有の偏見が反映されている。つまり、私たちは先祖よりも賢く、文明化されており、することはすべて「前例がない」という思いこみである。私が思うに、それは大間違いだ。実際には、私たちのすることで前例がなかったものはほとんどない。

たとえば、1990年代の株式市場の繁栄は、当時は過去にない水準のものだとされていた。会社は起業から株式公開まで記録的な速さで成長した。というより、私たちはそう思っていた。ところが、ボーヤン・ジョバノヴィッチとピーター・L・ルソーによれば、1920年代の新規株式公開（IPO）市場は1990年代の市場にきわめてよく似ていたという（Jovanovic and Rousseau, 2001）。IPOによる収益が国内総生産に占める割合は同等で、起業から公開までのスピードも速かった。1990年代に画面を並べてコンピューターでやっていたことは、画面もコンピューターもなかった1920年代にやっていたことと根本的には違いはなく、1920年代より優れてもいなかった。

いついかなるときもまずはデータを見るべきだ。特に数十年単位で変化を見るときにはそうしなければならない。自分の直感を信じてはいけないし、一般常識を持ち出すべきではない。自分の予想や経済的利益に合致するときには特に注意したほうがいい。だから、上司が「今はかつてない競争の時代だ」と言うときには、「髪を切ったほうがいい」という床屋のセリフと同じように受けとめるべきだろう。もしくは、銀行員が「借入は絶対安全だから」というのと同じだと思ってもいいかもしれない。

もう一つ驚かされた意外な例がある。一つの会社でキャリアを築く時代はとっくに終わった、という話はおそらく誰でも聞いたことがあるだろう。今の時代、頻繁に転職できるようにしなければならないと言われている。ミレニアル世代は次々に仕事を変えたがっている。離職率はかつてない高さになっているという。

いかにもそれらしく聞こえるが、実際は違う。米労働統計局のデータによれば、今の労働者は30年前の労働者より勤続年数が伸びているのだ。1980年代と1990年代には、平均勤続年数は約3・5年だった。それが2000年ごろから上昇しはじめ、今では約4・5年になっている。実際のところ、ほとんどの先進国では自己都合退職が激減しているために、離職率が下がっている。労働者の流動性は1990年代以降、低下している。(1) つまり、昔の人たちのほうが今の人たちよりも仕事を辞めていたのである。

こうした数字をはじめて目にしたとき、私は祖父とのある会話を思いだした。祖父は1950年代から1960年代にフランスで働いていた。当時は最低賃金制度、失業保険、退職金、長期雇用契約、そして不当解雇には裁判で対抗、といった労働者を守る手段は今よりもずっと少なかった。総じて企業の側が労働者に対して決定権を持っているように見えた。会社に押さえつけられているように感じたかと私が訊くと、祖父は質問に驚いたような顔をして言った。「そんなことはなかったと思う。上司や会社から不当な扱いを受ければ、翌朝出社しないで、通りの反対側にある会社に行けばいいだけの話だったから」。これは1950年代のフランス人の言葉であって、2019年のミレニアル世代のアメリカ人の言葉ではない。こうした例を念頭に置いて、アメリカ市場における競争の進化を示す根拠を検証していこう。

原注

(1) これを測るのに最適なデータ――求人労働異動調査（JOLTS）――によれば、2000年以降下がり続けている。人口動態調査（Hyatt and Spletzer, 2013）と長期的な雇用と家計のデータ（LEHD）も低下傾向を示している。デイヴィスとハルティワンガーによるもう少し長い期間を調べた研究は1990年以降の低下を示している（Davis and Haltiwanger, 2014）。

序論

1999年8月下旬、私はボストンのローガン空港に降り立った。生まれ育ったフランスからアメリカにやって来たのは、マサチューセッツ工科大学で経済学の博士号を取るためだった。期待で胸はいっぱいだった。新しいクラスメートに会いたい、早くたくさんのことを学びたいと思っていた。

幸いなことに、私は大学院の奨学金を得ていた。それでも、学生として出費には気を使った。いい買い物をするために相場を調べ、あちこちの店を回った。経済学者として振りかえれば、あのときの私は「価格弾力性」が大きかったと言える。

奨学金で何を買うかは悩む必要はなかった。まず必要なのはノートパソコンだ。次にインターネット。そして、3番目に寝る場所（順番はそれでいいのだろうか）。できれば大学院のコンピューター室は避けたい。額にQWERTY配列のキーボードの跡をつけて目覚めたくはないから。

すでに2人のクラスメートとルームシェアをすることになっていたので、住まいについては心配なかった。だから勉強に関することや、本やコンピューターを買うことに集中できた。アメリカはノートパソコンを買うのに最高の場所だった。価格が安かったので、キーボードの配列が自国とは違っていても、アメリカにいる友人に頼んで購入してもらう人もいた。私の経験で言えば、フランスより少なくとも30%は安かった。実際、公式の統計を見れば（本書ではこのあと頻繁に行なう）、ポール・シュライアーが示すように、アメリカのコンピューターやオフィス設備の物価指数は、１９９５年から１９９９年のあいだにフランス、イギリス、ドイツに比べて急激に落ちている（Schreyer, 2002, fig1)。

私が次に取り組んだのはインターネットだった。部屋にインターネットを引く方法をいろいろ調べ、ヨーロッパよりずっと安いことを知った。当時一般的だった56Ｋモデムでダイアルアップ接続をすると、通信速度がかなり遅いため、ファイルを一つダウンロードするのに数時間かかることもめずらしくなかった。アメリカでは市内通話は無料だったので、インターネット・サービス・プロバイダーが自宅近くにサーバーを持っていれば、追加料金を払うことなくつなげておけた。フランスでは1分ごとに料金がかかったので、かなり高くついた。この違いは大きかった。ニコラス・エコノミデスは、「ヨーロッパでインターネット導入が遅れた理由の一つには、アメリカと違って多くの国で市内通話が1分ごとに課金されていたという事情がある」と述べている（Economides, 1999)。

住まい、コンピューター、インターネットを手に入れた私が次に目指したのは、たくさんの会議に出席し、このすばらしい国を探索することだった。アメリカでは空の旅もヨーロッパより簡単で安いことがすぐにわかった。ヨーロッパにいたときには、年に1回、ほぼ夏にしか飛行機に乗らなかった。アメリカでは航空券は安く、学生の身分でもかなり頻繁に利用できた。

耐久消費財、交通、ほとんどのサービスがアメリカでは驚くほど安かった。一方で賃金は高かったので、労働者には確かな購買力があった。当時の私はおめでたいことに理解してなかったが、そのどれもが偶然の産物ではなかった。

自由市場の国

まず航空券について考えてみよう。1978年以前は、民間航空委員会がアメリカの航空会社を規制し、運賃や飛行ルートを管理していた。カーター政権は、規制を撤廃すれば既存の航空会社だけではなく新規参入者も加わって競争が起こるので、消費者の便益になると主張した。そして、そのとおりになった。1978年の航空規制緩和法は、政府が運賃と飛行ルートを管理するのを段階的に廃止した。米会計検査院の1996年の報告書によれば、1979年から1994年の15年で、旅客マイル当たりの平均運賃は、小規模地域の空港で9％、中規模地域の空港で11％、大規模地域の空港で8％下がったという。低価格の運賃は旅客マイル数の着実な増加につながった。しかし、最近は多くの客が、複数の運賃、不明瞭な料金、詰めこまれた機内に不満を感じている。1980年代および1990年代に到達した利益水準は続かなかったようだ。何が起きたのか、あとで説明したいと思う。

自由化の動きは通信業界でも起きた。経済学者のスティーヴン・オリーとアリエル・ペイクスが、1996年に発表した有名な論文で述べたように、「20世紀のほとんどの期間を通じて、アメリカン・テレフォン・アンド・テレグラフ（AT&T）は、通信サービスの供給で排他的な独占状態を維持し、調達を通じて設備分野にまで支配的な地位を広げた」。歴史的な反トラスト訴訟、「合衆国対AT&T」は1974年に提訴された。司法省はAT&Tは長距離通話市場を独占していると訴えた。1982年1月、AT&TのCEO、チャールズ・ブラウンと司法次官補ウィリアム・バクスターは、ベルシステムに対する長年におよんだ政府の反トラスト訴訟において和解することに同意し、1984年には分割により「ベビーベル（地域電話会社）」各社が誕生した。各社は地域のインフラを所有し、その地域で規制された独占状態を維持した。新AT&Tはほかの電話会社と競争し、長距離の通話料金は急激に下落した。最初のうちの下落は回線利用料金の値下げによるものだったが、長距離通話の競争も功を奏した。AT&Tの交換サービスの1分当たりの平均収入は、1984年から1996年のあいだに62％減少し、新規参入事業者が増えるにつれて、市場シェアは1984年の80％以上から1996年には約50％に下落した。アメリカの家庭にとっては明らかな便益だった。

しかし、航空業界と同じように、このあとの政策はそれほど成果をあげなかった。1996年の電気通信法は競争の促進を目指して制定されたが、合併の波も引きおこした。合併については第5章で、通信会社のロビー活動については第9章で、そして連邦通信委員会の回転ドア〔政府機関と民間企業のあいだで人材が行き来すること〕については第10章で見ていく。

航空業界と通信業界の二つの事例は、当時の競争に対する政策の三つの重要な特徴を示している。どれもこの先繰り返し言及していく。一つ目の特徴は、反トラストの多くが党派を超えた動きだということだ。航空業界の自由化は民主党の大統領ジミー・カーターのもとで行なわれたし、AT&Tの分割は共和党の大統領ロナルド・レーガンのもとで実施された。

二つ目は、規制とテクノロジーが深く絡みあっていることだ。技術の変化は既存の規制に立ち向かう。それは持続的な挑戦で、便益をもたらすことが多い。通信業界では、集積回路とコンピューターのおかげで、伝送と情報処理のコストが下がった。ネットワークのオープン・アーキテクチャーとデジタル化は新規参入と競争を促し、一方でソフトウエアの進歩は、それまで想像できなかった規模での情報共有を可能にした。マイクロ波伝送技術は、長距離伝送の競争を可能にした大きな進歩だった。衛星や光ファイバーによる伝送がそれに続いた。
あとで見るように、テクノロジーと規制の相互作用には良い面と悪い面の両方がある。規制を進化させ、規制者に注意を払わせるという点では良い。一方で、政策の選択の結果を検証するのが難しくなり、ゆえに何が良い規制で、何が悪い規制なのか合意が得づらくなるという悪い面もある。ロビイストはこれをうまく利用して、消費者にとっては損だが、それを立証するのは難しい規制を導入するために、巧妙に議論を進める。

歴史上の事例から私が学んだ三つ目の教訓は、規制者は大きな不確実性のなかで政策を決めているということだ。反トラスト政策が良い考えなのかどうか、決断する時点で明らかであることはめったにない。ジャーナリストのスティーヴ・コールはAT&Tについてこう書いている。「アメリカン・テレフォン・アンド・テレグラフ・カンパニーの分割が、今から数十年後に、アメリカの産業史上、大失敗に終わった出来事として評価されているのか、グローバルな情報化時代の黎明期における重要な出来事として記憶されているのか、あるいはまったく忘れ去られているのか、1985年の時点で理性的に予測するのは不可能である」。これは重要なことを示唆している。私たちは政府がある程度の間違いをおかすのを許容しなければならないのである。ときには寛容になりすぎ、ときには厳しくなりすぎるかもしれない。おしなべて適切な反応をすべきだが、すべてにそうするのは難しい。適正な手続きがあり、間違いから学ぶしくみがあれば、良かれと思ってとった政策の間違いを許容するのは、結果として良い規制をつくる一助となる。残念ながら、こうした寛容さは、最近ではなかなか見られないものとなっている。

反転

私が1999年にボストンに着いたとき、アメリカは学生にとって、あるいは言い換えるなら、中流階級の消費者にとってすばらしい場所だった。しかし、その後20年で、まったく予期していなかったことが起きた。私が述べた事例がすべてひっくり返ったのだ。インターネット料金、毎月の携帯電話料金、航空券はアメリカよりもヨーロッパやアジアのほうがずっと安くなった。税制が異なるので比較は難しい(1)が、ヨーロッパのコンピューターや電子機器はアメリカとほぼ同じ価格で売られるようになった。

まず一般家庭のインターネット接続について見てみよう。2015年、センター・フォー・パブリック・インテグリティは、アメリカの中規模都市五つとフランスの同規模の都市五つのインターネット料金を比較した。同じようなサービスで比較した場合、アメリカの料金はフランスの約3・5倍だった。さらに、プロバイダーの選択肢の数はフランスのほうがずっと多く、アメリカの住民の多くはわずか2社から選ばなければならなかった(2)。

アメリカは自国民が広くワールドワイドウェブにアクセスできるよう推進し、その方面ではリーダーだったが、過去20年のうちにその地位は失われたようだ。経済開発協力機構（OECD）がまとめた、ブロードバンドの一般家庭への普及に関するデータによれば、2000年にはアメリカは4位だったが、2017年には15位以下まで落ちている。

2017年、市場調査会社のBDRCコンチネンタルは、Cable.co.ukと協力して世界のブロードバンド・パッケージ3351個の価格を比較した。表I・1はその結果の一部である。ほとんどの先進

表 I.1　ブロードバンド料金、一部抜粋（2017 年）

順位	国	平均月額料金（ドル）
37	韓国	$29.90
47	ドイツ	$35.71
54	フランス	$38.10
…		
113	アメリカ	$66.17

データ出所：Cable.co.uk; https://www.cable.co.uk/broadband/deals/worldwide-price-comparison/

国では、消費者はブロードバンドのインターネット接続に月におよそ35ドルを払っている。アメリカの消費者はほぼ2倍を払っている。なぜそのようなことになったのか。インターネットが「発明」され、1990年代には低価格で提供していた国が、なぜ基本的なサービスで一般家庭に過大請求する遅れた国になったのか。

ハーバード大学ロースクールのスーザン・クロフォードが言うように、「ニューヨークは大都市の高速インターネットのモデルになるはずだった」。ところが、そうならずにサービスは高価でアクセスは不平等という別の事例になってしまった。「2008年、ニューヨークはブルームバーグ市長のもとでベライゾンと再契約を結び、すべての住居用建物に光ファイバーサービスのFiOSを敷設するよう求めた……ベライゾンの光ファイバーネットワークは、タイム・ワーナー・ケーブルの独占状態を終わらせるはずだった」。残念ながら、「2015年の市の監査は、住居地域の少なくとも4分の1にはFiOSサービスが敷設されていないことを明らかにした。ブロンクスの住民の約3分の1と、高校を出ていないニューヨーカーの60%以上は自宅にインターネット回線がなかった」(3)

この本を書くきっかけになった疑問に戻れば、携帯電話の料金にも同じパターンが見える。経済学者のマリア・ファッチョとルイジ・ジンガレスは、世界のモバイル通信業界を調査した（Faccio and Zingales, 2017）。2人は競争を重視する政策はサービスの質や投資を妨げることなく価格を下げると主張する。試算によれば、アメリカの携帯電話料金がドイツ並みになった場合、アメリカの消費者は1年で650億ドル得をするという。

最後に航空会社だが、おそらく最悪の部類に入るだろう。2017年にエコノミスト誌は、「北アメリカの航空会社は昨年、乗客1人当たり22・40ドルの利益を上げた。ヨーロッパでは7・84ドルである」[4]。2010年ごろには両地域の乗客1人当たりの純利益は変わらなかったが、それ以降、ヨーロッパの航空券の価格よりアメリカの価格のほうが上昇している。

なぜみんな怒らないのか、と思うかもしれない。価格が本当に大きく違うなら、なぜ気づかないのか。一つには、たとえ同じような財やサービスの値段であっても、国をまたいで比較するのは非常に難しいからだ。この問題は第7章で検討する。その過程で、世界のヘアカット代とフェラーリの値段について学ぶことになる。もう一つは、値段は少しずつ上昇するため、ほとんど注目されないからだ。

ゆでガエル

価格があからさまに上昇することはなかなかないので、消費者は気づかないものだ。目に見える価格はそのままで、隠れた料金が上がることもある。停滞しながら少しずつ上がり、大きな値上げになったことに気づくのに数年かかることもある。しかし、目に見えない変化はこっそりと害をもたらしかねない。

寓話では、カエルは熱い湯に入れるとすぐに飛び出すが、ぬるま湯に入れてゆっくり温度を上げていくと手遅れになるまで気づかない。それはある意味、私がアメリカ経済の変化について経験したことだ（もちろん、フランス人として、皮肉なのはわかっている）。

私が１９９９年にアメリカに着いてから20年のあいだに、アメリカの国内市場の多くは競争力を失った。それが進行しているあいだ、私はその変化に気づかなかった。研究を始めて事実にぶつかるまで、その動きに気づくことはなかった。なぜか。それは変化が非常にさりげなく起きて、常にたくさんのことが同時に起きてきたからだ。インターネットバブル、9・11、イラク戦争、住宅バブル、２００８年から２００９年の金融危機、２０１０年から２０１２年のユーロ危機、石油価格の乱高下、ポピュリズムの台頭、貿易戦争のリスクなどである。歴史が動くなか、寡占とマークアップ〔財・サービスの原価と売値の差額〕の上昇がゆっくりと、しかし確実に進んでいた。今になって振りかえってみて、はじめてその絵がはっきりと見えるようになった。

注意してほしいのだが、私が論じているのはアメリカの市場についてであって、アメリカの企業ではない。アメリカ企業は世界の市場でよくやっている。その意味では、競争力があると言える。しかし、国内市場は少数の売り手に独占されるようになり、アメリカの消費者は本来支払うべき金額より多くを支払っている。それはどのようにして起きたのか、なぜ起きたのか、それはアメリカの家庭、消費者、労働者にとって何を意味するのか。こうした疑問に答えるためには、経済学と政治学における重要な議論を多数見ていくことになる。

本書が取り組む論点を具体的に言えば、次のようなものだ。

◆ こうした価格の上昇はすべての産業に影響をおよぼしているのか。それとも航空業界と通信業界は特別なのか。
◆ 世界のなかで、なぜヨーロッパがアメリカより「自由な市場」になったのか。
◆ 企業が破綻せず、利益を上げるなら、そのほうが良いのではないか。

◆ 大きいことは良いことなのか。集中は好ましいものになりえるのか。もしあるとすれば、グーグル、アップル、フェイスブック、アマゾンを特別な存在にしているものは何なのか。
◆ 私たちがもっと気にしなければいけないのはプライバシーなのか、それとも競争なのか。あるいは、それらは同じ物事の表裏なのか。
◆ 市場支配力は格差にとって、そして成長、賃金、雇用にとってどういう意味があるのか。
◆ なぜ自由市場はもろいのか。ロビイストはどのようにして力を行使するようになったのか。

こうしてあげてみると、信じられないくらい幅広い項目を網羅しているように見える。しかし、検討する論点は多岐にわたって複雑だが、その根底で働いている力はごく少数のものだと理解することが重要だ。読者の皆さんには、経済分析がこうした疑問のすべてを解きあかすのに役立つことを実感してもらいたい。結局のところ、学問の目的は、複雑な問題をごく少数の基本的な問題に変換することなのだ。

経済学の手法

経済学とは、個人のあいだで、あるいは諸個人からなる集団のあいだで、限られた資源をどう配分するかを研究する学問である。分析単位は企業かもしれないし、家庭、市、国、複数の国かもしれない。配分形式もまた多様である。株式市場のように一極集中の市場もあれば、理容師やクリーニング店といった地域のサービス業のように市場がたくさんある場合もある。あるいは企業内の昇進など、市場がないケースもあるだろう。

配分のゴールは、効率（成長を促すために資源の生産的な使用を最大化する）かもしれないし、あるいは公正（集団のなかでもっとも貧しい人たちに所得を再分配して、不当な格差を制限する）かもしれない。ここで重要なのは、資源には限りがあるということだ。したがって、経済システムはどのように構築されていようとも、必ず選択をすることになる。厳しい選択である。

最終的に経済学で大きな論争となるのは成長と格差である。それらはどのように発生するのか、それに対してどうすればいいのか。

私たちが向かう場所

本書では、主に次の3点を主張する。

(1)アメリカ経済のほとんどの分野で競争が減っている。競争の測定は言うは易しだが、実際には難しく、使えるのは不完全な代替方法しかない。価格、資本利益率、市場シェアを見ていく。どれも完璧ではないが、全部合わせることで納得できる絵を描ける。

(2)競争の欠如は、主にロビー活動や選挙資金の寄付に影響される政策の選択によって説明できる。アメリカ企業が過去20年のあいだに提供した連邦および州選挙の資金だけではなく、規制者、上院議員、下院議員、重要な委員会のメンバーに圧力をかけるために、どれだけの資金を使ったかを見ていくことにする。こうした活動がいかに自由市場を歪めているかが明らかになるだろう。企業のロビー活動と選挙資金の寄付は、時代、場所、業界に関係なく、新規参入の障害になり、市場を占拠している既存の大手事業者を守る規制につながり、反トラストの動きを弱め、中小企業の成長を阻害する。

(3)競争の欠如は、賃金の減少、投資の減少、生産性の低下、成長の低下、そして格差の拡大をもたらす。さまざまな業界で競争が減ったことが、アメリカ人の懐にどのような影響を与えたかを見ていく。また、なぜ競争の減少が投資、技術の進歩、賃金アップという、いわゆる経済成長と結びつけられているものを減らすのかも示すつもりだ。

用意はいいだろうか。さあ、始めよう。

原注

（1）アメリカの価格は税抜き価格で、ヨーロッパはＶＡＴ込みの価格で比べている。特定の税金もある。たとえば、フランスでは、ｉＰｈｏｎｅとｉＰｏｄには、アーティストや作曲家に支払うための税金がかかる。容量が16ＧＢのｉＰｈｏｎｅで約10ユーロ、64ＧＢのもので最大18ユーロの追加料金を払うことになる。

（2）Center for Public Integrity, "US internet users pay more and have fewer choices than Europeans," April 1, 2015, updated May 28, 2015.

（3）Susan Crawford, "Bad internet in the big city," *Wired*, February 28, 2018.

（4）「座席マイル当たりの航空券価格はヨーロッパよりアメリカのほうが高い。コストが下がるなかで、アメリカの消費者はその便益を享受しそこなっている。ジェット燃料のグローバル価格——航空会社にとっては負担の大きいコストの一つ——は２０１４年から下がり続け、半分になっている。これによってヨーロッパでは航空券の価格競争が起きたが、アメリカの運賃はほとんど変わっていない」"A lack of competition explains the flaws in American aviation," *Economist*, April 22, 2017.

I　アメリカにおける市場支配力の高まり

まず過去20年間のアメリカ経済の発展を見ていこう。それによって、競争、集中、反トラストを経済学者がどのようにとらえているかを探っていく。ここで皆さんは、中国が世界貿易機関（ＷＴＯ）に加盟したことの影響、新規株式公開（ＩＰＯ）と企業合併、新興企業の成長について学ぶだろう。投資の基本法則、無形資産という概念、生産性の進化について説明したいと思っている。

1 経済学者はなぜ競争が好きなのか
……なぜあなたもそうあるべきなのか

経済学では成長と格差が大きな論争のテーマとなっている。経済学者として、私たちが理解しようと努めているのは、国はどのように成長するのか、なぜ成長するのか、そして国民に所得をどのように分配するのかということだ。言い換えれば、私たちは二つの根本的な問題に関心を寄せている。一つ目。どうすればパイをできるだけ大きくできるのか。二つ目。そのパイをどのように切り分ければいいのか。

経済学者はこれらの選択について研究している。成長を促す要因と所得の分配に影響する要因を理解したいからだ。少なくともアダム・スミス以来、この要因の一つに競争があることはわかっている。

成長

経済成長への道は二つしかない。労働力を増やすか、1人当たりの生産量を増やすか。ローマ帝国から産業革命の時代まで、人口の伸びは緩やかで、生産性の伸びはゼロに等しかった。産業革命はそれまでになかった生産性の伸びを実現したことで、そう呼ばれるようになった。第一次産業革命は18世紀のイギリスで始まり、それによって経済の中心は農業から工業に移行した。新しい機械（ジェニー紡績機）、新しいエネル

表 1.1　アメリカの１人当たり実質 GDP の成長率

年代	1950 年代	1960 年代	1970 年代	1980 年代	1990 年代	2000 年代	2010–17 年
平均成長率	2.4	3.1	2.1	2.1	2.0	0.8	0.6

データ出所：FRED、１人当たり実質 GDP、連続複利

ギー源（石炭、蒸気）、大工場の分業制度が生まれた。国が豊かになり、農業の生産性が向上するにつれて、人口も増えていった。こうして１７００年以降、人口と生産性の両方の伸びが経済全体の成長に寄与した。

成長率は、全体と１人当たりのどちらを見ればいいのだろうか。即答はできない。検討する問題による。その国のグローバルな力――国内総生産（ＧＤＰ）など――を測定するなら、全体の成長率のほうが重要となる。たとえば、アメリカと中国の世界での相対的な影響力を比較するときには、中国の総ＧＤＰとアメリカの総ＧＤＰを使うだろう。だが、もし平均的な中国人消費者がどう感じているかを知りたければ、購買力平価（ＰＰＰ）で計算した１人当たりＧＤＰを使ったほうがいい。第7章では、この購買力平価の計算方法と使い方について解説する。ＧＤＰそのものが適切に機能しないこともある。たとえば、ロシアの場合は肥大化した軍事力が原因で、セミグローバルな影響力と相対的に小さい経済力のあいだには大きな差異がある。

しかし、興味の対象が幸福や生活水準なら、１人当たりの成長のほうが重要だ。１人当たりの成長は、経済政策や規制の結果を分析するときにも適切な手段となることが多い。これについては詳しく見ていく。

アメリカの１人当たりの経済成長率はこの20年下がり続けている。表１・１はアメリカ経済の１人当たりＧＤＰの成長率を示したものである。ＧＤＰは１年間に国内で生みだされたすべての財とサービスの価値を測定する。アメリカのＧＤＰを人口で割れば、同国の世帯の生活水準のおおまかな変化を把握できる。

アメリカの成長率は、20世紀後半は約2％で推移してきた。1960年代は突出しており、平均を上回っている。しかし、過去18年はかなり低くなっている。

経済学の世界では、この成長率低下の原因について盛んに議論がされている。論点となっているのは三つ、雇用、教育、技術革新だ。雇用の問題については、労働統計局のデータがプライムエイジ層（25－54歳）の雇用率の減少を示している（Krueger, 2017）。１９９０年代の終わりに85％とピークを迎え、２０１５年には81％を下回るまで落ちている。小さな変化に思えるかもしれないが、数にすれば数百万人の労働者が経済から失われたことになる。結果はこうだ。働き手が減れば、成長は鈍化する。

米教育省のデータによれば、高校、大学を卒業した人の割合は１９７０年代から１９９０年代にかけて徐々に増え、２０００年代以降はほぼ横ばいになっている（Goldin and Katz, 2008）。30歳以下のアメリカ人のうち10人に１人は高校を卒業しておらず、約半数が高校卒業後の教育を受けていない。つまり、教育にはまだ改善の余地がある。この改善がなかなか進まない状況も成長率低下の一因になっている。教育を受ければ、労働者の生産性はアップするからだ。

しかし、長期的な成長に大きく貢献するのはテクノロジーである。そして、その貢献が少しずつ減っている。技術進歩のペースが落ちていると言うとき、それはだいたいにおいて、以前のように生産コストの削減が進まない、あるいは製品の品質が向上しない状況を意味する。技術進歩率を評価するために、全要素生産性（ＴＦＰ）の成長率という指標がつくられた。できるだけ少ないもの（あるいは同じもの）でどれだけ生産を増やせるかを測る。言い換えれば、一定の資本と労働力のもとでの生産量の伸びを評価している。経済理論では、こうした技術進歩は長期的に見て、唯一持続可能な成長源であるとしている。ＴＦＰの成長率の鈍化は２０００年に始まり、今では富裕国に広まっている。２００８年から２００９年のグレート・リセッションはおそらくこの流れを強化したが、発端となったわけではない (Cette, Fernald and Mojon, 2016)。

ノースウエスタン大学の経済学者ロバート・ゴードンは、1870年から1970年に見られた生産性の大きな伸びが再現されることはないだろうと述べている。電気と内燃機関を伴った第二次産業革命による便益には広がりと深みがあった。彼の見解では、コンピューターと通信技術はそこまでではないという。もちろん、人々が働かずにぼんやりしているという意味ではない。技術革新のペースは今でも速いが、経済全体に与える影響は小さくなっている。テクノ楽観主義者は、人工知能は私たちの生活を変えると言うが——この議論についてはあとで取りあげる——、本物で実体がある成果の普及を実感するにはもう少し時間がかかると言っていいだろう。

生産性の伸びの衰えに潜むもう一つの重要な要因は、企業部門における投資の伸び悩みである。技術革新と言えば、必然的に新しい機器や新しいソフトウエアを伴うことが多い。ところが、アメリカ企業は近年、利益水準が高く資金調達コストが低いにもかかわらず、あまり資本を増強していない。この謎は第4章で取りあげる。

格差

成長の鈍化に加えて、この40年で格差が広がっている。おおまかに言えば、所得格差は、中間層と貧困層、あるいは富裕層と中間層のあいだで広がる。もしくは、実際にそうなったように、その両方で発生する。しかし、必ずしも同時に発生するわけではない。1970年代から1980年代には、主に中間層と貧困層の所得格差が広がった。これは大卒と中等教育までしか受けていない人の賃金格差によるもので、学歴プレミアムとして知られている。

表1・2からわかるように、学歴による賃金格差は1980年代から1990年代にかけて急速に広がっている。1980年代には、大卒者は高卒者より40%多く稼いでいた。2000年には70%近くになっている。学歴の差がもっと大きいケースなら（大学院修了者と学位未取得者）、プレミアムは92%から179%と、ほぼ2倍になっている。ところが、2000年以降は学歴プレミアムはほぼ横ばいだ。

1990年代から2000年代には、富裕層（および超富裕層）と中間層の差が広がった。トマ・ピケティとエマニュエル・サエズの試算によれば、上位1%の層が稼ぐ所得は、1970年代終わりごろには全体の10%以下だったが、今ではその2倍以上になり、約20%になっている（Piketty and Saez, 2006）。（アメリカの上位1%の層には、たとえば年収40万ドルの医者や弁護士といった高給取りの専門家が含まれる。上位0・01%、つまり1%のなかの1%には、レブロン・ジェームズやオプラ・ウィンフリーなど超富裕者が含まれる）。

格差と成長は、さまざまな理由によりいっしょに議論される。まず、当然ながら、全員が成長の恩恵を受けられるのかどうか知りたいからだ。成長のスピードが遅く、格差が広がる場合、下位中間層の生活水準が停滞、もしくは実質的には低下する可能性がある。アメリカでは近年、それが起きている。表1・2は、学歴が低い人の実質所得がこの40年ほとんど改善していないことを示している。下がっている時期もある。

しかし、成長と格差をいっしょに考える理由でもっとも重要なのは、それらが別々に存在するわけでも、無関係な現象でもないということだ。両者は互いに影響しあい、ときには互いをあおり、ときには相殺しあう。成長が格差を減らすこともあれば、成長に格差が必然的に伴うこともあり、あるいは格差が成長を妨げることもある。

成長か格差かという議論の根本には、インセンティブの概念がある。経済学者がインセンティブというと

表 1.2　労働者の収入、教育、格差

	1980	1990	1992	2000	2010	2015
学歴別の実質時給の変化（2015 年ドル）						
学位なし	14.19	12.84	12.47	13.03	13.22	13.56
高卒	16.33	15.99	15.87	17.2	17.77	17.98
大卒（4 年制大学除く）	18.8	19.29	19.16	20.84	21.47	21.59
4 年制大学卒	22.85	25.32	25.18	28.98	30.49	30.93
大学院修了	27.27	31.43	31.66	36.4	39.7	39.48
学歴プレミアム						
大卒／高卒	40%	58%	59%	68%	72%	72%
大学院修了／学位なし	92%	145%	154%	179%	200%	191%

データ出所：Valletta（2016）

き、それは物質的（金銭的）利益の動機づけを意味する。人は一生懸命に働く。なぜなら、その努力（投資）が所得を増やすと考えるからだ。経済システムが機能するためには、（事前の）努力と（事後の）所得がつながっていなければならない。つまり、ある程度の格差は必要ということだろうか。格差は拡大したほうが、インセンティブには良いということだろうか。答えはおそらくイエスであり、ノーである。しかし、インセンティブと格差の関係は微妙なものとなりえる。

ゴルディロックスの童話（ゴルディロックスという名の女の子が留守中の熊の家に入り、3種類のおかゆのなかから熱くも冷たくもないちょうどいい温度のおかゆを食べた話）はインセンティブの理論として読める。お金は手に入れるのが難しくあるべきだが、難しすぎてもいけない。簡単に手に入るなら、人は怠ける。一生懸命働かなくても大金が稼げるなら、もっと一生懸命働こうとは思わないだろう。だが、どんなに頑張っても稼げないとなれば、やる気を失う。

この考え方を企業で働く労働者に当てはめれば、成果給は正しいものとされるだろう。そして、人によってあげる成果が異なるかぎり、このしくみは格差につながる。しかし、必ずしも大きな格差が正当化されるわけではない。お金のために働くのは当たり前だと思っていても、たくさん稼いだことがたくさん努力したことを意味するとは限らない。重要なのは、インセンティブの適正なバランスだ。

しかし、どうすれば一定の格差は正当化されると言えるだろうか。どうすればそれが過剰ではないと言えるだろうか。当然ながら、確かなことは言えないというのが答えだ。現代の経済システムのなかでインセンティブを理解するのは、非常に難しい。だが、私たちにある程度の自信を与えてくれる重要な要素が一つある。それが競争である。

競争と成長

経済学者が競争を好むのにはいくつか理由がある。一つ目は、競争が価格を押し下げるからだ。企業が市場シェア拡大のためにとる手段のなかでもっとも直接的なのは、ライバル企業より安い価格を提示することである。企業が販売する商品の価格を下げれば、二つの好ましい結果が生じる。確実に起きる一つ目は、消費者がお金を節約でき、同じ商品を追加して買う、もしくはほかの商品を買うことだ。実際には両方の行動をとることが多い。医療保険が安くなれば、あなたは保障してもらう範囲を広げ、さらに子供のためにおもちゃをもう一つ買うかもしれない。二つ目は間接的な効果で、需要の増加が企業に生産、投資、雇用を促すことだ。一般に、二つの経済を比較するとき、競争の激しいほうが価格は低く、製造、雇用、投資は大きくなる。こうして競争は私たちの生活水準を上げる。

人々が気にするのは価格だけではない。サービスの質も重要だ。アメリカの顧客満足度調査を見れば、はっきりとしたパターンが読みとれる。インターネットのプロバイダー事業者は、アメリカでもっとも嫌われている会社のようだ。すでに見たように、この業界は集中が進んでいて、消費者はほかの先進国よりも高い料金を払わされている。これは明らかにたまたま起きたことではない。

競争の激しい市場では、企業は値段を下げるだけではなく、質の良い財やサービスを数多くそろえて消費者の心をつかもうとする。競争は消費者の選択肢を増やす。事業者はさまざまな層の人たちに商品を届けようとするし、競争相手の商品との差別化を図ろうとするからだ(1)。

競争が良い効果をもたらす例として私が気に入っているのは、パリのタクシーである。まず価格について。私はパリの郊外で育ち、金曜、土曜の夜には電車と地下鉄を使って友達と街に繰り出した。しかし、帰りは1時か2時ごろになって終電に間に合わないこともあった。それでも私たちはタクシーを使わなかった。歩いて帰ったのだ。何マイルもの距離を。タクシーはなかなか見つからなかったし、高かった。当時の私たちは価格的にタクシーの客にはなれなかった。

二つ目、サービス産業のイノベーションについて。既存のタクシー会社は新規参入者との競争を強いられて、いくつかのことに気づいた。客はミネラルウォーターのサービスや携帯電話の充電設備を喜ぶ、客に礼儀正しく接しても大してコストはかからないといったことだ。いずれも先端技術を使ったイノベーションではないが、確かに顧客の経験を前よりも良いものにした。ウーバーなどの事業には好ましくない点も多い(労働法違反や交通渋滞など)が、その一方で競争の基本的な長所も明らかにしている。新たな競争相手の脅威ほど顧客サービスを改善するものはない。

競争は投資を促し、事業をイノベーションに向かわせる。そうして売る財やサービスの質を上げるか、そのコストを下げることになる。経済学の観点で見れば、高い品質と低いコストは同じコインの表裏であり、どちらも技術的進歩と見なされる。しかし、進んだ経済においては、競争とイノベーションの関係は複雑で、所有権、特許、市場構造に左右される。だから私たちは適切な理論を組み立て、データを慎重に精査しなければならない。次章以降ではそれを行なう。

競争と格差

競争は成長を促し、おそらく平等も促す。成長を促すというのは、それが生産と雇用の増加につながるからだ。[(2)] 格差も減らすというのは、競争が賃金を増やし、売上利益率を減らすからだ。したがって、競争が激しい経済では、株主還元（配当、自社株買い）は、労働所得に比べて小さくなる。金融資本（金融債権の所有権、主に株式と社債）の分配は、人的資本（労働や教育）に比べて不平等になる傾向があるので、競争が激しい経済のほうが不平等は減ることになる。

競争と格差の複雑な関係を見ていく前に、経済学でいう「レント」の定義をはっきりさせたほうがいいだろう。レントとは資産（人的あるいは物的資産、有形あるいは無形資産）の所有者が、その資産を再生産、再構築するコストを超えて受けとる報酬である。たとえば、10ドルでつくれるものが、特許で保護されているために15ドルで売られる場合、その特許を持つ者のレントは5ドルになる。

レントのなかには人為的な制限によって守られているものもある。たとえば、特定の職業につくのを制限する厳しい免許制度は、すでに免許を持っている人たちを守り、その人たちが値段を吊りあげるのを可能にしている。経済学者が「レント・シーキング」と言うとき、それは個人あるいは集団が、そうした人為的な制限を自分たちに有利になるように成立させる、あるいは強化するために、公共の政策を動かそうとする行為を指している。この言葉には必ずしも道徳的な意味合いはない。自分のレントを守ろうとするのは合理的な行動だ。そうしたからといって悪人になることはない。しかし、悪い政策につながることはままある。

レントと格差の相互作用が意味するのは、競争が格差を減らすとは限らないということだ。競争は所得分配にかかる取り決めの持続を難しくする可能性がある。たとえば、事業者が雇用者にレントの一部を分けることを約束するケースもあるだろう。競争はこのレントを減らし、間接的に雇用者の収入を減らす可能性がある。同様に、人材獲得競争は一部の集団の稼ぎを高水準に押し上げるかもしれない。

しかし、全体としては、国内の競争が貧困層と中間層にマイナスに働くという明確な例はなかなかなく、一方で競争が明らかに便益をもたらす例は数多くある（低価格の商品や航空券、通信業界の競争など）。おおまかに言って、これは国内の競争が効率性をもたらし、それが国民に再分配されるからだ。国内競争がレントの再配分につながり、利益を得る人と失う人がいるのは事実である。競争は雇用を破壊し、創造する。それらは同時に、異なる場所、異なるコミュニティで起こる。しかし、私が言いたいのは、利益と損失が同時に発生するしくみが、一国のなかにあるということだ。国内の競争は全員の厚生の向上を確約するものではないが、ある程度の時間を経て実現する可能性は高める。

国際競争はまったく事情が異なる。国際競争は国内の消費者に便益をもたらすが、国内の製造業者と雇用には害をもたらす可能性がある。標準的な経済理論では、貿易による利益は損失を上回るとされるので、理論的には全員の生活にプラスとなるはずだ。実際にはいつもそううまくいくとは限らない。国際競争は国内の事業者や労働者の損失以上に、国内消費者に便益をもたらすかもしれないが、この損益が自動的に再分配されることはない。国は貿易調整のためにあらゆる措置を試みてきたが、ほとんどはうまくいっていない。さらに、人材と資本をめぐる国をまたいだ競争は、逆進的な税制を生みだすことがある。これは貿易による影響を調整するためにとるべき対応とはまったく逆の対応である。

ニューヨーク大学の私の同僚である、スペンサー・G・ライアンとマイクル・E・ウォーは２０１８年にこの問題について、それまでにない興味深い考察を発表した。貿易に門戸を開けば勝者と敗者が生まれることはわかっている。ライアンとウォーは、社会が貿易による利益を守りながら、損失を軽減する方法を研究している。わかったのは、累進課税が非常に効果的で、累進性の最適水準は貿易にさらされるにつれて上がっていくということだった。これはどういうことなのか。先に述べたように、貿易は価格を下げ、商品の選択肢を増やすことで、消費者に便益をもたらす。労働者にとってはもう少し複雑だ。ほとんどの人は影響を受けないが、国外の労働者と直接競争する人は大きな影響を受ける。この影響の不平等さが、国際貿易をめぐる公の議論の中心だ。ライアンとウォーは、収入が減り、雇用機会を失う労働者の損失を埋め合わせる効果的な方法が、累進課税政策だとしている。

なぜ自由市場はもろいのか

この章のはじめに、経済学者は限りある資源の配分に関心を寄せていると述べた。私たちは詳細まではわからなくても直感的に、経済的資源には限りがあるという事実と競争の価値には深い関係があると理解できる。資源が限られている以上、それを無駄にするのは損失なのだ。となれば、どうすれば資源を効率的に使えるか。一つの答えは、人や組織にその資源をめぐって争わせ、それにもっとも価値を見いだす者の手に渡るようにすることだ。現代経済学の中心にある価格システムは、この競争を組織化する一つの方法である。逆に競争が弱まれば、資本主義は魅力の大半を失うことになる。

もっと大きく言えば、競争は経済的自由を増大させると言える。競争の激しい労働市場では、今の仕事を辞めてもっといい仕事を探す自由がある。雇用主は競争のなかで、職種、労働時間、福利厚生について、働き手にさまざまな選択肢を提供する。労働市場の競争は、労働者を非人道的に扱おうとする雇用主に対して最良の防御となる。

私たちは競争が失われるのを心配すべきだろうか。競争がそんなにすばらしいものなら、なぜ脅かされるのか。競争は皆に便益をもたらすのだから、団結して守ろうとすべきではないか。

50年以上前、マンサー・オルソンは競争を守る行為が自発的には起こらない理由を述べた（Olson, 1971）。オルソンがこれを提唱する前は、私たちは共通の利益があれば、それを達成するために集団で行動するというのが常識だった。残念ながら、この考えには欠陥がある。集合行為の論理を理解するためには、まず誰が得をして、誰が損をするか問う必要がある。競争の場合、それはほぼ明らかだ。競争はレントを破壊するので、レントシーカーにとって競争は敵となる。

レントに関して重要なのは、多くの場合、それが集中していることだ。独占企業が競争相手の参入を阻止するために活動するとき、それは自社とほかの数社のレントを守っている。勝者はごく少数で、守るべきものをたくさん持っている。一方で、そうしたロビー活動が成功して競争が制限されたら損害を受ける経済的行為者は分散している。その業界から購入する消費者は直接影響を受ける。さらに、値段が高ければ消費者の実質可処分所得を減らすので、ほかの財やサービスに使うお金が減ることになる。したがって、ほかの業界も間接的に影響を受ける。しかし、そうしたコストは隠れて見えず、分散している。消費者は参入が制限されていることを知らないかもしれないし、しかもその間接的なコストは小さいため、戦いを選択するのは割に合わない。結果として、レントシーカーによって損を被っている家庭やほかの事業者が、戦うために自ら活動する可能性は低くなっている。ほかの誰かが自由参入のために立ちあがるなら、喜んで応援するだろう。しかし、個人としては自ら立ちあがる動機づけはほとんどない。これがオルソンの議論の核心である。集中した特殊利益は組織化され、そのレントを守るために戦うようになるが、分散した多数派の利益は無視される。この問題の本質はただ乗りであり、ただ乗りのインセンティブは集団が大きくなるにつれて大きくなるという事実がある。

鋭い読者なら、これと同じ議論が国家間の自由貿易でも成りたつことに気づいたかもしれない。国際貿易も、分散した勝者と集中した敗者を生みだす。リストラや工場の閉鎖はメディアで取りあげられるわかりやすい事実だ。価格の低下を把握するのははるかに難しく、貿易による雇用創出は多くの地域と業界にわたっている。だから自由貿易は守られなければならない。

しかし、先に述べたように、自由貿易による便益は国民のあいだで分配するのが難しいため、国内競争を支持する議論のほうが自由貿易を支持する議論よりも説得力がある。貿易によって製造拠点が国外に移るとき、雇用は文字どおり消える。国内競争ではそれは起こらない。

最後に、国内の自由競争を支持する主張の力強さは、経済学のほかのどの議論と比べても劣らないと言いたい。残念ながら、好ましい効果が広範囲におよぶという競争の強みは、同時に弱みでもある。勝者は分散し、敗者は集中するのだ。競争を制限するためのロビー活動が盛んで、守ろうとする動き《アドボカシー》が少ないのはこれが理由である。この問題については本書の後半で考察する。

しかし、まずは競争の測定方法について考えよう。

原注

（1）パッケージ販売と競争は驚くべき効果を持つことがある。グレゴリー・S・クロフォード、オレクサンドル・シチェルバコフ、マシュー・シャムは、ケーブルテレビ市場に「品質」の過剰供給があると見ている。それは高性能の衛星放送との競争のせいだという。衛星放送から競争の圧力がなければ、ケーブルテレビの独占事業者は品質を落としていっただろう。品質の過剰供給は、ケーブルテレビの消費者が、実は品質と価格を落として数を絞った番組パッケージを望んでいることを示している（Crawford, Shcherbakov and Shum, 2018）。

（2）私が「成長」と書いているのは、国が豊かになると言ったときにほとんどの人が思い浮かべる言葉だと思うからだが、これには少し説明がいるだろう。標準的な経済モデルでは、競争はGDPの水準に影響を与えるが、長期的な成長率には影響しない。国内市場の競争を促す政策をとった場合を考えてみてもらいたい。経済の成長率は一時的に上昇するだろう。その後は、政策の変更がなかった場合よりも高い水準でGDPは推移するが、最終的には前と同じ成長率に落ちつく。長期的な1人当たり所得の成長率は、技術の発展にしか左右されないからだ。競争は、技術革新を促すときには、永続的に成長に影響を与えることができる。この問題については活発に議論されている。競争がイノベーションを促すことは証拠が示しているが、その影響の大きさについては意見が分かれている。競争と投資と生産性の関係については第4章で検討する。

2 悪い集中、良い集中

ある産業内の競争の度合いを評価するとき、経済学者は主に三つの変数を検討する。集中の度合い（小さな企業がたくさんあるか、少数の大企業に支配されているか）、企業の利潤、そして顧客が支払う価格である。それぞれに有益な情報が含まれているが、どれをとっても完璧な指標ではない。しかし、全部を合わせて見れば、かなり正確に状況を把握できる。

集中はコレステロールに似たところがあり、善玉と悪玉がいる。悪いほうは、業界の既存企業が主に市場価格を支配する力を強めるために、競争相手の参入を阻んだり、共謀したり、合併したりすることが許されるときに発生する。善いほうは、業界のリーダー企業が効率を上げて、市場シェアを増やすときに発生する。経済学においては、集中は悪い現象としてとらえられることが多いが、いつもそうとは限らない。競争の一つの指標として、一歩引いて見るべきだ。そして、必ず利潤と価格といっしょに検討すべきである。

最初に、市場支配力という概念から見ていこうと思う。次に、指標すべてが同じ方向を示す規制緩和の事例をいくつか検討する。それから、解釈が難しい事例を取りあげ、ウォルマートとアマゾンの拡大について考える。

市場支配力は本書で中心的な役割を果たす。私の議論の中心には、アメリカ経済全般において市場を支配する力が増大してきており、それがアメリカの消費者を傷つけてきたという考えがある。したがって、市場支配力の原因と結果を理解する必要がある。そのために、典型的な市場を示す例をいくつか見ていく。

市場支配力 vs 需要弾力性

「市場支配力」は経済学では重要な概念である。それは企業が価格を上げて、顧客に負担をかけて利潤を増やす能力を測ったものだ。もちろん、これが可能になるのは、この場合の顧客にほかの選択肢がないときだけである。もしほかの選択肢があれば、顧客はほかの企業の商品に乗り換えて価格の上昇に対処するだろう。経済学では、市場支配力は需要の弾力性に左右されると言う。

市場支配力と需要の弾力性の関係を理解するために、次のような状況を考えてみてほしい。あなたはAからBへ飛行機で移動したい。AからBに乗客1人を運ぶ費用は平均すると200ドルになるとする。この費用には、パイロットの賃金、燃料費、離陸・着陸費用、空港使用料、検査費用、機体の修繕費まで含まれる。航空券はいくらにすればいいだろうか。もし複数の航空会社が同じ路線を飛んでいるなら、200ドルに近い値段にすべきだろう。少なくとも長期的に見れば、200ドル未満になることはない。航空会社が損することになるからだ。固定費の回収があるので、200ドルより少し高い値段にすべきだろう。たとえば5%の利ざやを必要とするとしよう。となれば、競争力のある値段は210ドルだ。この路線の乗客1人当たりの平均利潤は10ドルとなる。

次に、直行便を飛ばしている航空会社が1社しかない場合を考えてみよう。210ドル以上の値段をつけるのは間違いないだろう。だが、いくら上乗せするか。それは値段を上げたときにどのくらいのスピードで乗客を失うかによる。失う乗客のとる行動は、次の三つのうちのどれかになるだろう。(1)乗客は乗り継ぎ便のあるほかの航空会社に変える。(2)車か列車を利用して行くことにする。(3)行くのをやめる。航空会社が値段を上げたときに乗客を失うスピードが、「需要の弾力性」と呼ばれるものだ。

航空会社が1%値段を上げたときに、乗客数が2%減れば、需要の弾力性は2となる。この弾力性は乗客がほかにどのような選択肢を持っているかによる。もし安くて便利な乗り継ぎ便が見つかれば、その需要の弾力性は高いということになり、直行便を持つ1社は210ドルを大幅に上回る値段は設定できなくなるだろう。便利な乗り継ぎ便がなければ、需要の弾力性は低くなり、直行便を飛ばす1社は210ドルを上回る値段を設定できる。

市場支配力と厚生

次に議論を広げて、市場支配力と厚生の関係について解説したい。まずは競争の激しい市場から見ていこう。図2・1aでは、価格が縦軸、数量が横軸になっている。

需要曲線は消費者の支払い意欲を示している。これが自動車の市場だと想像してほしい。消費者はもっとも購買意欲の高い人から低い人まで並べられる。価格は限界的な買い手、すなわちその値段で車を買っても買わなくてもいいという人をはっきりさせる。図2・1aで示されているように、限界的な買い手の左側にいる消費者は全員が喜んでもっと支払うだろうが、もちろん安いほうがうれしいに決まっている。限界的な買い手の右側にいる人たちは購入を見送る。この人たちにとってはその値段は高すぎるからだ。

品物がチョコレートで、消費者が1人しかいない市場を考えてもよい。その人はチョコレートが好きで、チョコレートを買うためなら高い値段でも喜んで出す。数量が増えるにつれて欲求は満たされ、追加のチョコレートに支払う気持ちは減っていく。私たちから見れば、大勢の消費者が一つのもの（車など）を買うのも、1人の消費者が複数のもの（チョコレートなど）を買うのも同じことである。どちらのケースでも、下向きに傾斜した需要曲線が発生し、同じように厚生分析ができる。だから好きなほうを選べばいい。わかりやすくするために、自動車の例で話を進める。

次のステップとして、価格がどうなるか考える。当然ながら、それは企業がその品物を供給するにあたってどのような競争を行なっているかによる。競争の激しい業界であれば、価格は製造の限界費用――車をもう1台つくる費用、あるいはチョコレートをもう1オンスつくる費用――と同じになるはずだ。なぜか。価格が費用を上回っていれば、少なくとも1社は価格を下げて新しい顧客を獲得しようとするだろうからだ。企業は値下げを競い、最終的に価格はコストと等しくなる。利益が出なくなった時点で、それ以上の値下げはしなくなるだろう。これが、競争の激しい業界と言うときに意味することだ。需要曲線を見れば、その競争的な価格で買いたいと思う人がどのくらいいるか把握できる。限界的な買い手を把握し、その横軸の数量を読めばいい。これが競争的な数量である。

図2・1ａの灰色の三角形は消費者余剰を示す。理由は比較的簡単にわかるだろう。需要曲線をなす各点は、購入者の支払い意思をあらわしている。その人のその車に対する評価額である。評価額が販売価格を上回っていれば、その人は需要曲線と販売価格の差額であらわされる余剰を得ることになる。三角形は、限界的な買い手の左側にいる購入者全員の余剰の合計である。当然ながら、限界的な買い手の余剰はゼロだ。それはその人が現在の販売価格では買っても買わなくても同じと言っているに等しい。

話をわかりやすくするために、この例では限界費用は生産数量に左右されないとする。図2・1ａのなかで限界費用は水平に線を引いた。車1台当たりの価格と限界費用が同じなら、企業は追加の利潤を得られず、企業側に考慮すべきものはない。消費者余剰はその経済の総厚生を正しく測定したものである。この分析の主論点を変えずに、限界費用が最初は減少し、その後増加するという、もう少し現実的なケースを想定してもいいだろう。

図2・1bは同じ経済で、企業に市場支配力があるケースだ。今度は、価格が製造の限界費用を上回っている。競争の激しい市場より、車を購入する人も数量も減る。消費者余剰は小さな三角形で測られる。先ほどのケースよりも小さくなったのがわかるだろう。限界的な買い手とその左側にいた少数の人たちが締めだされ、それ以外の人は先のケースより高い価格で買うことになる。

しかし、二つの三角形の差のすべてが厚生損失ではない。薄い灰色の長方形部分は企業の利潤を示しているからだ。競争の激しいケースでは利潤はゼロだったが、この場合はプラスになる。この利潤は消失しない。株主に支払われ、経済のなかで循環する。もちろん、利潤の行く先は株主で、高い値段を払うのは消費者であり、両者は必ずしも重ならない。本書の執筆中、私はニューヨーク大学の政治学者ハワード・ローゼンタールとメールのやりとりをした。そのなかの1通で、彼はこのことを的確に表現していた。「ここの通信費の請求書とパリにいたときの請求書を見れば、違いは明らかだ。だけど、AT&Tとベライゾンの配当小切手はうれしいね」。私たちは高価格の分配がもたらす影響についてもっと考えなければならないだろう。このテーマは本書の後半で取りあげるが、ここで重要なのは、効率(厚生)損失が、小さな黒い三角形だけで表現されているということだ。

競争は厚生にとって良いものだから、問いは明らかだ。図2・1bから図2・1aへ移行するにはどうすればいいだろうか。もっと競争を激しくするには何が必要なのか。消費者にとって利益になるだろうか。ここでいくつか特定の産業について検討しよう。

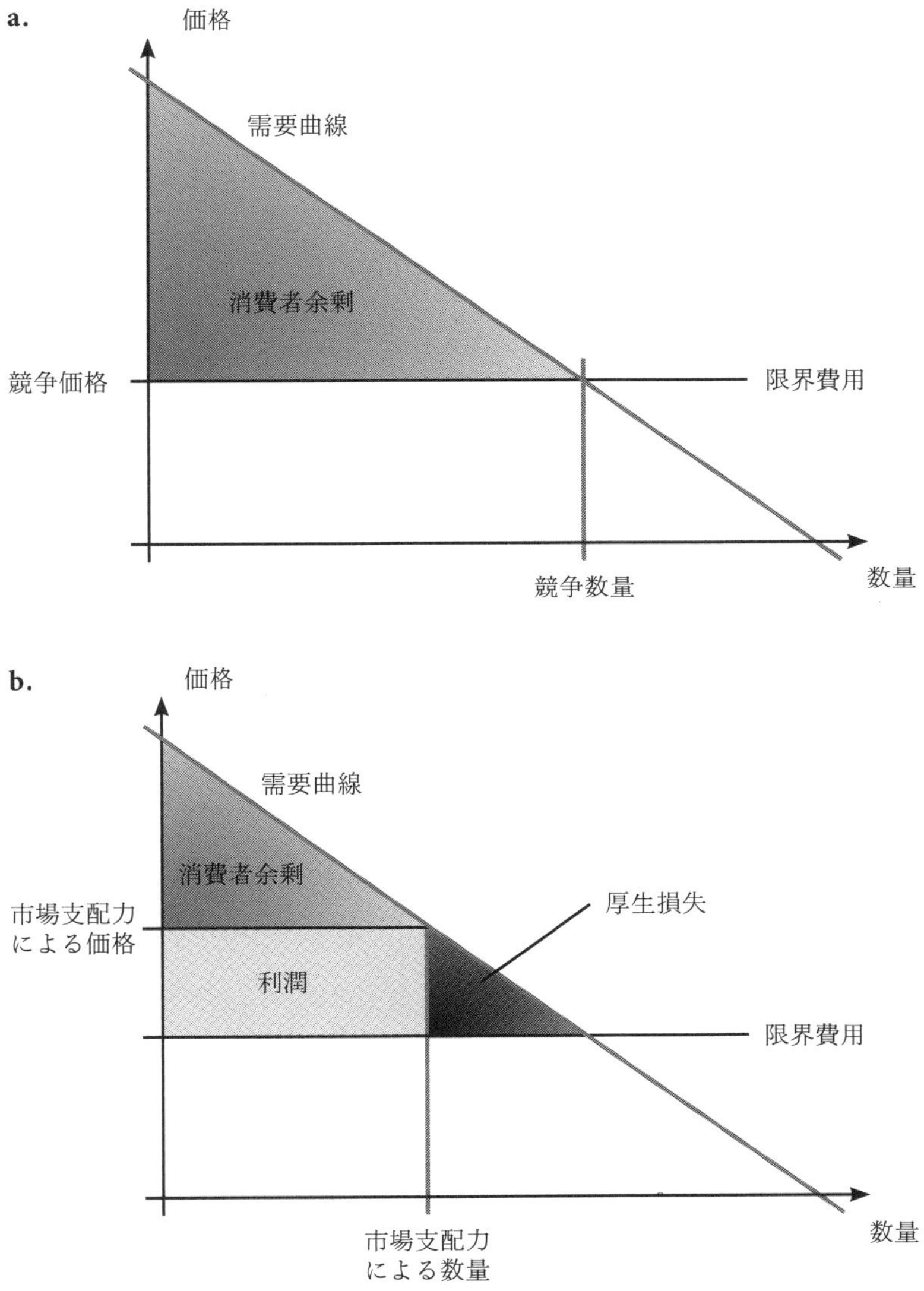

図 2.1　産業均衡　(a) 競争の激しい業界 (b) 市場支配力がある業界

航空と通信の規制緩和

「序論」で、航空業界と通信業界の規制緩和について述べた。カーター政権は航空業界の規制を緩和した。航空券の価格は下がり、毎年、旅客マイル数は伸び続けた。1984年、AT&Tが分割されて「ベビーベル」（地域電話会社7社）が生まれた。航空会社と同じように、長距離電話サービスの競争の激化は消費者に大きな便益をもたらした。長距離電話料金は劇的に安くなった。AT&Tの市場シェアは、ライバル企業が市場に参入するにつれて下がり、1984年の80％から1996年には50％にまで落ちた。

ヨーロッパの通信業界の規制緩和はかなり遅れて起きた。フランスの例は競争の利点をよく示している。フリーモバイルは、フランス人起業家グザヴィエ・ニールが設立した通信会社イリアド・グループ傘下の携帯通信事業者だ。2011年、4Gの認可を取得し、既存事業者3社の強力なライバルとなった。影響はすぐにあらわれた。2011年以前、フランス人はスマートフォンの料金として毎月45〜65ユーロ払っていた。データ量には制限があり、通話できる時間も数時間だった。フリーモバイルは20ドルで、通話、SMSとMMS、そしてデータ量をすべて無制限にした。利用者数は急増し、2012年の第1四半期には260万人、2014年の第1四半期には860万人を超えた。現在の市場シェアは約20％で、25％を目指しているという。

消費者の便益はさらに拡大した。オランジュ、SFR、ブイグはフリーモバイルに対抗して格安ブランドを立ちあげ、20ユーロのプランを提供した。フリーモバイルが参入してから半年後、フランス人消費者が支払う料金は40％ほど下がった。フランスの携帯電話料金は昔はアメリカよりも高かったが、今ではずっと安い。品質も向上し、両方の国で通話したことがある人なら誰でも同意するだろう。

これらのケースは割にはっきりしていて、わかりやすい。政府の動き（規制緩和と反トラスト訴訟）が競争を激化させ、すべての指標が同じ方向に動いた。少なくとも最初のうちは、価格が下がり、利潤が減り、集中が低下した。

しかし、この三つの指標（集中、価格、利潤）がすべて同じ方向に動かない事例もある。たとえば、検索と輸送のコストが下がれば、消費者は簡単に低価格の事業者から買うことができ、競争の激しい市場でも集中が増していくことがある。シカゴ大学の経済学者チャド・サイヴァーソンは生コンクリートの工場を研究し、この効果についてまとめた（Syverson, 2004）。「市場に製造業者が密集しているときには、消費者は購入先を簡単に変えられる……結果として、相対的に効率の悪い業者は利益を上げるのが難しくなる」。競争の圧力は非効率な業者を市場から追いやり、効率的な会社の市場シェアを伸ばす。したがって、この場合、競争は市場の集中度を高める。

効率的な集中——１９９０年代のウォルマート

小売業界、なかでもウォルマートの成長について考えてみよう。ウォルマートは１９９０年代のアメリカの小売業部門に大きな影響を与え、小売業部門の改善は同期間の経済全体に大きな影響を与えた。この10年間の前半から後半のあいだに実現した経済効率の改善のうち、およそ3分の1は小売業部門によるものだった。[1]
図2・2はウォルマートの市場シェアと売上利益率の推移をあらわしている。「市場シェア」は単純に、小

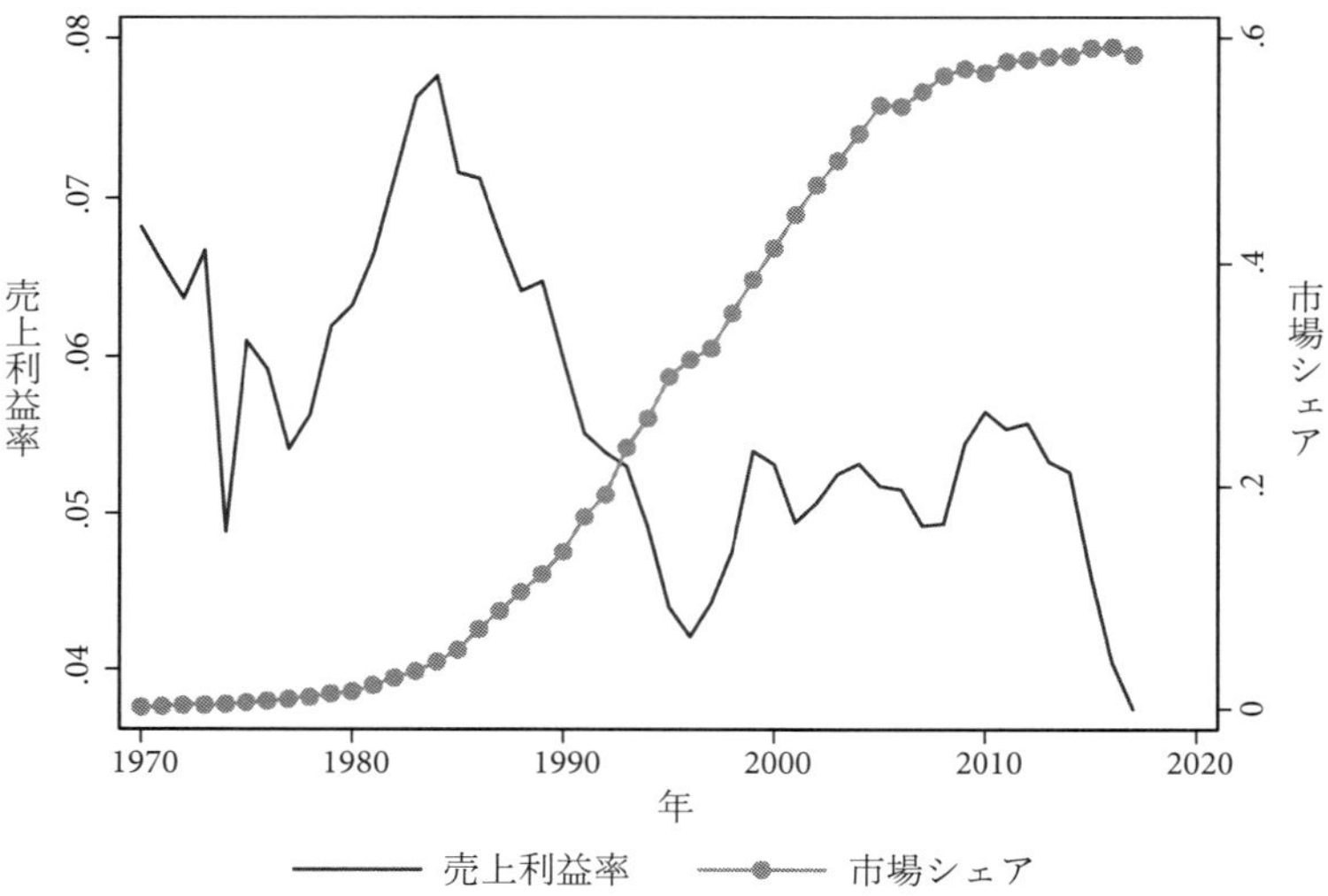

図 2.2　ウォルマートの成長

売業部門の売上合計に占めるウォルマートの売上高（収入）の割合である。ここで「小売業部門」を定義しなければならないことに注意してほしい。グラフが示しているのは、総合小売店という区分におけるウォルマートの市場シェアである。経済学で業界をどのように分けているかを知りたければ、「補足資料」の最初の部分を見てほしい。産業分類について知りたいと思いながら、なかなか訊けないことをまとめておいた。ウォルマートの市場シェアは１９９０年代に劇的に上昇し、５％に満たないシェアから約６０％となった。「売上利益率」は売上に対する利益として定義される。売上利益率が５％なら、ウォルマートが１ドルの品物を売ったときの利益は５セントになる。この期間のウォルマートの売上利益率は少し落ちて、６～７％から４～５％になっている。この微減は売上の激増で説明がつく。売上利益率は平均なので、おそらく利益率の低い商品の売上が増加したのだろう。

　ウォルマートの成長は小売業界に集中をもたらし

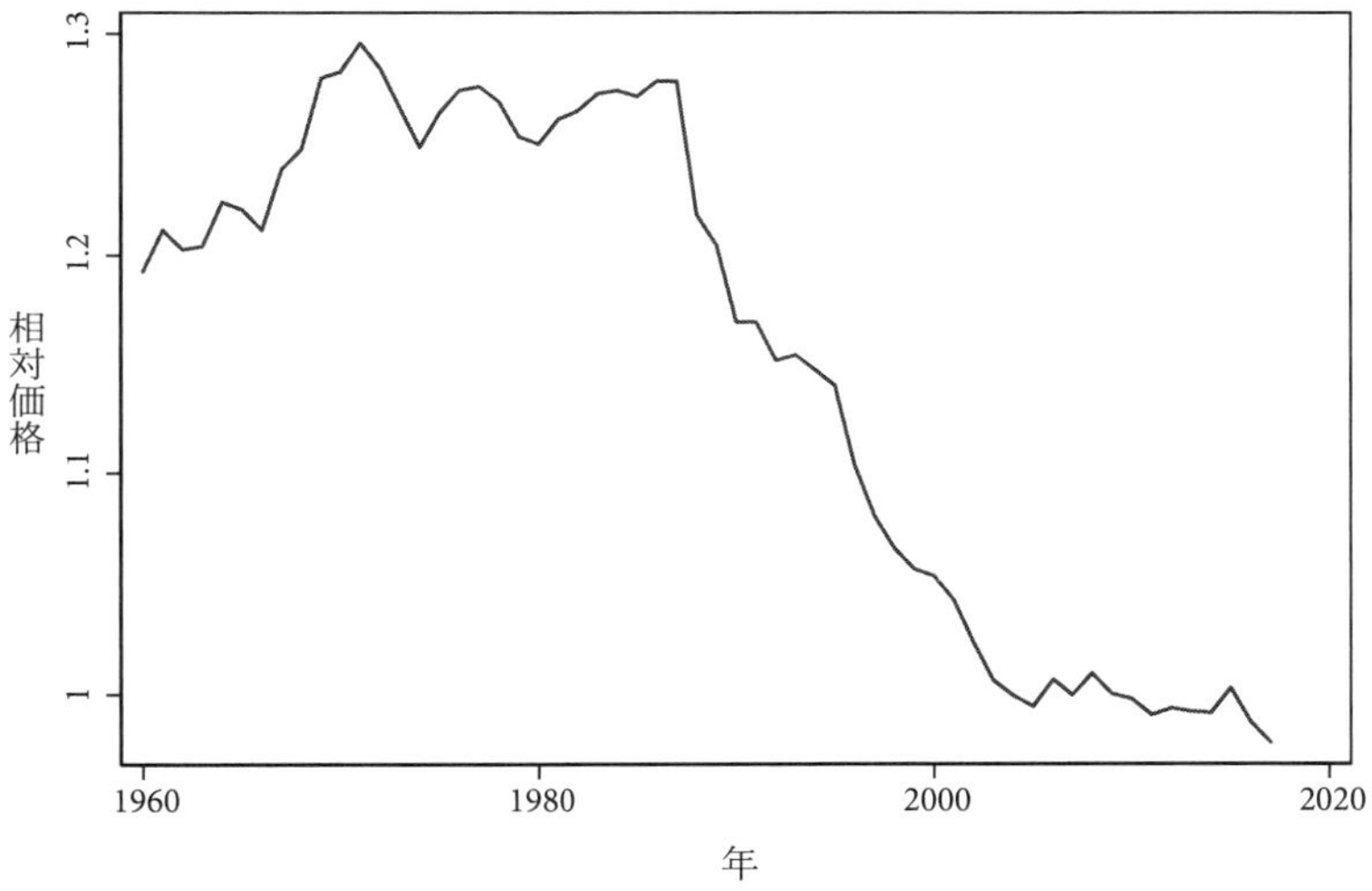

図 2.3　消費者物価指数に対する小売物価指数
データ出所：BEA、産業別 GDP；FRED、PCE 指数

た。消費者にとってそれは良いニュースだったのだろうか。図2・3は、総合消費者物価指数に対する小売サービス価格の推移を示したものである。地元のスーパーマーケットで買うものが安くなれば、この指数は下がる。ウォルマートが急成長した時期と重なる、1980年代半ばから2000年代半ばにかけての20年のあいだに、小売サービスの価格は急激に下がっている。これはアメリカの世帯が小売商品の購入費用を約30%節約できたことを意味する。

この動きは明らかにアメリカ経済が良くなっていることを示している、と結論づけたくなるかもしれない。しかし、経済学が教えてくれることが一つあるとすれば、それは必ず何らかの交絡因子があるということだ。この場合、1980年代の連邦最低賃金の減少である。小売業で働く人の多くは、その地域の最低賃金かそれ以下の賃金で働いている（たとえば食料品店では4分の1の人が該当する）。そして、小売業はアメリカのなかで最低賃金労働者を2番目に多く雇っている部門だ。結果として、最低賃金が下がれば小売価格の減少が予想される。経済学者はこの効果を測定しようと研究してきた。トビアス・レンキン、クレア・モンティアルー、ミヒャエル・シーゲンターラーは、2017年の論文で、最低賃金が10％動けば、小売価格は約0・2〜0・3％変動するとした。実質（つまり、インフレ調整後の）最低賃金は、1979年から1995年のあいだにおよそ3分の1減った。これによって予想される小売価格の減少幅はせいぜい1％程度であり、図2・3で見た相対価格の減少に比べれば小さい。

では、この期間の小売価格の下落の大部分はどのような理由によるものなのか。小売業界では確実に効率化が推進され、削減されたコストが消費者に還元されたのである。ウォルマートの高度なサプライチェーン・マネジメントシステムはこの進化に大きく貢献した。ベンダー（商品納入事業者）が管理する在庫システムを通して、製造業者はウォルマートの倉庫にある自社の在庫を管理する責任を持つ。ベンダーはウォルマートの店にある自社商品の在庫を直接監視し、ある店舗で在庫が少なくなれば追加の商品を送る。この技術は在庫管理のコストを削減し、効率の向上は価格の低減という形で消費者に回る。経済学者アリ・ホルタチスとチャド・サイヴァーソンは2015年の論文で、大型小売店と電子商取引は小売業界の生産性を向上させたと述べている。

ウォルマートの成長は、効率的な集中の一例である。売上利益率は変わらないか、場合によっては下がり、そして、何よりも重要なことに価格が下がる。消費者はウォルマートの事業拡大から便益を得ている。その労働環境や経営慣行については議論すべきなのだろうが、アメリカの消費者によい結果をもたらしたのはほぼ間違いない。

私が本書を執筆しているあいだにシアーズが破産し、アメリカの小売業部門は依然として競争が激しいことを示した。ウォール・ストリート・ジャーナル紙のスザンヌ・カプナーはこう伝えた。「20世紀の大半において、シアーズ・ホールディングスはカタログと店舗を通じてたくさんの家庭におもちゃや道具や機器を届け、アメリカの小売業というものを示してきた」。2018年10月中旬に破産を申請したとき、687の店舗と6万8000人の従業員がいた。「数十年前、アメリカ最大の小売業者の地位はウォルマートに奪われた。その後、的外れな経営戦略が打撃となり、さらに利益を吸いあげる果てなきオンラインカタログであるアマゾンによって機能不全に陥った[2]」

アメリカの小売業界は、競争の指標としては集中だけでは足りないことを示している。利潤と価格といったほかの指標で補完しなければならない。さらに、雇用と投資についても見るつもりだ。

大企業数社による集中を測る

大企業が数社あるとき、どのようにしてその業界の集中の度合いを測ればいいだろうか。図2・2ではウォルマート1社の市場シェアを見たが、線は一本なので簡単だ。しかし、複数の大企業に支配されている産業では、このようにはいかない。全社の市場シェアを描きこんでもよいが、かなり見にくくなるだろう。たくさんの会社があったとしても、一つの数字で集中の度合いを把握できるほうがいい。それを実現したのが「ハーフィンダール・ハーシュマン指数（HHI）」だ（コラム2・1を参照してほしい）。

航空業界をもう一度見てみよう。図2・4は国内のHHIである。1980年代に新しい航空会社が参入して下がり、2000年を過ぎてから合併により上昇している。歴史的には0・1あたりだが、2000年以降に合併が相次ぎ、0・14まで上昇した。国内航空会社の上位4社はアメリカン航空（2016年7月から2017年6月の国内市場の18・6％を占めた）、サウスウエスト航空（18・4％）、デルタ航空（16・8％）、ユナイテッド航空（14・8％）である。5番目はジェットブルー航空（5・5％）でかなり小さくなる。

――コラム2・1　ハーフィンダール・ハーシュマン指数で集中を測る――

ハーフィンダール・ハーシュマン指数（ＨＨＩ）は、市場の集中を測る。N社ある業界を想像してほしい。1社目の市場シェアはs_1、2社目はs_2とする。ＨＨＩは市場シェアの2乗を合計して出す。

$$HHI=(s_1)^2+(s_2)^2+\cdots+(s_N)^2$$

なぜ2乗するのか。各社の市場シェアを単純に合計すれば、当然ながら1となり、情報としては意味がない。もし、各社の市場シェアがまったく同じsだとしたら、ＨＨＩはsとなる。同じ規模の企業が10社ある業界ではＨＨＩは0・1だ。一般化して言うなら、$1/s$は企業数となり、$\frac{1}{s}\times s^2=s$で、企業が同じ規模ならＨＨＩは常にsである。企業規模が異なる場合、市場シェアを2乗するということは、大きいほうの会社に重みをつけることになる。市場支配力に関心があるのだから、それは理屈にあう。

例をあげてみよう。まず独占（$s=1$の企業が1社）の場合、ＨＨＩは1となる。これが最大の値だ。市場の半分を支配する大企業が1社あり（$s=0.5$）、ほかは多数の小さい会社が市場を埋めている場合、ＨＨＩは0・25に近くなる。これは同じ規模の会社が4社ある場合のＨＨＩと同じだ。ＨＨＩを使えば、このようにさまざまな企業構成の業界を比較できる。

法律関係の文書では、0・25のHHIは2500と表記される。これは単に、計算値（0・25）に10000をかけて、ベーシスポイントでHHIを表記することが多いからだ。つまりHHIが1というときには、HHIは10000であると言うことが多い。

反トラストを実施するために、米司法省は競争がある市場を、HHIが1500以下の市場と定義している。1500から2500の場合は、市場はやや集中しているとされる。2500を超えると、司法省は高度に集中している市場と見なす。当然ながら、反トラストの懸念は集中した市場で高まるため、司法省は集中度の高い市場でHHIの増加幅が200ポイントを超える合併はすべて、反トラスト法に抵触する可能性があると考える（ベーシスポイントの利点がわかったと思う。0・02より200のほうが言いやすいだろう）。

図2・4はアメリカの航空業界の全国レベルでのHHIを示したものだ。だが、これが検討すべき関連市場だろうか。人々はある都市から別の都市に飛ぶ。さまざまな都市の平均値は利用の実態にそぐわない。航空業界で市場と言えば、2都市を結ぶ路線を指すのが妥当だろう。航空会社は全路線の一部だけを飛ぶので、全国レベルで見るより路線レベルで見るほうが集中度は高くなる。では、どのくらい高くなるだろうか。

会計検査院の2014年の報告書では、2012年のデータをもとに、利用者の多い路線から少ない路線まで五つのグループに分けられている。会計検査院の調査が行なわれたのは、いくつかの大きな合併があったあとだが、アメリカン航空とUSエアウェイズの合併前だった。2012年には約4億1000万人の乗

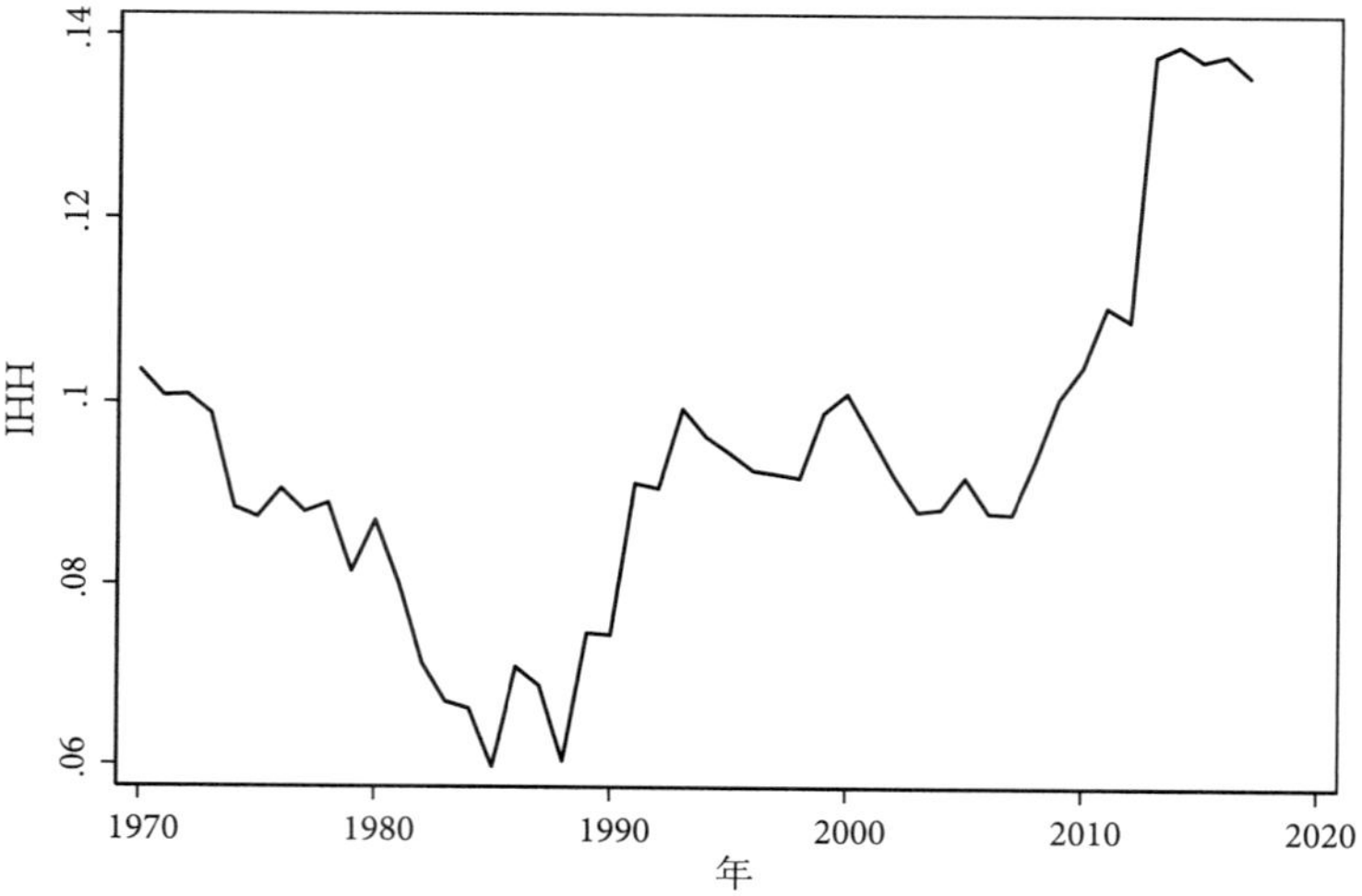

図 2.4　アメリカ航空業界の HHI
データ出所：Compustat のアメリカ企業

客がいたので、各グループには約８２００万人の利用者がいる。第１五分位群（もっとも利用者が多い）には、都市の組み合わせは37しかないが、それらはすべて、ニューヨークからロサンゼルス、ワシントンＤＣ、ボストンといった大都市間の利用者の多い路線である。第３五分位群（中程度の利用者数）には、都市の組み合わせは２３７ある。第５五分位群（利用者が少ない）には９３７９の組み合わせがあり、その多くが小規模な空港である。第１五分位群のＨＨＩは約０・32だ。第３五分位群のＨＨＩは約０・40。図２・４で示した、国のＨＨＩ（２０１２年は約０・11）と比較すると、地方レベルで対応するＨＨＩは国の約3倍になっている。

　コラム２・２で説明したように、これは全国レベルの集中指標を解釈するときには気をつけなければならないことを示している。経済学のなかで産業組織を研究する分野では、昔から議論されている論点だ。カール・シャピロは、業界レベルの証拠には納得していない（Shapiro, 2018）。「一貫性と意義のある、系統だったやりかたで経済全体の市場の集中を測るのはきわめて難しい」。適切な粒度でＨＨＩを計算できるかどうかは難しい問題だ。航空業界で見たように、経済学者が全国規模の市場で参加者を研究する産業部門には、実は地域に根差しているものが多いとシャピロは主張する（レストラン、スーパーマーケット、通信、病院など考えてみてほしい）。シャピロは、集中が増す状況は単に、「過去20年のあいだ、全国展開する大企業の売上の占める割合が増えているという事実を反映しているだけかもしれない」という。

――コラム2・2　関連市場とは何か――

アメリカの小売業部門を調べると、１９９５年から２００８年にかけて集中度が増しているのがわかる。全国レベルでは、ＨＨＩは0・03から0・06になっている。しかし、競争に関していえば、アメリカの小売業部門の市場は一つではない。人々が実際に買い物に行く場所ごとに市場があり、たくさんの地域市場から成りたっている。シカゴのダウンタウンの小売店の集中度合いは、タンパに住む人々の買い物事情とは無関係だ。

二つの地域にそれぞれ2店舗ずつ独立した小売店があり、その4店舗の市場シェアが等しい国を考えてみてほしい。人々は居住地域にある店にしか行かないとする。その場合は当然、地域の市場について考えるべきだろう。各地域には同じ規模の小売店があるので、それぞれのＨＨＩは0・5となる。ところが、全国で見れば同じ規模の小売店が4店舗あるのでＨＨＩは0・25となる。この全国の数値は意味がない。適切な数値は地域のＨＨＩである0・5だ。次に、片方の地域の1店が他方の地域の1店と合併したとする。地域内の競争は変わらない。そもそも競争関係にない会社同士がいっしょになったからだ。各地域のＨＨＩは依然として０・５である。ところが、全国のＨＨＩは０・３７５になるのだ。１社のシェアが０・５で、２社が０・25ずつのシェアを持つことになるからだ。全国の指標によれば、市場の集中は増したという間違った結論を出しかねない。

妥当な批判だろう。反トラストを扱う経済学者はきわめて細かいデータを使って研究する必要がある。困難な立証責任を果たさなければならないからだ。この問題は真剣に受けとめるべきだ。とはいえ、完璧な方法がないからといってあきらめることはない。本書では、一つの手段をもって、それだけで結論を出さないようにするつもりだ。集中が増している兆しがあれば、すぐに利潤や価格といったほかの指標を確認する。集中の測定にはほかにも批判がある。特に本書の後半で検討する、海外との競争を考慮した場合である。

たとえば、図２・４を見れば、２０１０年以降、航空業界で急激に集中が増していることがわかる。私たちの関心を引くには十分だが、これだけで競争が弱まったと結論づけることはできない。まず集中が路線レベルでも高まっていることを確認する必要がある。それは確認できる。さらに、それに価格の上昇と利潤の増加が伴っていることを示す。そうしてはじめて、この集中はアメリカの乗客にとっておそらく悪いものだと結論づけることができる。しかし、絶対ではない。理論的には、サービスの品質が改善して値段が上がった可能性もある。ほとんどの読者は、航空会社に関してそう言えば笑うだろう（私も書きながら笑っている）。しかし、これが起こりうる業界もある。ほかに安全に関する規則が固定費を増加させたという説明もあるだろう。これも集中の増加を説明できる。だが、これに関しては、ヨーロッパの状況を見るといい。安全規制は同様に厳しいが、集中も価格も上昇していない。つまり、アメリカの航空業界は反トラストがうまく機能せず、消費者にとってマイナスの影響をもたらしている、かなりわかりやすい事例なのである。慎重すぎると思われるかもしれない。しかし、だいたいにおいて、別の説明ができないかどうか検討するのは健全な姿勢である。

アマゾン vs ウォルマート

それでは小売業部門に戻って、アマゾンの成長について見ていこう。すでに見たように、ウォルマートの市場シェアが伸びるにつれて、小売価格は著しく下落している。しかし、この改善は2005年にとまっている。この時期に重なるのが、オンラインショッピングの拡大、特にアマゾンの成長である。小売業について考えるときには、今でもウォルマート、ホームデポ、ターゲットを対象とするが、アマゾンについても考慮しなければならない。

アマゾンは価格の変動とは無縁に成長している。つまり、アマゾンの拡大は安売りによるものではない。買い物体験を改善したことにつきる。だから、実際の価格は高くなる場合も低くなる場合もある。となれば、アマゾンの世界では価格をどのように比べればいいのだろうか。

ある道具を50ドルで買いたいと思っているとしよう。地元の金物店に車で行き、買う前に専門的なアドバイスを受ける。同じような道具をアマゾンで45ドルで買うこともできるが、アマゾンではどれがいいのかわからない。もし、どちらの選択肢でもいいと思っているなら、あなたは地元の店の店員の専門知識に5ドルの価値を見いだしていることになる。つまり、店は単に道具を売っているのではなく、専門家のアドバイスもいっしょに売っているのである。アマゾンはアドバイスとセットで売っていないので、その値段は必ずしも安くない。

逆の見方もできる。あるおもちゃを買うときに実店舗で17ドルで買うより、アマゾンで20ドルで買いたいと思うなら、自分に問いかけてみてほしい。どのくらい安ければ車で店まで行く気になるだろうか。たとえば、それが15ドルとする。その場合、あなたは利便性と節約できる時間に5ドルの価値をつけていることになる。その意味では、アマゾンは実質的に5ドルの節約を提供している。そして、それは店で15ドルで買うのに等しい。店では17ドルで売っているのだから、アマゾンは実店舗より2ドル安いという主張も成りたつ。

これらの例は価格を測定するときの複雑な問題を示している。財の品質はいろいろだし、抱き合わせで販売されることもあるので、価格の比較は難しい。コラム2・3では、統計機関が品質調整済み価格をどのように計算するかについて説明した。

デジタルプラットフォームは測定について新しい問題を生みだした。無料のサービスを多く提供しているからだ（たとえばグーグルマップ）。もちろん、こうしたサービスは本当の意味では無料ではない。それは新しいセット商品の一部にすぎないからだ。そこでもっとも重要なのは個人データの取得である。シリコンバレーで言われるように、「もしお金を払わないのであれば、あなたは顧客ではなく、あなた自身が売られる商品なのだ」。

オンラインショッピングの利便性によって価格を調整すれば、アマゾンも低価格化の原因になっていると言えるかもしれない。しかし、その利益がどのように分配されているかという点では異なる。ウォルマートは低所得者層にとって価値あるものを創造した。アマゾンは可処分所得と時間の機会費用が比較的高いアッパーミドルクラスの世帯にとって利用価値が高い。前述した例では、品質調整額は節約される時間に時給をかけた金額になるだろう。最近、ある経済学者たちが電子商取引による利益を定量化した（Dolfen et al., 2019）。電子商取引の支出は２０１７年までに消費の８％に達していた。彼らの計算によれば、電子商取引による利益は、恒久的に消費を１％押し上げるのに匹敵するという（１世帯当たり約１０００ドル相当）。利益の一部は移動費用の節約によるものだ。人口密度の高い地域の消費者のほうがより多くの利益を享受しているように、高所得のクレジットカード保持者のほうがより多くの利益を享受している。

――コラム２・３　品質変化による価格調整――

経済学者は価格が大好きだ。喜んで価格を見積もり、比較して、まとめて指数をつくる。なぜそんなにさまざまな物価指数が気になるのか。それはそうした指数が生活費の推移を教えてくれることになっているからだ。所得と生活費の両方が10％上昇したとすれば、生活水準は変わらず、実質的な成長はなかったことになる。

正確な物価指数をつくるのは想像以上に重要な仕事だ。広く使われる（そして、費用のかかる）政府のプログラムの多くは物価指数を利用して、予算や支払いレートを決めている。その範囲は社会保障からメディケア、出張費用の精算にいたるまで幅広い。物価指数の計算を間違えれば、誤った結論を下し、誤った政策を実行することになるだろう。

１９９６年、ボスキン委員会は、アメリカの消費者物価指数（ＣＰＩ）は物価上昇をおよそ１パーセントポイント過剰に見積もっていると結論づけた。主な原因は品質の変化と新商品の登場にある。当時の年間インフレ率が２・９％だったことを考えれば、これはかなり大きな誤差だ。物価指数の計算はなぜそんなに難しいのか。

ＣＰＩは労働統計局（ＢＬＳ）が計算している。ＢＬＳは毎月、数千の小売店から数万という品物やサービスの価格を収集する。それから価格変化の「平均値」を計算する。これは今月集める品目が先月と同じなら比較的簡単だ。各品目の価格の変動率を計算して、各品目の支出割合によって加重平均を出せばいい。だが、新しい品目が出てきたときにはどうすればいいだろうか。もしくはそれまであった品目がなくなったら？　既存の品目が大きく変わったら？

品質の変化を正確に計測するのは難しい。ＣＰＩの目的は、長期間にわたって同じ品物とサービスが入ったバスケットの購入費用を計算することだ。あるバスケットを先月は１００ドルで購入し、今月は同じバスケットに１０１ドル支払わなければならないとすれば、インフレ率は１％となる。実際には、なくなる商品もあれば、新型になるものもあり、また新商品も登場するので、まったく同じバスケットは買えないことが多い。

新商品を取りこむのに時間がかかることもある。自動車が指数に組みいれられたのは１９３５年、エアコンは１９６４年、携帯電話は１９９８年で、かなり安くなってからだった。問題は、新製品登場の最初の（大きな）効果を逃し、インフレを過大に見積もってしまうことだ。

ＢＬＳのデータ収集者は、小売店が販売をやめたなどの理由で、ＣＰＩのサンプル品目の価格を入手できないときは、それに近い代わりの品を探す。それから、品質や仕様の違いについて調整する。その計算のために、製造業者の原価データやヘドニック回帰が利用できる。「ヘドニック回帰」は統計モデルで、消費者が品物やサービスに支払う意欲を推定する。品質調整を明確に見積もれないときには、同じ地理的地域にある類似品目の平均価格変動額を利用して価格変動を決める。最後に、ＢＬ

Sは住居費（家賃と所有者の帰属家賃）と医療費（CPIに含まれる医療費は自費部分のみ）を見積もるために特定の計算をする。

ボスキン委員会の報告書の発行から20年ちょっと経った今、私たちはどこにいるのだろうか。おそらくグラスは半分まで満たされていると言えるのではないか。BLSは品質調整の手続きを改善し、新製品に目を光らせているが、そこで使われる代替品の評価方法は、品質や特徴の変化が比較的小さいときにはうまく機能するが、消費者の行動を大きく変えるような革新的な新製品の場合はそれほどうまく機能しない。したがって今でもインフレを過大に評価する可能性はある。

この問題は、グーグルやフェイスブックといったインターネット・プラットフォームが提供する「無料の」品物やサービスの場合に特に難しくなる。幸いにもシカゴ大学のチャド・ジョーンズといった一流の経済学者たちがこの問題に取り組み、いくつかの考え方を示してくれた（Jones, 2017）。インフレの評価は、生産性の伸びの測定と密接に結びついているので、第7章で引き続き検討する。今の段階では、誤測定は生産性の低下についての結論を大きく変えるものではないと言うにとどめておこう。

アマゾンが忙しい高所得世帯にとって便利なのは間違いない。もう一つ関わってくるのは、アマゾンの売上利益率がそれほど高くないように見える点だ。小売業界の平均程度で、むしろ少し低いくらいなのである。さらに重要なことに、アマゾンは多額の投資をしている。投

資についてはのちほど詳しく検討するが、ここで競争が弱まれば投資のインセンティブも弱まると認識しておくことは重要だ。アマゾンが投資に力を入れている事実は、競争に関して言えば、明らかに良い兆候である。

となれば、心配は無用なのだろうか。必ずしもそうとは言えない。アマゾンの価格決定は静的ではなく動的である。低い価格を設定するのは市場シェアを獲得するためだ。オープン・マーケッツ・インスティテュートのリナ・M・カーンが述べたように、恐れているのは、多くの市場で支配を確立するためだけに利潤を捨て、あとから市場支配力を利用しようとしているのではないかということだ（Khan, 2017）。しかし、それを証明できるだろうか。

産業経済学には、この問題に光を当てる二つの考え方がある。ロスリーダー価格設定と略奪的価格設定である。「ロスリーダー価格設定」とは企業の戦略で、損が出る価格で商品を売り、客を呼びよせ、ほかの利益率が高い財やサービスを購入してもらおうとするものである。小売業界では一般的な戦略だ。一方、「略奪的価格設定」は、企業が競争相手を市場から追い出すために、持続不可能な低価格を設定するときに見られるものだ。考えてみれば、実質的に二つを区別するのは難しいことがわかるだろう。

カーンは、ダイパーズ・ドット・コムほかいくつかのサイトを持つ電子商取引企業、クイッツィの事例を取りあげる。アマゾンは２００９年にクイッツィ取得に関心を示したが、申し出は断られた。その後、アマゾンはクイッツィに価格競争をしかけ、アマゾン・ドット・コムのおむつやベビー用品の価格を下げ、新たにアマゾン・マムというプログラムをつくり、大幅な値引きを提供した。クイッツィにはアマゾンと戦う資金力はなく、最終的に会社の売却を決断した。同社はウォルマートとアマゾンから提案を受けていたが、２０１０年にアマゾンの申し出を受けいれた。連邦取引委員会（ＦＴＣ）はクレイトン法第7条に照らして取引を精査した。いくつかの点で問題があるのは明らかだったが、連邦取引委員会は追及しないことに決めた。1年後、アマゾンは値引きを撤回した。

この事例はおそらく略奪的価格設定にあたるだろう。しかし、消費者にとって害なのだろうか。それはわからない。買収がなかった場合の価格が今よりも高かったかどうかは確認できない。この事例がはっきりさせているのは、略奪的価格設定かどうかを判断するのは難しいということだ。同時に、規制者が目を光らせなければならないことも示している。

集中が悪とは限らない

ここまで経済学者が競争を研究するときに使う標準的な道具をいくつか見てきた。市場シェア、集中、利潤、価格である。これらはどれ一つとして完璧ではない。集中が進めば市場の支配が心配されるが、市場のリーダーが効率性を上げているということもある。効率性の高い企業は利潤を上げるが、桁外れの利潤が続くのは悪い兆候だ。低価格は略奪的価格決定によるものでなければ、だいたいにおいて良い兆候である。

反トラスト行動があるとき、私たちは価格が下がることを期待する。それで反トラスト行動は有益だと結論づけていいのだろうか。その可能性は高いが、100パーセントではない。少なくとも理論上では、競争は行きすぎるかもしれないからだ。競争が激化したあとに投資とイノベーションが減少すれば、そうした事態が起こる可能性がある。規制緩和の事例では、私たちは新規参入の企業が出てくることを期待する。規制緩和は良い考えだということなのだろうか。これもおそらく答えはイエスだが、新規参入が多すぎるケースも考えられ、利潤の減少が消費者にとっての利益より大きくなることも予想される。これらは経験上難しい問題であり、もっと幅広い経済指標を検討する必要があるだろう。そう、そのとおり。私たちにはもっとデータが必要なのだ、データが！

第3章から第5章では、アメリカ経済の過去20年の大きな傾向を振りかえる。見ていくのは、新規参入と撤退、市場シェア、合併、利潤、自社株買い、投資である。

原注

（1）　オリヴィエ・ブランシャールは、バズーらの主張（Basu, Fernald, Oulton and Srinivasan, 2003）についてこう述べる。「アメリカにおいて、１９９０年代前半と後半のあいだのＴＦＰ（全要素生産性）の伸びの3分の1は、小売業部門によるものである」（Blanchard, 2003）。マッキンゼー・グローバル・インスティテュートの研究は、１９９０年代のアメリカのＴＦＰの伸びの背景にある要素に注目している。総合小売店（ＴＦＰの伸びの16％を占めている）では、「ウォルマートが進行中の経営革新を通じて、直接および間接的に生産性の向上の大部分をもたらし、それが競争を激化させ、最良のやりかたを普及させた」。同様に、卸売業部門は１９９５年以降の生産性の向上に大きく貢献した。製薬卸売では、「伸びの半分が倉庫の自動化と組織の改善によってもたらされた」という（Lewis, Augereau, Cho, Johnson, Neiman, Olazabal, Sandler, Schrauf, Stange, Tilton, Xin, Regout, Webb, Nevens, Mendonca, Palmade, Hughes, and Manyika, 2001）。

（2）　Suzanne Kapner, “Sears reshaped America, from Kenmore to Allstate.” *Wall Street Journal*, October 15, 2018.

3　市場支配力の増加

1998年1月29日、米司法省で反トラスト業務を担当していたジョエル・クラインは、ニューヨーク州弁護士会でこう述べた。「アメリカ経済はかつてないほど競争が激しくなっている」。それは確かに事実だったが、アメリカの世帯にとっては残念なことに、将来を見通したうえでの発言ではなかった。クラインを批判しているのではない。アメリカ市場がどうなるかを予見することは不可能だっただろう。それに経済学の歴史を振りかえれば、もっと恥ずかしい予測はいくらでもある。イェール大学の有名な経済学者アーヴィング・フィッシャーは、アメリカ購買代理人協会の月例夕食会の席で、「株価は恒久的に続くと思われる高原《プラトー》に達した」と述べた。株価の一般論として、かなりばかげた話だ。しかし、さらに不運なことに、この発言は1929年10月15日になされた[1]。

第2章では、競争のさまざまな測定方法を見た。その意味、有用性、限界を理解したと思う。本章ではそれを実践してみよう。

市場シェアの集中

まずは集中から始めるべきだろう。集中には二つの基本的な測定方法がある。一つはトップ企業の市場シエアだ。その業界の上位1社（集中度はCR1と表記する）あるいは5社、8社（CR5、CR8）のシェアを見る。もう一つは、第2章で見たハーフィンダール・ハーシュマン指数（HHI）である。どちらの指標を使っても、アメリカのほとんどの業界で集中が増しているという結果が出る。

米国勢調査局は、産業ごとの売上の集中を計算している。2016年4月、オバマ大統領のチーフエコノミスト、ジェイソン・ファーマンが委員長を務める大統領経済諮問委員会は、「1997年から2012年のあいだにほとんどの産業では、大手50社の売上シェアが増している」と指摘した（Council of Economic Advisers, 2016）。図3・1はそれを再現、拡大したものである。国勢調査のデータを製造業と非製造業に分けて計算したCR8を使い、アメリカ経済において集中が増していることを示している。製造業についてはもう少し細かいデータがあり、360の製造業で分析できる（NAICSの6桁コード。NAICSのコードについては補足資料の最初で説明している）。製造業では、上位8社の集中度（CR8）は、当初の約0・5から5、6パーセントポイント、つまり10％上昇している。非製造業では、NAICSの3桁コード、70強の産業で分析できる。これだと大きく定義しているのでCR8は小さくなり、当初は0・2だが、増加幅は大きくなり、約7パーセントポイント増加し、つまり3分の1以上上昇している[2]。

国勢調査はアメリカ企業を網羅しているので、もっとも包括的なデータソースとなる。とはいえ、限界はある。そこには財務情報は含まれておらず、事業所レベルの会計をもとにしている。代替データソースとしてコンピュスタット（Compustat）がある。S&Pグローバル・マーケット・インテリジェンスが提供する、企業レベルでの財務情報のデータベースだ。コンピュスタットは国勢調査と違って、経済の一部を扱っている。対象となっているのは、上場している（あるいはかつて上場していた）大企業だけだ。国勢調査よりも扱う範囲は小さいが、過去のデータが充実しており、企業レベルでまとまった詳細な財務情報を持っている。

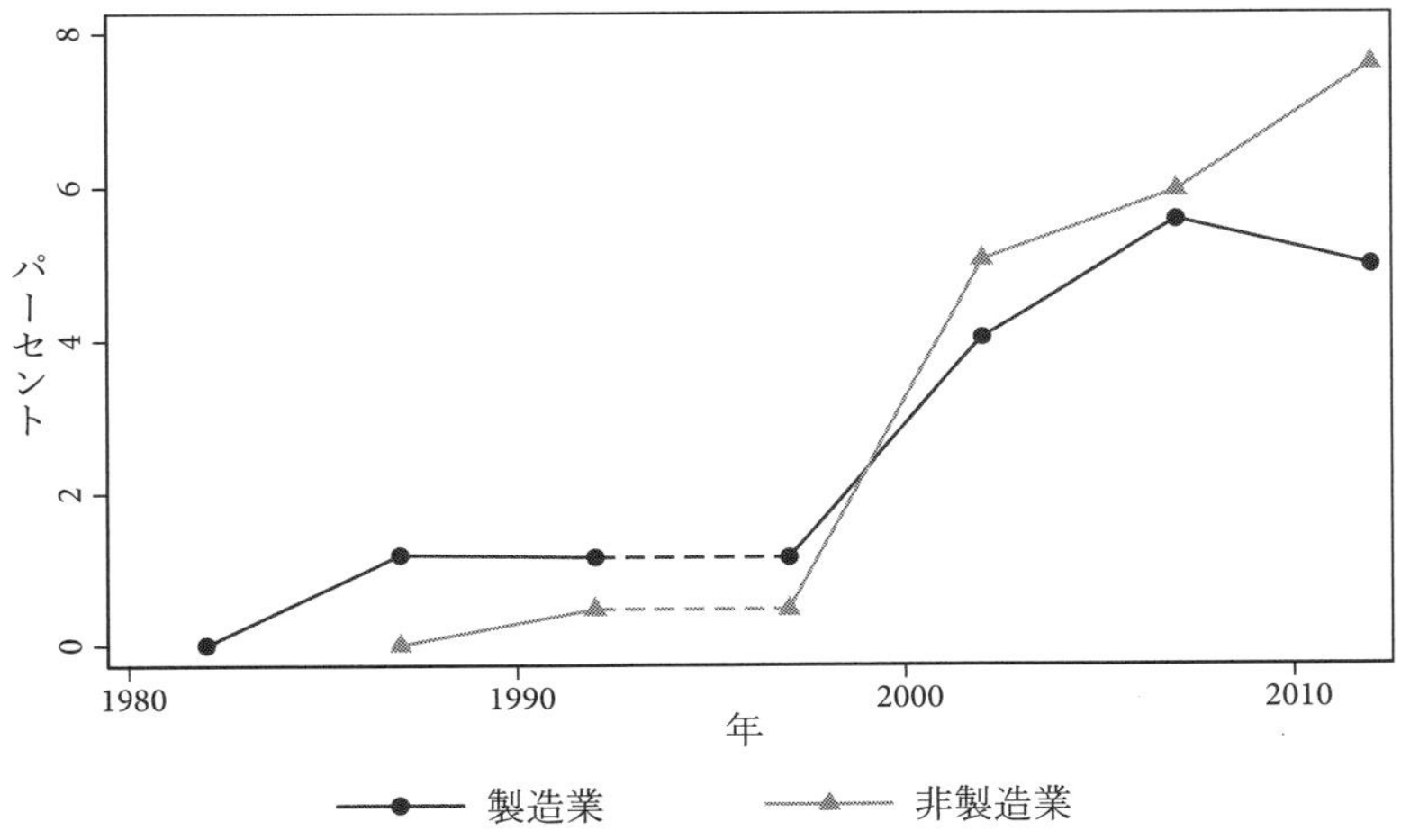

図 3.1　国勢調査の上位 8 社による集中（CR8 の累積変化）
年間データ。集中度は各産業の上位 8 社の（売上高による）市場シェアとして定義する。Autor et al. (2017) を参照してほしい。一貫した区分のもとで集中を時系列にしたもので、同様の傾向を示している。
データ出所：経済センサスによるアメリカの集中度（CR）、1997 年前は SIC の区分、1997 年以降は NAICS の区分による。製造業のデータは NAICS の 6 桁コードをもとにしている（1992 年は SIC の 4 桁コード。1992 年にはそのレベルのデータしかなかったため）。非製造業のデータは NAICS の 3 桁コード（1992 年は SIC の 2 桁コード）をもとにしている。

コンピュスタットを使えば、結果の堅牢性が確認でき、それを広げることができる。マティアス・コバルビアスとヘルマン・グティエレスとともに執筆した論文のなかで、私たちはコンピュスタットと国勢調査のデータを使い、集中度はＨＨＩで測ってもＣＲ８で測っても、同じように上昇していることを示した (Covarrubias, Gutiérrez and Philippon, 2019)[3]。グスタヴォ・グルーロン、イレーナ・ラーキン、ロニ・ミケーリーは、コンピュスタットのデータを使ってはじめて集中の増加を指摘した (Grullon, Larkin and Michaely, forthcoming)。アメリカの産業の4分の3以上で集中が増していると結論づけたのである。さらに、集中が増す産業の企業は売上利益率も増加していることを示した。利潤については、この章でのちほど取りあげる。

第2章で、競争の指標として産業の集中度を使う際の注意点について述べた。一つは、関連市場の集中は、産業のレベルによって正しくとらえられない可能性があることだ（航空会社の路線単位と全国平均の例を思いだしてほしい）。二つ目の注意点は、集中は産業の力学の変化を示している可能性があることだ。その場合、直接的には市場支配力に関係しない。たとえば、業界の先頭を走る企業と遅れをとった企業のあいだに効率性の差が生じたり（1990年代のウォルマート）、斜陽産業内で統合が進んだりする場合である。

仮説を並べる

集中が増していることについて実証した論文はあるが、その原因についての議論はほとんどなく、その結果の議論はさらに少ない。ジェイソン・ファーマンは、大統領経済諮問委員会の委員長を務めていたとき、集中の増加は「経済的レントと競争参入への壁の存在」を示唆していると主張した。デイヴィッド・アーター、デイヴィッド・ドーン、ローレンス・カッツ、クリスティーナ・パターソン、ジョン・ヴァン・リーネンは、ほぼ正反対の意見を述べている（Autor et al. 2017）。すなわち、集中とは、「商品市場の競争が激しくなったために、消費者が価格と品質に敏感に反応するようになった」現実を踏まえた「勝者独り勝ち」の状態だという。

集中の測定結果は示唆に富むが、それだけで競争が本当に減ったかどうかは判断できない。探究を進め、理解を深めるためには、仮説を書き出してはっきりさせるとよい。やはり、科学的調査ではそれがまっとうなやりかたである。だから、データを解釈するための仮説を六つ並べてみた。

◆仮説1　空騒ぎ
産業の集中を測るのは意味がない。産業コードは精密さを欠き、市場は地域的なものだから（反トラストの専門家の主張）。
◆仮説2　国内競争の減少
アメリカでは多くの産業で競争が減っている（本書の主張）。
◆仮説3　超一流企業の台頭
集中は業界リーダーの生産性の向上を反映している。
◆仮説4　検索コストの減少
インターネットにより価格の比較が容易になり、それが勝者総取りにつながっている。
◆仮説5　グローバル化
海外との競争が国内の統合につながっている。
◆仮説6　無形資産
無形資産の増加で、集中、利潤、投資の動きが説明できる。

「空騒ぎ」という仮説を検討するのは、最初は違和感を覚えるかもしれないが、自分たちが不要な騒ぎを起こしているだけかもしれないと心に留めておくのは大切だと思う。専門家が株式市場を語るのを耳にするたびに、私はこの問題を思いだす。彼らは市場がどうなるか、なぜそうなるのか、常に答えを持っている。特定のパターンが意味するところを熱心に語り、基本的には意味のない変動を合理的に説明する理屈を考えだす。人は知識がないからといってニュースに意見するのを控えたりはしない。だから、過剰な自信を戒めるためにこの仮説を検討しよう。この仮説にしたがえば、産業の集中度を測っても、それは単なる騒音であり、現実の結果を予測するものでも、説明するものでもないということになる。

残りの五つの仮説は互いに矛盾しない。メキシコ、中国、日本といった海外との競争が一部の産業に影響を与えているのは間違いない。貴重な無形資産を持つ企業があるのも事実だ。すでにアマゾンについては見た。アップル、フェイスブック、グーグル、マイクロソフトについては、第13章と第14章で考察する。おそらく関連する産業と時期を違えながら、これらの仮説が混ざりあっているのが真実なのだろう。仮説はほかにもあるかもしれないが、突きつめればこの五つの組み合わせに落ちつくのではないかと思う。

「超一流企業の台頭」説は、第2章で見た１９９０年代のウォルマートの話が該当する。この見方によれば、集中は良いニュースで、生産性の急伸との関連で考えることになる。「検索コストの減少」説は超一流企業説と関係するが、概念的にはまったく異なる。その主張は、オンラインショッピングというツールのおかげで、消費者の価格弾力性が高まったというものだ。この仮説は、事後的な競争の増加と売上利益率（売上に対する利益）の減少を示唆していることに注意してほしい。利益率が低ければ、企業は参入の固定費を回収するために規模を拡大することになり、売上の集中は増す。２０１７年に発表された有名な論文のなかで、アーター、ドーン、カッツ、パターソン、ヴァン・リーネンは、アメリカのほとんどの産業で総じて見られる国民所得の労働分配率の低下は、超一流企業の台頭で説明できると主張している（Autor et al., 2017）。この点については、あとで戻ってくることにする。

「国内競争の減少」説は、逆の立場を主張する。参入障壁が上がって、既存企業の市場支配力が増し、結果として国内競争が減少したというものだ。これが私が本書で主張する、ほとんどの産業——すべてではないが――についての解釈だ。もしこれが正しければ、次の質問が生まれる。なぜか。「グローバル化」は仮説ではない。事実だ。正しく言うなら、問題は量的に見てどうか、ということである。グローバル化は私たちが見ているものの大半を説明してくれるのだろうか。それともごく一部だけなのか。グローバル化が主な原動力となる産業、原動力とならない産業はあるだろうか。「グローバル化」説のもとでは、海外との競争には売上利益率に対する下方圧力があり、国内企業を退場あるいは合併に追いやる力があると考える。確かに織物業など、製造業の一部はこのパターンをたどっている。貿易経済学者ロバート・フィンストラとデイヴィッド・ワインスタインは２０１７年の論文のなかで、グローバル化がマークアップに与える影響を計算し、海外との競争にさらされている業界では一般的にマークアップが減少していると結論づけた（Feenstra and Weinstein, 2017）。もう一つ覚えておくべき重要な点は、グローバル化は双方向に機能するということだ。海外との競争には、成功した国内企業が海外に事業を広げ、国内よりも海外で大きくなるという逆の道もある。わかりやすい例が、２０００年代のフィンランドの通信会社ノキアの成長だ。同社はピーク時には、ヘルシンキ株式市場の時価総額の約3分の2、研究開発費の約半分、フィンランドの輸出の約20％を占めていた[4]。そういうわけで、企業の連結売上高（海外売上高を含む）を、国内のＧＤＰと比較するときには気をつけなければならない。

最後に「無形資産」説にはいくつかの考え方がある。無形資産は物質としての実体を持たない。特許権や著作権といった知的財産権が該当するが、ブランドなどのあいまいで漠然とした資産まで含む。経済学者ニコラス・クルゼットとジャニス・エバリーは、無形資産の創造に長けた企業が、業界のトップに立つケースが多いと述べている（Crouzet and Eberly, 2018）。というより、それが業界のリーダーになるための手段だと言う。無形資産説の魅力は、（超一流企業の）生産性の向上と、国内競争の減少（無形資産は参入障壁の構築につながるため）という二つの説を通して集中を説明できることだ。この考えを検証するために、第4章でさまざまな企業と産業の無形資産を慎重に見ていく。ネットワーク効果や情報技術の生産性の格差もまた、トップ企業の効率的な事業展開の拡大を促し、集中を高める可能性がある。

市場シェアの持続性

産業組織や反トラストを専門とする経済学者は、当然ながら産業レベルのHHIで集中を測ることを良しとしない。確かにHHIの限界は第2章で指摘したとおりだし、その業界の状況について紛らわしい結論につながる事例も検討した。その一方で、産業レベルの市場シェアを完全に無視するのも的外れである。有益な情報を提供してくれるケースも多いからだ。私はマティアス・コバルビアスとヘルマン・グティエレスとともに、競争をもっと動的に測る方法を検討している。一時点の市場シェアの集中度ではなく、一定期間市場シェアが持続するかどうかを見るのである。

普通に考えれば、競争の激しい業界では、トップ企業は挑戦を受ける立場にある。わかりやすくするために、5社からなる産業を考えてみよう。ある年の市場シェアが、1社が60％、ほかの4社が10％ずつだったとする。これだと集中が進んだ業界に見える。HHIは4000で、「高度に集中している」とされる2500を完全に超えている。では次に、約2年おきにトップ企業が入れ替わる状況を考えてみよう。5社はライバルに勝とうと常にイノベーションを目指し、平均して2年ごとにそのうちの1社が成功する。この入れ替わりは全体の図を大きく変える。トップの地位は一時的なものとなるため、この業界はかなり競争が激しいと言えるだろう。トップ企業が持つ大きな市場シェアは長続きしない。1位は入れ替わる。

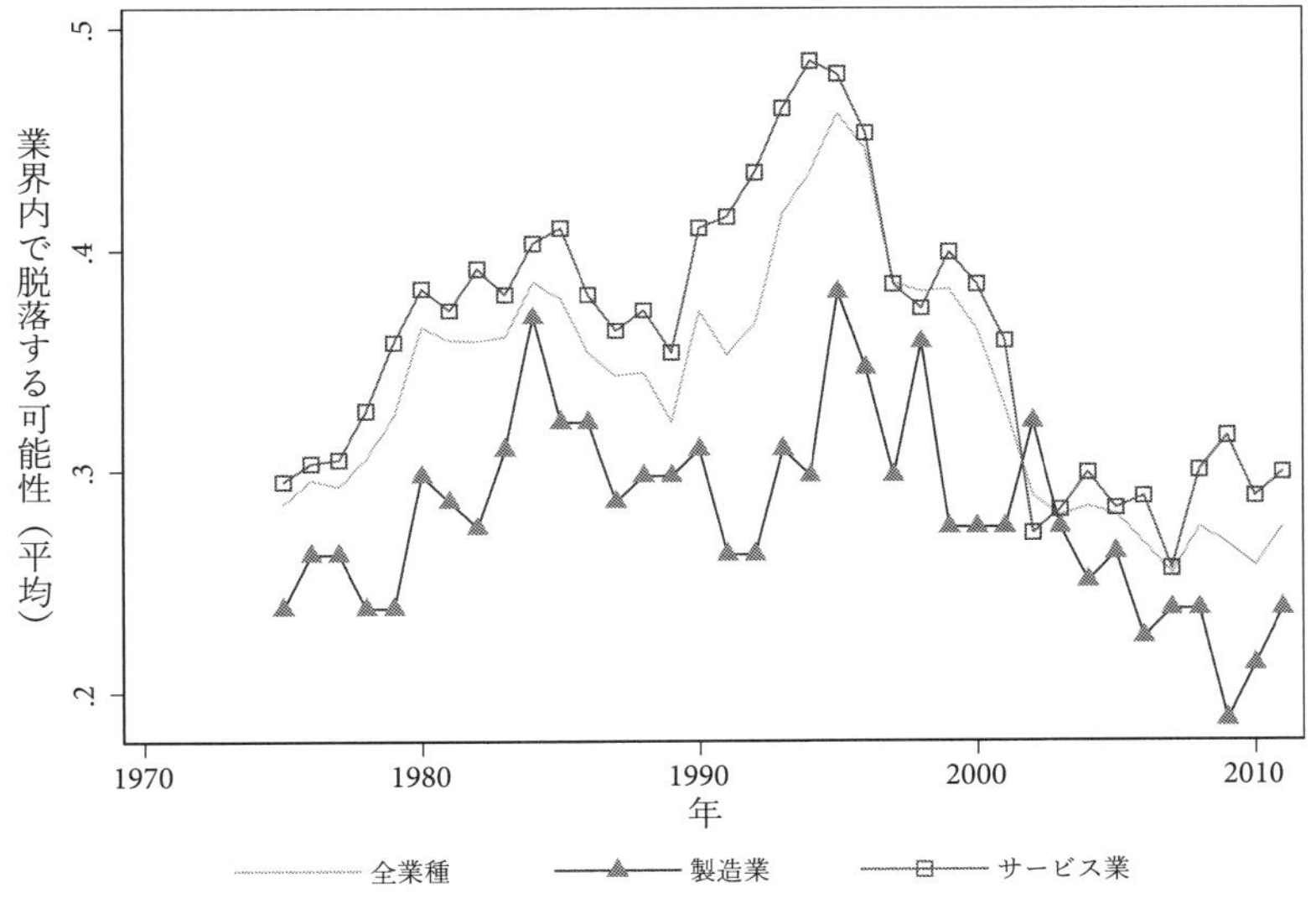

図 3.2　トップ企業の交代　詳細は本文を参照。

グティエレスと私は、この考えを具現化するために二つの数値を計算した。一つはトップの交代を、もう一つは市場シェアの再編を測る。一つ目は次のようなものだ。ある1社が、利潤あるいは市場価値でほかの会社をしのぎ、その業界のトップにいた場合、その後の3年間のうちにトップからすべり落ちる可能性はどのくらいあるだろうか。図3・2がその計算結果である。ご覧のとおり、1990年代に取って代わられる可能性は約45%だった。当時、3年以上トップでいられる確率は、かろうじて50%を上回る程度だったわけだ。今では、3年以内に落ちる可能性はわずか30%である。リーダーは20年前ほど心配しなくてよさそうだ。

　二つ目は同じようにして再編を測る。まず、特定の年の市場価値あるいは収入によって企業を順位づけする。そして、5年後にもう一度計算する。それから二つの順位の相関を計算する。もし二つの順位の相関が1だとしたら、企業の相対的な地位は5年間変わらなかったことになる。一方、ゼ

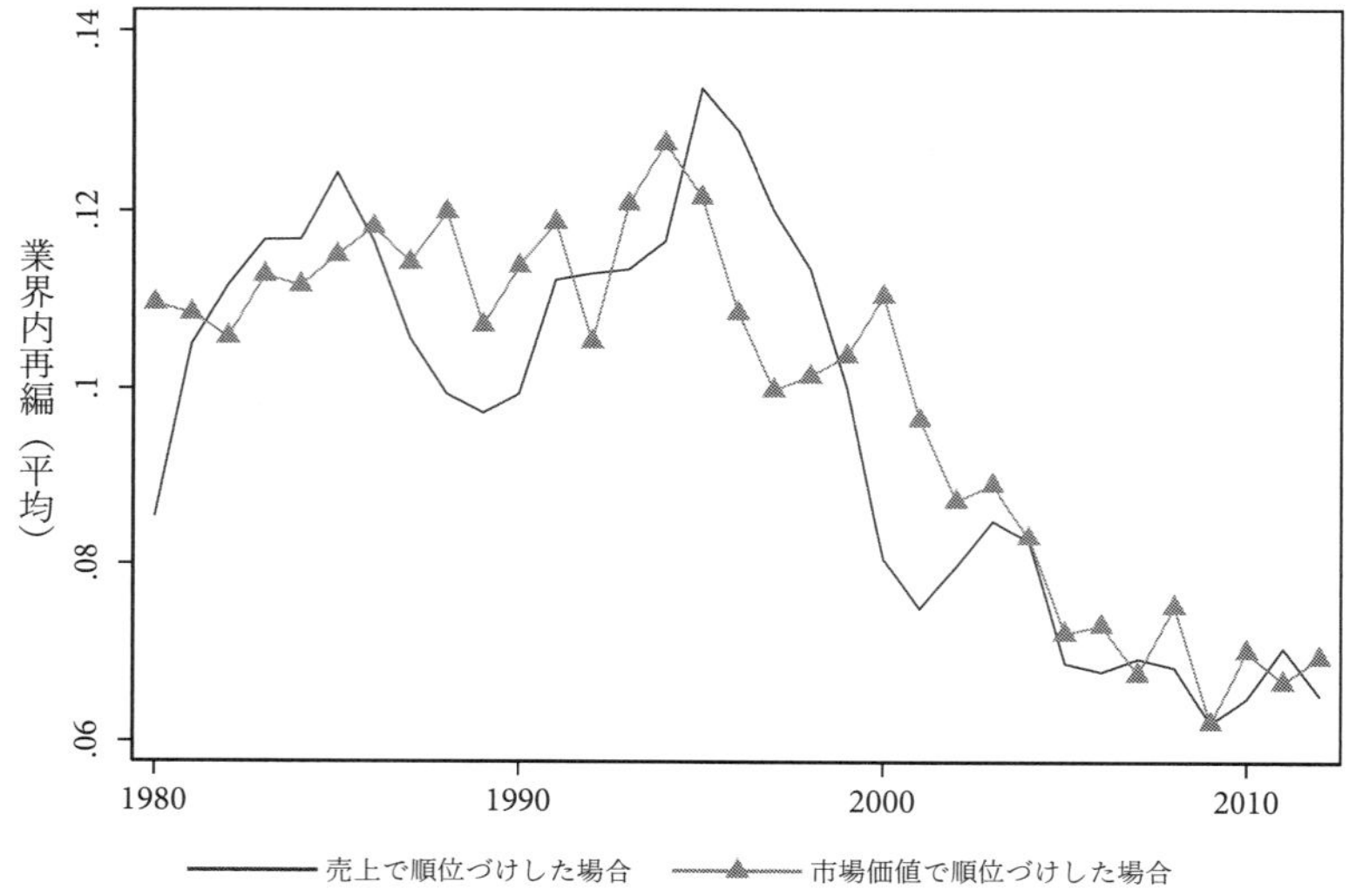

図 3.3　再編　詳細は本文を参照。

ロだったとしたら、その業界は完全に再編されたことになる。したがって、再編は1マイナス順位の相関として定義できる。図3・3は過去20年のあいだに再編が減ってきたことを示している。市場シェアは持続するようになったのだ。今から5年後のトップ企業を予想するのは前よりも簡単になった。答えは今と同じ会社だ。

図3・2と図3・3から導ける結論は、多くの人が競争について考えることと一致しない。六つの仮説に戻れば、図3・2と図3・3から検索コストの減少説は除外できる。仮説が予測しているのは逆のパターンだからだ。「検索コストの減少」という仮説のもとでは、生産性や技術革新の小さな変化は市場シェアに大きな変化をもたらす。ところが、私たちが目にしているのは市場シェアの持続性と安定性の増加である。

図3・2と図3・3は、国内競争の減少と整合がとれている。トップ企業の比較優位性が強固になって続くというなら、超一流企業の台頭や、無形資産の

役割の仮説とも矛盾しない。しかし、なぜそうなるのかははっきりしない。無形資産は有形資産よりも規模に関する収穫逓増が見込めるという意見をよく聞くが、これがその場合にあたるという決定的な証拠はない。それどころか、のちほど示すつもりだが、規模に関する収穫を標準的に見積もった場合、この20年間に変化はあまり見られない。だが、今の時点では、とりあえず図３・２と図３・３はスター企業の持続性の増加と整合していると知っておいてほしい。

次に利潤を見ていこう。「超一流企業の台頭」と「国内競争の減少」の仮説からは、利潤の増加が予想される。「グローバル化」からは、海外との競争にさらされる企業の利潤減少が予想される。「空騒ぎ」から、集中と利潤のあいだの体系的な関係が導かれるとは思えない。売上利益率を見れば、これらの仮説を理解するのに役立つだろう。

売上利益率と株主還元

では、アメリカ企業の利潤を詳しく見ていこう。ほかと同じように複数の手段があり、そのもとになるデータソースがいくつかある。売上利益率vs資本利益率、国民経済計算vs企業会計といった具合である。重要な概念についてはコラム３・１で説明した。

図３・４は、アメリカの国民経済計算を利用して、ＧＤＰに対する企業の税引き後利潤の大きさを計算したものである。ＧＤＰと比べたときの利潤の大きさは景気の波によって左右されるもので、たとえば２０００年第４四半期〔いわゆる米ＩＴバブル後の時期〕や２００８年第４四半期〔米投資銀行リーマン・ブラザーズは同年9月15日に経営破綻した〕などの景気後退期には落ちこんでいるのがわかる。しかし、それと同時に、利潤の比率が50年以上にわたっておおむね安定していた

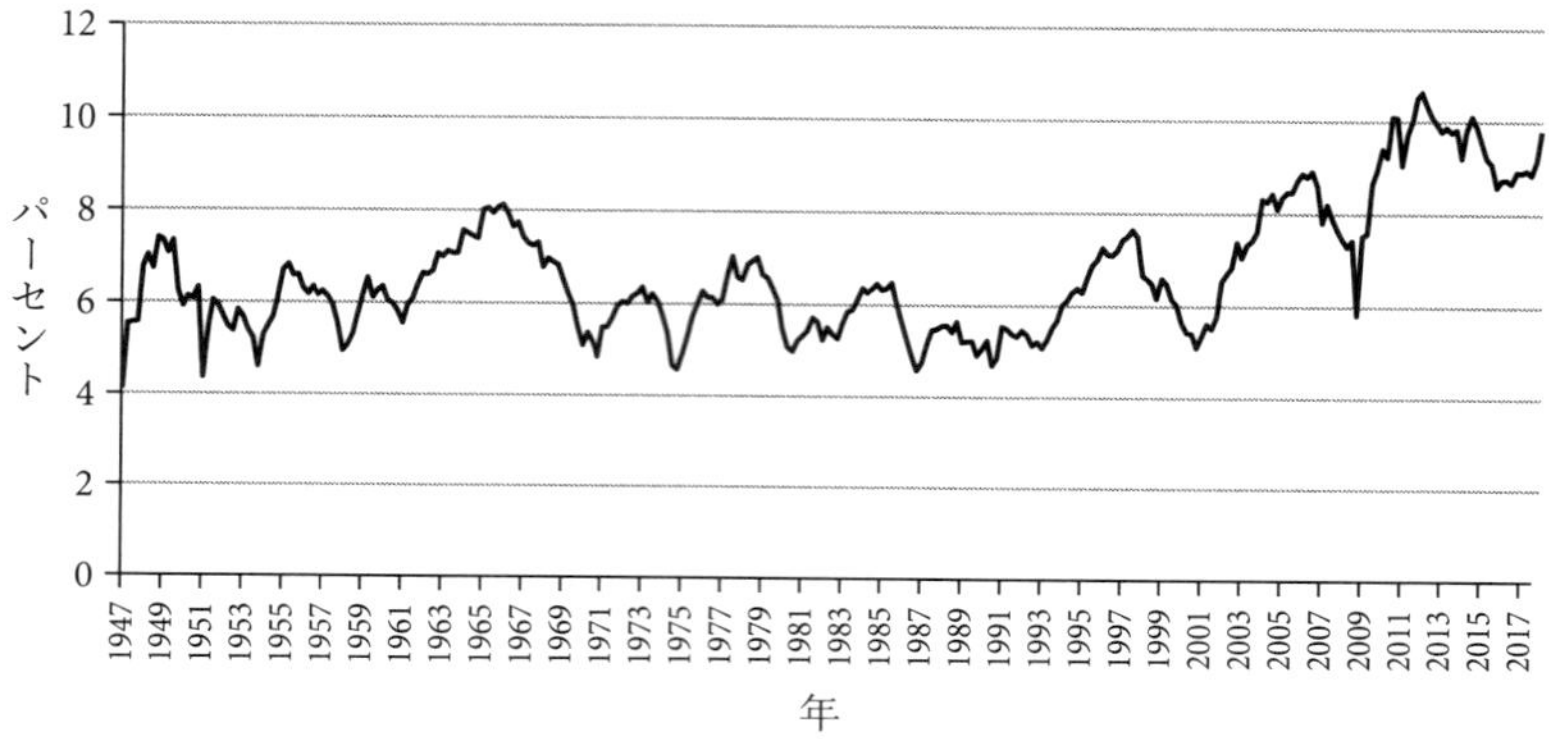

図 3.4　企業利潤の対 GDP 比
企業利潤（税引き後、棚卸資産評価と固定資本減耗の調整済み。四半期ごと、季節調整済み）
データ出所：FRED

——専門用語を用いて表現すると、「定常状態」であったと言える——のもわかるだろう。第二次世界大戦の終わりから20世紀の終わりまで、だいたい6～7％で推移している。

他方で、この20年を見ると、利潤の伸びが経済成長の伸びを上回っており、税引き後利潤はＧＤＰに対して約10％になっている。これは何かが根本的に変わったことを示唆している。

企業データから売上利益率を計算しても、到達するのは同じような結論だ。グスタヴォ・グルーロン、イレーナ・ラーキン、ロニ・ミケーリーは、コンピュスタットおよびシカゴ大学証券価格調査センターのデータを分析して売上に対する減耗後（ただし税引き前）の営業利益の大きさが、1970年から2000年にかけては約10％だった一方で、2000年以降は12％に増加していることを示した (Grullon, Larkin and R. Michaely forthcoming)。

コラム3・1　利潤、利益率、配当、自社株買い

企業について次のような単純化したケースを考えてみよう。その会社はある年を資本ストック（資産）100ドルで始める。年間収入は150ドルで、営業総利益（所得）は15ドル。事業を行なうなかで、資本は5％減耗する。会社は7ドルを投資する。うち5ドルは減耗した資本の補塡に使われる。

資産	100ドル
収入	150ドル
所得	15ドル
減耗	5ドル
税金	3ドル
総投資	7ドル
配当	5ドル

「売上総利益率」は10％である。これは収入のフロー（150ドル）に対する所得のフロー（15ドル）の比率だ。減耗分を控除した利益は10ドル。売上純利益率は6・67％である。

売上総利益率　15/150＝10％

売上純利益率　(15－5)/150＝6.67％

資本純利益率　(15－5)/100＝10%

この会社の「資本利益率」は10%である。これは年初の資本ストック（１００ドル）に対する減耗を差し引いた所得（10ドル）の比率だ。会社は純所得に対して30%の税金を払う。こうして減耗と税引き後の所得として7ドルが残る。

税金を払い資産の減耗分を補塡したあと、会社は残ったお金をどうするか決めなければならない。資本ストックを増やすために投資することもできるし、所有者である株主に還元することもできる。会社は5ドルを還元することにする。「株主還元率」は5%となる。これは資本ストック（１００ドル）に対する配当のフロー（5ドル）の比率だ。株主は二つのうちどちらかの方法で支払いを受ける。まず配当金として受けとることができる――基本的に会社は株主一人一人に小切手を切る。もしこの会社の株式が１００株だったら、１株当たり5セントとなる。ただし、現金の支払いを好まない株主は多い。税金や会計上の都合で、キャピタルゲインを好む傾向がある。会社は１株当たり5セントの小切手を１００枚送る代わりに、自社株買いに5ドルを使ってもよい。株式の価値が上がり、株主はまったく同じ還元を受けることができる。この単純な例では、配当金と自社株買いに違いはない。もっと複雑で現実的なケース（たとえば経営者にストックオプションが付与されている）になれば違いは生じるが、基本的には配当金と自社株買いは同等であるという前提からスタートするといいだろう。

最後に、会社は減耗した資産の補塡に加えて2ドルを投資する。投資総額は7ドル、純投資は２ドルである。「純投資率」は2%となる。これはこの会社の資本ストックが2%増え、翌年はじめの資産は１０２ドルになることを意味している。資産が増えれば、翌年は雇用も生産も増やせるだろう。

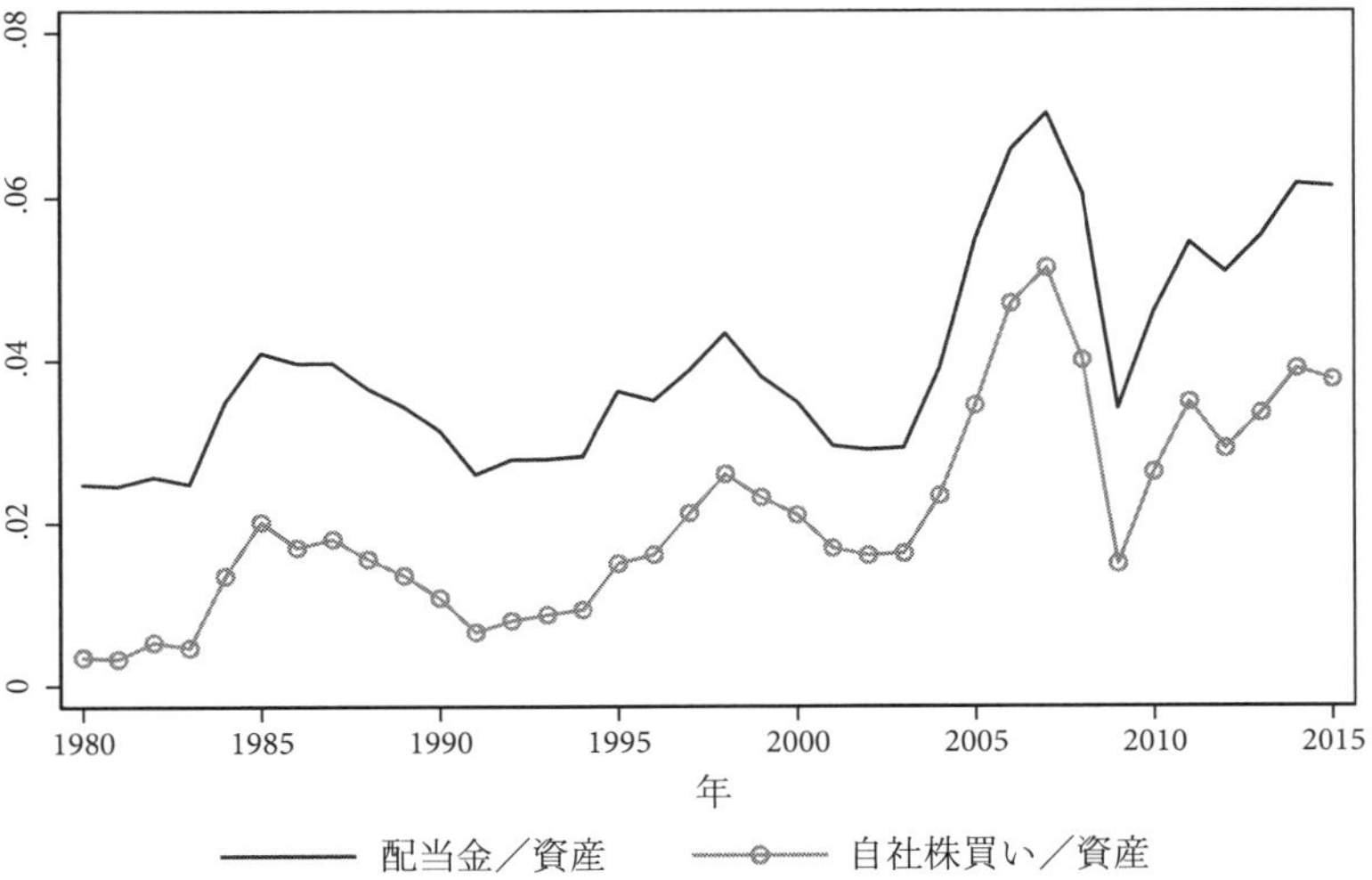

図 3.5　自社株買いと配当金

Compustat 標本内の全アメリカ企業の年間データ。外国企業を含めても結果は同様である。SEC は 1982 年、規則 10b-18 を導入した。これにより企業は規制による制限なく公開市場で自社株を買いもどすことができる。この後自社株買いは大幅に増えた。

この純投資率は、第4章で検討するように、経済的成長にとってきわめて重要な指標である。

利潤を精査する一般的な手続きとしては、資産と比較する方法もある。投資家に支払われる利潤の割合を検討することで、利潤の測定はさらに精度を上げることができる。図3・5は、コンピュスタットから抽出したデータに含まれるアメリカ企業の配当金と自社株買いの両方を考慮した株主総還元率である。主に自社株買いによって大幅に増加している。その増加幅は大きく、近年では毎年、資産簿価の3%相当額を買いもどしている。

ここで二つの事実が明らかになってくる。市場シェアは集中度と持続性を増していること、そして利潤が増加していることだ。となれば、次に疑問に思うのは、この二つの事実のあいだにつながりはあるのか、ということだ。集中が増した業界で、利潤も増加しているのだろうか。答えはイエスである。グルーロン、ハンド、ウェストンの論文（Grullon, Hund and Weston, 2018）や、グティエレスと私の論文（Gutiérrez and Philippon, 2017）で示されているとおり、利潤の増加は集中度の増加と体系的につながっている。集中度の高い業界では、企業の売上利益率が上がる。変化のない業界では上がらない。これが意味するのは、私たちが行なった集中の測定は、完璧ではなく限界はあるものの、なにがしかの真実をとらえているということだ。だから「空騒ぎ」説は除外できる。

国際取引についてはどうだろう。図3・5が示すものは、アメリカ経済全体を支配するグローバル化とは相いれない。簡単に言えば、海外との競争に苦労し、統合を迫られている事業は、株主還元を強化したりはしない。株主還元が増えている事実は、多くの企業が現金に余裕があると感じていることを示している。もちろん、一部の業界、特に中国との競争にさらされている業界において、グローバル化は重要ではない、というつもりはない。

チャイナショック

産業ごとのＨＨＩは国内企業を対象にした国内の測定である。範囲が広すぎるという批判もあれば、狭すぎるという批判もある。市場が一部の地域に根差しているときには、産業ごとのＨＨＩでは範囲が広すぎるという話はすでにした。興味深いのは、国内のＨＨＩはグローバル化した世界では小さすぎるという指摘だ。国内企業が海外のライバル企業に一掃されるような状況では、競争は激化しているはずなのに、集中を国内で測定するときには生き残った企業で計算するため、集中度が上がってしまう可能性がある。これは重大な問題だ。

最たる例が、専門家が言うチャイナショックである。中国は2001年12月11日、WTOに加盟した。これは長く続いた交渉の終結であると同時に、中国が世界経済の仲間入りをする重要な一歩だった。ダロン・アセモグルらは、2000年代を通じて、中国製品の輸入が、アメリカの製造業における雇用減少の大きな要因になっていると考えている（Acemoglu, Autor, Dorn Hanson and Price, 2016）。

中国からアメリカへの輸出は1990年代のはじめに増加し、2000年代に急増した。この伸びはアメリカのさまざまな産業にさまざまな影響をおよぼした。そのなかの一つは特に興味深い。2000年より前、中国は市場経済国と見なされていなかった。非市場経済国には、1930年のスムート・ホーリー関税法のもとで、高い関税が適用される。これは非正常貿易関係（NNTR）の関税として知られる。1980年以降、歴代のアメリカ大統領は中国に正常貿易関係（NTR）の関税を適用するようになったが、継続するためには1年ごとに議会の承認を得なければならなかった。議会が承認しなければ、関税は1930年代に決められた高い税率に戻ってしまう。ジャスティン・R・ピアスとピーター・K・ショットによる影響力のある論文のなかで説明されたとおり、これでは将来の税率が見通せないため、アメリカ企業も中国企業も投資に二の足を踏むことになる（Pierce and Schott, 2016）。産業によっては、1930年代の関税が特に高いため、その影響がさらに大きくなるところもあった。そうした業界は、大きなNTRギャップ——延長されるNTR関税ともとの関税の差——に直面していたと言える。

2000年、恒久的正常貿易関係（PNTR）が中国に付与され、2001年12月に発効した。PNTRの付与は関税の不確実性を払拭し、特にNTRギャップの大きな業界には便益をもたらした。実際に、ピア

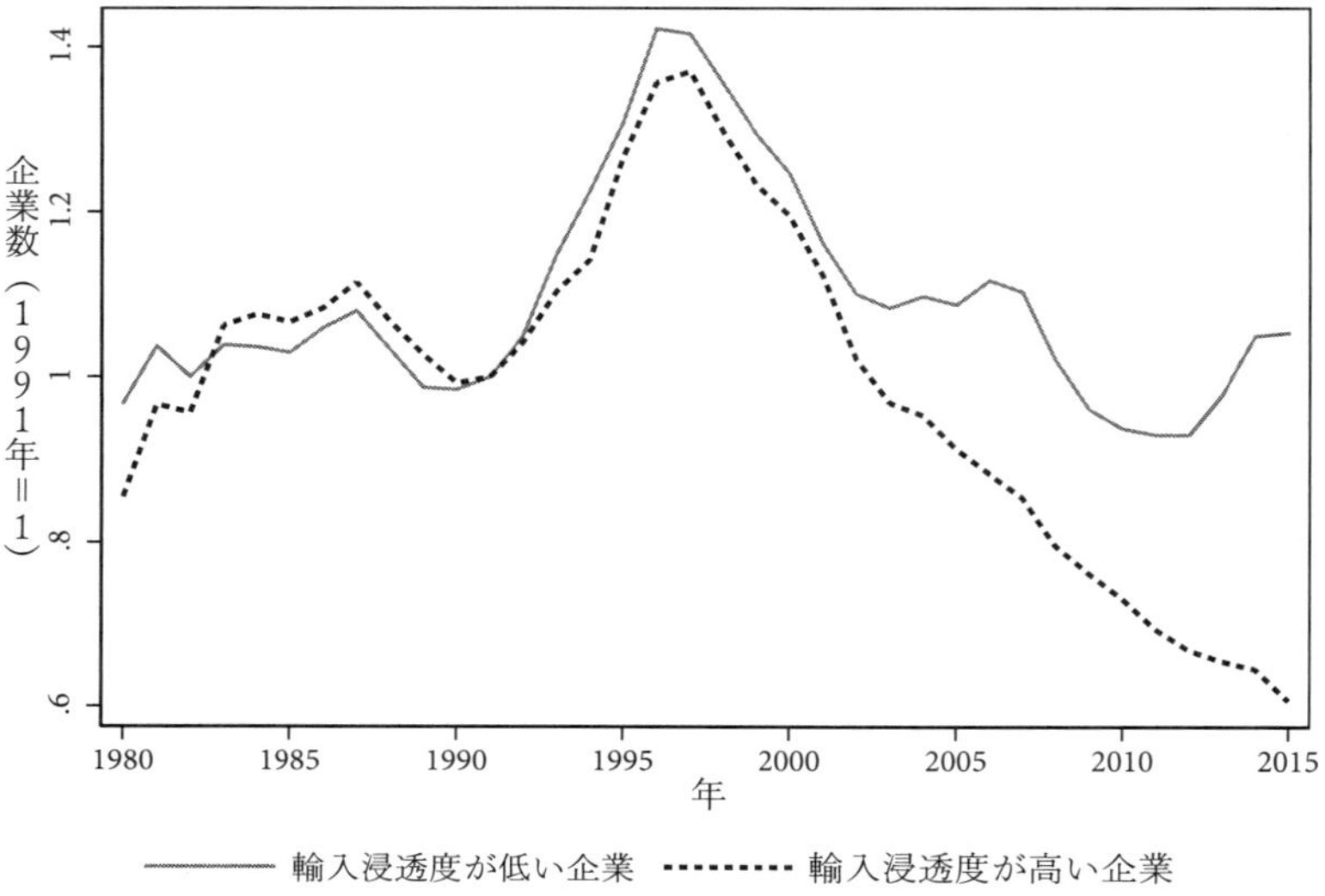

図 3.6　チャイナショック
製造業界で事業継続中のアメリカ企業の数。企業は中国からの輸入浸透度によって分け、1991 年を 1 とした。年間データ。製造業だけを 1991 年から 2011 年の輸入浸透度をもとに、浸透度の「高い」企業（中央値より上）と「低い」企業（中央値より下）に分けた。
データ出所：企業データは Compustat、輸入データは UN Comtrade

スとショットが示したように、NTRギャップが大きかった業界ほど、中国からの輸入が増え、国内の雇用が減った (Pierce and Schott, 2016)。

それでは、中国輸入品との競争がアメリカの製造業に与えた影響について見ていこう。まずチャイナショックにどの程度さらされているか、つまり中国からの輸入がどの程度市場に浸透しているかによって業界を分ける。図3・6は、中国からの輸入浸透度の高い業界、低い業界の企業数を正規化したものだ。中国との競争は業界の地図を描きかえたようだ。どちらのグループも同じように推移し、ドットコム・バブルの時期も例外ではなかったが、2000年のあとを境に二手に分かれている。2015年、中国との競争にあまりさらされていない製造業界の企業数は1991年とほぼ同じだ。激しい競争にさらされている製造業界の企業数は40%減っている。図3・6は製造業しか扱っていないので、そこで雇用されているのは全労働者の一部にすぎない（しかも減少傾向にある）。しかし、この限られた分野で「グローバル化」説が妥当であることは間違いない。したがって、これは考慮しなければならない。

理想を言えば、経済全体を網羅し、海外との競争を考慮した形で競争を測定すべきだろう。[5] 海外との競争を考慮すれば、アメリカの製造業の集中は安定していることがわかる（以下を参照してほしい。Covarrubias, Gutiérrez and Philippon, 2019）。経済全体で見れば集中が増しているが、海外との競争を考慮すると目立たなくなる。

貿易と競争は、興味深い形で相互に影響をもたらしている。第5章では、海外との競争が、ときに理由のはっきりしない国内の合併を正当化するために使われているのを見ていく。

集中、固定化、利潤

ここまで重要で関係の深い二つの事実を示してきた。アメリカのほとんどの産業界では、市場シェアが集中を増し、それが持続するようになってきている。業界のトップ企業は、20年前に比べてその地位を脅かされないようになっている。そして同時に、売上利益率は増加している。

私たちはさまざまな理論をいくつかのおおまかな仮説に集約した。これまで分析したデータにより、三つの仮説に絞りこむことができる。海外との競争により進む統合、おそらくは無形資産が原動力となっているトップ企業の効率性の増加、もしくは国内競争の減少である。製造業部門で、それから海外との競争に広くさらされている産業内で見られる流れが、グローバル化で説明できることは示した。しかし、それ以外の業界では、有力な説として、超一流企業の台頭、国内競争の減少、無形資産について検討するしかない。

二つの仮説——超一流企業の台頭と国内競争の減少——で、集中の増加と売上利益率の上昇は説明できる。成長と厚生については逆方向への流れを予想をしている。それをどうやって解きあかせばいいだろうか。二つの段階を踏んで行ないたいと思う。まず、第4章で投資と雇用について考察する。それから第5章で、集中の発生過程を理解するために、企業の参入、退出、合併を見ていきたい。

原注

（1）1929年10月16日付のニューヨーク・タイムズ紙に掲載されたこの夕食会の話は、一読の価値がある。

（2）図3・1は国勢調査局のデータ（ウェブサイトで入手できるもの）をもとにしている。デイヴィッド・アーターらはこれらのデータを、選ばれた部門の全事業所を対象にして5年ごとに実施される経済センサスの詳細なデータを使って拡張した（Autor et al., 2017）。1982年から2012年の6部門（製造、小売、卸売、サービス、金融、公益・運輸）のデータを収集し、388の製造業、288の非製造業について首尾一貫した分析を行ない、HHIだけではなくこれらの業界のCR4とCR20を計算した。その結果、すべての産業ではっきりと集中が増していることを示している。

（3）1995年以降に集中が幅広い産業で増加しているのは、どちらのデータを見ても明らかだが、その時期は異なる。国勢データでは主に1990年代に起きているが、コンピュスタットでは主に2000年代に起きている。HHIはコンピュスタットでは1990年代はじめに低下している。これは上場企業の急激な増加を反映している。

（4）実はノキアの歴史はフィンランドよりも長い。その創業は1865年にさかのぼる。一方、700年におよぶスウェーデンによる支配と109年にわたったロシアによる支配を経てフィンランドが独立したのは、1917年だった。

（5）製造業については、フィンストラとワインスタインがそのような方法を構築した（Feenstra and Weinstein, 2017）。アメリカについては国勢調査のHHI、外国については輸入データを利用している。私たちはこの二人のデータを（2015年まで）拡張し、さらに製造業以外の部門にも広げた。非製造業では、国勢調査も海外のHHIも利用できないので、コンピュスタットを使わなければばならない。私たちはコンピュスタットから抽出した「未加工の」ＨＨＩから始め、それらを調整して、輸入の割合とともにコンピュスタットの国内範囲を明らかにした。詳しい計算はコバルビアス、グティエレス、フィリポンの論文を参照してほしい（Covarrubias, Gutiérrez and Philippon, 2019）。

4 投資と生産性の低下

第3章では、2000年以降、アメリカの産業界で集中が進んでいることを示した。トップ企業の市場シェアは持続性を増し、売上利益率は上昇している。この傾向は、海外との競争にそれほどさらされていない産業、つまり、経済全体から製造業の約半分を除いた業界のどこでも見られる。

これには主に二つの説明があると述べた。考えられる一つは、業界のリーダー企業が効率性を高めたというものだ。これで市場シェアと利潤の伸びは説明できるだろう。本書で「超一流企業の台頭」説と呼ぶこの考え方に立てば、集中は良いニュースだ。もう一つの説明は、国内競争が減り、リーダー企業の地位が固定化したというものだ。そうなると市場シェアが脅かされることはないため、高い価格を設定できる。「国内競争の減少」説と呼ぶこの考え方に立てば、集中は悪いニュースとなる。

この二つの説明は、トップ企業が効率性を高め、同時に地位を固めるという意味では互いに矛盾しない。しかし、効率性、成長、厚生、政策については別の見方もできる。これまでに検討したデータを使って、二つの説明を区別することはできない。新しいデータが必要である。この章では、企業の投資判断が集中と利潤の増加の裏にある原動力のヒントになると主張したい。

楽観的な説明をするなら、集中はトップ企業の効率性が増した結果と言える。この個別の成果が経済全体に広がるには、成功した企業はさらなる資源を取りこむ必要がある。雇用を増やし、投資を増やさなければならない。実際にそうしているだろうか。

冷えこんだ企業投資

図4・1は、近年、企業の利潤に対して投資が低い水準にあることを示している。同図は純営業余剰（総余剰－減耗）に対する純投資（投資支出－減耗）の比率の推移である。純投資はある年から翌年にかけての資本の変動を測るものなので、経済成長にとって重要なものだ。

図4・1には多くの情報が含まれているので、第3章の事例を使って数字が意味することを解説しようと思う。第3章で想定したのは、次のような会計情報を持つ企業だった。

資産　100ドル
収入　150ドル
所得　15ドル
減耗　5ドル
税金　3ドル
純投資　2ドル
配当　5ドル

この企業の総営業余剰（所得）は15ドルとした。減耗は5ドル、よって純営業余剰は10ドルである。総投

図 4.1　純営業余剰に対する純投資比率

資が7ドル、純投資は2ドル。純営業余剰に対する純投資比は20％となる。

この論理はアメリカ経済全体に当てはめることができる。表4・1は2014年の企業部門の経常収支を要約したものである。スタートは粗付加価値である。これは収入から中間投入財（原材料）とエネルギー（電気など）のコストを引いたものである。アメリカの2014年の企業部門の粗付加価値は11兆8000億ドルで、うち8兆6000億ドルは法人から生じている。この粗付加価値を*PY*としよう。これは財やサービスの平均価格（*P*）と数量（*Y*）の積で、経済学の教科書で実質付加価値、すなわち実質GDPを示す表記である。この付加価値を生みだすために、企業部門は21兆ドルの資本ストック（*K*）を使う。これは「再調達原価」で評価される。つまり、もしアメリカの企業部門にある工場、倉庫、コンピューター、車両、設備などすべてを再調達するとしたら、21兆ドルかかるということだ。生産活動を行なえば、設備、構造物、車両はすり減ってい

表 4.1　企業部門の資金の流れ、2014 年

	2014 年の価額（10 億ドル）		
	法人	非法人	部門全体
項目	(1)	(2)	(1+2)
粗付加価値（*PY*）	$8,641	$3,147	$11,788
固定資本ストック（*K*）	$14,857	$6,126	$20,983
固定資本減耗（CFK）	$1,286	$297	$1,583
純営業余剰（*PY*−賃金−税金−CFK）	$1,614	$1,697	$3,311
総固定資本形成（*I*）	$1,610	$354	$1,964
純固定資本形成（*I*−CFK）	$325	$56	$381

注意：固定資本ストックは再調達原価で評価。

く。設備やソフトウエアも時代遅れとなり、廃棄することになるかもしれない。こうした摩耗や陳腐化の合計を「固定資本消耗（CFK）」、あるいはもっと簡単に減耗と言う。減耗した資本を年末に再調達すると1兆6000億ドルかかることになる。最後に、企業は従業員の賃金や手当も支払う。生産にかかる税金も支払う。こうして、純営業余剰として3兆3110億ドルが残る。3810億ドルは資本ストックを増やすために使う。この数字が「純投資」と呼ぶものである。

2014年の純営業余剰（3兆3110億ドル）に対する純固定資本形成（3810億ドル）の割合は11・5％である。図4・1からわかるように、1962年から2001年におけるこの比率の平均は20％である。2002年から2015年の平均は10％となっている。言い換えれば、前者の期間では、企業は利潤1ドルにつき20セントを資本ストックの増強にあてることで、事業に再投資していたのである。

前述した単純なケースでは、資本ストック100ドルで始めたので、2ドルの純投資で、翌年の資本ストックは102ドルになる。資本の伸び率は2％だ。この伸び率が重要である。資本ストックが増えれば、労働者の生産性は上がり、労働需要も賃金も上

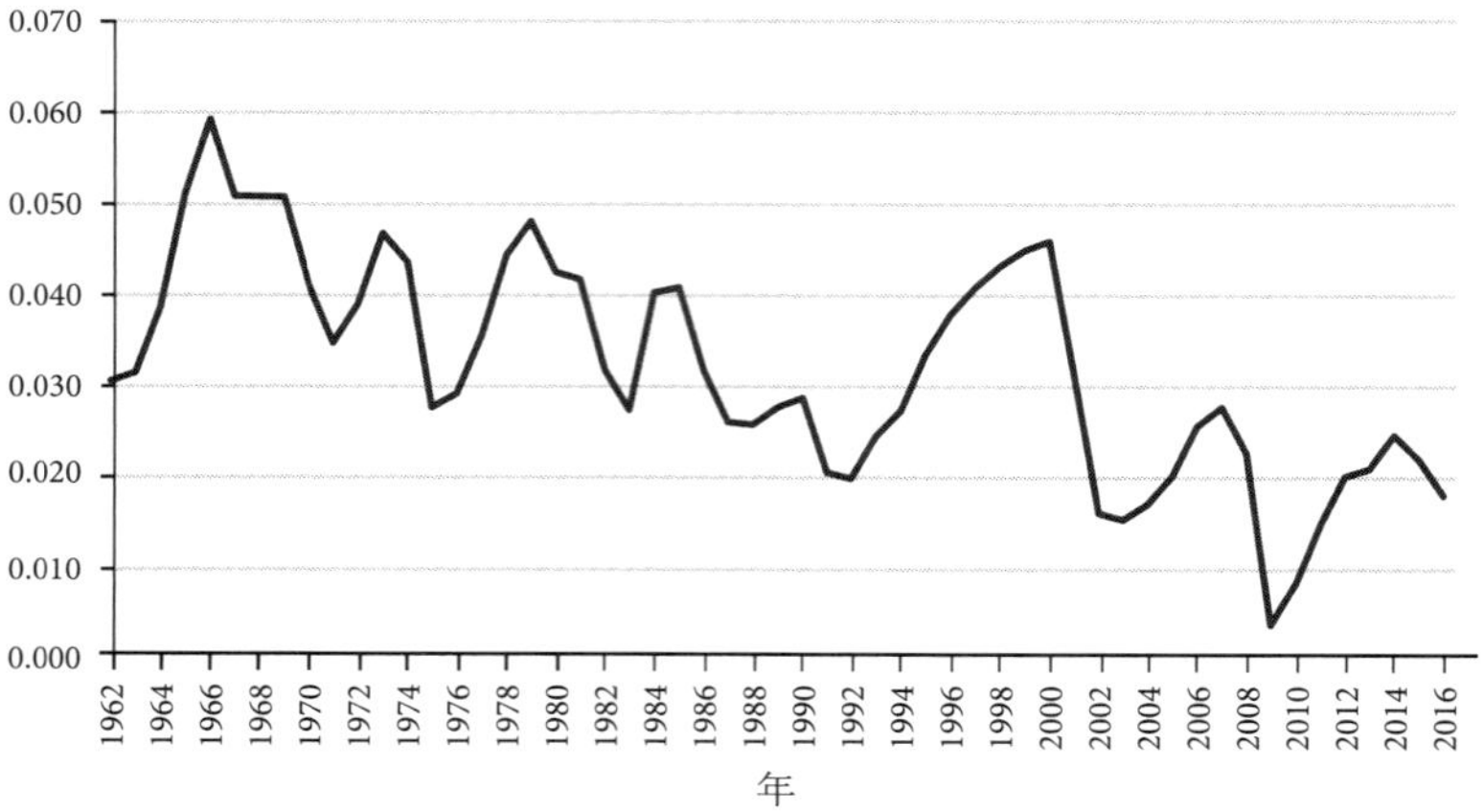

図 4.2　鈍化する資本の伸び：法人事業の資本ストックの伸び率

がる。長い目で見て、ＧＤＰと資本ストックは同じ率で成長する。

最近の企業は、利潤1ドルにつき10セント強しか再投資していない。結果として、生産資本の伸びは緩やかなものとなっている。米経済分析局が提供する固定資産テーブル（経済分析局のウェブサイトの表４・２）を使えば、法人の資本ストックの伸び率が１９６２年から２００１年のあいだは平均３・７％だったが、２００２年から２０１２年にかけては平均でわずか１・９％になっているのがわかる。図４・２にその下落の流れが見てとれるだろう。

この事実をどう解釈すればいいのか。これは必然的に悪いニュースなのか。おそらく企業は、今の経済はこれ以上の資本を必要としないという市場のシグナルに反応しているにすぎない。言い切れるだろうか。それは可能だが、そのためにはまず理論的な背景を知る必要がある。

企業はなぜ投資するのか

投資の目的は、価値ある長期性資産をつくる（もしくは補填する）ことだ。これは実際に経済統計で使われる投資の定義そのものである。[1] 企業はさらなる長期性資産が必要だと考えるときに投資する。理由は二つある。一つは企業が自社製品に対する需要が増加していると認識するから、もう一つはイノベーションを起こしたいからだ。

需要が伸びれば、企業はたいてい最初に時間外労働を増やす。従業員は長時間働き、設備の稼働率は上がる。需要の伸びが続くときには、さらなる資本と労働者が必要となる。

企業は生産能力を拡大し、伸びる需要に対応する。また、製品の品ぞろえや品質を改善するためにも投資する。どちらの場合も、投資は将来の利潤を増やしてくれる。しかし、今かかる費用はどうだろう。不確実な将来の利潤と目の前にある費用をどのように比較すればいいのか。ここで登場するのがファイナンスだ。

投資は、今の費用と引き換えに未来の利潤をもたらすものだ。だから、投資の調達費用は大きな役割を持っている。投資はその本質から言って、時間をまたいだ決断である。将来、手にできるかどうかわからない便益を期待して、今使う金額を決めなければならないのだ。投資の価値を評価するために、不確実な将来の利益を割り引く必要がある。金融市場がそれを可能にしてくれる。

次のような事例を考えてほしい。今１００ドルの資産を買ってプロジェクト投資ができるとする。年間12ドルの利潤を生み、毎年６ドル減耗するだろうとあなたは考える。１年目が終わり、たとえば減耗分の補塡に６ドル支払い、純利益として６ドルが手元に残るとする。２年目も同様にする。その資産は毎年６ドルを生みだす。この投資の利回りは年６％である。このプロジェクトに投資すべきだろうか。それは調達コスト次第だ。この資産を買うために１００ドル借りるとしよう。借入の金利が６％未満なら、プラスの投資になる。利率が５％だったとしよう。年に５ドル返済すると、金利支払い後の純利益は年間１ドルとなる。５％の場合、この投資の正味現在価値（ＮＰＶ）はプラスだ。６ドルを５％で割り引いた永続的利益は６／０・

05で120ドルとなる。NPVは120－100で20ドルとなる。このNPVは資金調達コストに左右される。調達コストが5％ではなく、7％だった場合、NPVはマイナスになる。6ドルを7％で割り引けば永続的利益は85.7ドルだ。NPVは▲14.28ドルなので、投資は思いとどまるだろう。

このように投資判断をするには、不確実な将来のキャッシュフローをわざわざ割り引き、新しい資本を購入する現在のコストと比較しなければならない。この決断を経済全体で行なうにはどうすればいいのだろうか。多数の事業において、数兆ドルというキャッシュフローと投資コストをどう判断すればいいのだろうか。1年先だけではなく、2年、5年、10年、20年とどう予測すればいいのか。

気の遠くなるような作業に聞こえるだろう。そのとおりだ。しかし、正しく考え、いくつか仮説を立ててみれば、会計士が株や債券のトレーダーとともに、私たちのためにすでに計算してくれているのがわかる。これがノーベル賞を受賞したジェームズ・トービンの理論だ。「正しく見る」方法は、トービンのq理論と呼ばれ、コラム4・1で説明した。

――コラム4・1　トービンのqと投資の基本法則――

再調達原価による資本ストックが100ドルという企業の例に戻って考えよう。会社はこの年5ドルを株主に還元し、純投資に2ドル費やす。株式のみで資金を調達しているとしよう。株式は100株、投資家は1株当たり1.10ドルの価値をつけているので市場価値は110ドルである。株主は資本ストックだけではなく、この会社の将来の利潤もすべて所有している。

トービンのqは、資本の再調達原価（100ドル）に対する会社の市場価値（110ドル）の比率である。したがって、この会社のq＝１・１となる。トービンの理論では、qが１を超えるならその会社は投資をすべきというものだ。qが１を超えているとき、市場は追加の資本１ドルに対して１ドル超の価値をつけている。資本ストックを増やすことで――投資することで――会社は価値を創造する。

では、どの程度のスピードで投資すればいいのか。ある年に資本ストックを１１０ドルにすると決断することはできるが、実行するには多額の投資と労力がかかる。新しい設備の導入には費用も時間もかかるから、数年かけて実施するのが普通だろう。一般に、投資の年率は次の算式にしたがうべきとされる。

$$純投資率 = (q-1) / 投資期間$$

この算式が「投資の基本法則」である。この例では投資の期間変数として5年で考えることにする。$q-1=0.1$なので、5年の期間では、投資率は０・１／５＝２％となる。この会社は緩やかに成長する。多額の調整コストが発生する事態は避けたいからだ。

1年目に２％を投資する。新たなニュースはないものとした場合、翌年のqは１１０／１０２となり、投資率は０・08／５＝１・６％となる。さらに翌年、qは１１０／１０３・６、投資率は１・２％となる。簿価が１０５になるまでには4年と少しかかることになるが、毎年少しずつ近づいていく。

この例では、会社は発行済み株式しかないことになっているが、トービンの理論は株式と社債で資金調達した企業にも適用できる。その場合、会社の市場価値を出すためには、株式の価値と社債の価値を足す必要がある。たとえば、この会社が社債を発行していて、株式の価値が80ドル、社債が30ドルだったとしよう。社債保有者と株主は共同で、この会社の資本と将来発生する利潤を所有している。株式と社債の合計は80＋30＝110で、トービンのqはやはり1・1となる。

トービンのqは実際のところ、投資の説明としてどの程度有効なのだろうか。それは次の3点による。まず、資本と投資——特に無形資産——を、たとえばピーターズとテイラーが提唱する方法などを使って、正確に評価しなければならない（Peters and Taylor, 2016）。次に、qは市場が合理的であることを前提としている。少なくとも、投資判断をする経営陣と株価を決める投資家が、その会社の正しい価値について意見が一致している必要がある。バブル市場（1990年代終わりのITバブル、最近の暗号資産など）はこの過程を阻害する。三つ目がもっとも重要な点だが、q理論は競争がある業界で事業を行なっている企業を前提としている。もし市場支配力があれば、会社は$q=1$になるまで投資しようとはしないだろう。相対的に高い価格を維持するために拡大を制限するだろうから、qは1を超えたままになるだろう。言い換えるなら、競争の減少は、qと投資の乖離としてあらわれる。これはまさにデータに見られることだ。

トービンの理論は、企業の市場価値には、少なくとも伝統的な投資判断に関するかぎり、私たちがその会社について知りたい情報がすべて含まれているとするものだ。会計士がきちんと仕事をしていれば、その会社の固定資産の再調達原価は把握できる。投資家がきちんと仕事をしていれば、その会社が固定資産から生

みだす市場価値を把握できる。この市場価値と再調達原価の差額がその会社のNPVだ。トービンのqは再調達原価に対する市場価値の比率である。qが1を超えていれば、その会社の規模は拡大するだろう。追加の資本支出1ドルにつき、qドルの価値があるからだ。トービンのqには多くの情報が含まれている。具体的には、将来の不確実な利潤に対する期待値がわかるだけではなく、調達コストも把握できる。調達コストは市場価格に直接反映される。もし危機があって投資家が動揺するようなことがあれば、すぐに調達コストは跳ねあがり、市場価値が下落し、投資も落ちこむだろう。投資家が楽観的な見通しを持てば、逆のパターンが見られる。

投資ギャップの拡大

理論を実践してみよう。図4・3はqと投資率を示している。トービンのqはグラフに収まるように規模を修正している。投資の基本法則どおり、二つのラインには高い相関が見られ、同じように上下している。しかし、2000年以降の投資率は、qをもとに計算した数値よりも低くなっている。投資率とqの残差を累計すると、2015年には資本ストックはあるべき水準より10%ほど低くなっている。(2)

この事実は興味深い。まさに競争減少説が予測するところだからだ。直感的に考えて理由はこうなるだろう。ある業界でqが1を超えるとき、それはレントの存在を意味する。もし競争が激しければ、こうしたレントは消えてなくなるだろう。（前述した例のように）既存の会社が拡大するか、新規参入者があらわれるだろう。時間が経つにつれて、資本ストックは増え、qは1に近づいていく。一方、業界内の競争が激しくなければ、投資は増えず、qは1を超えたままだろう。アメリカ経済において国内競争が減少していると考え

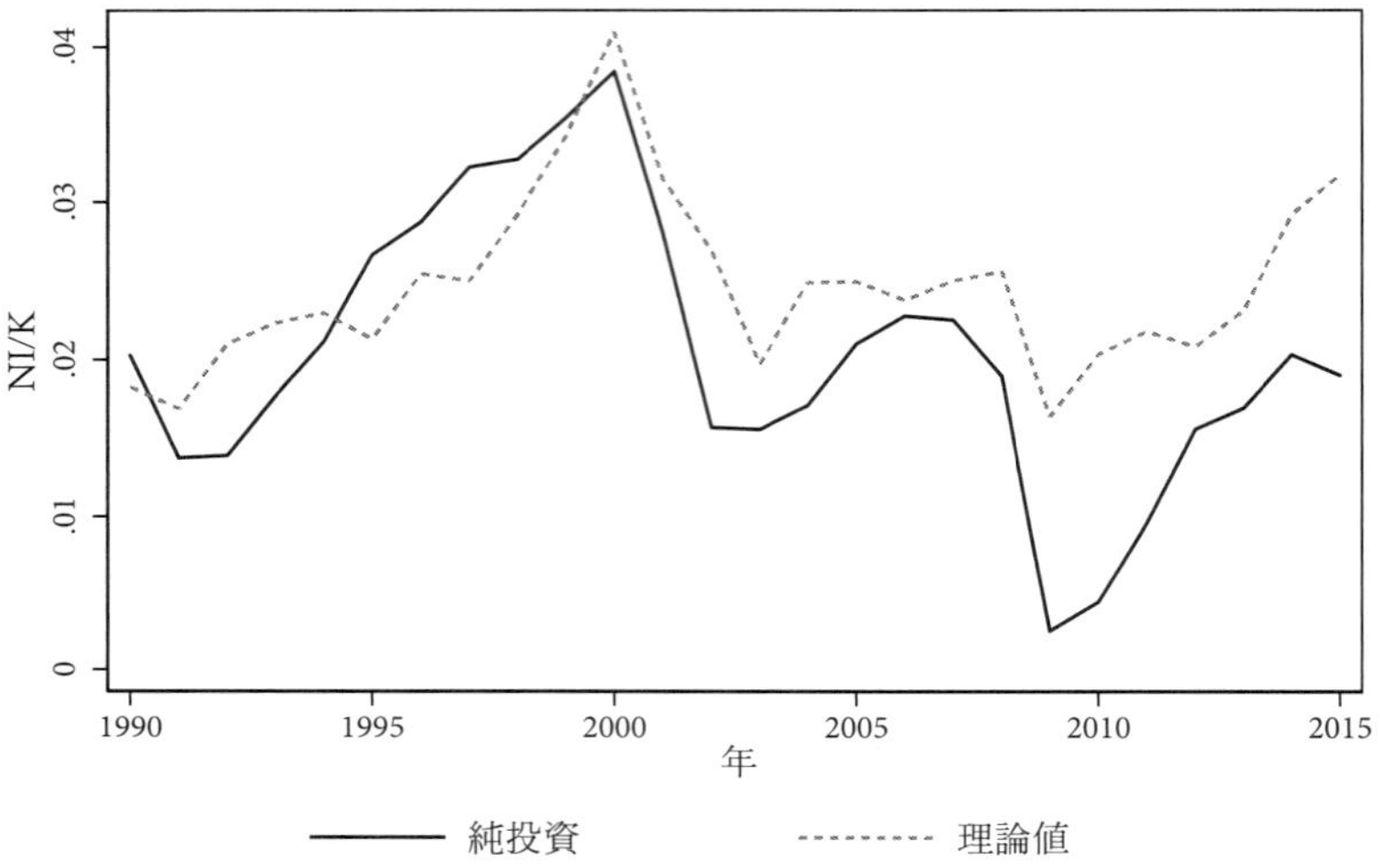

図 4.3　トービンの q と投資
トービンの q は、非金融業部門の民間事業の市場価値を資本の再調達原価で割ったものである。純投資は、投資から減耗分を引いたものを資本の再調達原価で割ったものである。理論値は年初の q から計算した投資である。
データ出所：BEA

るなら、図4・3が示すように、qと投資の差は広がっていくと考えるのが自然だ。図4・3はアメリカの国内競争が減少しているという仮説を支持している。

トービンのqと純投資の残差が全体として増加しているのはわかるが、私たちはさらに分析を進めた。これまで見てきたように、集中は業界によって進んでいるところとそうでないところがある。もし競争減少説が正しければ、投資－qの残差は集中が進んでいる業界から発生していると考えられる。

図4・4はまさにそのとおりであることを示している。私たちは産業をそのハーフィンダール・ハーシュマン指数（ＨＨＩ）の変化によって二つのグループに分けた。一つはＨＨＩの伸びが大きい10業界で、もう一つはＨＨＩの伸びが小さいほうの10業界である（この結果、ＨＨＩはそのグループ内でほとんど変化しないことがわかった）。それから、両グル

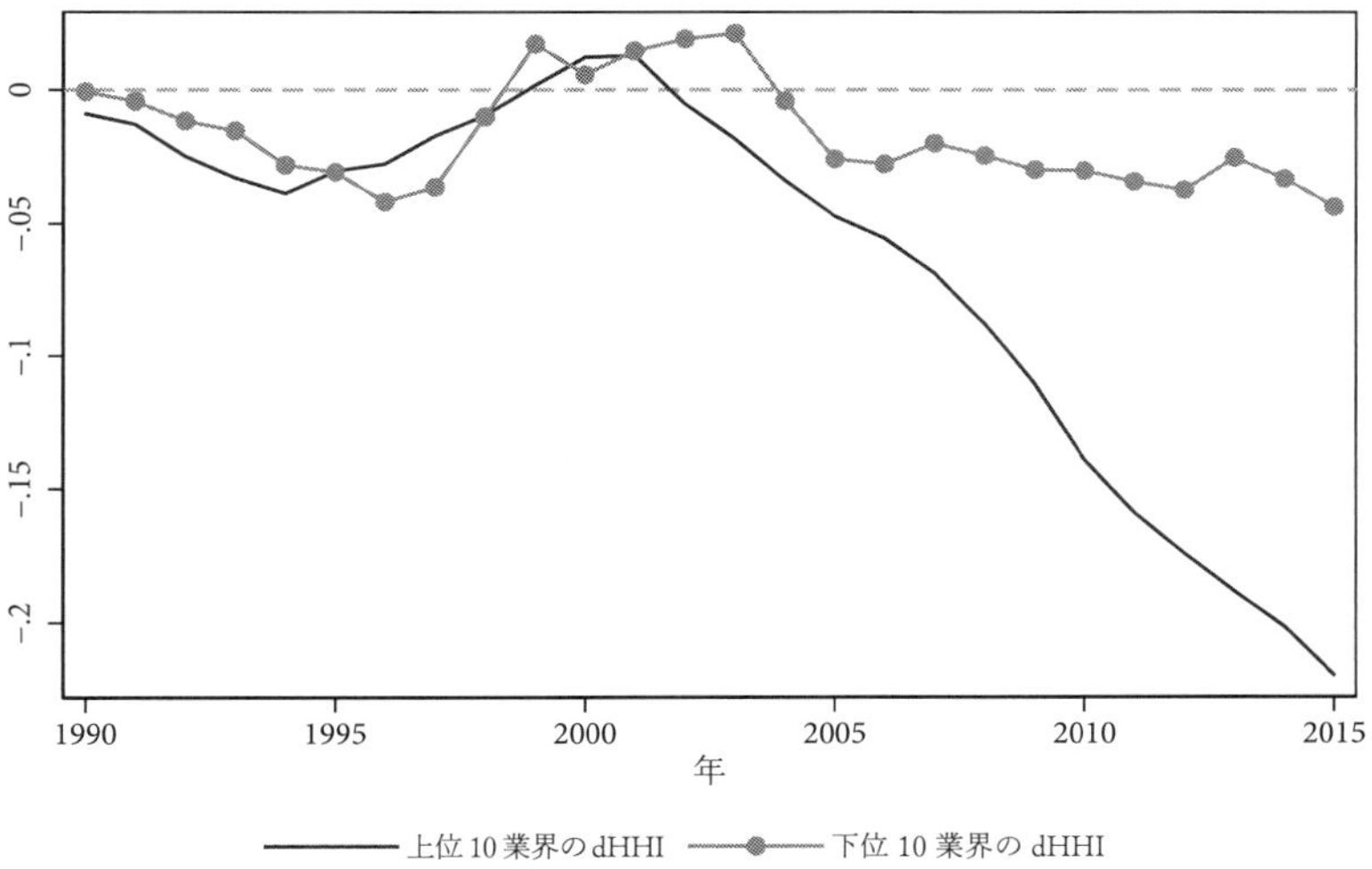

図 4.4　集中と投資の乖離

年間データ。輸入調整済み HHI 指数における相対的変化が大きい上位 10 業界と小さい下位 10 業界を使用した。それぞれの業界で累積したと推定される資本ギャップを（資本ストックのパーセントとして）示している（Gutiérrez and Philippon, 2017）。

ープを投資の基本法則によって評価し、残差を計算した。図4・4は累積残差をグラフにしたものだ。集中していない業界ではほとんどゼロで、集中している業界では20%以上になっている。平均すると、前述した10%の乖離と整合している。重要なのは、乖離はすべて集中している業界で発生しているということだ。

図4・4は「超一流企業の台頭」説と整合しない。歴史が示しているのは、成功した企業や産業は高い投資レベルを維持しているということだ。もし集中が効率化のしるしだとしたら、集中が進んだ産業ではもっと投資が見られるはずだ。図4・4は業界にかかわらず、それとはまったく反対の状況を示している。

ヘルマン・グティエレスと研究を進めるなかで、私たちは集中と投資には負の相関があることも発見した。業界のリーダー企業の投資と資本の割合は減り、その一方で売上利益率は上がっていたのである。これは超一流企業説が指し示す方向とは逆だ。この仮説のもとでは、リーダー企業では効率性が上がるので、より多くの資源が集まってくることになる。効率性の高い企業は、普通は資本と労働を増やすことで大きくなる。ところが、最近は逆のことが行なわれている。それはまさに競争の減少説が予想する状況だ。超一流企業説とは整合しない。ただし、そうした会社の投資と生産性の両方が正確に把握されていないとすれば、話は別だ。次にこの可能性について検討しよう。

無形投資

これまでの議論は、投資が正確に測定される、少なくとも測定の質が時間とともに落ちない前提で行なわれてきた。投資には有形と無形の2種類がある。第3章で、ニコラス・クルゼットとジャニス・エバリーの説に触れた。無形投資はこれまで見てきた傾向の原因の一端を担っている可能性があるという意見だ。なかには無形資産の蓄積に長けた企業がある。それは高い利潤をもたらし、その会社を競争から遠ざけているかもしれない。

有形投資の測定はたやすい。機械、コンピューター、従業員、倉庫、工場、車両運搬具の増加は測定できる。しかし、革新的な投資を測るのは難しい。企業は新しい商品やサービスの開発、既存商品やサービスの改良に投資する。こうした支出の一部は「研究開発費」として把握される。把握されないものも多い。

投資を測定しようとするときには、有形投資と無形投資の区別という重要な問題に直面する。今日の資本には無形のものが多い。特許権、ソフトウエア、化学式、データベース、芸術的価値、特別な従業員教育、デザイン、プロセス、ブランドなどだ。しかし、無形資産は情報技術の世界に限らない。ソフトウエアやデータベースなどコンピューター関連の無形資産もあるが、なかには人材や組織、ブランドに埋めこまれたものもある。無形資産は、昔ながらの「古い」製造業においても重要だ。

経済学者は有形投資の測定を得意としている。有形資産はたいていの場合、内部で創造せず、ほかの会社から購入する。新しいトラックが必要なら、トラックの製造業者から購入する。自らトラックを製造することはない。そのため、投資コストとして利用できる取引価格がある。しかも、それを費用ではなく資本とすることに異論はない。投資取引の目的は明白だ。トラックは長期にわたって価値ある資産なので、間違いなく投資の定義に当てはまる。

一方、無形投資を測定するのは難しい。ソフトウエアを考えてみよう。会社があるソフトウエアを購入したとき、その取引はトラックとあまり変わりない。それは間違いなく投資である。しかし、会社が従業員にソフトウエアを書かせたときには、その支払いは人件費となる。統計機関はこの問題を認識しているため、企業を調査し、社内プログラマーの労務費をもとに内製ソフトウエアを測定する方法を構築している。外部から購入したケースに比べて、確実な測定方法と言えないことは容易にわかるだろう。

無形資産の評価方法を改良する動きは、２０００年代初頭に経済学者のなかから生まれた。その先頭に立ったのがキャロル・コラード、ダニエル・シクル、チャールズ・ハルテン、ジョン・ハルティワンガーだった（Corrado, Sichel, Hulten and Haltiwanger, eds. 2005）。大きく言えば、彼らは無形資産を三つに分類した。コンピューター化情報、革新的資産、経済的能力である。投資として正確に把握されるコンピューター化情報には、ソフトウエアやデータベース開発が含まれるが、データベース開発のコストの一部は抜けおちる可能性がある。研究開発、特許、鉱物探査、芸術上の知的財産権――すべて革新的資産に分類される――は把握されて

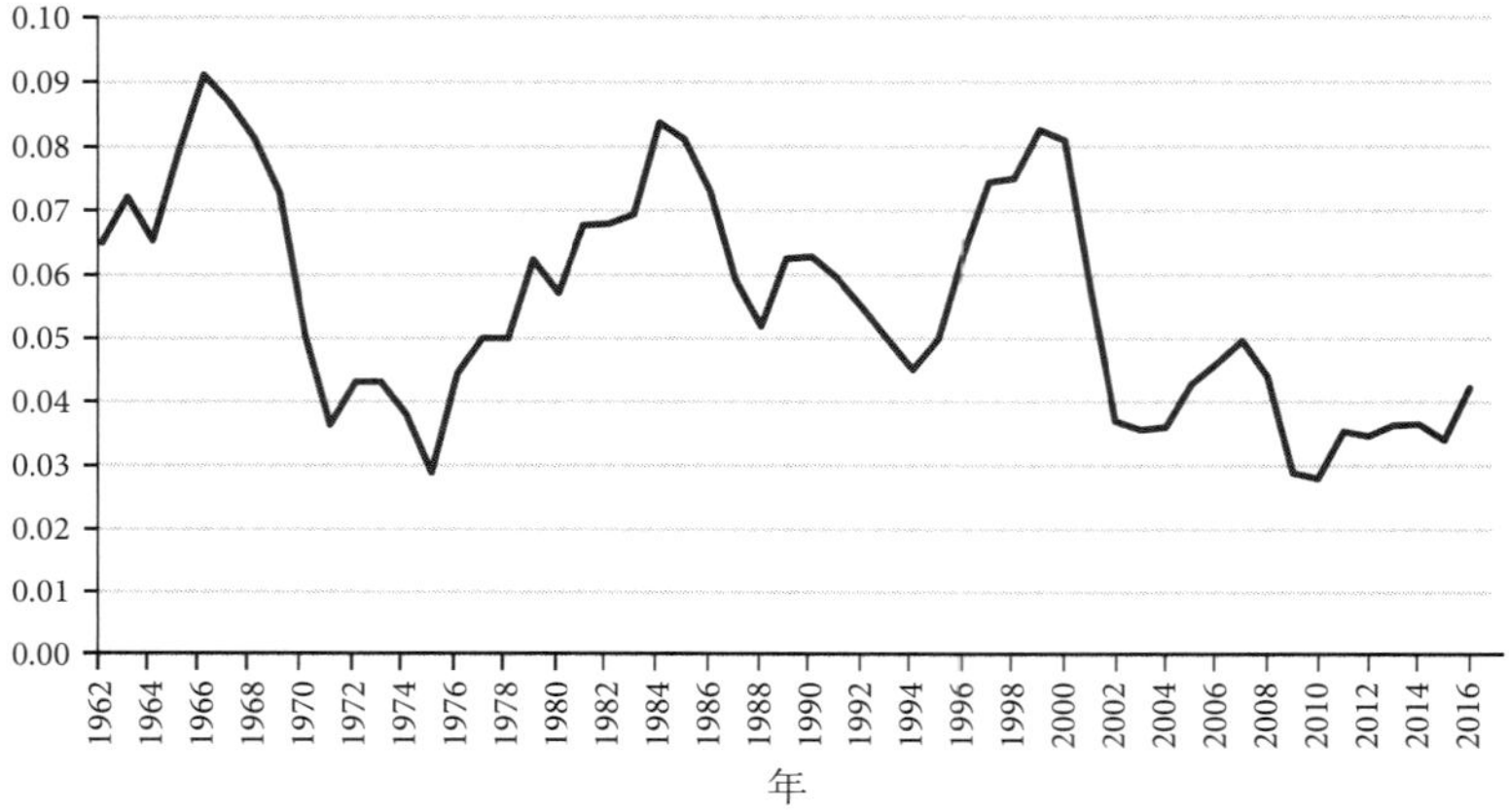

図 4.5　無形投資（知的財産製品）ストックの成長率

も、デザインや製品開発のなかには見落とされるコストも出てくるかもしれない。従業員教育、市場調査、事業プロセスといった経済的能力は、データとしてまったく把握されない可能性がある。

無形投資の測定の質はその種類によって大きく異なる。たとえば経済的能力は、ほとんど測れない。その理由はわかるだろう。それはほとんどが社内の取り組みであり、長期性資産の創成にどれだけ貢献したかはあいまいだからだ。コンピューター化情報は、普通は正しく測定されるが、内部での開発を正確に測定するのは難しい。

表4・1と図4・1のデータには有形と無形両方の投資が含まれている。その合計で見れば投資は減少している。ただし、内訳には大きな変化があり、有形資産が減り、無形資産が増えている。別々に見た場合、近年は有形投資も無形投資も鈍化しているが、無形投資のほうが鈍化は少ない[3]。

データが示しているのは、2000年以降、有形投資率より無形投資率のほうが下落が少ないということだ。米経済分析局の固定資産テーブルによれば、知的財産製品（IPP）ストックの成長率は2000年以降下落しており、図4・5

を見ればそれがわかるだろう。１９６２年から２０００年までのＩＰＰストックの平均成長率は６・２％だった。２００１年から２０１６年には３・９％にとどまっている。構築物で同じ数字を見れば４・９％から２・９％に、器具備品は２・６％から０・９％になっている。

無形投資は有形投資ほど下落していない。さらに、経済分析局のテーブルよりも無形資本の定義を広くとった研究では、下落はさらに小さくなっている。しかし、この偏りをもって私たちの結果が覆されることはなさそうだ。一つの理由は、統計機関が無形投資の測定方法を改良してきたことだ。ＩＰＰは確実に20年前よりも正確に測れるようになっている。それに、もし政府機関の無形投資の扱いが保守的すぎると思うなら、企業レベルで独自に定義すればよい。グティエレスと私は実際にそうした。それで大胆に測定しても、投資ギャップは依然としてあった[4]。

こうして私たちは「無形資産」説の証拠を得た。無形資産への移行があり、有形投資より無形投資の投資ギャップのほうが小さい。しかし、無形投資が急激に増加したのは１９９０年代の終わりだ。最近では無形投資は鈍化している。おそらく有形投資ほど落ちこんではいないが、間違いなく経済をけん引するほどの勢いはない。

生産性

「超一流企業の台頭」説の帰結として考えられるのは、集中と生産性の力強い成長はセットだということだろう。この仮説によれば、集中は業務規模の効率的な拡大を反映して発生する。重要なのは、生産性の高いリーダー企業は拡大するので、集中は産業レベルでの生産性の向上につながると考えられる点だ。これは昔、実際にあった。第2章で、１９９０年代の小売業の例を見た。その10年のあいだに、小売業では集中が急速に高まり、同時に生産性が向上した。

しかし、１９９０年代はすでに遠い昔である。デイヴィッド・アーター、デイヴィッド・ドーン、ローレンス・カッツ、クリスティーナ・パターソン、ジョン・ヴァン・リーネンが仮定したように、超一流企業の台頭は過去20年の集中の主要因なのだろうか（Autor et al. 2017）。この考えを検証するために、マティアス・コバルビアスとヘルマン・グティエレスと私は、集中の変化と全要素生産性（ＴＦＰ）の変化の関係を、１９９０年代と２０００年代について調べた（Covarrubias, Gutiérrez and Philippon, 2019）。私たちは海外との競争や輸出を考慮して、貿易調整後の集中を測った。

コラム4・2とそのなかの表は、私たちの結果のまとめと統計モデルの数字を解説したものである。過去20年のあいだに集中と生産性の伸びの関係は変わっていた。１９９０年代（１９８９-９９年）、両者は正の関係にあった。集中度が大きく上昇した業界は、生産性が大幅に向上した業界でもあった。今は違う。実際、２０００年から２０１５年には、両者の変化は負（ただし多少のノイズを伴う）の関係にあった。

このパターンは経済全体にも当てはまると同時に、より細かいデータ（ＮＡＩＣＳの6桁コード、補足資料のなかで産業分類について説明している）が利用できる製造業部門にも当てはまる。１９９７年から２００２年の期間における関係は正で有意だったが、その後はそうではない。実際に２００７年から２０１２年の期間は、ノイズはあるものの負の関係があるように見える。

——コラム４・２　統計モデル——

表 4.2　回帰結果

生産性成長	(1)	(2)	(3)	(4)	(5)
	製造業			経済全体	
年	**97–02**	**02–07**	**07–12**	**89–99**	**00–15**
国勢調査 CR4	0.13*	0.01	−0.13		
	[0.06]	[0.05]	[0.17]		
コンピュスタット CR4				0.14*	−0.09
				[0.06]	[0.07]
データと粒度	**NAICS-6**			**KLEMS**	
年固定効果	Y	Y	Y	Y	Y
観測値	469	466	299	92	138
R^2	0.03	0.00	0.02	0.07	0.09

注意：TFP の対数変化率と上位 4 社の集中の対数変化率。標準誤差は係数の下に括弧書きで表記。97-02 は 1997 - 2002 年の標本を意味する。詳細は以下を参照。Covarrubias, Gutiérrez, and Philippon (2019).

表4・2は五つの回帰分析の結果である。つまり、五つの統計モデルである。右半分は経済全体を対象とし、左半分は製造業部門を対象としている。

まず右半分の数字を解説しよう。(4)は四つ目の統計モデルという意味だ。これは1989年から1999年の経済全体を網羅している。係数0・14は、この標本において上位4社の市場シェアが1％増加した場合、0・14％の生産性増加と関連づけられるという意味だ。下の括弧にいれた数字は標準誤差で、私たちの評価の正確さを評価したものだ。係数0・14に対して標準誤差0・06の場合、実際の効果は0・08（0・14－0・06）から0・20（0・14＋0・06）のどこかになる。係数の隣の（*）は、係数が標準誤差の2倍以上のとき、係数が有意に正だと確信していることを示すためにつけた。実証経済学では、この係数は統計的にゼロと異なるという言い方をする。2列目は係数0・01、標準誤差

0・05となっている。これはこの標本のなかで集中と生産性に統計的な関係がないことを意味している。

表の下には、使用したデータや観測値の数といった背景情報を掲載した。年固定効果（Y＝イエス）を含めたのは、どの年においても業界全体を同じ方向に動かす共通のショックを回帰分析が考慮することを意味する。これは重要である。アメリカ経済はこの期間（今も同様だが）、静的な状態ではなかったからだ。景気の循環があり、株式バブル、テロ、住宅バブル、金融危機があった。私たちはアメリカ国内の産業の比較によって結果を導きたいと考えたのである。最後に、R^2（決定係数）はそのモデルの適合度を評価する。0・07は、データのなかに見える変化の約7%をとらえているという意味だ。当然ながら、集中より生産性の成長に影響する要素はたくさんあるし、データのなかにも測定誤差はたくさんありそうだ。

まとめると、1990年代は「超一流企業の台頭」説に合うが、2000年代は否定している。しかし、考慮しなければならない問題が一つある。生産性は正しく測定されているのだろうか。

経済の鈍化（生産性と投資の鈍化）の説明として、テクノ楽観主義者がよく言うのは、グーグルやフェイスブックといった会社が提供する無料の製品や、そうした会社を支える無形投資を私たちが正しく測定できていないということだ。いかにももっともらしく聞こえるが、データを見ればその効果は非常に小さいことがわかる。このテーマに関して優れた研究は、現在の経済成長の鈍化として誤測定という説明は成りたたないと結論づけている。チャド・ジョーンズはこう述べる（Jones, 2017）。「バーンら（Byrne, Fernald and Reinsdorf, 2016）とサイヴァーソン（Syverson, 2017）は、経済の鈍化は、〝無料〟部門の重要性と比べても非常に大きいので、要因として誤測定が占める割合は小さいと結論づけた[5]」。私はさらに無料のものはないと付け加えたい。第2章であげたシリコンバレーの格言を覚えているだろうか。「もしお金を払わないのであれば、あなたは顧客ではなく、あなた自身が売られる商品なのだ」。アップル、アマゾン、グーグル、フェイスブック、マイクロソフトのビジネスモデルと成長への貢献については、第13章でさらに深く掘り下げるつもりだ。

それでも、デジタル経済の測定は盛んに研究されているので、近い将来もう少し正確な数字が出てくるかもしれない。たとえば、エリック・ブリニョルフソンらの主張によれば、フェイスブックの無料サービスを適切に把握すれば、アメリカ経済の成長は、私たちの測定を5〜10ベーシスポイント（0・05〜0・1％）上回ることになるかもしれないという（Brynjolfsson, Collis, Diewert, Eggers and Fox, 2019）。

弱い投資と弱い生産性

投資と生産性の成長のパターンは、集中度の上昇の原因を効率性に求める「超一流企業の台頭」説と一致しない。もし集中が効率性向上によるものであるなら、集中が高まっている場所では生産性も向上していなければならない。確かに1990年代にはある程度それが起きたが、2000年代には逆のことが起きている。生産性の進化は、企業の投資の選択によって左右されている。業界のリーダー企業の投資および資本の割合は減少し、売上利益率は増加している。集中が進んだ業界のリーダー企業が投資に意欲を見せず、株主への増配を選択する現状を考えれば、生産性がパッとしないのも無理はないだろう。

原注

（1） 純投資。定常的な環境（一定の利潤、一定の賃金、成長なし）において、企業は毎年、減耗した資本を補塡する。それは業界や資本の種類によるが、だいたい5%から10%になる。表4・1では、2014年の減耗率は1588／2098で7・5%である。重要な数字ではあるが、私たちの関心はそこではない。理解したいのはなぜ、そしてどのように企業は成長するのかということだ。だから純投資に注目する。

（2） グティエレスと私は投資の低下の原因として、測定誤差から財政上の制約まで八つの可能性を検証し、一貫して支持できるのは三つだけだという結論に達している。製品市場の集中度の上昇（国内競争の減少説）、ガバナンスの強化と短期的思考の増加、無形資産の増加（これは測定の問題と効率性向上と参入障壁が関わる複合的な説明となっている）である（Gutiérrez and Philippon, 2017）。

（3） 無形資産についてはハスケルとウェストレイクの著書を参照してほしい（Haskel and Westlake, 2017）。

（4） これはハスケルとウェストレイクの著書の図5・6とも一致する。「これまで計測されない無形投資を含めると、投資／GDP比は上昇するが、そのトレンドに大きく影響するものではない」。二人は「無形投資の計測ミスで投資問題の大半は説明できない」と結論づけている（Haskel and Westlake, 2017）。

（5） デイヴィッド・バーン、ジョン・G・ファーナルド、マーシャル・B・ラインズドルフは「IT関連の製品サービスの誤測定も、経済が鈍化する前から起きていた。そして総合的に見て、悪化したという証拠はない」としている（Byrne, Fernald and Reinsdorf, 2016）。さらにイノベーション――無料のインターネットサービスなど――は、企業部門のTFPの鈍化を説明できない。

5 自由参入の失敗

前章では、1990年代の終わりから、アメリカのほとんどの産業で集中が進み、リーダー企業の地位が確立し、その売上利益率が伸びている状況を見た。

しかし、こうした集中はどのように起きたのか。集中は二つの主要な力の均衡から生じる。新興企業の参入と成長、そして既存企業の退出と合併である。集中と参入退出の関係は容易に説明できる。

この二つの力について考察していこうと思う。そのなかで反トラスト、特に合併審査の分析を進めていくつもりだ。参入側については、毎年 n 社が設立されるとしよう。退出側は、既存企業のうちの d の割合が毎年消滅するとする。ここで自身に問いかけてみてもらいたい。事態が落ちついたとき、何社が残っているだろう。経済学の言葉で言えば、定常状態における企業数ということだ。定常状態とは、一定期間（たとえば1年）に退出企業と同数の新規参入企業がある場合を指す。定常状態で活動している企業数を N としよう。参入と退出が相殺されるためには、参入（n）と退出（$d \times N$）が同数となる必要がある。参入と退出が均衡するためには $n = d \times N$ でなければならないので、定常状態の企業数は $N = n / d$ となる。

企業規模はすべて同じだとしよう。その場合のハーフィンダール・ハーシュマン指数は、HHI $= 1 / N = d / n$ となる。これが考えられうるもっとも単純な関係だ。集中は新規参入数に対する退出率の割合であることを意味している。業界内の新規参入率が落ちるとき、退出率が上がるとき、あるいはその両方がそろうときに、集中度は増すことになる。

この単純な例では、すべての企業がまったく同じで、参入率と退出率だけが集中を左右する。現実の世界では、企業の規模と成長率はさまざまであるため、新興企業が短期間で成長するかどうか、大企業が退出するかどうかが集中を左右する。成長後にとる戦略や退出方法（たとえば合併なのか清算なのか）も重要だ。それでも、まずは参入と退出という基本的な力を考察する。

参入と退出

企業ダイナミクスを測るさまざまな指標が、アメリカの事業活力の持続的な低下を示している。図5・1は事業所と企業の参入率と退出率を示している。事業所とは店舗や工場を指し、企業は複数の事業所を持っていることが多いので、それらの数は一致しない。

参入も退出も図が示すように、右肩下がりになっている。ライアン・デッカー、ジョン・ハルティワンガー、ロン・ジャーミン、ハヴィエル・ミランダは論文のなかで、この変化を事業活力の低下として言及している（Decker, Haltiwanger, Jarmin and Miranda, 2014）。特に近年、この傾向は顕著になっている。また、彼らは、1980年代から1990年代には一部の産業でのみ見られた事業活力の低下が、2000年代にはすべての部門――従来、高成長産業である情報技術部門も含む――で起きているとした（Decker et al. 2015）。

こうした傾向に対して、新規参入者の性質次第だとして、その重要性を疑問視する人もいるかもしれない。参入率の低下が、〝家族経営《ママとパパの》〟店の開業が減ったことによるもので、将来有望なスタートアップの参入率が減っていないとすれば、経済にとってはそれほど重要でないかもしれない。MITの研究者ホルヘ・グズマ

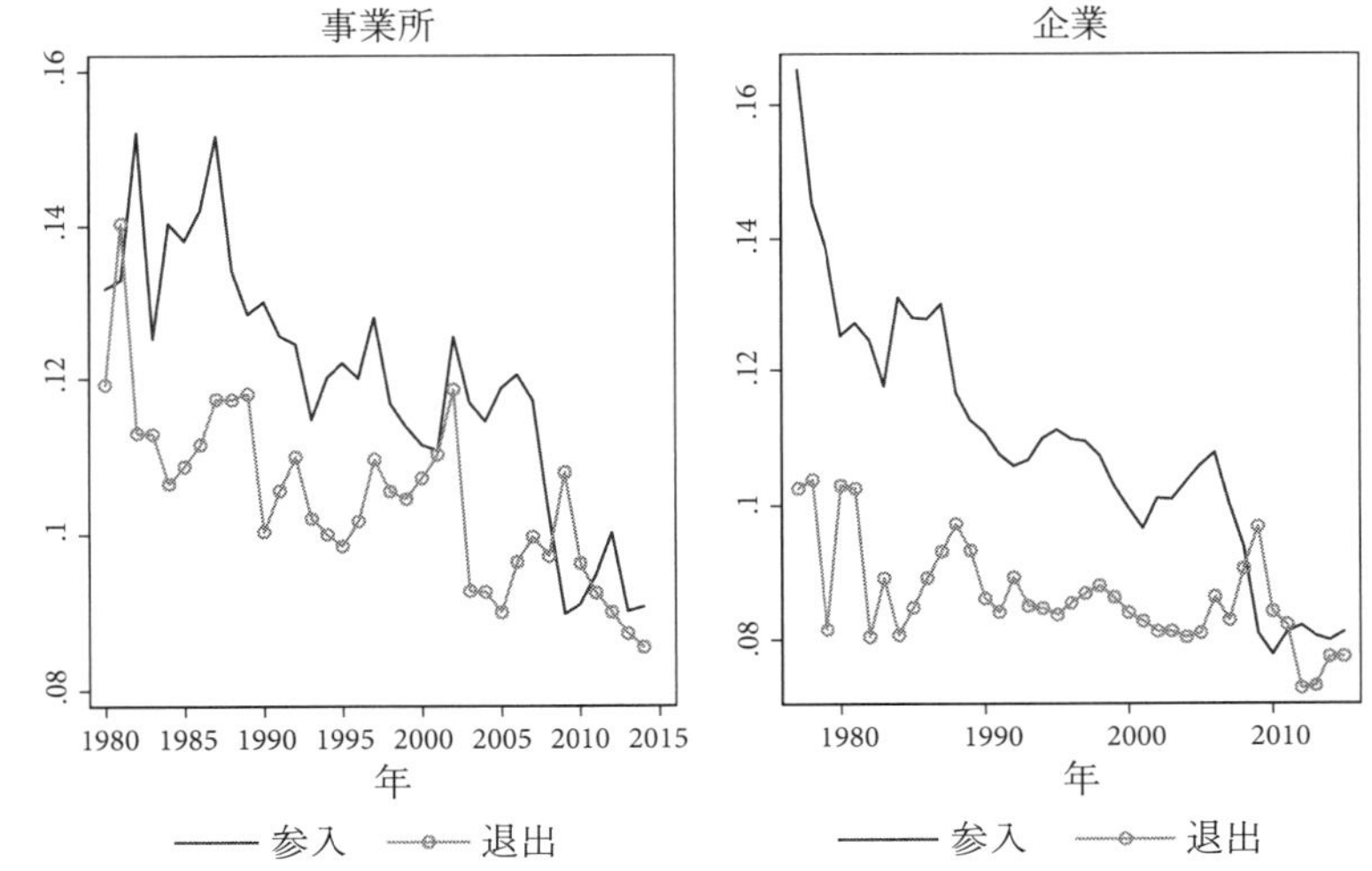

図 5.1　事業所（左）と企業（右）の参入率と退出率
データ出所：米国勢調査局、Business Dynamics Statistics

ンとスコット・スターンはこうした理由から、参入の減少は一般に考えられるほど悪いものではないと、2016年の論文で主張している。グズマンらは、新興企業の初期段階の資金調達は依然として力強いと指摘する。彼らが測定した起業の性質は、図5・1の参入率の低下とは違う様相を示している。それは1990年代に上昇し、2000年以降に急激に減少、その後は1990年以前より高い水準で推移している。

悲観論を和らげるかもしれないもう一つの要因は、成功した起業家の年齢だ。新興企業の上位0・1%(1000社のなかで最速で成長した企業)の設立者の年齢は、平均で45歳となっている(Azoulay et al. 2018)。テクノロジー分野で活躍する20代の起業家というイメージは正しくない。これはハイテク分野や起業家の世界でも同様だ。なぜこれが良いニュースなのか。それは、経営者が高齢化しても成功する新興企業が減るわけではないことを意味するからだ。

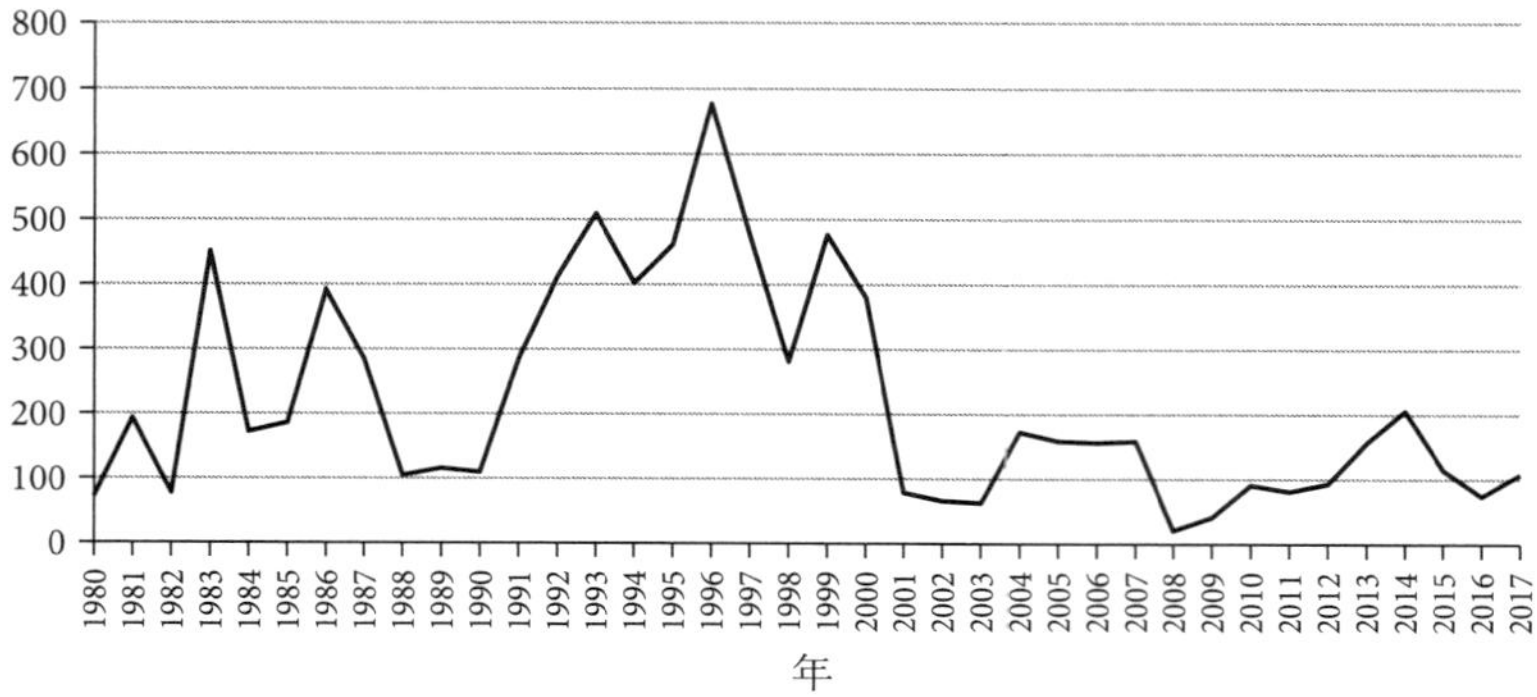

図 5.2　1 年当たりの IPO 数、1980–2017 年（Ritter, 2019）

一方で、新規株式公開（IPO）の数は、図5・2で見られるように近年は低水準で推移している。設立間もない会社の資金調達の動きは依然として活発だが、そうした企業のほとんどは公開されることなく買収される。これは競争と成長にとって大きな意味がある。スタートアップ企業の買収は、既存企業が将来の競争を避ける手段になるからだ。大手企業はターゲット企業を取得し、その製品を手に入れたいと考えるかもしれない。ロンドンビジネススクールのコリーン・カニンガムとイェール大学経営大学院のフロリアン・エデラーとソン・マは、これを「キラー買収」と呼んだ（Cunningham, Ederer and Ma, 2018）。彼らは市場に登場する前の買収と新薬の開発に焦点を当て、それらに大きな競争抑止効果があるとした。新薬プロジェクトは、買収企業の既存製品と重なっている場合には進まない傾向があり、競争がすでに弱まっているときにその傾向は顕著になる。こうした買収は、以前は反トラスト研究の対象とされなかった。既存研究のほとんどは、同じ市場で競争する製品を持つ企業同士の水平的合併に焦点を当て、イノベーションや市場に出る前の製品はほぼ無視している。

　要するに、参入も退出も減っているが、参入のほうが顕著だということだ。この変化は事業所の平均年数にはっきりとあらわれてい

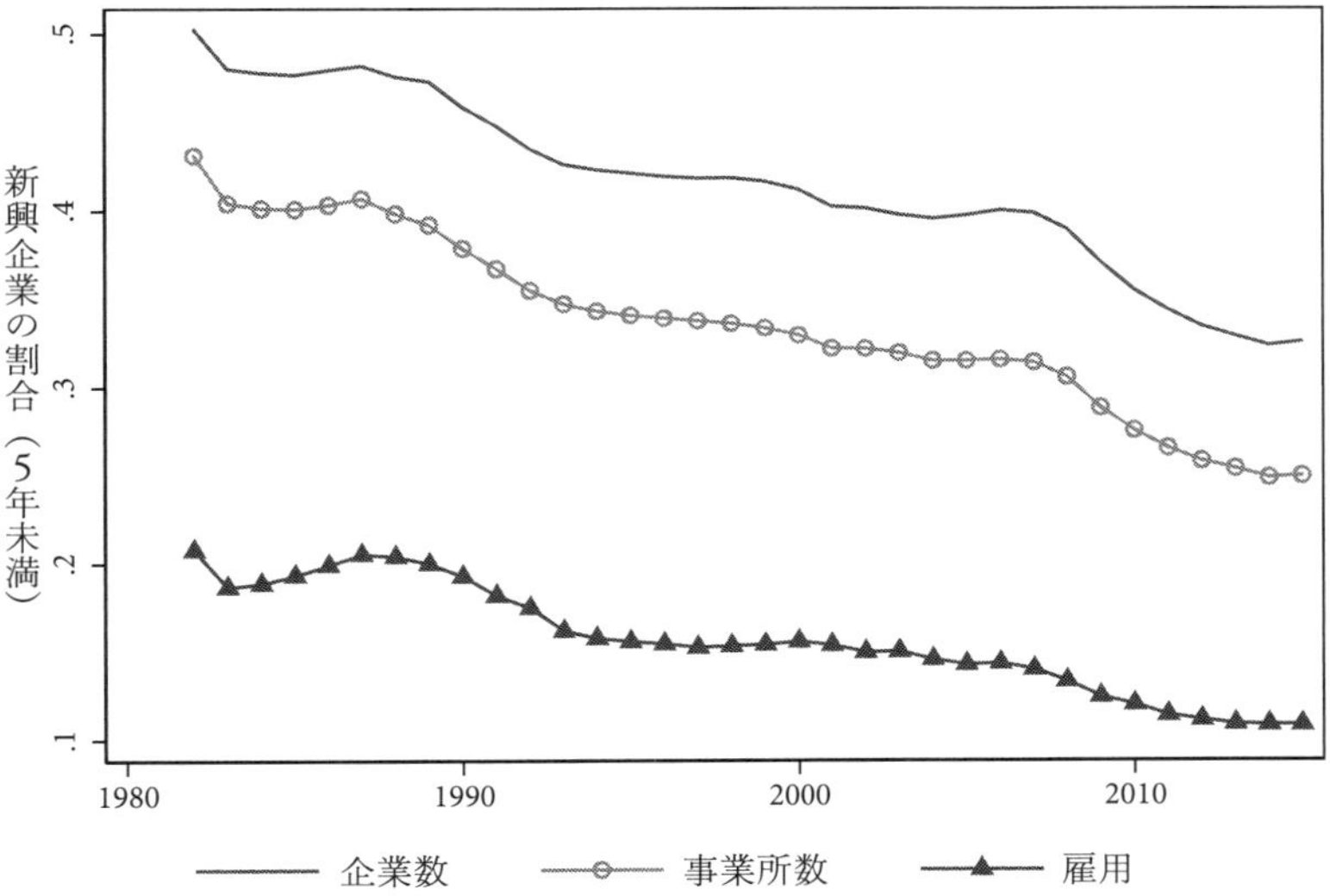

図 5.3　アメリカ経済における新興企業の割合の減少

る。図5・3はアメリカの事業年数を示したものだ。事業年数が5年未満の会社を新興企業とする。１９８０年には、新興企業は企業の半分、事業所の40%、雇用の20%を占めていた。今ではこの割合はずっと小さくなっており、新興企業はアメリカ人労働者の約10%しか雇用していない。

合併・買収

図5・1で見たように、従来の意味での退出（事業所の閉鎖）は減少しているので、それが集中度の上昇の原因になっていることはない。一方で、合併はアメリカ産業界の統合に重要な役割を果たしている。合併は退出の特殊な形態である。事業所を閉鎖する必要はないが、独立した企業数は減るため、競争は減少することが多い。図5・4は１９５０年から２０１６年まで、年ごとの合併件数を示したものである。

合併および買収（M&A）の増加にはいくつかの

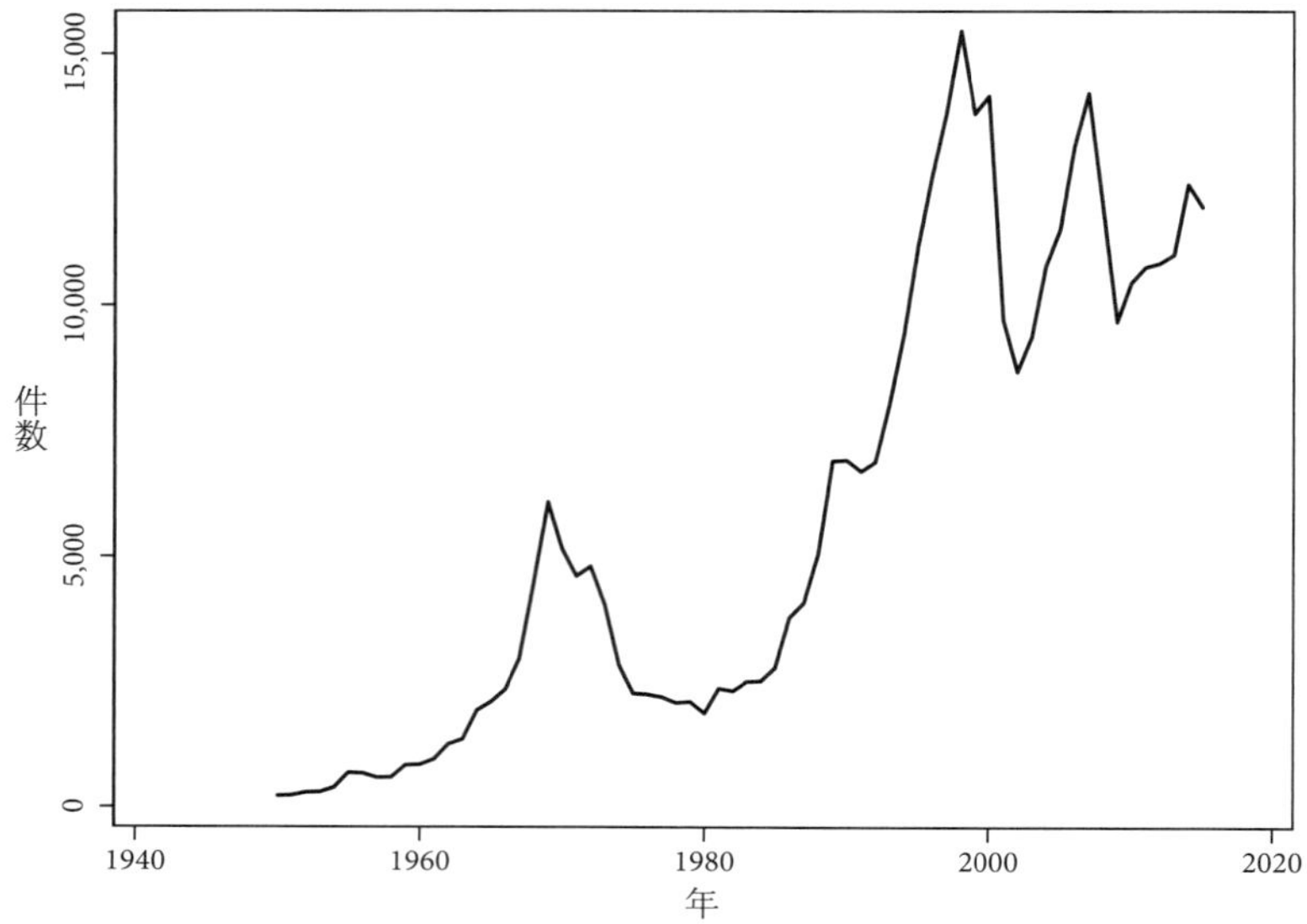

図 5.4　合併・買収の件数

理由と結果がある。エコノミスト誌が2016年に報じたように、「2008年以降、アメリカの企業は10兆ドル規模の、建国以来最大規模となる合併を進めてきた。世界的な帝国を築くためのそれまでの買収とは違って、これらの合併は主にアメリカ国内の統合を目的としている。これにより合併された企業は市場シェアを増加させ、コストを削減できる」[1]

もう一つの直接的な結果は、上場企業の数が減ったことだ（図5・5）。注目される合併はたいてい上場企業が関わっている。合併の増加は上場企業の減少を意味する。1人当たりで見ると、アメリカは40年で半数の企業を失っている。1976年、アメリカには4943社の上場企業（アメリカの取引所に登録された会社）があった。2016年には、その数は3627社になっている。ルネ・スタルツが指摘するように、「1976年から2016年のあいだにアメリカの人口は2億1900万人から3億2400

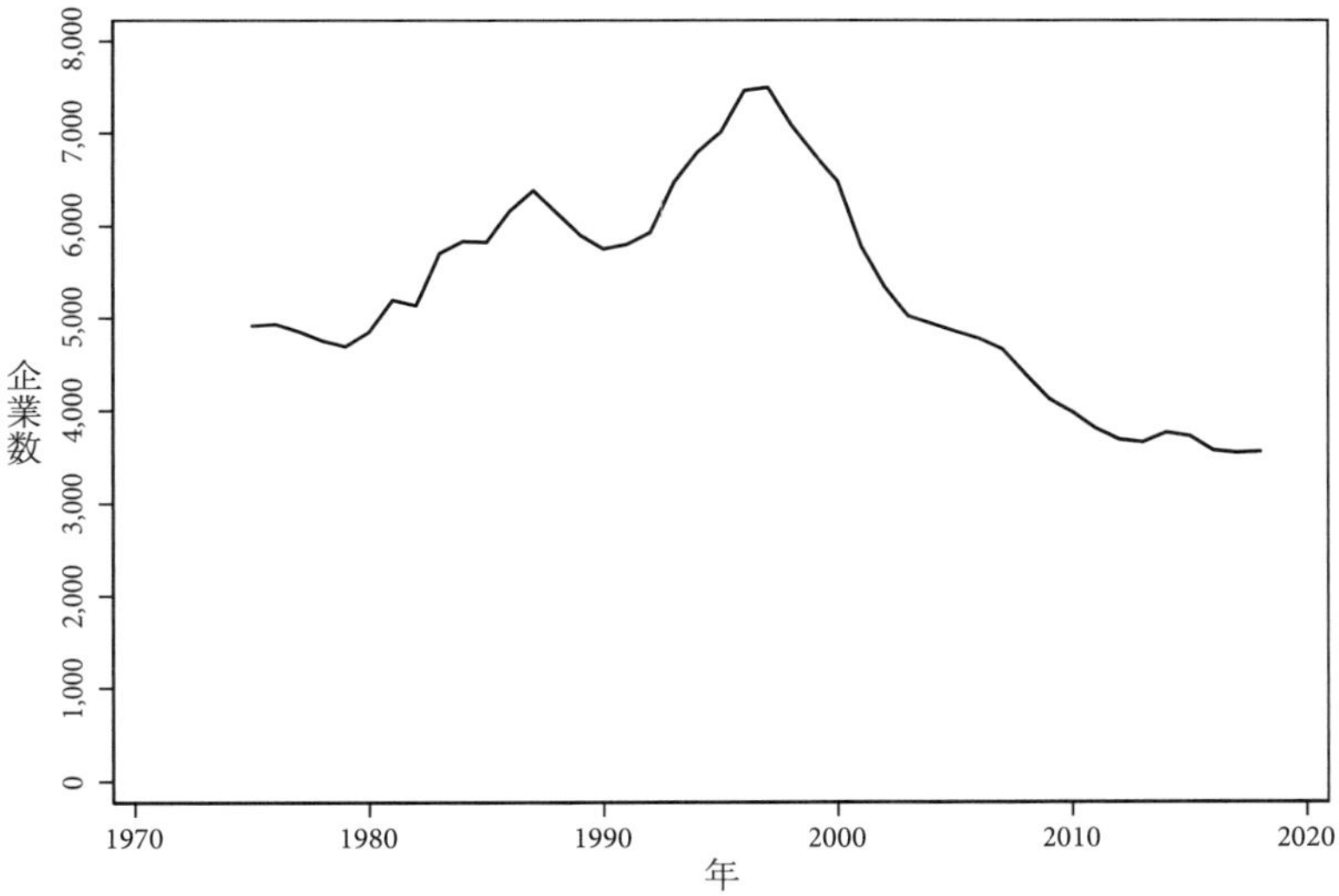

図 5.5　アメリカの上場企業数の減少

万人に増えたので、１００万人当たりの上場企業数は23社から11社に減ったことになる」[2]。

上場企業の減少は１９９０年代の終わりごろから始まっている。１９８０年ごろにはアメリカには約５０００社の上場企業があった。その数は１９９７年がピークで、約７５００社あった。それ以降、上場企業数は半分以下となっている。その要因となっているのが多数の合併だ。減少は産業の一部ではなく、全体に見られる。そして、スタルツが指摘するように、このように大幅に減少した国はほかにほとんどない。

当然ながらいくつかの疑問がわく。アメリカの合併は多すぎるのか。いつ、どのような理由で合併は承認されるのだろうか。

合併審査

大企業間の合併・買収は基本的に司法省と連邦取引委員会に審査される。取引の当事者は書類を提出し、合併の実施まで30日間待たなければならない。扱う製品や業界によって、司法省か連邦取引委員会が審査を行なうことになる。[3] もしその合併が競争の脅威になる可能性があれば、審査機関は追加情報を求め（「セカンド・リクエスト」）、さらに審査機関を20日間延長する。

合併審査の理論的土台には、略してＩＯということも多い産業組織論（industrial organization）がある。経済学のなかのこの分野によって、私たちはある産業のなかでどれだけの数の企業が事業活動を行なっているのか、どのように価格を設定しているのかを理解し、合併後の行動を予測し、「競争は常に善なのか」「過剰な新規参入はあり得るのか」といった問いに取り組む。

産業組織論は、１８３０年代にフランスで生まれた。アントワーヌ・オーギュスタン・クールノーは、２社が同じ市場で競う複占という行動をはじめて理論化した。産業革命時代の大企業の成長を背景に１８９０年に制定されたシャーマン法は、アメリカの公共政策に産業組織論を組みこんだ。約四半世紀後、１９１４年に制定されたクレイトン法ははじめて反競争的な合併・買収に対応しようとした。シャーマン法が適用されない大規模な合併があったためである。[4] クレイトン法は「買収の結果、実質的に競争を減殺する恐れがある」場合、他社の株式取得を禁じている。クレイトン法第7条および１９７６年のハート・スコット・ロディノ反トラスト改正法は、合併が実施される前に合併・買収を審査する権限を政府に与えている。法は実質的に競争を減殺する、あるいは独占を生じる可能性がある合併・買収を禁じている。

反トラストに対する経済学的な理解は時代とともに大きく進化した。初期の立法者は介入主義の立場をとった。その教義のもとには、１９３０年代のエドワード・チェンバリンとジョーン・ロビンソンが唱えた構造・業績・遂行パラダイムがあった。このなかで市場は事業の遂行と産業の業績に影響する構造としてとらえられた。のちにこの考え方は、ハーバード学派の反トラスト論として知られるようになった。

シカゴ学派は1970年代に反革命を起こし、経済的効率性を反トラスト政策の中心に据えようとした。1978年、ロバート・ボークの著書『反トラスト・パラドックス』は大きな影響をおよぼし、政策の転換をもたらした。産業組織論を研究する経済学者ジョン・クウォカとローレンス・ホワイトは「初期の反トラスト政策に見られた大企業に対する懐疑的な態度あるいは敵意と言ってもいいほどの姿勢は、市場構造と商慣行を別々に評価する現在の政策に取って代わられた」とする（Kwoka and White, 2014）。たとえば、シカゴ学派の考えによれば、高い集中が見られても、新規参入の脅威が現実にあれば、つまり、市場が競争的であれば、必ずしも市場支配力があるとは限らないとする。

こうした進化は、1968年に司法省の反トラスト局が初版をつくり、その後版を重ねてきた合併ガイドラインに反映されている。大きな改正は1982年と2010年に行なわれている。司法省と連邦取引委員会は、審査プロセスを公正で予測可能なものにするためにガイドラインを発表している。第2章で説明したように、司法省はＨＨＩが2500を超えたときに、市場に高い集中があると見なしている。その場合、さらに200ポイント超上昇すると反トラスト規制に抵触する恐れがある。

審査は次のような段階を踏む。

(1) 関連市場（商品と地域）とそこで競争する企業を特定する。
(2) ハーフィンダール・ハーシュマン指数（第2章で説明したＨＨＩ）を計算する。
(3) 新興企業の参入しやすさを評価する。
(4) 合併によって予想される影響を評価する。
(5) 合併によってもたらされる効率性を考慮する。(5)

合併の結果は、その企業の市場支配力にどのような影響を与えるかによって左右され、それは第2章で説明したように、需要の弾力性によって決まる。

市場支配力 vs 効率性

合併の規制には市場支配力と効率性のトレードオフがある。前述の(4)と(5)で述べた点である。合併が競争の脅威になるとしても、審査機関には効率性が競争上のリスクを上回るかどうかを判断する権限がある。効率性には規模の経済、生産のスピルオーバー、経費の共有がある。

市場支配力を増加させる合併は、どれも消費者厚生について損失を生じさせる。では、なぜそれを許可するのか。合併はほとんどの場合、効率性の向上の名のもとに進められる。この問題を理解するために、第2章で使った例に戻ろう。

図5・6は、効率性向上を伴う合併を描いたものだ。価格と限界費用（「旧・限界費用」とした）が等しい競争的均衡からスタートすると想像してほしい（図2・1を見直したくなるかもしれない）。この状況では利潤はなく、消費者余剰は価格／限界費用のラインの上の大きな三角形で計測される。ここで規制者が合併を許可したとしよう。とりあえず効率性の向上はないものとする。すると、市場支配力は増加し、価格は上昇する。消費者余剰は小さな灰色の三角形まで減る。企業は長方形であらわされる利潤を獲得する。利潤の増加分は消費者余剰の減少分より小さく、図5・6の黒の三角形は社会全体の厚生損失を示している。

最後に効率性の向上を取りいれよう。合併によって、生産コストが旧・費用から新・費用に下がるとしよ

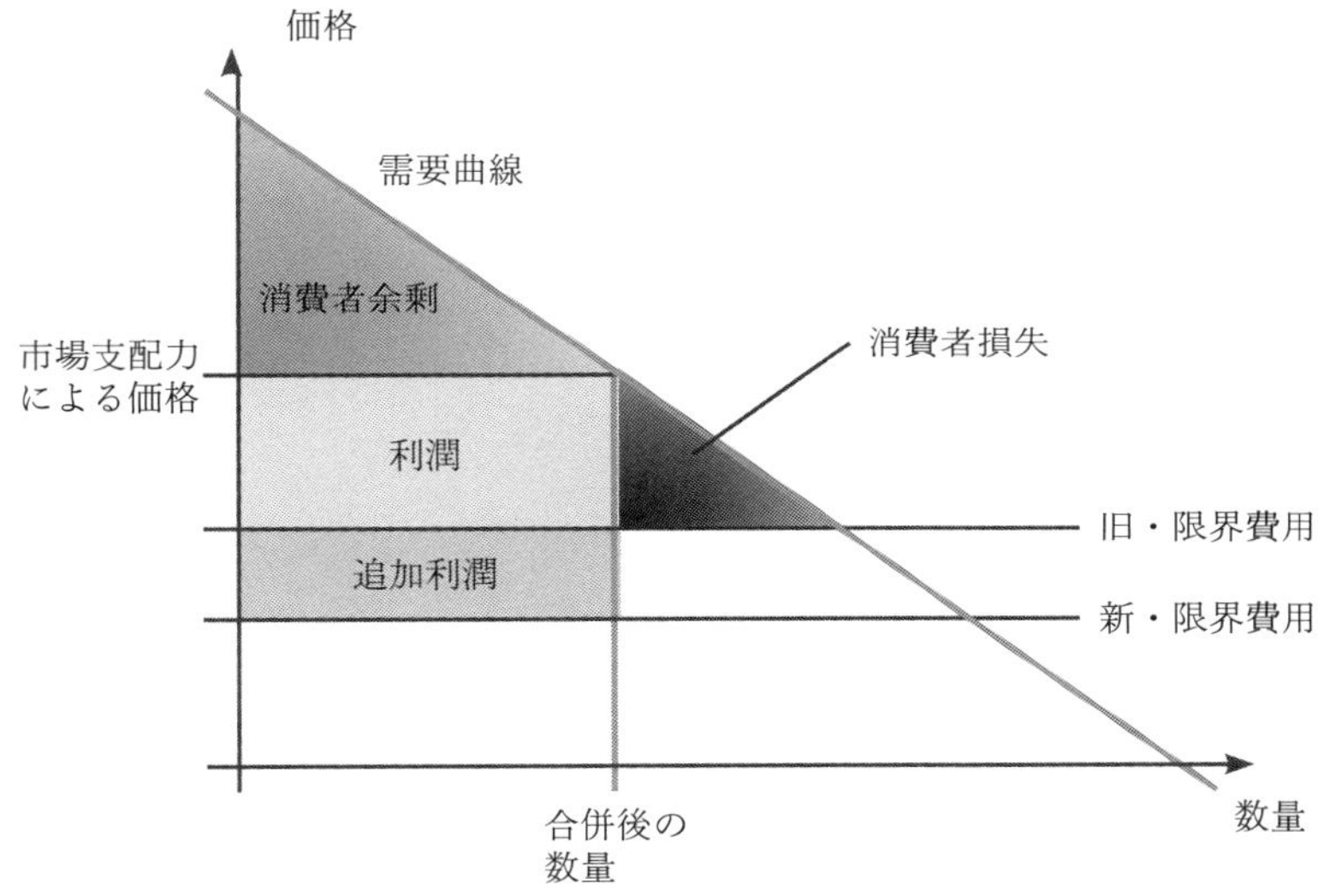

図 5.6　効率性の向上を伴う合併

う。この分析の面白い部分である。追加の利潤は効率性の向上を示し、前述のケースと違って消費者余剰の減少からは生じていない。総厚生を適切に評価するためには、消費者損失の黒い三角形と追加の利潤の灰色の長方形を比較しなければならない。何が言えるだろうか。

当然ながら、この分析の結論は二つの効果次第だ。マークアップ効果と効率性効果である。最初に見た業界は、限界費用c、価格p、マークアップ$m=p-c$としよう。図のなかでは、最初は$m=0$と仮定したが、この業界はそもそも完璧な競争状態にないかもしれない。合併が許可されたら、二つのことが起こる。マークアップがmからm'に増加し、限界費用がcからc'に減少する。したがって新しい価格は$p'=c'+m'$となる。考えなければならないのは二つのケースだ。

◆　双方が得するケース

新価格が旧価格より下がる（$p'<p$）。これ

はマークアップの増加が効率性の向上より小さいとき（$m'-m<c-c'$）に起こる。この場合、消費者は得をし、企業の株主も得をする。明らかに良い合併である。

◆ 不明瞭なケース

効率性が向上したにもかかわらず、新価格が旧価格より上がる（$p'>p$）。これはマークアップの増加が効率性の向上よりも大きいとき（$m'-m>c-c'$）に起こる。この場合、消費者は損をし、株主は得をする。規制者は消費者余剰と新しい利潤に対する相対的な影響を評価し、比較しなければならない。

双方が得するケースは実際にはまれだ。不明瞭なケースで重要なのは、経済学者が市場の競争可能性と呼ぶものだ。もし合併が効率性を向上させるなら、経済にとってプラスとなる。新規参入者が将来、既存企業に挑戦できるなら、価格は大きく上昇しないだろうし、参入者が将来のどこかの時点で買収企業と同じ効率性を獲得できるなら、価格が下がることもあるかもしれない。言い換えれば、参入の脅威は、今すぐにとは言わないまでも、最終的には双方に得をもたらす可能性があるということだ。これは参入の重要な役割、専門用語で言えば、市場の競争可能性を強調している。

最近の合併審査

アメリカ市場が進化するなかで反トラストの実施と規制が果たす役割については、活発に議論されている。しかし突きつめれば、アメリカでは合併審査が緩くなってきていると言えるだろう。ブルース・A・ブロニゲンとジャスティン・R・ピアスは、1998年から2006年のあいだのライバル企業同士の合併は、コストを下げることなく利潤を上げているとした（Blonigen and Pierce, 2016）。オーリー・アッシェンフェルターとダニエル・ホスケンは、調査の基準にもう少しで抵触しそうだった（が調査対象にならなかった）5件の合併を調べ、うち4件で価格の上昇が見られるとした（Ashenfelter and Hosken, 2010）。ジョン・クウォカは、1996年から2008年にかけて連邦取引委員会による反トラストの実施が次第に減っていることを示している（Kwoka, 2015）。近年は、中程度の集中が見られる産業、すなわち合併後に最低5社が残る業界では、連邦取引委員会による執行は実質的にゼロになっている。どの市場でも最低5社あれば適切な競争が行なわれると考えているようだ。

この証拠をもとに、クウォカは過去20年、アメリカの合併審査は弱体化していると批判する。これは反トラストの専門家のあいだで激しい議論を呼んだ[6]。競争はさまざまな形態をとるため、産業組織論は経済学のなかでも複雑な分野となっている。さらに、経済が発展するにつれて、財やサービスの種類も増える。1世紀ちょっと前は、スタンダードオイルはコモディティ化された製品を生産し、反トラスト事例もかなり単純だった。しかし、現代の反トラスト事例における製品はコモディティ化されておらず、市場支配力は、単なる供給の制限を超えた大きな力に左右されている。たとえば、通信業界の競争は、価格だけではなく、いっしょに販売されるサービス（電話、インターネット、テレビ）やその質をめぐって行なわれる。

この複雑さに業界のロビー活動も加わって、専門家の意見が一致するのは難しくなっている。個別の事例ごとに議論が続くことを期待したい。しかし、否定できないのは、合併がかつてないペースで許可されて実現しており、それがアメリカの集中度の上昇の大きな原因になっているということだ。

貿易問題と合併審査

貿易と競争は興味深いさまざまな形で互いに影響をおよぼしあう。本書の後半では、ロビー活動と選挙資金の政治経済学について詳しく見ていくつもりだが、その前に海外との競争が、国内の合併の正当化に利用されることが多い現状を簡単に見ておこう。私が好きなポッドキャストを紹介するにも良い機会だ。

気持ちのいいほど真面目一徹なポッドキャスト番組「トレード・トークス」で、ソメイヤ・ケインズとチャド・P・ボウンは、経済と貿易政策について議論している。2018年1月、トランプ大統領は洗濯機とソーラーパネルに関税を課した。なお、この回の洗濯機の話はとても面白いので、このセクションを読みおえたら20分中断して、トレード・トークス第20回（Trade Talks #20）を聴いてほしい。

2000年代の半ば、ワールプールとメイタグという2社がアメリカの洗濯機製造業を支配し、合わせて60%の市場シェアを持っていた。2社が合併を決めたとき、当然ながら司法省は懸念を示した。しかし、海外のライバル企業（特に韓国のLGとサムスン）が市場支配力を抑制するだろうと考え、司法省は最終的には合併を許可した。ニューヨーク・タイムズ紙は2006年3月30日に次のように報じた。「反トラスト局の局長トマス・O・バーネットは昨日、海外の競争相手は今では主にもっと高価格の製品を供給しているが、それでも製品価格に意味のある圧力をかけられると述べた。「彼らがアメリカの市場に参入するかどうかの問題ではない。今回の場合、彼らはすでにアメリカに進出しているのだから、かなり当てにしていいだろう」

ある経済学者チームは、合併の影響による電気製品市場の価格の変化について分析した（Ashenfelter, Hosken

and Weinberg, 2011)。食器洗浄機と衣類乾燥機の価格は大きく上昇していたが、洗濯機価格の上昇は見られなかった。洗濯機市場では、海外企業との競争が価格を抑えていたようだ。「しかし、その後は」ソメイヤ・ケインズが述べるように「ワールプールが合併承認の理由として当てにした海外企業との競争は、少々難しいものになった」。ワールプールは市場シェアをLGとサムスンに奪われ、保護関税を求めた。政府がこの要請を受けいれたとき、ワールプールの株価は上がり、LGは洗濯機の価格を上げると発表した。2018年4月、「洗濯機の価格は9％上昇した。翌月は6％上がった。どちらも労働統計局が1977年にデータ収集を開始して以来、最大の月間上昇額である」[7]。この事例は、国内企業の統制のために海外企業との競争を利用することの危険性を示している。

自由参入の失敗

さて、いよいよ第4章の投資に関する考察と、この章の参入に関する考察をつなげてみよう。投資の基本法則についてはすでに説明した。ある産業内でqが1を超えていれば、それはレントの存在を意味する。その業界に競争があれば、レントはなくなるはずだ。既存企業が拡大する（私たちが示した事例のように）か、新規企業が参入する。

したがって、投資の基本法則は参入の基本法則を生む。さまざまな経済ショックに適応していくなかで、ある産業では収益性が上がり、ある産業では収益性が落ちていく。経済的な効率性は、収益性の低い業界からの退出と、収益性の高い業界への参入を促すだろう。これは必然的に投資のq理論に類似した参入のq理論につながる。qの値の高い企業がスケールアップすれば経済的価値を生みだすように、企業がqの低い産

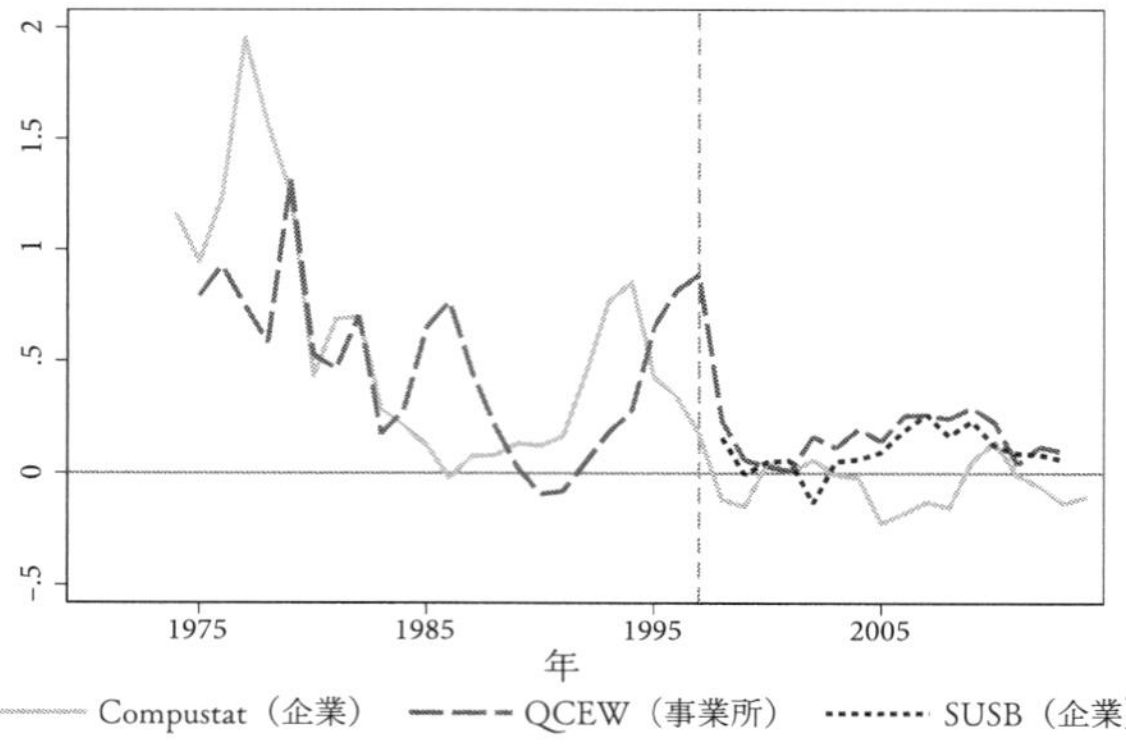

図 5.7　価値の高い業界への参入移動の減少

図はトービンの q の産業中央値の、企業数／事業所数の年ごとの対数変化率に対する回帰係数をプロットしたものである。

データ出所：Compustat と SUSB は NAICS の 4 桁コードの業界の企業数をもとにした。QCEW は 1997 年までは SIC の 3 桁コードの業界の事業所数、それ以降は NAICS の 4 桁コードの業界をもとにした。企業数の変化はデータ間の比較ができるように、平均がゼロ、分散が 1 になるように標準化されている。業界の q の中央値は Compustat をもとにした。詳細は Gutiérrez and Philippon（2019b）を参照。

業から高い産業に移動しても価値を生みだすことになる。グティエレスと私はこの考え方を追究し、近年、自由参入が機能しなくなっていると結論づけた。

図5・7は、過去40年の q の産業中央値に対する企業数の弾力性を示している。この弾力性はかつては0・5くらいだった。ある特定の産業の q の中央値が0・1（たとえば1・1から1・2へ）増加したとき、企業数の標準化された変化は、ほかの産業に比較して翌3年間は5％高くなる。かつては自由参入の理論どおり、トービンの q の値が大きい業界ほど参入が多く、退出は少なかった。しかし、最近はこの弾力性がゼロに近い。どのデータにもこの減少は一貫して見られ、製造業以外ではこの傾向が強くなっている。

自由参入の機能不全をどう説明すればいいだろうか。原因となっている要因はいくつかあるだろうが、一つは本書のテーマに密接に

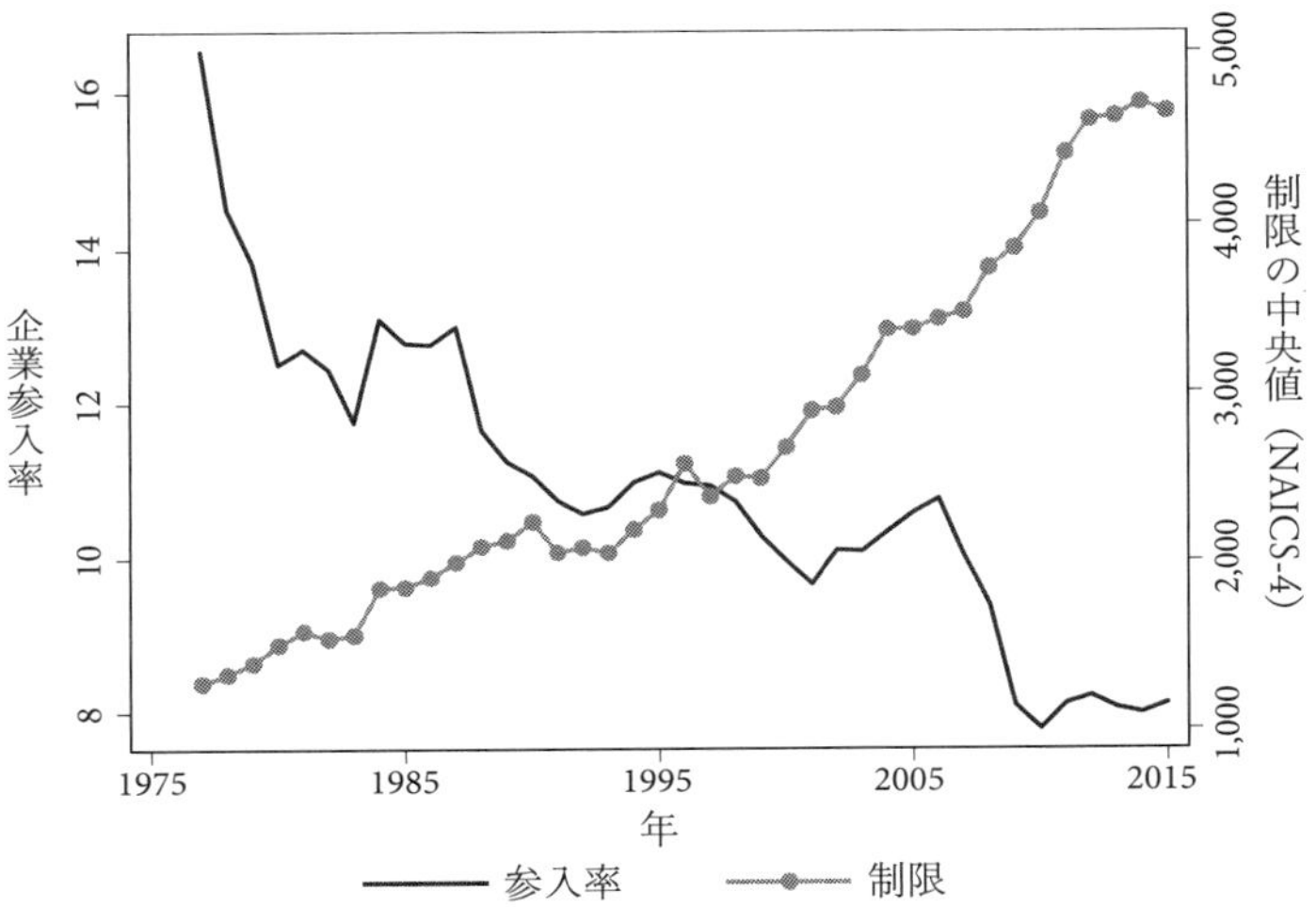

図 5.8　規則指数と事業所開業率
データ出所：事業所の参入率は米国勢調査局の Business Dynamics Statistics から。規則の規制は RegData から。詳細は以下を参照 Gutiérrez and Philippon（2019b）。

関わるものだ。図5・8は、企業の参入率の減少とともにアメリカの連邦規則が増加している状況を示している。シカゴ大学の経済学者スティーヴン・デイヴィスが強調したように、連邦規則集は過去50年で8倍になり、今では18万ページにもおよぶ（Davis, 2017）。

そこで、連邦規則が産業のダイナミズムにどのように影響しているのか調べたいと思う。そのためには規則の指数をつくる必要がある。どのようにつくればいいだろうか。コンピューターにデータを読ませて分類させればいい！　レグデータ（RegData）はアル＝ウバイドリとマクラフリンが２０１７年の論文で紹介した、比較的新しいデータベースで、産業レベルで規則の厳しさを測ることを目的としている（Al-Ubaydli and McLaughlin, 2017）。これは機械学習と自然言語処理の技術を利用したもので、連邦規則集の条文のなかの「～するものとする（shall）」「～しなければならない（must）」「～することができない（may not）」といった制限を課す言葉や文章をかぞえ、それを業界と紐づける。レグデータは、ページ数をかぞえる単純な方法から大きく進化している。(8)

図5・8は、参入の減少が規則の増加とともに起きているのを示しているが、だからといって規則が参入の減少をもたらしているとは言えない。規則には二つの基本理論がある。公共の利益と公共の選択だ。イギリスの経済学者アーサー・セシル・ピグーの研究にしたがって、公共利益の理論は外部性に対処し、消費者を守るために、是正的な規則を重視する（Pigou, 1932）。他方にいるのが、ピグーの考え方に疑問を呈する、公共選択を重んじる人たちだ。シカゴ学派の重鎮であるジョージ・スティグラーは「一般に規則は産業の手中にあり、主にその便益のために設計、運用される」（Stigler, 1971）。グティエレスと私は、産業および企業レベルのデータを使ってさらにこの問題を掘り下げた。その結果わかったのは、規則は大企業、特に潤沢なロビー活動費を持つ産業よりも、小規模な会社の参入と成長を妨げるということだ。これはピグーの公共利益より公共選択の理論を裏づけるものであり、国内競争の減少説を支えるもう一つの証拠にもなっている。

トップダウンによる集中とボトムアップによる集中

アメリカ企業の存続年数による構成の変化を考えると、二つの事実が浮かびあがる。一つは新興企業の参入率が減少していることだ。既存企業は年数を重ね、新規の競争者は年々減っている。これはボトムアップによる集中につながる。二つ目は機関や審査員が大企業同士の合併を頻繁に許可していることだ。これはトップダウンによる集中につながる。この二つを合わせると、これまで考察してきた集中度の上昇の説明になる。

自由参入は、市場経済の中心でバランスを取りなおす重要なメカニズムである。残念ながら、過去20年、アメリカ経済における自由参入のリバランス機能は失われてきた。年々、新規企業が減ってきたというだけではない。昔と違って、qの高い産業への参入も減っている。ロビー活動と規則は、さまざまな産業で長年、参入率が減少してきた状況の多くを説明しているようにも見える。ここまでで、アメリカの利潤と集中度の上昇がレントの大幅な増加を示していることをうかがわせる十分な証拠がそろったが、消費者や労働者が被った損害を定量化する証拠は十分ではない。ここで分析対象を広げて、世界のほかの地域で起きていることを考察すべきだろう。

これまではほぼアメリカだけに焦点を当ててきた。これからアメリカとほかの地域——特にヨーロッパ——を比較すれば、多くを学べることを示そうと思う。

原注

（1）"Too much of a good thing," *Economist*, March 26, 2016.

（2）René Stulz, "The shrinking universe of public firms," *NBER Reporter* 2 (2018).

（3）司法省は行政機関の一部で、連邦取引委員会は大統領が主要両政党から任命した委員からなる機関である。その責任は重なる部分があるが、両者は協力して取り組み、注目する分野は分かれる傾向にある。司法省は金融サービス、通信、農業に焦点を当てる。連邦取引委員会は軍需、製薬、小売で主導権を握ることが多い。反競争的行動の可能性に対しては、州司法長官が異議を申し立てることも、民事訴訟を起こすこともできる。

（4）クレイトン法の第7条は、シャーマン法よりも反競争的効果の証明基準を下げることで、アメリカの反トラスト政策を大きく変えた。シャーマン法では反競争的行為によって企業に不利益が生じたことを証明しなければならなかったが、第7条は、「商業分野における競争を減殺する傾向が初期段階のうちに」政府は合併を阻止できるとした。議会は「株式」の購入を合併とする元の法律を企業が抜け穴として利用するのを防ぐために、１９５０年代には第7条を改正しなければならなかった。この改正によって、資産の購入を通じて実質的な合併を模索する企業は法の対象となった。

(5) 関連商品市場を決めるにあたっては、「小さいが重要で、一時的ではない」値上げがあったら、と考える。このような値上げによって、買い手がほかの商品に移り、独占者に利潤をもたらさなくなったとしたら、この値上げが採算に合うようになるまで市場を広げて近接の代替品を含める。さらに次善の代替品を加え、やがて消費者が代わりに買おうとする商品はなくなる。この時点で商品市場は確定する。地域を決めるにあたっては、その商品の買い手が値上げに反応してその地域の外で買うとしたら、その地域は小さすぎるということになる。売り手が値上げによって利潤を最大化できるところまで地域を拡大する。

参入しやすさを評価するには、審査機関は適時性（参入の計画期間が2年未満で、市場に大きな影響を与える）、可能性（合併前の価格での収益性）、十分性（合併企業による競争価格を超過した価格設定に対抗するための十分な市場知識と財源）を分析する。

(6) ヴィタとオシンスキ（Vita and Osinski, 2018）は反駁したが、クウォカは自身の批判の正当性を主張し続けている（Kwoka, 2017a）。

(7) B.R. Mayes, T. Mellnik, K. Rabinowitz, and S. Tan, "Trump's trade war has started. Who's been helped and who's been hurt?" *Washington Post*, July 2018.

(8) ゴールドシュラグとタバロックは、このデータベースの詳細と限界について論じ、レグデータの規則の厳しさの測定を、関係規制機関の規模や、各業界の弁護士の雇用割合と照らして比べるなどして妥当性分析を行なっている。その結果、「規則の厳格度指数の相対値は、時代、業界、機関による違いをよくとらえている」と結論づけている（Goldschlag and Tabarrok, 2018）。

II ヨーロッパの状況

ここまでは過去20年のアメリカ経済の進展を見てきた。そのなかでさまざまな仮説を立て、検証してきた。「スター」企業説は、集中は業界リーダーの生産性の上昇によるものだとする。無形資産説は、集中、利潤、投資の変化は無形資産の蓄積で説明できるとする。国内競争の減少説は、国内競争が減り、多くの産業で企業が市場支配力を発揮するようになったと主張する。一方、グローバル化は、製造業の一部に海外との競争を持ちこんだ。

こうした説を細かく分析し、アメリカ経済に対する考察を磨くことができた。「スター」効果の証拠は1990年代には見られたが、2000年代には見られなかった。無形資産は小売および卸売業との関連が明確で、グローバル化は製造業の方向を決めた大きな要因である。

しかし、全体的に見てはっきりしているのは、ほとんどの産業で過去20年間、国内競争が弱くなり、減少していることだ。その結果、集中度の上昇、業界リーダーの地位の確立、利潤と株主還元の増加、投資の減少、生産性の伸びの鈍化が起きている。

そこで、こうしたことがなぜ、どのように起きたのか理解したいと思う。テクノロジーによるものなのか。

消費者の選好が変わったのか。あるいは規制や政策のせいなのか。

政策選択が重要であることを示す手がかりはすでにある。ロビー活動と規制は、時代も業界も関係なく、参入率の低下につながると思われるが、完璧な対照実験はない。理想を言えば、異なる規制環境を持つ類似した業界を比較すればいいだろう。こうした実験は存在しないが、アメリカとヨーロッパを比較すれば、目的はかなり達することができる。これが次章以降で行なおうとしていることである。

ヨーロッパはアメリカの比較対象に適しているが、両地域の政策の違いを見ていく前に、一つ断っておくほうがいいだろう。私はヨーロッパが総じてアメリカよりよくやっているとか、あるいは際立ってよくやっていると言うつもりはない。ポピュリズムが台頭し、既成の政党や機関への不信が高まっている状況は、どちらの地域にも見られる。ユーロ圏のマクロ経済構造は未完成だし、アメリカに比べれば非常に不安定だ。ヨーロッパの大学はアメリカの大学に今でも後れをとっている――私がパリではなく、ニューヨークでこの本を書いているのには理由がある。ヨーロッパの金融市場は野心的な新興企業に対して、アメリカの市場ほど成長の機会を与えていない。さらにヨーロッパは新しいテクノロジー、とりわけ人工知能の分野ではアメリカと中国に後れをとっている。

しかし、一歩引いてみれば、違いよりも似ている点のほうがはるかに多い。特に経済の発展についてはそうだ。両地域の経済規模はだいたい同じである。消費者の好みはおおむね同じで、基本的に同じ商品を買う。ほとんどの産業で企業は似た技術を使っている。まったく同じ技術を使う業界も多い。貿易パターンも似ている。こうした主要な側面における類似性は、アメリカとヨーロッパの比較を価値あるものにする。

結局のところ、ヨーロッパとアメリカの比較が多くの有益な情報をもたらすのは偶然ではない。少なくとも第二次世界大戦の終結以降、ヨーロッパの政策立案者と起業家は、彼らがアメリカに見たもの（で、高く評価したもの）に触発されてきた。これから見ていくように、ヨーロッパの機関のなかには、アメリカの機関を手本にしたものや、少なくともその構想に大きく影響を受けたものがある。

6　一方、ヨーロッパではどうか

これまでの章では、2000年以降、アメリカ産業の集中が進み、企業の売上利益率が増加していることを示した。そして売上利益率は高く、資金調達コストは低くなっているにもかかわらず、投資は弱くなっている。この流れは普遍的なものだろうか。グローバル化の避けられない帰結なのか。どこの国でも同じ傾向が見られるだろうか。

ヨーロッパとアメリカの比較から多くを学べる理由は説明した。両者は比較が有用なものになるくらいに類似しているが、理論を検証するのに格好の場所となるくらいに違っている。では、ヨーロッパはこれまでどうだったのか。

ヨーロッパは成長しているか

私がこれから提示する結果は、たいていかなりの疑念を持って受けとめられる。気持ちはわかる。私も最初は同じ思いだったからだ。アメリカは従来、ヨーロッパよりも優れた経済政策をとってきた。アメリカ市場は長いあいだ、世界でもっとも競争の激しい市場だった。この前提から離れられないのは仕方がないだろう。考えを変える前にもっと証拠を求めるべきであり、それが本書で試みることだ。

しかし、こうした結果を議論する過程で、過剰とも思える拒否反応に会うことがあり、単に自分の考えを変えるつもりのない人々がいることを知った。たとえば、よく言われた意見はこうだ。「もし君の言うことが正しいとすれば、なぜアメリカはヨーロッパよりも速く成長しているのか」。まず言っておきたいのは、成長を左右する要因は複雑でたくさんあるということだ。ヨーロッパが良い反トラスト政策とデータ保護政策を採用し、同時に非効率なマクロ経済政策をとり、脆弱で不十分な大学制度を持つ、ということはあり得る。たまたまだが、これらはすべてそのとおりだと思っている。しかし、詳細を検討する前に、ちょっと立ちどまってみよう。ヨーロッパの成長がアメリカよりも遅いというのは本当だろうか。

まずヨーロッパの事実に目を向けよう。地図6・1はヨーロッパの国を、共通の通貨ユーロを導入したユーロ圏（ＥＡ19）や欧州連合（ＥＵ28）に分けて示したものだ〔２０２１年１月にクロアチアがユーロを導入し、ユーロ圏は20カ国に、２０２０年１月にイギリスがＥＵを脱退し、ＥＵは27カ国になっている〕。「なぜアメリカはヨーロッパよりも成長が速いのか」という議論は、ヨーロッパの成長は明らかにアメリカよりも遅いという前提にもとづいているように思える。ヨーロッパの成長が遅いというなら、議論もそう急がないでほしい。もちろん、人口の伸びはアメリカのほうが速い。しかし、第１章で説明したように、この分析で大切なのは生活水準の伸び、つまり1人当たりの伸びである。

図6・1は、過去18年のアメリカ、ヨーロッパ、ヨーロッパの数カ国の1人当たりＧＤＰの累積成長率である。補足資料では、実質成長率の計算方法を説明している。図のなかでは、すべての国の１９９９年の1人当たりＧＤＰを1としているので、縦軸は１９９９年から２０１７年の生活水準の累積成長率を示しているととらえてよい。

２０１７年のアメリカ国民は、１９９９年より約21％豊かになっている。ここで重要な注意点を伝えておきたい。これは平均だということだ。格差は考慮していないので、中央値のアメリカ世帯をあらわしてはい

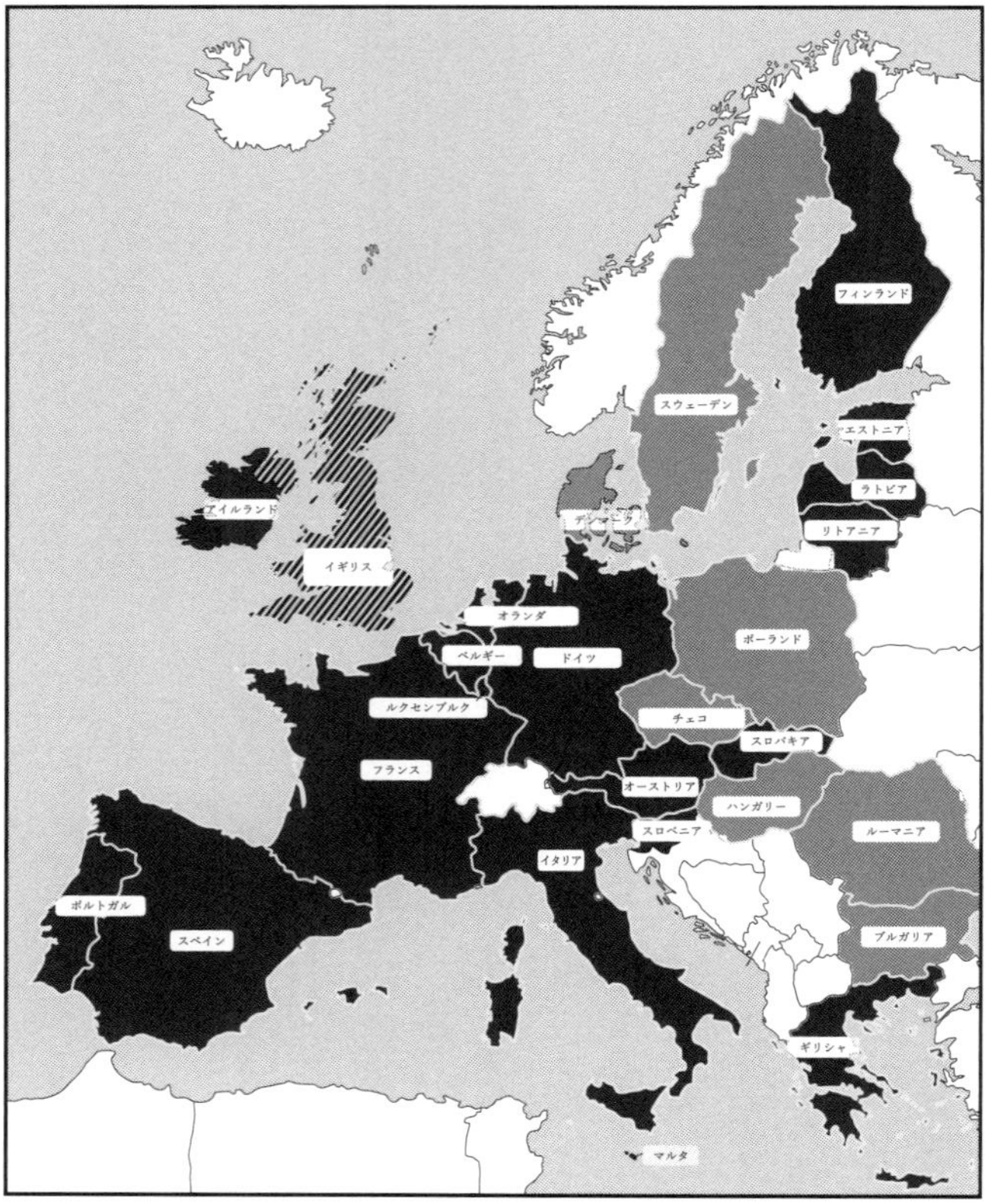

■ ユーロ圏の EU 加盟国　■ ユーロ圏外の EU 加盟国

地図 6.1　ユーロ圏（EA19）は 1999 年 1 月に以下の 11 カ国で始まった。オーストリア、ベルギー、フィンランド、フランス、ドイツ、アイルランド、イタリア、ルクセンブルク、オランダ、ポルトガル、スペイン。のちに加わったのが、ギリシャ（2001 年）、スロベニア（2007 年）、キプロスとマルタ（2008 年）、スロバキア（2009 年）、エストニア（2011 年）、ラトビア（2014 年）、リトアニア（2015 年）である。欧州連合（EU28）は、欧州委員会、欧州議会、裁判所など加盟国で共有する機関と、本書でもっとも重視する単一市場を持つ。EA19 のキプロスは地図にない。イギリスの EU 離脱（ブレグジット）交渉により、イギリスの加盟状況は変わるかもしれない。
データ出所：https://d-maps.com/m/europa/europemax/europemax11.pdf

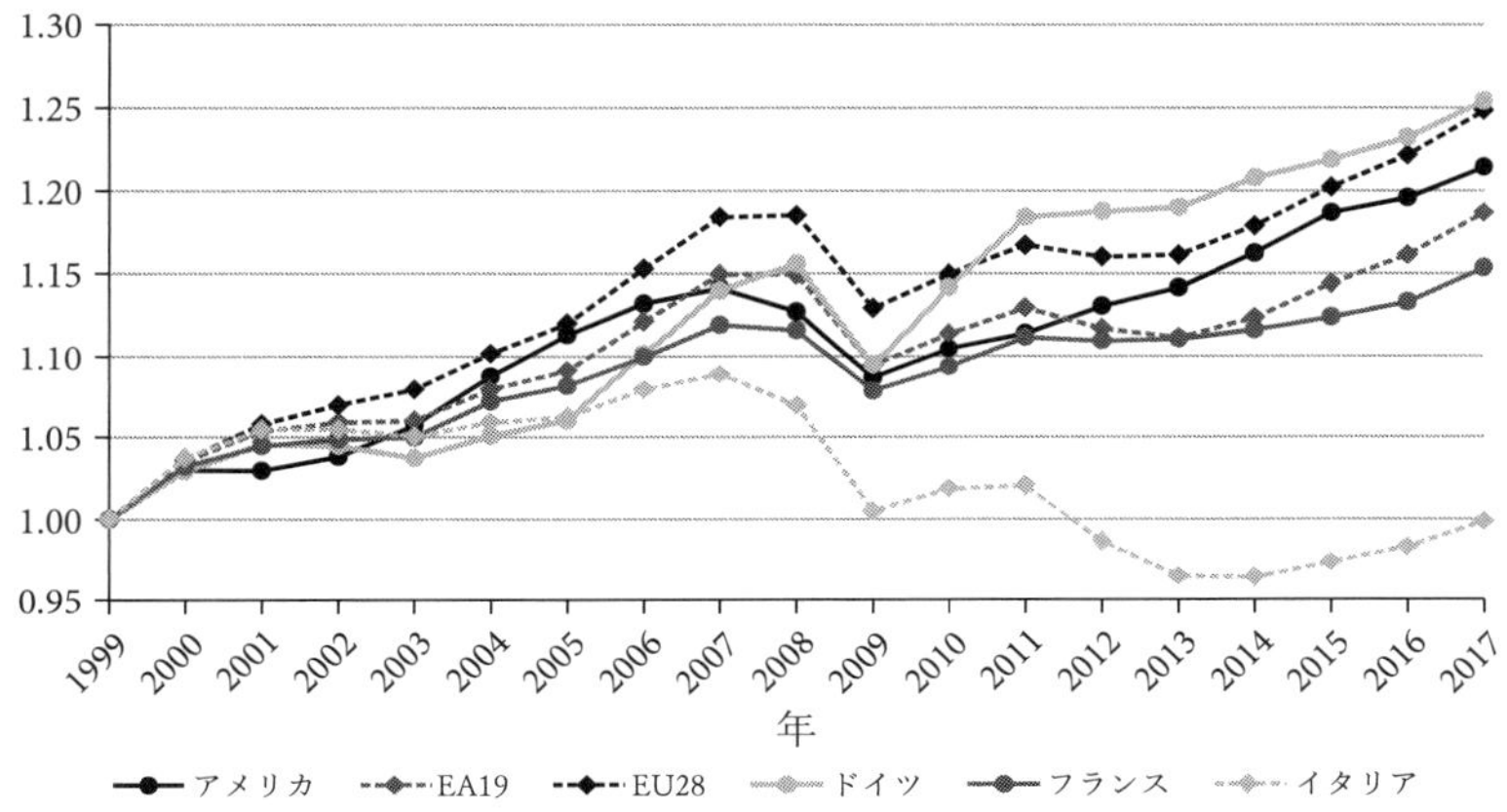

図 6.1　アメリカ、ユーロ圏、EU、EU 各国の 1 人当たり GDP の累積成長率
出所：OECD

ないかもしれない。それでも、これが成長について考えるときに人々が思い浮かべる測定である。

　ユーロ圏（ＥＡ19）はアメリカほど伸びていない。ＥＡ19の平均的な市民は２０１７年には１９９９年より19%しか豊かになっていない。しかし、ＥＵはアメリカよりも少し良い。ＥＵ28の平均的な市民は１９９９年より25%豊かになっている。なぜか。それはポーランドなど追いあげる国があり、スウェーデンなど堅調な国があるからだ。こうした平均値はヨーロッパ内部での不均等の大部分を隠してしまう。ドイツは約25%豊かになっている。フランスはわずか15%だ。残念ながら、イタリアは少し貧しくなっている。

　しかし、一歩引いて大局的に見れば、アメリカとヨーロッパの1人当たりＧＤＰはほぼ同じペースで伸びているのがわかる。これはまさしく標準的な経済理論が予測するところだ。重要だが、見逃しやすいので注意してもらいたいのは、国内競争の減少説が予測する成長率の差異は永続的なものではなく、一時的なものだということだ。市場支配力は実質ＧＤＰの水準にマイナスの影響を与える。マークアップが大きくなれば、成長は一時的に鈍化する。あなたの国でマークアップが高止まりすれば、そうならない場合よりもあなたは貧しくなるが、長期的な成長は主に技術的進歩にかかっているため、国としては最終的には以前とほぼ変わらないペースで成長するようになるだろう。

競争の欠如はイノベーションも遅らせるという主張があっても——実際そのとおりだと思う——、それだけを根拠に、モノやアイデアが行き来するヨーロッパとアメリカ間の成長率の永続的な差異を予想することはできない。グローバル化した世界では、技術は国をまたいで移動し、先進国の生産性の平均成長率は同水準になる傾向がある。結果として、ある国の1人当たりGDPの長期的な成長率は、その国の競争水準にそれほど左右されないかもしれない。しかし、国内競争が弱ければ、国外との競争にさらされない多くの財とサービスの値段は大きく上昇するだろう。

もしそうなら、図6・1は、二つの地域がほぼ同じ技術を使い、ゆえに長期的に見て同程度の1人当たり成長率を実現するという考えに沿っている。専門化、比較優位、政策の選択によって、成功事例（ドイツなど）もあれば、失敗事例（イタリア）もある。アメリカ国内でも同じことが言える。成長の速い州もあれば、苦しんでいる州もある。要するに、1人当たりで見てアメリカが体系的にヨーロッパより速く成長しているというのは正しくない。

嗜好や技術の根本に経済的類似性があるため、ヨーロッパはアメリカと比較するのにふさわしい地域となっている。だから、第3章から第5章でアメリカを分析したのと同じようにヨーロッパを分析していこう。

利潤と集中度はヨーロッパでは上昇していない

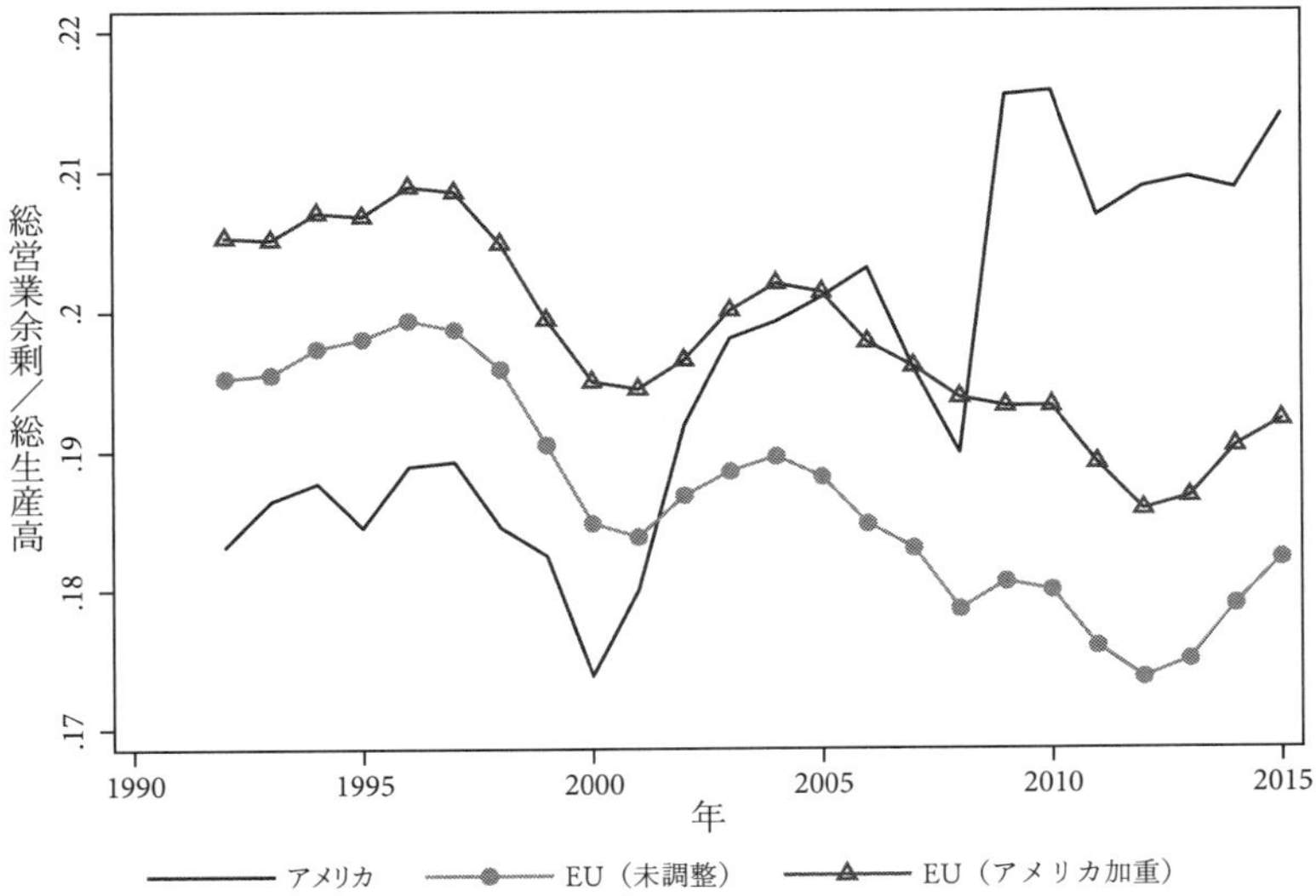

図 6.2　アメリカと EU の利益率
グラフは、不動産を除く非農業事業部門の利益率を示す。丸印の折れ線は、EU 加盟国ごとの産業総生産高で重みづけしている。三角の折れ線は、まず産業別に EU 加盟国ごとの産業生産高で重みづけして計算したデータを EU 全体で集計し、それからアメリカの産業生産高で重みづけして EU の産業全体で集計した。データ出所：OECD の STAN データベース

図6・2はアメリカとヨーロッパの利益率を比較している。これがアメリカの問題の重要な要素であることはすでに見た。２０００年より前には、アメリカの利益率はヨーロッパより低かった。その後はアメリカでは上昇し、ヨーロッパでは横ばいか下がっている。検証した期間の終わりには、アメリカのほうが高い。

図6・3は、過去15年の集中度の変化をアメリカとヨーロッパで比較したものだ。実線はアメリカで集中度が増していることを示している。ヨーロッパではおおむね横ばいだが、データによってはわずかに減少しているものとわずかに増加しているものがある。

地域をまたいでデータを比較できるようにするには、かなり手を入れる必要がある。[1] 企業レベルのデータが取得

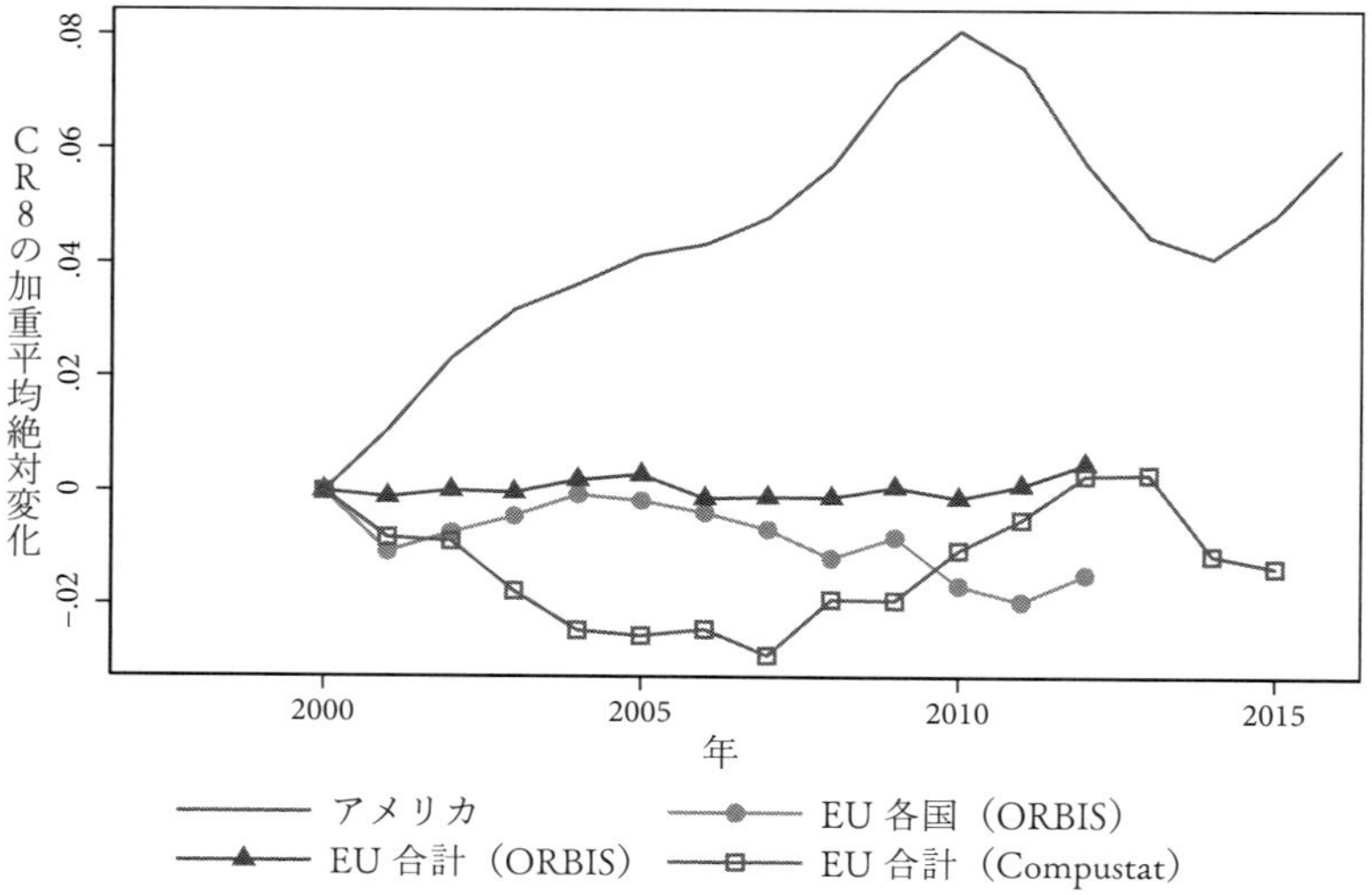

図 6.3　アメリカと EU の集中度

グラフが示しているのは、2000 年以降の業界全体における 8 社の集中度（CR）の絶対変化を実質総生産高で加重平均したもの。各国の折れ線は各国を独立した市場として扱っている。合計の折れ線は、EU を単一市場としている。一貫性を確保するために、すべての CR は EU-KLEMS の産業分類を使い、毎年の各産業のアメリカの売上シェアを使って業界全体の平均を計算する。CR は OECD の STAN データベースの総生産高を使ってデータのカバレッジを調整済み。EU にはオーストリア、ベルギー、ドイツ、スペイン、フィンランド、フランス、イギリス、イタリア、オランダ、スウェーデンが含まれる。詳細は Gutiérrez and Philippon (2018a) を参照。

データ出所：アメリカの CR は Compustat。EU の CR は、Kalemli-Ozcan et al. (2015) のデータを利用しながら、Compustat の連結財務データ（四角）および ORBIS の非連結財務データ（丸と三角）を使っている。

でき、EU諸国のデータに含められたのは10カ国しかない。オーストリア、ベルギー、ドイツ、スペイン、フィンランド、フランス、イギリス、イタリア、オランダ、スウェーデンである。そこで興味深い疑問が浮かぶ。私たちはEUを一つの市場として扱うべきなのか。それとも10の市場とするべきなのか。もしEUを一つの市場として扱うなら、あるデータセットでは三角のついた折れ線となり、別のデータセットでは四角のついた折れ線となる。このグラフでは、私たちはまずEU内の市場シェアを足掛かりに、EUの産業ごとにハーフィンダール・ハーシュマン指数（HHI）を計算し、それからそれらの加重平均をとった。たとえば、EUの自動車製造業でプジョーやフォルクスワーゲンの市場シェアを計算する。それから自動車産業のEUのHHIを計算する。これと同じことを製薬業界に行ない、別の業界にも繰り返す。そして、EU内での産業の規模によって重みをつけてこれらのHHIの平均をとる。この計算をアメリカについても行なう。

一方、各国を別々の市場としてとらえるなら、丸のついた折れ線となる。たとえば、フランスの電気通信業界を評価するときには、まずオランジュ、SFR、フリーといったフランスのプロバイダーの市場シェアを計算する。同じことをフランスの企業サービスに行ない、それからフランスのHHIを計算する。これをほかの国にも実施し、最後に各国の平均をとる。当然ながら、この方法で測定した結果はさきほどの結果よりも高くなる。EUの市場シェアの代わりに国内の市場シェアをもとにしているからだ。しかし、時間とともにどのように変化したかは把握でき、それがきわめてよく似ていることもわかる。

どの折れ線が適切なのだろうか。答えはそう単純ではない。自動車に関して言えば、EU全体で見たほうが適切だろう。個人サービスについては国内シェアのほうがいいかもしれない。

ヨーロッパの集中度を測るのはアメリカよりも複雑だ。OECDが提供する別のデータセットによれば、

表 6.1　売上利益率と資本利益率

	アメリカ			EU		
	1997–99	2013–15	Δ	1997–99	2013–15	Δ
売上営業利益率	9%	13%	4%	8%	7%	−1%
資本営業利益率	13%	16%	3%	9%	8%	−1%

データ出所：EU KLEMS、非金融法人企業部門

ヨーロッパでは緩やかに集中が増している（Bajgar et al. 2019）。そこでは、企業のなかには大きな企業グループの一部となっているところがあることが考慮されている。２桁の産業コード内の企業グループレベルで集中を測ったときには、ヨーロッパの集中はわずかに上昇し、ＣＲ８の非加重平均は21・5％から25・1％になっている。北アメリカのＣＲ８は30・3％から38・4％に増えている。集中はヨーロッパよりもアメリカで上昇しているという私たちの結論は、測定方法にかかわらず妥当性を有している。さらに、ＥＵの統合が進むにつれて、域内での競争が激しくなると予想できる。たとえ国内市場のシェアが変わらなくても、実質的には集中は減るだろう。それは私たちの結論をさらに補強するものだ。

競争の進化を評価するために使えるデータや説明はほかにもある。表６・１はその一部をまとめたものだ。売上利益率は売上（収入）と利益を比べる。資本利益率は資本ストックと利益を比べる。どちらもアメリカでは１９９０年代の終わりから現在まで増加し、ＥＵではほぼ横ばいとなっている。

私がヘルマン・グティエレスと共同で執筆した論文では、資本コストの調整も含めてさまざまな測定結果を示した（Gutiérrez and Philippon, 2018a）。そのすべてにおいて、アメリカでは集中と利潤が増加し、ＥＵでは横ばいか多少減少していた。

所得の労働分配率

この議論は別のテーマにつながる。労働分配率の変化だ。経済学の基本的な考え方では、企業は労働と資本を組み合わせて財とサービスを生みだす。もちろんアイデアも大事だが、それらは物的資本（特許など）や人的資本（従業員）に組みこまれている。企業は中間投入財も利用するが、付加価値を考えるときには差し引く。たとえば、コーヒー店ではカプチーノをつくるためにコーヒー豆と牛乳を購入しなければならない。これらが中間投入財である。コーヒー店が生んだ付加価値はカプチーノの価値から牛乳とコーヒーの原材料費および電気代を引いたものとなる。それから、この付加価値は資本（機械、テーブル、不動産）の所有者とバリスタの賃金に分けられる。付加価値に対する賃金の割合が労働分配率と呼ばれるものだ。税金を控除すれば、1から資本分配率を引いたものでもある。

労働分配率は付加価値に対する雇用者報酬の割合である[2]。過去15年でアメリカでは5パーセントポイント下落している。一方、ヨーロッパでは労働分配率はほぼ横ばいだ。

アメリカに限ってみれば、労働分配率については1947年から現在までデータがあり、分析できる。図6・4は、アメリカの非農業事業部門における付加価値の労働分配率を示したものである。経済学の授業では、理論上の労働分配率が3分の2であるモデルを使う[3]。このモデルが好まれる理由はわかりやすい。戦後のほとんどの期間、労働分配率は0・66にかなり近かったのである。ところが、2000年代になって低下し、0・6あたりで推移するようになった。2000年以降、付加価値の5、6ポイントほど失ったことになる。

おおまかに言って、この変化の解釈として二つのパターンが考えられる。一つは、財やサービスを生みだすうえで資本の重要性が増したために、資本分配率のほうが大きくなったという解釈だ。これはおそらく自動化を含めたテクノロジーの変化や、国際貿易の流れによって説明できるだろう。資本の重要性が増したの

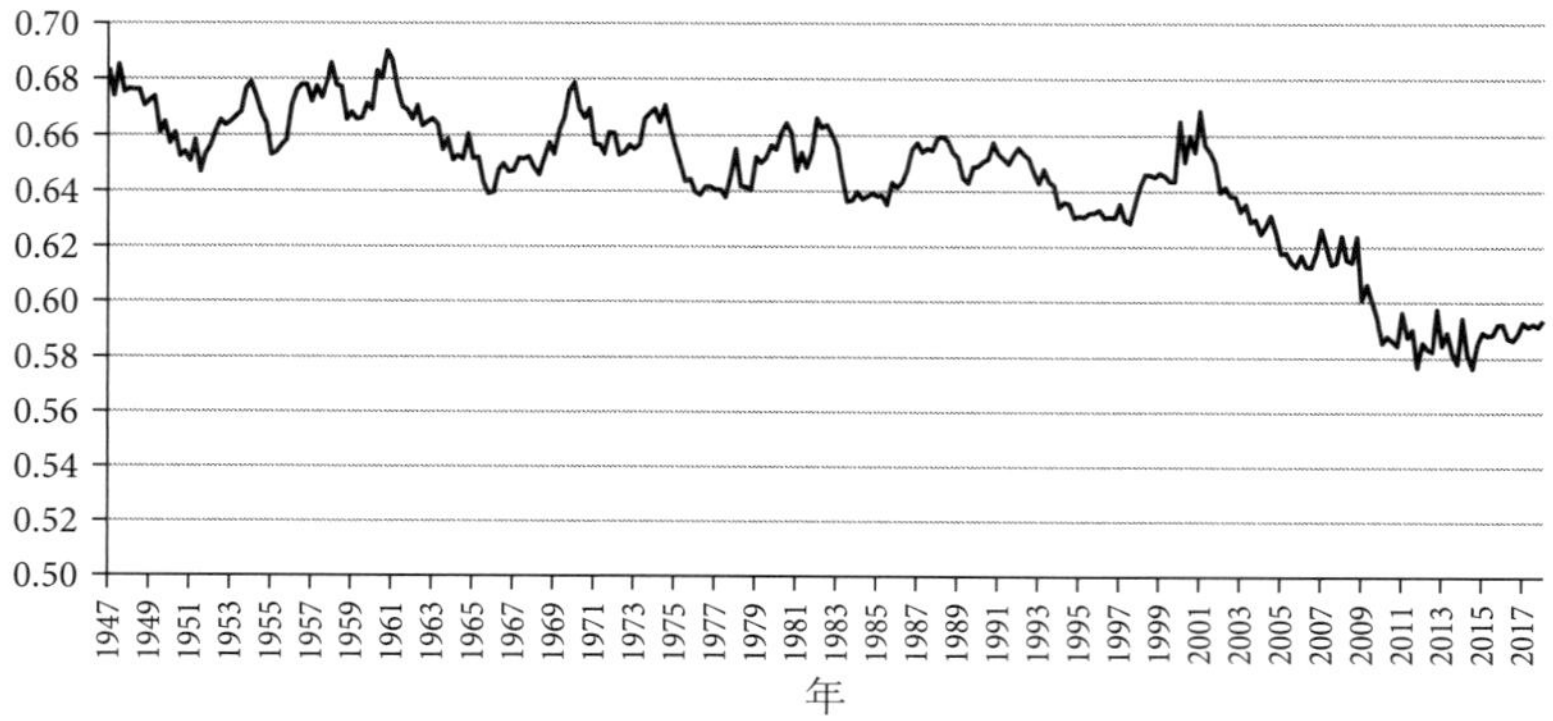

図 6.4　アメリカの労働分配率
データ出所：FRED

であれば、資本への分配が相対的に増え、労働への分配は相対的に減ることになるだろう。

二つ目の解釈は、資本への支払いにはレントが含まれるというものだ。こうしたレントには、財とサービスの市場における市場支配力（独占《モノポリー》）、あるいは労働市場における市場支配力（買い手独占《モノプソニー》）が反映される。買い手独占の場合、雇用者に選択肢がないために雇用主が自由に賃金を設定できると考えられる。独占レントは、これまでの章で見てきたものだ。独占レントが資本分配率を増やすと断言はできない。地位の高い雇用者がこうしたレントを手にすることもある。金融業界や医療業界にはそうした例がある。しかしながら、独占レントは概して利潤の不均衡をもたらし、資本分配率を増やすと考えられる。

付加価値の労働分配率を計算するためには、国民経済計算のしくみが必要だ。付加価値を求めるには、何が中間投入財（費用になる）で、何が投資（資本になる）なのかはっきりさせる必要がある。総雇用者報酬を求めるには、自営業者の賃金を見積もる必要がある。計算に利用する前提はどれも国によって異なり、それが国際比較を難しくしている。幸い、ＫＬＥＭＳが比較測定を可能にするデータベースを提供している。

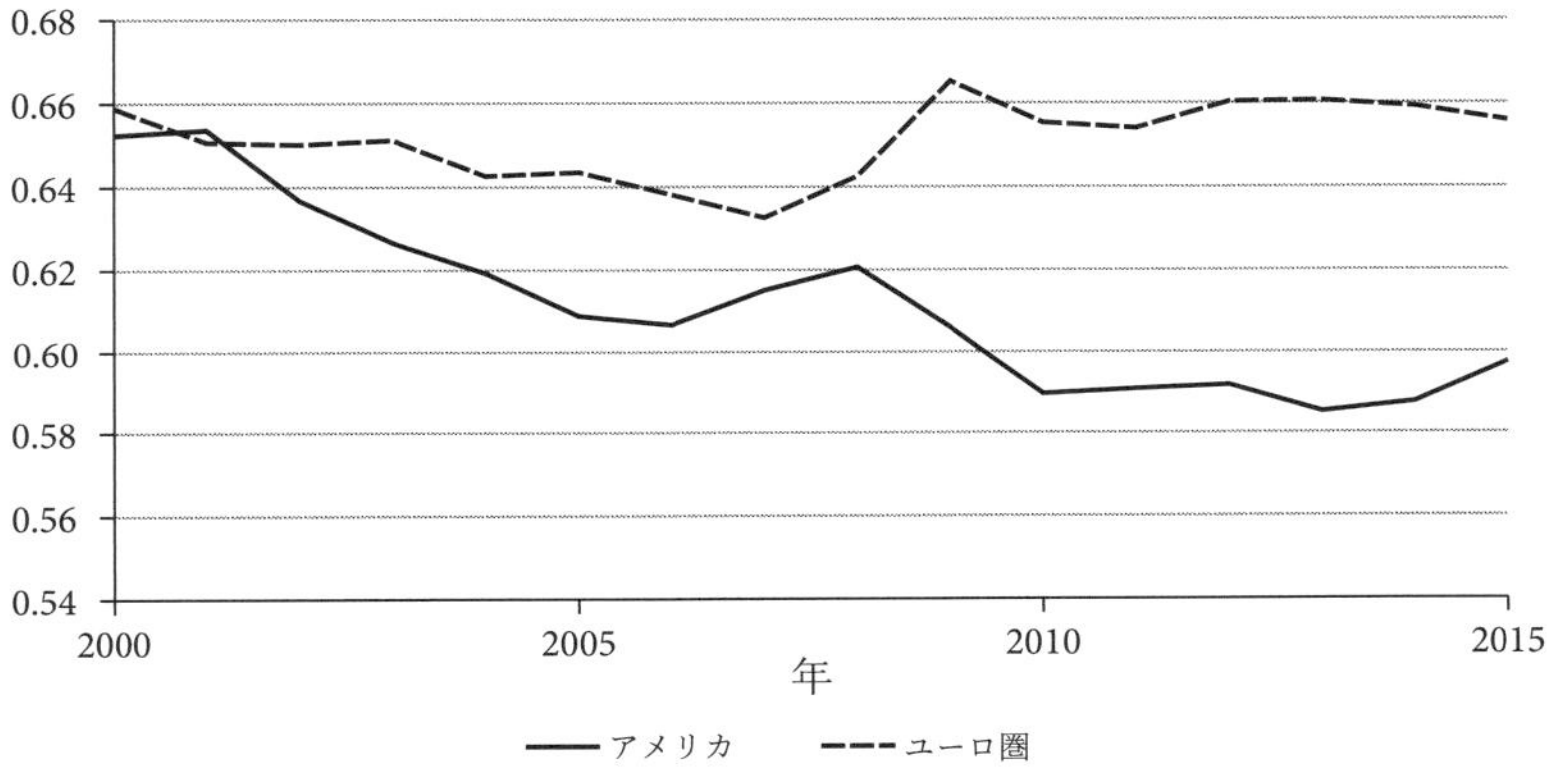

図 6.5　市場経済の労働分配率
ユーロ圏には発足時の 11 カ国にギリシャを追加している。
データ出所：KLEMS

図6・5はアメリカとユーロ圏の市場経済の労働分配率を比較している。ここでは過去15年間を対象とした。アメリカで大幅な減少が見られた期間であり、2000年より前にはユーロ圏は完全に存在しているとは言えなかったからでもある。このあいだにアメリカの労働分配率は約5ポイント減少した。しかし、ヨーロッパでは減少していない。それどころか始点と終点はまったく同じになっている。このように利潤の増加、集中度の上昇、労働分配率の減少はアメリカに特有の現象である。こうした現象はヨーロッパでは発生しておらず、さらにヨーロッパではアメリカと同じテクノロジーを広く採用しているとなれば、テクノロジーを理由とする解釈には疑問がつく。ヨーロッパも中国やほかの新興市場と貿易しているので、国際貿易を理由とするのも難しいだろう。

ヨーロッパは違う

ヨーロッパはアメリカと興味深い対照をなし、利潤上昇の理由としてテクノロジーや貿易をあげることに疑問を投げかけている。両地域のほとんどの分野で、同種のテクノロジーが使われている。直面する貿易動向も似たような状況にある。それにもかかわらず、利潤と集中の増加と労働分配率の低下は同じようには見られない。つまり、テクノロジーや外部要因ではなく、政策の違いをもとにした説明が求められるということだ。

しかし、その前に自分の診断にもっと自信を持ちたい。ヨーロッパ市場は本当にアメリカ市場よりも競争が激しいのか。結論を示すときに、価格を直接比較すれば納得してもらえるだろう。それが公平なやりかただと思う。最終的に私が正しければ、ヨーロッパの価格のほうが安いはずだ。残念ながら、国をまたいで価格を比較するのは、たとえばコカ・コーラ1本の値段はニューヨークよりアトランタのほうが安いというよりずっと複雑だ。そこで、次の章では世界の価格の比較について考察する。

原注

（1）　産業分類に一貫性を持たせて、両地域で同じ企業サンプルを使う必要がある。一貫性を確保するために、ＨＨＩはＥＵ－ＫＬＥＭＳの分類に従い、毎年の各産業のアメリカの売上シェアを使って産業平均を計算する。対象とするのは各産業の上位50社。産業データを使って市場シェアを計算する（市場シェア＝企業の売上／産業全体の売上）。産業の売上データはＫＬＥＭＳから、企業の売上データは、アメリカはコンピュスタットから、ヨーロッパはアマデウス（Amadeus）から抽出する。

（2）　雇用者の報酬には、賃金・給料のほか、雇用主による年金・保険および社会保険の拠出金が含まれる。自営業者の場合、その所得には自身が所有する事業用資産の収益が含まれるため、さらに複雑となる。その労働分配率は通常、雇用者と同じ時間給と見なして計算される。

（3）　１９５０年代から１９８０年代にかけてわずかに減少したのは、自営業者の減少と同一賃金の前提によるものである。ほかの方法では労働分配率はもっと安定している。２０００年以降の減少はどの方法で見ても同様である。エルスビーらの優れた考察を参照してほしい（Elsby, Hobijn and Sahin, 2013）。

7 アメリカの物価は高すぎるのか

経済学者は価格の比較に時間を費やす。実質成長率を見積もるために時間をまたいで価格を比較し、生活水準の違いを評価するために国をまたいで価格を比較する。

ここでは、アメリカ市場で相対的に競争が失われていることにより、アメリカの消費者が払う財やサービスの値段が上昇しているかどうかを検証するために価格を比較する。これは非常に難しい。私たちが使うデータは、こうした目的のために設計されてはいないからだ。当然ながら比較対象も必要だ。だから、ふたたびヨーロッパを使おうと思う。

分析の精度を上げるためには、両地域の財とサービスの価格を直接比較できるようにしたい。しかし、国をまたいで価格を比較するのは、想像よりはるかに難しい。異なる地域で同じような財が同じような価格で販売されていると考えていいのだろうか。経済学の世界では、これを「一物一価の法則」という。

一物一価の法則によれば、複数の国で売られる同一商品は、同一価格（同一通貨で表わされ、輸送と流通のコストを考慮した価格）で販売される。小売価格は当然、流通コストに左右される。国際貿易の研究から、流通コストは高く、その地域の賃金（および税金）によって変わることがわかっているので、国をまたいで価格を比較するときには気をつけなければならない。

たとえばブリュッセルで50ユーロの靴が売られていて、為替レートは1ユーロ＝1・2ドルだとしよう。

すると、一物一価の法則によって、その靴はシカゴでは60ドルとなる。なぜこの法則が成りたつのか。考えてみよう。シカゴでの価格が60ドルより高ければ、あなたはブリュッセルでその靴を買って、シカゴに輸送し、そこで売ることができる。利潤は価格差から輸送費とシカゴの消費者の手に届くまでにかかった費用を引いたものとなる。ここで問題に気づくだろう。輸送費が高ければ、利潤は出ない。

この靴の製造コストは20ユーロ、ブリュッセルへの輸送コストが5ユーロ、流通コストが10ユーロで、利ざやは15ユーロとする。これらを合計したもの（20＋5＋10＋15＝50ユーロ）が、ブリュッセルの店で消費者が支払う金額だ。

では、シカゴへの輸送コストが6ドル、流通コストが15ドル、利ざやが18ドルだったとしよう。製造コストは同じく24ドルだ。シカゴで売られる靴の値段は、24＋6＋15＋18で63ドルとなる。

財の小売価格には四つの要素があることがわかるだろう。一つは製造コスト、これには一物一価の法則が成りたつはずだ。ほかには輸送コスト、流通コスト、利ざやがある。前述の例では、流通コストが3ドル高いので、アメリカでの小売価格は3ドル高くなっているが、利ざやは同じだ。為替レートは1ユーロ＝1・2ドルなので、18ドルは15ユーロである。この場合は、アメリカの値段が高いのはマークアップではなく、流通コストによるものである。

ヘアカットとフェラーリ

世界で価格を比較するのは二つの理由で難しい。一つは実務上の理由であり、もう一つは理論上の理由である。序論で、アメリカとヨーロッパの携帯電話とインターネットの料金を比較した。その際は、その業界の専門家がさまざまな国の同種の契約を比較した詳細な分析資料を頼りにした。そのような分析を幅広い財とサービスに繰り返すのは容易ではない。これが実務上の理由である。

しかし、もう一つ、もっと深い――そして、もっと興味深い――問題がある。もし私がヘアカットの料金はカンボジアよりアメリカのほうが高いと言っても、あなたはそれがアメリカの寡占レントと関係があるとは思わないだろう。そう、あなたが考えているとおりだ。ヘアカットの料金は基本的に美容師の賃金による。UBSが2015年のデータを利用して分析した結果によれば、女性のヘアカット代は、ノルウェーのオスロで95・04ドル、スイスのジュネーブで83・97ドルだが、インドネシアのジャカルタでは4・63ドル、中国の北京では9・27ドルとなっている。豊かな国の美容師のほうが賃金は高い。だから、貧しい国より裕福な国のヘアカット代のほうが高くなっている。当たり前だが、そこにはこれから見ていくように深い意味がある。「バラッサ・サミュエルソン効果」という名前までついている。1960年代にこの現象を説明したハンガリーの経済学者ベラ・バラッサとノーベル経済学賞を受賞したポール・サミュエルソンの名にちなんで、そう呼ばれている。

もう一つ、極端な市場を考えてみよう。ある場所でつくられて世界中に輸送される贅沢品、たとえば高級車である。世界中で販売されるフェラーリはすべてイタリアで組み立てられる。非常に高価なので、現地の流通コストが最終的な価格に占める割合は相対的に小さくなる。一方で、輸送費、税金、マーケティング費用は大きい。

フェラーリの基幹モデル、488GTBのアメリカでのメーカー希望小売価格は25万2800ドルである。フランスでは同じ車が22万6039ユーロで、2018年8月の為替レートでは26万2380ドルになるが、フランスの価格には税金が含まれ、アメリカの価格には含まれていない。大きく見れば、価格は近いと言える。ただし1人当たり所得はフランスよりアメリカのほうが高い。プラハでの価格もパリとほぼ同じだが、チェコの1人当たりGDPはフランスより40％低い。これは基本的な経済理論どおりだ。フェラーリは貿易財で、そのコストは売る場所にあまり左右されない。だから、プラハでもニューヨークでもほぼ同じ値段で販売されると考えていい。

しかし、驚くだろうが、同じ車が中国では倍以上の55万ドルするのである。なぜか。中国は関税のほか複雑な税金を課している。たとえば、エンジンの排気量が4リットル以上の自動車には高い関税を課している（高級車のエンジンはたいていこのクラスである。ちなみに、アメリカの燃費の悪い車も同様である）。488GTBの排気量が3・9リットルで4リットルの基準をわずかに下回っているのは、おそらく偶然ではないだろう。価格を正確に比較しようとするなら、こうした細かいところを考慮しなければならない。しかし、フェラーリやほかの高級車の中国での値段は、税金を調整してもなお、アメリカやヨーロッパよりはるかに高い。これに対する一般的な説明はこうだ。中国では高級車というステータスシンボルが持つ力は欧米より大きく、中国人は欧米の買い手より大金を使いたがる。経済学的に言えば、裕福な中国人の購買意欲は高く、代替の弾力性は低いということになる。したがって、経済理論どおりマークアップは大きくなる。第1章で見たように、これこそ経済学の基本ではあるが、差異の大きさには驚かされる。

世界の価格を比較するときには、この二つの例を忘れないようにしよう。ヘアカット代は現地の賃金によって大きく変わり、フェラーリの値段は現地の賃金にも1人当たりGDPにも左右されない。ほとんどの財とサービスはこの極端な例のあいだのどこかにある。ヘアカットの要素もあり、フェラーリの要素もあるということだ。

どの指標ならリッチになれる？——ビッグマックか、PPPか、市場レートか

経済学で価格は重要だ。ある意味、経済学とは均衡価格を解きあかす科学だと言える。一般に、何かの値段が高くなればなるほど、それを欲しがる人は減る。いわゆる「需要曲線」である。しかし、それは消費者には一定の選択肢があることを前提としている。つまり、買い手は消費を減らしたり、代替品を選択したりする自由がある。たとえば食住の必需品について、代替品がなく、消費を減らすことができない状況なら、値段が上がれば貧困を招く。一般的に価格上昇には二つの効果がある。需要の減少と生活水準の低下だ。しかし、これから示すように、「金持ちになる」「貧乏になる」といった、特に解釈に問題が生じなさそうな概念も、状況によってまったく異なる意味を持つ。

世界の所得を比較するためには、外国為替（FOREX）か購買力平価（PPP）を使って、現地通貨から共通通貨に換算する必要がある。為替レートは新聞やオンラインで目にするだろう。1ユーロは1・2ドルに相当するといった形で示される交換レートである。PPPレートはもっと複雑でもっと面白い。どこでも同じ財やサービスを購入できる通貨の1単位を定義したものだ。

例をあげて説明しよう。ボルドーのピエールは年に5万ユーロ稼ぐ。ボストンのカレンは年に7万ドル稼ぐ。この場合、どちらがリッチだろうか。それは消費バスケット〔消費者が購入する代表的な財・サービスの組み合わせ〕による。2人が1年間アゾレス諸島〔ポルトガル領の群島〕で暮らしたとしよう。ピエールの所得は5万ユーロ。カレンの所得は7万／1・2で5万8333ユーロとなる。アゾレス諸島では明らかにカレンのほうが金持ちだ。

世界中の1人当たりGDPは、総所得を為替レートを使って共通の通貨で換算すれば比較できる。たとえ

ば、2017年のアメリカの1人当たりGDPはおよそ5万3130ドルだった。同年のフランスの1人当たりGDPは3万5400ユーロだった。1ユーロが1・2ドルで取引されているとしよう。フランスの1人当たりGDPは、市場為替相場で換算すれば4万2480ドルとなる。この場合、フランス人の豊かさはアメリカ人の80%ということになる。同じ外国にいる旅行客としてどのように感じるかを測るにはいい方法だ。

しかし、相対的な生活水準を考えるにあたって、これは最適な方法だろうか。同じ場所に住んでいるのであれば、所得を比較するのに市場相場を使うのは理にかなったやりかただろう。しかし、もし別々の場所に住んでいるのであれば、必需品の違い（アンカレッジとサンファンの暖房費の違いを考えてみてほしい）や現地の物価の違いを考慮する必要がある。ピエールがフランスに住んでいたら、インターネットの接続には毎月35ドルを払い、カレンはアメリカで毎月80ドル払う。ピエールはその所得で、カレンより大容量のインターネット接続を手にできる。その意味では、ピエールのほうが豊かだと言えるだろう。

どちらが豊かであるかを評価するのにこれよりも有用な方法は、購買力平価（PPP）レートで所得を計算することだ。つまり、共通のひとそろいの財やサービスの価格で所得を割るのである。予想できると思うが、これは言うのは簡単だが、実際に行なうのは難しい。まず、ピエールとカレンはたくさんの財とサービスを消費する。インターネットでアクセスできる財やサービスだけではない。実質所得の国際比較をするなら、人々が実際に消費する品目の価格を見なければならない。どのようにすればいいだろうか。

最初にできるのは、誰もが消費する――あるいは少なくとも、どこでも売られている――品目に注目することだ。1986年、エコノミスト誌はビッグマック指数を開発した。半ば冗談に、半ば真剣にPPPをもう少し消化しやすくしようとしたのだ（しゃれのつもり）。彼らは世界中を回り、マクドナルドの同じ商品の値段を集めた。

ふざけているように見えるかもしれないが、実際にはかなり役に立つ。マクドナルドはどこでつくって売るにしても、同じ規格で商品をつくるからだ。つまり、ビッグマックに投入される生産要素は、パリであろうがパデューカであろうが、すべて実質的に同じなのである。

表7・1はアメリカとユーロ圏のビッグマックの価格を示している。2003年にビッグマックは、EA19では（平均）2・71ユーロ、アメリカでは2・71ドルだった。ビッグマックについて言えば、ユーロとドルは同じ購買力を持っていたことになる。ビッグマックによる購買力平価レートは1ユーロ＝1ドルだったと言える。しかし、同年の為替市場レートは1ユーロ＝1・13ドルだった。この為替レートによれば、金融資産としてのユーロは少し高い。国際経済学の言葉を借りて言うなら、「過大評価」されていることになる。

ビッグマック指数では範囲が狭すぎるという人もいるだろう。それはもっともだ。（幸いなことに）ビッグマックだけを食べて生きている人はいない。経済学者は対象を広げて同様の換算をするしくみをつくってきた。

国連はペンシルベニア大学と共同で、1968年に国際比較プログラム（ICP）をつくった。その目的は国境を超えた価格比較を促進することにある。[1] 世界で価格調査（約150カ国、1000品目以上）を実施し、PPP為替レートの推定値を計算している。2003年のICPのPPPは、1ユーロ＝1・16ドルだった。このレートによれば、ユーロの金融価値（2003年の1・13ドル）は、少し安いもののほぼ適正ということになる。

2007年のICPのPPPは1ユーロ＝1・22ドルだった。ビッグマックPPPは1・11ドルで、名目為替レートは1・37ドルだった。これら三つの指数がそれぞれ独立して変動しているのは明らかだ。しかし、

表7.1　外国為替レート、ビッグマック価格、ICPの購買力平価レート

	市場為替レート	ビッグマックの現地価格		PPPレート（1ユーロ＝xドル）	
年	1ユーロ＝xドル	EA19	アメリカ	ビッグマック	ICP
2000	$0.92	€2.56	$2.51	$0.98	$1.16
2001	$0.89	€2.57	$2.54	$0.99	$1.16
2002	$0.94	€2.67	$2.49	$0.93	$1.17
2003	$1.13	€2.71	$2.71	$1.00	$1.16
2004	$1.24	€2.74	$2.90	$1.06	$1.17
2005	$1.24	€2.92	$3.06	$1.05	$1.17
2006	$1.25	€2.93	$3.15	$1.08	$1.21
2007	$1.37	€3.06	$3.41	$1.11	$1.22
2008	$1.46	€3.37	$3.57	$1.06	$1.24
2009	$1.39	€3.31	$3.57	$1.08	$1.26
2010	$1.32	€3.38	$3.73	$1.10	$1.26
2011	$1.39	€3.44	$4.06	$1.18	$1.28
2012	$1.28	€3.58	$4.33	$1.21	$1.29
2013	$1.33	€3.62	$4.56	$1.26	$1.32
2014	$1.33	€3.68	$4.79	$1.30	$1.33
2015	$1.11	€3.70	$4.79	$1.29	$1.32
2016	$1.11	€3.82	$5.04	$1.32	$1.33
2017	$1.13	€3.91	$5.30	$1.36	$1.33

出所：*Economist*、OECD

三つのレートの相関関係には面白いパターンがある。

二つのPPPレート――ビッグマックとICP――はどちらも上昇傾向にある。それは一般に、アメリカよりもヨーロッパのほうが同じ額でたくさんのものを買えるようになっていることを意味する。ビッグマックPPのほうが変化は大きい。理由はお察しのとおり、現地の商品一つだけをもとにしているからだ。それでも、どちらのPPPもおおまかには同じストーリーを語っていると思う。

一方で、市場為替レートは弱い相関を示し、どちらのPPPレートとも0.38程度となっている。為替市場でユーロとドル

の関係を決める力と、一般消費者のバスケットの価格に影響する力は違うようだ。(2) 為替は経済状況、金利、リスク選好などに大きく左右される。長期的な視点を持って実体経済に注目するなら、明らかにPPPレートのほうが私たちの分析にとって重要だろう。

価格、限界費用、マークアップ

図7・1は過去18年間、ヨーロッパよりアメリカのほうが速く価格が上昇していることを示している。ICPのPPPは1・16ドルから1・33ドルになっており、アメリカはヨーロッパより15％価格が上昇している。なぜか。

すでに見てきたように、財の価格は製造コストにマークアップを上乗せしたものと考えられる。

価格＝(1＋マークアップ率)×*MC*

*MC*は「限界費用」、すなわち製造の最後の1単位にかかる費用である。限界費用は人件費と生産性によって決まる（賃金が高ければ費用は増え、生産性が高ければ費用は減る）。価格は税金や人件費以外の投入コスト——エネルギー費や原材料費など——にも左右される。アメリカの高い価格は、次のような要因の組み合わせで説明できるだろうか。

◆ 賃金の上昇がアメリカのほうが大きい。

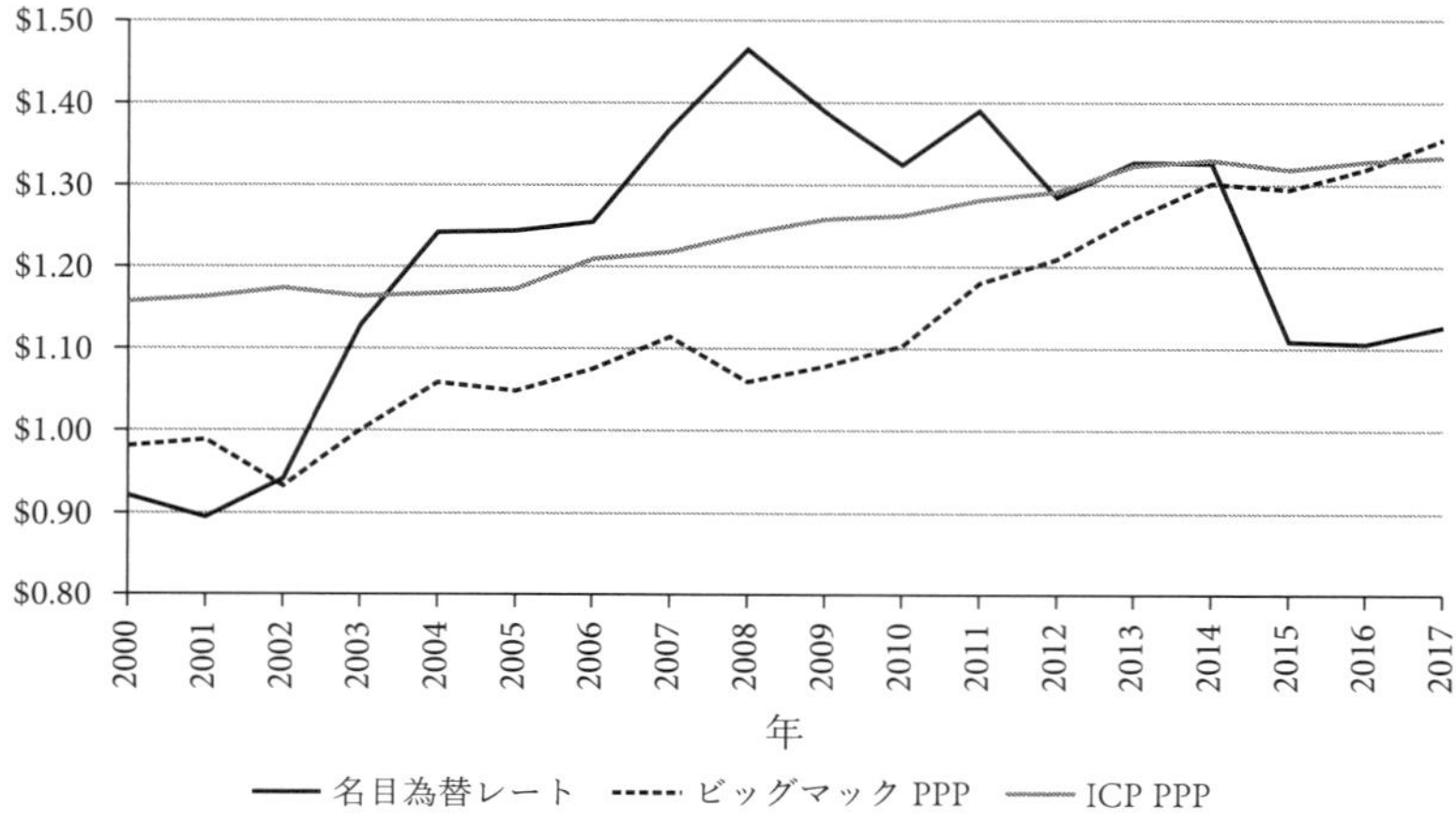

図 7.1　ユーロ／ドルの名目為替レート

- ◆ マークアップの上昇がアメリカのほうが大きい。
- ◆ 生産性の伸びがヨーロッパのほうが速い。
- ◆ 税金やエネルギー費がヨーロッパのほうが減っている。

最後の要素は現実的ではないので無視しようと思う。この期間において、アメリカよりヨーロッパのほうが減税が進んでいるということはない。エネルギーについては、アメリカはシェールガス・ブームの恩恵を受けているので、国内エネルギー費はヨーロッパに比べれば減っているはずだ。しかも、現在の名目為替レートは２０１２年と同じなので、石油の輸入価格では違いは説明できない。

生産性はもっと面倒な問題を提起する。当然ながら、理論的には生産性の違いは調整したほうがいい。しかし、生産性の測定は難しく、補助的に多くの仮定を必要とする。したがって、生産性と価格の測定誤差とが独立していなければ、ノイズや場合によってはバイアスまで加えてしまう恐れがある。

幸いなことに、生産性を調整してもしなくても、結果は変わらないことがわかっている。これは1人当たりGDPが同じような傾向にあるという事実を、ある程度まで反映している。むしろ生産性の伸びに関して言えば、過去20年、アメリカとユーロ圏で大した違いは見られない。だから、生産性を調整すれば、私の主張を強化するだけである。

生産性を考慮しながら賃金を用いて限界費用を測定する方法がある。これを経済学の世界では、コラム7・1で解説しているように「単位労働コスト（ULC）」という。アメリカとヨーロッパのマークアップの変化を比較しよう。コラム7・1では、ある国「i」の2000年とその後の「t」年のあいだのマークアップの変化「$DM_{i,t}$」を測定する方法が説明されている。私たちが比較したいのは、ヨーロッパとアメリカのマークアップの相対的な変化なので、単純に違いを計算すればよい。

$$RDM_{i,t} = DM_{i,t} - DM_{us,t}$$

――コラム7・1　単位労働コストとマークアップ――

単位労働コスト（ULC）とは、生産1単位当たりの平均労働コストである。実質生産量に対する総労働コストの比率として計算する。言い換えれば、次のようになる。

$$ULC = WL / Y$$

この式のなかで、Yは実質生産量で、WLは総労働コストである。WLはその形のとおり、平均賃金（W）×従事する労働力（L）で、後者は従業員数か労働時間数に置き換えることができる。

同様に、単位労働コストは労働の生産性に対する賃金として考えることができる。労働生産性（LP）は、労働者１人当たり（あるいは1時間当たり）の生産量と定義する。

$$LP = Y / L$$

この定義を使えば、単位労働コストは、単位労働の生産性で割った1単位の労働のコスト（賃金）でもある。ある時期（t）におけるある国（i）単位労働コストは、次のようになる。

$$ULCi,t = Wi,t / LPi,t$$

単位労働コストに対する価格のマークアップの対数は次のように定義できる。

$$Mi,t = \log(Pi,t) - \log(ULCi,t)$$

各国の会計の違いによって、測定した価格と賃金のあいだに永続的な差異が生じる可能性がある。この差異を取りのぞくために、基準年（０として、ここでは２０００年とする）からの差異を考慮する。

$$DM_{i,t} = M_{i,t} - M_{i,0}$$

つまり$DM_{i,t}$は、iという国で時間とともに変化したマークアップを示している。

図7・2の灰色の実線は、集中度も計算できるEUの主要10カ国の$RDM_{i,t}$の加重平均である。丸印のついた折れ線は、同じEU10カ国のCR4（覚えているだろうか。一つの産業内の上位4社の市場シェアである）の変化の平均をアメリカと比較したものである。同じ期間にCR4は、EUに比べてアメリカでは5パーセントポイント増えている。実際のところ、先に見たように、集中度はヨーロッパでは変わらないが、アメリカでは5ポイント増加している。

マークアップについては、アメリカに対してヨーロッパで約14%減少しているのがわかる。アメリカの相対価格は15%増加し、相対賃金は7%増加、したがってアメリカの賃金に対する価格マークアップはヨーロッパより約8%増加している、ということを覚えておいてほしい。14%のマークアップ増加はどのようにして計算したのか。基準にした産業データによれば、ヨーロッパよりアメリカでは6%生産性が増加している。理論的には、高い生産性はアメリカ国内の価格の低下か賃金の増加につながるはずだ。実際にはそうなっていないので、それが意味しているのは、8%+6%=14%というさらなる高いマークアップだ。先ほど説明したように、生産性の測定は難しいので、この6%という数字は（大いに）懐疑的に見なければならない。しかし、完全に無視したとしても、約8%というアメリカのマークアップの相対的な増加が結果として得ら

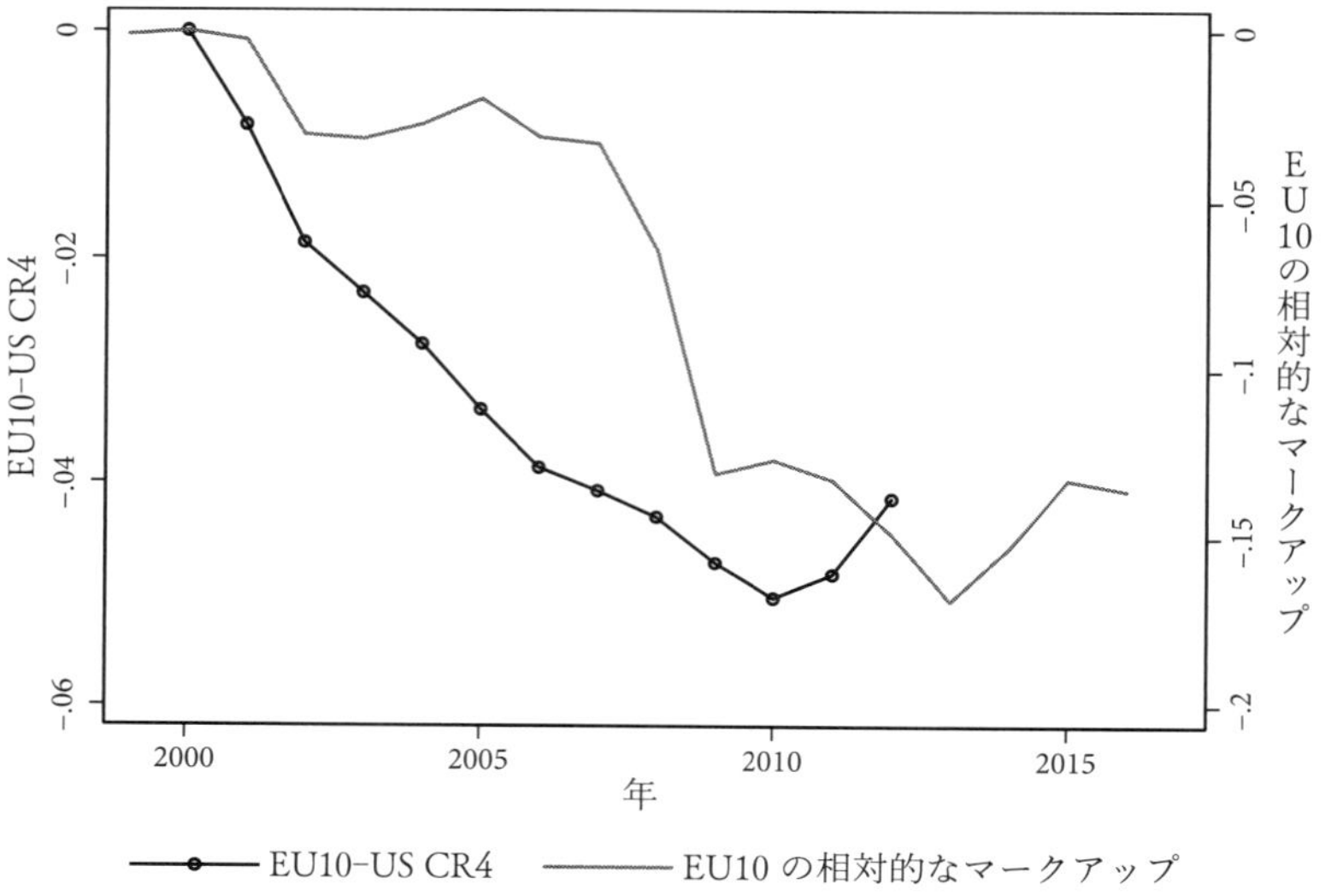

図 7.2　マークアップと集中、ヨーロッパ対アメリカ

れる。

図7・2は「時系列証拠」と呼ぶものだ。私たちは二つの時系列データの変化を考察している。アメリカに比べてヨーロッパでは集中が減っているのがわかり、さらにヨーロッパのマークアップはアメリカに比べて減少しているのがわかる。

これは動かぬ証拠となるだろうか。答えはイエスであり、ノーである。同じ財やサービスの価格がEUよりアメリカのほうが上昇していることの直接的な証拠であるから、説得力はある。その一方でマークアップと集中の相関は偶然かもしれない。あまり考えられないが、可能性はある。ある意味、時系列に含まれるのは一つの観察にすぎない。決定的な証拠を得るには、賃金に対する価格マークアップと集中に差を生じさせる要因は何もないと確信できなければならないだろう。これら二つの経済の複雑さを考えれば、可能性のあるほかの説明をすべて除外するのは難しい。

自分の主張に自信を持つために、このパターンがほかのサンプルでも繰り返されるか確認したいと思う。ヨーロッパ内で検討し、国と時間をまたいで同じパターンが見られるかどうか確認することはできる。国と時間に関係なく、集中度の変化がマークアップの変化につながるのは本当か。これを検証するために、私たちにはパネルデータセットと呼ぶものがある。これには16年にわたる10カ国のデータが含まれている。つまり、ある年のドイツとイタリアを比較することもできれば、ドイツについて数年前の同国と比較することもできる。私たちの理論が正しければ、集中度とマークアップのあいだには、時間と場所に関係なく正の関係が見られるはずだ。グティエレスと行なった研究では、実際にそれが見られた（Gutiérrez and Philippon, 2018a）。

国、産業、年レベルでそろっているこのデータを使って、さらに考察を進めることができる。このパネルデータがあれば、かなり高度な統計モデルも使える。国レベルでの大きな変化や産業レベルでのグローバルなテクノロジーの変化を考慮したうえで、集中でマークアップを説明できるか問える。どのケースでも、集中の変化と将来の価格変化のあいだには強い正の相関がある。

最後に、ヨーロッパの国のあいだに注目すべき違いがあることを強調しておきたい。マークアップの低下が見られない唯一の国がイタリアなのである。この期間のイタリア経済は低迷していたので、これは興味深い現象だ。財やサービスの市場における競争の改善が、マクロ経済のパフォーマンスにとって重要であることを裏づけている。

アメリカの価格は確かに高すぎる

アメリカの価格はヨーロッパより15％上昇したが、賃金はヨーロッパより7％しか増加していない。アメリカにおける相対価格の増加の半分は、マークアップの増加によるものだ。さらに、マークアップは時間、国、産業にかかわりなく、集中度の変化に体系的に関係していると見ている。証拠が強く示しているのは、アメリカの集中度の上昇が、過去17年のうちに、少なくとも8％という過大な価格上昇の原因になっているということだ。

これは大きな問題だ。株式を保有しない労働者は、本来あるべき経済状態より8％貧しくなっている。しかも、これで話は終わらない。間接的な影響もある。マークアップの上昇は投資を減らし、ひいては資本ストックを減らす。資本が減れば、経済の生産性は落ちる。1990年以降のアメリカ経済でシミュレーションしたときには、競争が2000年のレベルで維持されていれば、総消費は今よりもはるかに大きくなっていただろうという結果が出た (Gutiérrez and Philippon, 2019)。

何が起きたのだろうか。なぜアメリカの政策立案者は集中が進むのを許したのか。

次の第Ⅲ部では、規制、参入障壁、反トラストなど、さまざまな政策の選択が変化を生じさせることを示すつもりだ。しかし、ヨーロッパから学ぶことはまだある。まずは、おそらく本書のなかでもっとも驚かれるだろう結果を議論しなければならない。ヨーロッパ市場はいかにしてアメリカ市場より競争の激しい市場になったのか、ということである。

原注

（1） プログラムは特定の財のデータを集め、それから各国の集計方法を決める。OECDとほかのヨーロッパについては、特定の財のデータは3年ごとに収集され、その結果は2005年、2008年、2011年、2014年に発表されている。公表される水準は集計レベルで、たとえばパンとシリアル、牛乳、非アルコール飲料、交通機関などである。

（2）　どの方法を使うべきだろうか。ＰＰＰか、市場レートか。それは検討する問題による。金融の流れには当然、市場レートを使うべきだろう。経済成長、人間開発、貧困問題ではＰＰＰレートが使われることが多い。ＰＰＰの短所は、測定の難しさとリアルタイムで使えないことだ。

8 ヨーロッパ市場はどのように自由化したのか

問題はルール地方における石炭と鉄鋼の過度な集中を解体することだった……アメリカ人は何か月も前に、真っ先にこの問題に取り組んでいた。彼らの政治経済哲学は、国内であろうと国外であろうと、独占のしくみも行使も認めなかった。

——ジャン・モネ『回想録』

アメリカは現代の反トラスト法を19世紀の終わりにつくりあげた。1980年代のはじめには多くの産業の規制を解除し、以来アメリカは自由市場の擁護者となり、アメリカの消費者はその恩恵を受けてきた。アメリカの自由市場主義は世界に広まり、1990年代には、アメリカ式の規制に賛成する政策立案者のあいだで国際的なコンセンサスが生まれた。特にヨーロッパではその傾向が見られた。しかし、アメリカは先頭を走り続けたし、独立して実行してきた長い歴史があった。こうした初期の状況を考えれば、アメリカ市場はヨーロッパ市場より激しい競争を維持し続けるはずだと思うだろう。

ところが、その後何か予期せぬことが起きた。2000年ごろから、アメリカでは資本利益率と集中度が上昇しはじめたが、ヨーロッパでは横ばいか減少するようになったのである。生産性の伸びは変わらないのに、アメリカの賃金に対する価格はヨーロッパより8％上昇した。アメリカ市場の競争は右肩下がりとなり、ヨーロッパはそうならなかった。現在、多くのヨーロッパ市場では、アメリカ市場より激しい競争が行なわれているように見える。

なぜそのようなことが起きたのか。あらゆる場所のなかで、なぜヨーロッパが自由市場の土地となったのか。その歴史のなかで、ヨーロッパ大陸は個人の競争に国が干渉する政策をたびたび選択してきた。この20年に何があって、ヨーロッパの人たちは自由市場を受けいれるようになったのだろうか。

ヨーロッパ市場の自由化

ヨーロッパの政策立案者は、経済学者アルベルト・アレシナとフランチェスコ・ジャヴァッツィによる2006年の警告を受けとめたように見える。「ヨーロッパが凋落をとめるとすれば……アメリカの自由市場モデルに近いものを取りいれる必要がある」。欧州連合は、多くの市場で参入と競争が進むよう法令を整えてきた。多くの指標がこうした改善を示しているが、まずは起業のしやすさから見ていこう。図8・1は、EU内で起業するときに必要な日数が着実に減り、アメリカの日数に近づいている状況を示している。

たとえば、1999年には、フランスで正式に開業するまでには15の手続きがあり、53日かかった。ニュージーランドでは三つの手続きがあり、3日で開業できた（Djankov et al., 2002）。それが2016年には、フランスではわずか4日、ニュージーランドでは1日になっていた。ところが、同じ期間でアメリカでは4日

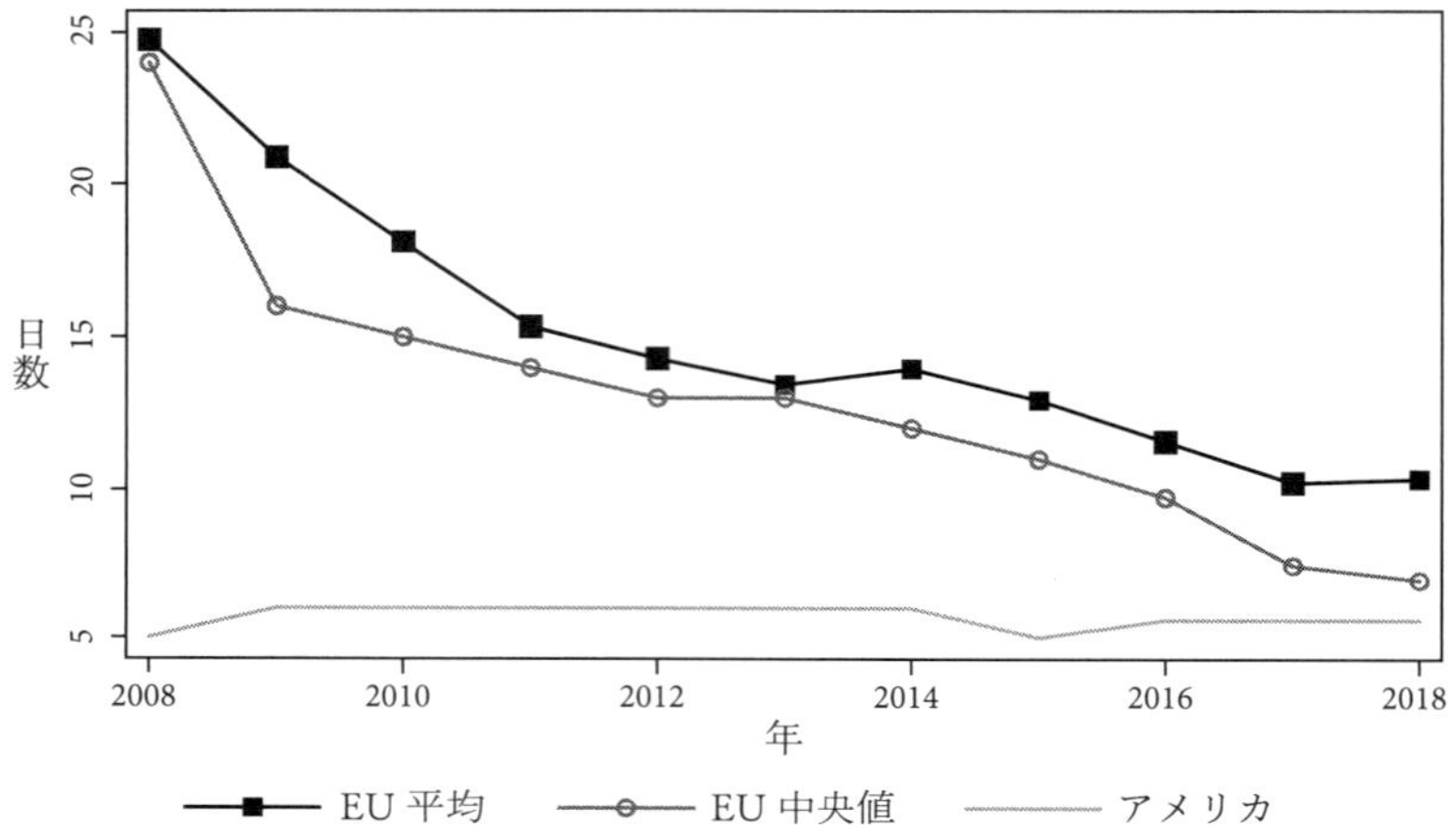

図 8.1　起業までにかかる日数
データ出所：World Economic Forum

から6日に増えていた。つまり、昔はアメリカでの起業はフランスより時間がかからなかったのに、どういうわけか逆転してしまったのだ。

　指標はこれだけではない。OECDは、「製品市場規制（PMR）指数」と呼ばれる規制を測る指標をまとめている[1]。図8・2はEU諸国とアメリカのいくつかの時期のPMR指数を示したものである。1998年には、イギリス以外のEU加盟国では、アメリカよりも規制が多かった。2013年には、ギリシャとポーランドを除いて、参入規制はアメリカよりも少なくなっている。

　これは皮肉な話だ。自由で競争のある市場がいちばんよく機能するという考えは、多くの経験的証拠に裏づけられたものだし、経済学者が自由市場の教義を広めているのはアメリカでの成功によるところが大きい。シメオン・ジャンコフ、ラファエル・ラ・ポルタ、フロレンシオ・ロペス・デ・シラネス、アンドレ・シュライファーによる非常に影響力のある論文では、参入の規制は汚職率の高さにつながり、開放的で説明責任が確保された政治システムを持つ国は参入規制が少ないとしている

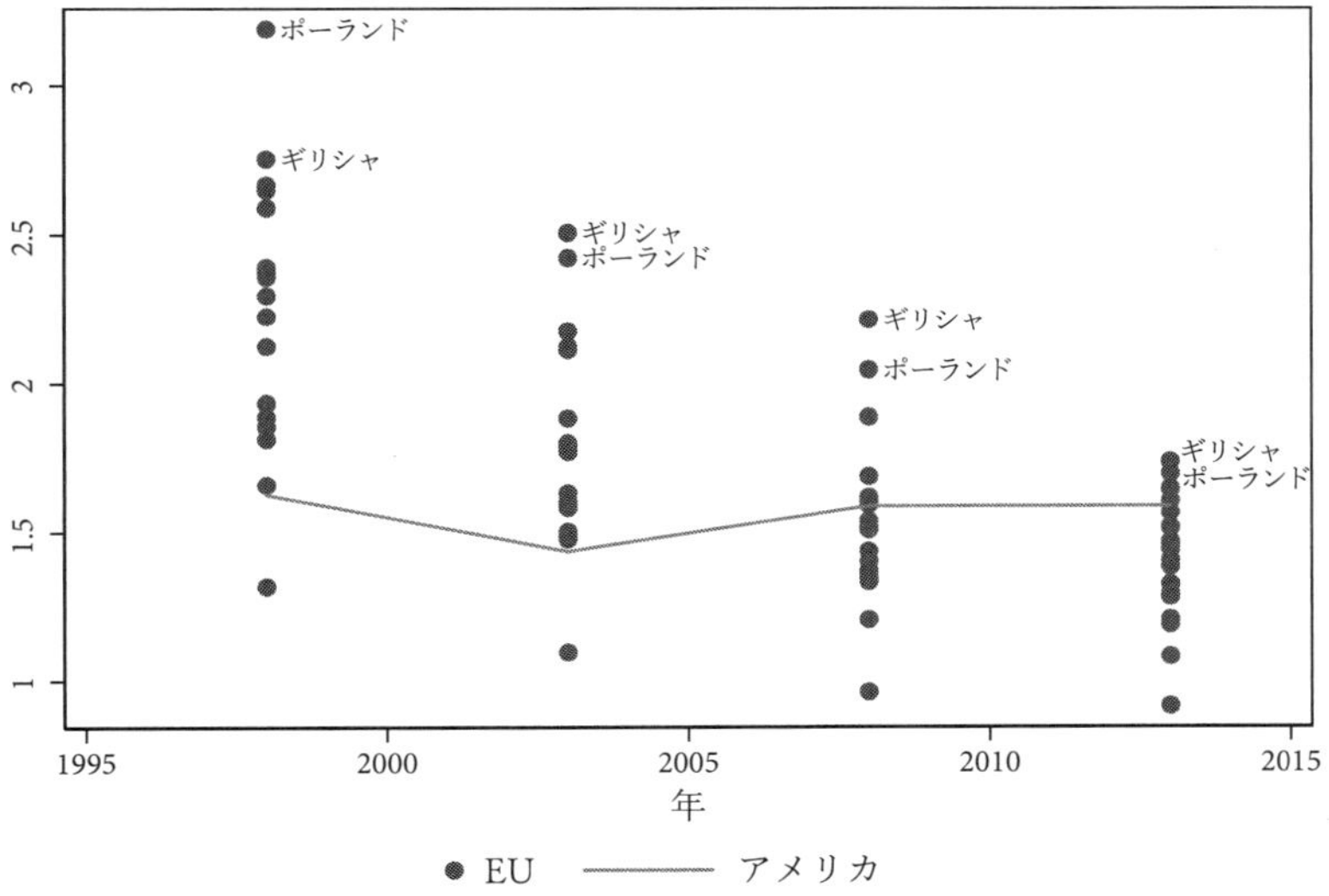

図 8.2　製品市場規制指数
データ出所：OECD

(Djankov et al., 2002)。世界銀行やＯＥＣＤなど多国間機関は世界中で同様の助言をしている。１９９９年、ＯＥＣＤは「アメリカはこれまで四半世紀のあいだ、規制改革で世界のリーダーであり続けた。その改革と結果は世界の改革への動きを後押しし、多くの人々に便益をもたらした」と述べている。

皮肉なことに、ヨーロッパがこの助言を受けいれたころ、アメリカは自国の自由市場の歴史を忘れはじめていた。注意してもらいたいのは、私が言う市場とは財やサービスの市場だ。労働市場の規制や税制、公共支出について議論するつもりはない。意図的にそうした。私がこの章で提示しようとしている理論は、ＥＵというプロジェクトが財とサービスの市場には大きな影響を与えているが、ほかの市場にはほとんど影響を与えていない理由を説明するものだ。ＥＵがほかの分野でもアメリカより競争的になっていると主張するつもりはない。アメリカにはほかより良い大学とほかより強固なイノベーションの生態系があり、ベンチャーキャピタルから技術的な専門知識までそろっている。

このようなただし書きにもかかわらず、私の見方はEUを巨大な官僚の化け物として描く一般的な風刺画とは相いれない。そうした見方が正しいときもあるが、たいていは批評する本人の無知と怠惰のあらわれにすぎない。面白い意見も適切なコメントも出せないなら、ヨーロッパの官僚を笑いものにすればいい。それは政治的には天気に文句を言うのと同じだ。基本的には意味がないが、面白い考えを持っていないことを隠すには十分役立つ。

もちろん、EUの政策文書を読むのは骨が折れる。それは間違いない。どの国の政策立案者も文書には仰々しいタイトルをつけるという悪い癖がある。EUも例外ではない。EUの文書では、基本概念はたいてい三つの柱を持つ大戦略として描かれる。読むのはおっくうで苦痛だが、こうした構想の多くは適切な意図を持ったものだし、なかには成功するものもあるという事実を忘れるべきではない。ブリュッセルの官僚の専門用語には顔を背けたくなるかもしれないが、親が子供につけた名前がひどいからといって子供を追いはらってはならない。

ヨーロッパ統合において、なぜ競争的な市場が重要な要素になったのか考えてみよう。市場独占との戦いは、ヨーロッパ統合のDNAに最初から組みこまれていたとわかるだろう。

チャーチルとモネ――欧州連合の略史

EUの歴史は人の興味を引きつけるが、よく誤解される。特にアメリカではそうだ。この章で一つだけ記憶にとどめるとしたら、次のことにしてほしい。ＥＵはイギリスとアメリカの機関を称賛し、そして何よりも絶対にやり遂げるという強い意志を持ったフランス人の構想をもとに誕生したということだ。ヨーロッパ統合のプロジェクトは第二次世界大戦の灰のなかから生まれ、最初から経済が重要な役割を果たしていた。歴史的な経緯を背景に、ＥＵの経済規制機関のすべてが、経済ナショナリズムと過度な市場支配を排除することを目的としていたのである。

ヨーロッパ統合の過程を理解するためには、まずは1914年にさかのぼってヨーロッパ解体の過程を理解しなければならない。第一次世界大戦はヨーロッパの内戦であり、かつてない規模の悲劇をもたらした。ヨーロッパはいつの時代も戦争の大陸だった。フランス大統領フランソワ・ミッテランは、１９９５年、欧州議会での最後の演説で、長い歴史のなかでフランスが戦争をしていないヨーロッパの国はデンマークだけだ、と冗談交じりに述べた[2]。しかし、第一次世界大戦はそれまでのどの戦争よりもひどかった。ヨーロッパの人は夢遊病者のように文明の自殺に向けて歩みを進めたのである[3]。すでにアメリカの南北戦争が産業化時代の兵器の破壊力を実証していたが、そうした兵器がどれほど恐ろしい結果をもたらすか、本当に理解していた人はほとんどいなかった。第一次世界大戦はそれをはじめて誰にでもわかるように見せつけた。大規模な破壊、若者世代の大量喪失、一般市民の大量殺戮を見て、人々はヨーロッパの永続的な平和を求めるようになった。帰還したフランス人兵士は「最後の最後（La Der des Ders）」という言葉で、戦争のないヨーロッパを求める気持ちを表現した。

それはもう少しで実現しそうだった。アメリカのウッドロー・ウィルソン大統領は、ヨーロッパの公平な平和のための「14カ条の平和原則」計画の一部として、国際連盟創設を提案した。国際連盟は実現したが、アメリカは加盟しなかった。国民と議員の多くがアメリカはヨーロッパとは距離を置いたほうがいいと思っていたからだ。アメリカに住むドイツからの移民の多くは、連盟加盟の条件だったヴェルサイユ条約に反対した。

ヨーロッパの人たちはアメリカの支持がなくても、ウィルソンの提案を生かそうとした。フランスの外相アリスティード・ブリアンは、1929年9月5日、国際連盟でヨーロッパの統合を提案した。目指したのは、産業の協力と東からのソビエトの脅威に対抗することだった。不運なことに、この1カ月後に、ドイツでこの計画を支持していた外相グスタフ・シュトレーゼマンが亡くなり、さらにほどなくして大恐慌が世界を——特にドイツを——経済的混乱に陥れた。

ブリアンの計画は頓挫し、ふたたび世界戦争が始まった。大量虐殺で史上最大の死者数を記録するなど、前回以上の死者を出し、ヨーロッパはついに平和的に団結することで合意した。[4] 第二次世界大戦による荒廃は、徐々に高まるソビエト連邦による侵略の脅威と相まって、ヨーロッパ統合を求める強い政治的圧力を生みだした。第二次世界大戦の終戦直後、ヨーロッパ統合にはいくつかの構想があった。単純化しすぎてしまうかもしれないが、これらをチャーチル版とモネ版と呼ぼう。

1946年9月、後にイギリスで2度目の首相を務めるサー・ウィンストン・チャーチルは、「ヨーロッパ合衆国のようなものをつくらなければならない。苦労している何億人もの人々が、人生を価値あるものにする自然な喜びや希望を取りもどすには、そうするしかない」と言った。[5] チャーチルはこのプロジェクトを地政学的に見ていた。当時のリーダーのほとんどがそうだったように、関心を寄せたのは平和と安全だった。求めたのはフランスとドイツの和解だった。チャーチルは常にイギリスの役割を、統合したヨーロッパの内側ではなく外に置いていた。1930年にこう述べている。「豊かで自由で充実したヨーロッパの人々には、善と希望しか見いだせない。しかし、われわれにはわれわれの夢と仕事がある。われわれはヨーロッパとともにあるが、その一部ではない。ヨーロッパとつながってはいるが、犠牲になる気はない。関心も関係もあるが、吸収されてはいない」。チャーチルならブレグジットの議論にどういう見解を示しただろうか。

チャーチルの構想は壮大だったが、EUを実際にどのようにつくるかという具体論はなかった。EUの精神の父は、チャーチルに比べれば知名度もカリスマ性も劣る、ジャン・モネというフランス人だ。モネの構想は、経済と産業の協力に重きを置いていた。モネは魅力的な人物で、フランスやほかのヨーロッパ各国の政府の助言者として大きな影響力を持っていたが、政界入りを目指すことはなかった。ニューヨーク・タイムズ紙はその死亡記事にこう書いている。「多くの面でミスター・モネはフランス人らしかった。身なりはいつもきれいに整えられ、口ひげは短く刈られ、話は論理的で正確だった。しかし、フランス人らしからぬ面もあった。イギリスとアメリカの実利主義を称賛(および実行)し、視野の狭さや偏狭な政治姿勢は軽蔑した」。モネはチャーチルがほのめかした政治的な統合に反対はしなかったが、取り組みやすい経済問題に集中した。「共同市場という利害関係ができれば、政治的な統合は自然に生まれる」と確信していたのである[6]。

モネのイギリスとアメリカの機関への称賛と実利的な姿勢は、シューマン・プランとして知られるヨーロッパ統合の提案に反映されている。ロベール・シューマンは1948年から1952年までフランスの外相を務めた。1950年のシューマン宣言は、フランスとドイツの協力体制の節目となり、のちに「共同市場」となる欧州石炭鉄鋼共同体の誕生につながった。

その後、動きは政治的統合に向かった。1963年、西ドイツの初代首相コンラート・アデナウアーと、フランス大統領シャルル・ド・ゴールは2国間の友好条約に署名した。アデナウアーは戦後、フランスとの和解に尽力した。政治的な構想は大切だが、EUを理解するためには、経済的統合のほうが重視されたことを覚えておく必要がある。それは経済のほうが大事だからではなく、経済的な問題の解決は平和と協調を求める動きにつながるからである。

市場支配との戦い

アメリカは、産業革命時代の大企業の成長を受けて1890年にシャーマン法を制定し、その後、反競争的な買収合併に対処するために1914年のクレイトン法を制定し、現代の反トラスト法の枠組みをつくった。

EUの反トラスト法の歴史はそれほど古くなく、はっきりもしていないが、市場支配との戦いは当初からEUの政策の核をなしていた。ジャン・モネは回想録のなかでこう振りかえっている。「1943年8月5日にアルジェで開かれた国家解放委員会の文書のなかで、私はこう言っている。「各国が国家主権のもとに国を再構築するなら、それは国の威信を重視した政策や経済的保護主義につながり、ヨーロッパに平和は訪れないだろう」」。第二次世界大戦のさなか、アルジェリアに派遣された彼にはわかっていた。戦後の秩序は「経済的保護主義」との戦いになるだろう、と。彼が考えていたのは「かつてのドイツから産業の潜在能力の一部を取りあげて、ルール地方の石炭および鉄鋼資源をヨーロッパの監督のもとに置き、非武装化されたドイツも含めた関係国すべての便益になるようにする制度」だった。

戦後、モネは石炭産業界の市場支配力が過度に集中するのを防ぐことが、フランスの国益にかなうとした。特にルール地方にドイツの巨大コンツェルン（トラスト）が存在する状況ではそうだった。モネは1978年に刊行された回想録で述べるように、次のように見ていた。

問題はルール地方における石炭と鉄鋼の過度な集中を解体することだった。そこではかつてのドイツの軍下にあったコンツェルン（トラスト）が、当然のように再生されていた。アメリカ人は何か月も前に、真っ先にこの問題に取り組んでいた。彼らの政治経済哲学は、国内であろうと国外であろうと、独占のしくみも行使も認めなかった。アメリカは、ドイツの石炭販売組織は独占をやめ、鉄鋼業は炭鉱を所有しないよう求めた。

しかし、ドイツはいかにして産業政策を定める権限を放棄するに至ったのか。１９４９年12月、アデナウアー首相はドイツ、フランス、ベルギー、ルクセンブルクの石炭および鉄鋼の産業地域をある機関が管理することに同意した。ここで重要なのは、ルール国際機関が独立していたことだ。フランスにもほかの国にも支配されない。これは欧州石炭鉄鋼共同体（ＥＣＳＣ）の設立を定めたパリ条約（１９５１年）の基礎にもなった。モネは「独立した機関」という大胆な構想を持っていた。「石炭と鉄鋼の生産に課税することで機関独自の収入を持ち、管理運営のために政府の補助金を頼るべきではないと考える」

ヨーロッパが強い力を持つ大きな独立機関をつくるまでには、数十年の月日を要した。ローマ条約は１９５７年、ヨーロッパの競争政策の基礎をつくったが、合併規制には言及しなかった。ＥＵレベルでの合併規制の必要性は、１９７０年代になるまで認識されなかった。[7] 欧州委員会が単一市場形成の一環として、合併規制の権限を得たのは１９８９年だった。[8]

ＥＵの枠組みはアメリカのものに似ているが、いくつか重要な違いがある。ＥＵはアメリカほど権限が集中していないので、加盟国には自国に重大な影響をおよぼすケースを扱う国家競争当局（NCAs）がある。欧州委員会はどのような合併を精査の対象とするのだろうか。合併後の事業の年間売上高が、世界とヨーロッパで見て一定基準を超える場合には、欧州委員会は予定される合併について届出を受ける。この基準に満たない合併については、国家競争当局が担当する。このルールはすべての合併に適用される。合併する企業が世界のどこで登記していようが、どこで事業活動を行なっていようが、本社や生産施設がどこにあろうが関係ない。欧州委員会の競争担当委員と競争総局（DG Comp）はヨーロッパの競争法を国家競争当局と協力して実行する。競争総局は大きく分けて三つの分野に対応する。反トラスト、合併、国家補助である。二つの法的枠組みで大きく違うのは、アメリカの反トラスト案件は法廷で裁かれるということだ。EUでは競争総局が最初に決定を下し、その後場合によっては法廷に持ちこまれる。事実上、競争総局のほうが大きな権限を与えられていることになる。

アメリカとEUの枠組みの類似性は偶然生まれたものではない。アメリカの規制と反トラストに対する考え方は、EUの自由市場政策を構築するうえで大きな役割を果たした。[9] 1990年代の終わりまでに、アメリカとEUの反トラスト政策はおおむね重なるものとなった。2004年、欧州企業結合規則（ECMR）が改正され、競争総局の透明性は高まり、世間に対する説明責任が強まった（Foncel, Rabassa and Ivaldi, 2007）。また、アメリカと同じような形で単独効果の概念が明らかにされた。同時に、経済的分析が広まり、特に2003年にはチーフ・コンペティション・エコノミストという肩書きがつくられた。

EUとアメリカの違いは、欧州連合の独特な性質からきている。EUはアメリカのような単一の国ではない。EUでは権限が分散し、アメリカの各州が連邦機関に対して持つ力に比べれば、EU加盟国が連合機関に対して持つ力のほうが大きい。

しかし逆に、だからこそEUレベルで決定されるいくつかの分野は重要である。貿易政策、競争政策、そして（ユーロ圏では）金融政策である。欧州中央銀行の総裁はEU内で重要な役割を果たしている。同様に、欧州委員会の競争担当委員という地位には権威があり、有能な政治家を引きつける。その地位につけば、広く世間から認められる。マリオ・モンティの時代（１９９９年から２００４年）は誰でも覚えているだろうし、ＥＵ内ではマルグレーテ・ベステアーの名は知れわたっている。

独特な国家補助規制

ＥＵとアメリカの反トラスト政策は共通するところが大きいが、実施についてはこれから見るように、重要な違いがあり、その違いは大きくなっている。一方、国家補助はヨーロッパ独特の概念である。

第二次世界大戦後、モネの構想にしたがって、フランスとドイツは単独の国際機関のもとで石炭と鉄鋼を生産することに同意した。そこには明確な意図があった。モネは石炭と鉄鋼という、経済ナショナリズムがもっとも広まり、もっとも危険な分野に焦点を当てたのである。ヨーロッパ各国は、ドイツとフランスを筆頭に、こうした市場に常に積極的に介入していた。そこでＥＵプロジェクトは、最初から財やサービスの重要市場に国が介入するのを制限しようとした。

国家補助規制に匹敵するものはアメリカにはない。もっと言うなら、ヨーロッパ以外のどこにもない。前述したように、恣意的な国家補助の制限は、ジャン・モネがヨーロッパのプロジェクトに注入したＤＮＡの一部だった。この規制は、最近話題になった問題の核心である。アップルが、税制上の優遇措置として免除された税金をアイルランド政府に払うように命令された問題である。原則として、補助によって競争が歪むことがないように違法な補助は返済すべきとされている。競争政策の担当委員ベステアーは、「アイルランドは、違法な国家補助１３０億ユーロをアップルから取りもどさなければならない」と主張した。

アメリカ人の同僚の多くは、このニュースを聞いて困惑した。彼らにとっては理解に苦しむ話だったのだ。しかし、ヨーロッパ出身の同僚にとっては単純な話だった。私自身はこの措置の効果についてどうこう言うつもりはないが、多国籍企業による納税回避は深刻な問題になっており、なかでもインターネット企業が額の大きさで群を抜いているケースが多い[10]。もう少し大きな観点から見れば、国家補助規制の基盤の重要性を考えると、こうしたケースは当然想定すべきだろう。この規制がなければ、企業は補助を求めて渡り歩くようになり、国と国を競わせ、非効率な結果を生むかもしれない。たとえば、アマゾンは２０１８年11月、新事業所２カ所のうちの一つをニューヨーク市につくることにした。その決定にあたっては、およそ30億ドルの減税を確保しており、これはアマゾンに不当な優位性を与える可能性があった。交渉は２０１９年のはじめに決裂し、結局、時間と労力と弁護士費用が無駄になった。ヨーロッパでは、豊かな地域が大企業を誘致するために補助金を出すことはできない。ただし、中小企業や貧しい地域については例外はある。

アップルの例でさらに興味深いのは、国家補助規制が、本来対象としていた直接的な補助形態ではなく、財政上の問題にまで拡大していることだ。「自然は真空を嫌う」とフランソワ・ラブレーは言った。自然と同じように、政治も真空を嫌う。国家補助規制は財政上の問題に対処するためにつくられていないが、いったん違法な補助が問題だということになれば、違法な租税補助金も起訴するのが当然となる。

規制緩和

１９７０年代の終わりに、先進国はさまざまな市場で規制を撤廃しはじめた。反トラスト法の施行と同じように、これもアメリカがヨーロッパに先駆けた。アメリカ政府は航空（１９７８年）、道路運送（１９８０

年)、鉄道(1981年)、電力(1978年)、天然ガス(1978年)、銀行(1980年)、電気通信(1996年)の業界で規制を緩和した。こうした試みは成功したように見えた。1999年、OECDは「アメリカは規制改革で世界のリーダーである」と記した。

アメリカでは、こうした動きは主に連邦政府と連邦機関によって推進された。議会は連邦法を制定できる唯一の機関だが、60以上の行政機関が下位規則を制定できる。実際にこうした機関は毎年、数千の新しい規則を制定し、連邦規則集に収めていく。

EUの規制改革の動きはアメリカに後れをとった。なかにはイギリスのように、1979年という早い時期に、経済の規制緩和を独自に進めた国もある。しかし、EU全体で足並みをそろえた試みは、1985年に単一市場計画とともに限定的な形で始まり、2000年代に入ってリスボン戦略とともに加速した。この戦略は「加盟国間の競争を妨げるものを取りのぞき、市場の参入、退出を促す事業環境をつくる」ことを目的としている(Zeitz, 2009)。

EUは加盟国の規制環境については部分的にしか監督できない。[11] では、EUはどのように影響力を行使するのか。「名指しで非難」と「同調圧力」である。

例として、リスボン戦略について見てみよう。全体目標はEUと加盟国が共同で設定した。それ以降は、加盟国が責任を持って実施するが、欧州委員会に進捗状況を報告することも求められた。[12] 公式報告と同調圧力が改革を促進するために利用されたのである。加盟手続き中の国(EU加盟申請中の国)には厳しい改革要求を事前に伝えて交渉し、中央および東ヨーロッパの新規加盟国では、目覚ましい成果が見られた(Hölscher and Stephan, 2004)。さらに既存加盟国であっても、改革を実行しない国に対しては、委員会は結束基金の割りあてを縮小できる。

リスボン戦略はある面においては失敗したが、多くの製品市場で改革が行なわれた。ヨーロッパは、貿易と海外投資に対する障壁が世界でも非常に低い地域になっている。

詳しい説明の前に、いくつか例を見てみよう。

航空業界

アメリカは1978年、航空規制緩和法を制定し、航空業界の自由化に着手した。1990年代には、アメリカの空では激しい競争が行なわれていた。図8・3は、アメリカとヨーロッパの航空業界における集中度と利潤の過去20年の変化を示したものである。アメリカでは1990年代から2008年まで集中度はあまり変わっていない。利潤は景気循環にもとづいて変動している。2000年の景気後退で減少し、9・11でさらに落ちこんでいるが、2007年には1990年代の水準まで戻している。しかし、2008年以降は、集中度も利潤も急激に上昇している。今では乗客1人当たりの集中度と利潤は、過去よりずっと高くなっている。アメリカの集中度と利潤の上昇は、議論を呼んだ一連の合併と足並みをそろえている。たとえば、デルタ航空とノースウエスト航空（2008年、図中は縦のラインで示した）、ユナイテッド航空とコンチネンタル航空（2010年）、サウスウエスト航空とエアトラン航空（2011年）、アメリカン航空とUSエアウェイズ（2014年）である。

ヨーロッパはアメリカから遅れること10年、航空業界の規制緩和に乗りだした。戦後、ヨーロッパの航空会社はそれぞれの国によって統制、規制、保護されてきた。実際のところ、多くは国有だった。競争は厳しく制限されていた。1980年代、欧州共同体内で2社以上が運航していたルートは15%もなかった。エールフランスとブリティッシュ・エアウェイズは、収益性の高いロンドン・パリ便を複占し、当時最高額の運賃をとっていた。この状況が欧州委員会の主導で変わりはじめたのが１９８７年で、１９９７年にはヨーロッパの空は正式に規制が解除された状態になった。理屈上、ヨーロッパの航空会社はヨーロッパ内ならどこでも飛ばせるようになったのである。「理屈上」と書いたのは、１９９７年の時点でも、ヨーロッパのルートの3分の2は1社しか飛んでなかったからだ。

欧州委員会の取り組みの結果、新しい航空会社が市場に参入した。格安航空会社のビジネスモデルはアメリカがすでに１９８０年代につくりあげていたが、そのほとんどはすでに消滅している。サウスウエスト航空でさえ、そのコスト構造は大手航空会社と変わらない。ヨーロッパは逆方向に歩みを進めている。ヨーロッパには20年以上、有力な格安航空会社が2社ある。ライアンエアとイージージェットだ。ライアンエアは低価格市場を果敢に攻め、ほかの航空会社を追従させている。

ヨーロッパの航空会社による利益競争の影響は図8・3に見てとれる。２０００年以降、ヨーロッパの集中度は安定して推移している。一方で、アメリカでは集中度が上昇している。今では上位4社が市場の80％を支配している。ヨーロッパの上位4社は市場の40％しか支配していない。

フランスは、航空業界の参入障壁の意味を考える絶好のケーススタディだ。フランスでは長いあいだ、エールフランスが国内線をほぼ独占していた。また、同社の株式の一部は国に保有されていた。強いパイロット組合があり、多額の経営コストがかかっていた（今も同じだが）。２０００年代半ばには、多くの政府関係者がエールフランスによる自己改革は無理だと思うようになった。２００７年、改革志向の若い世代の閣僚は、外部との競争を導入することを決意した。[13] ２００８年、イージージェットはフランス市場への参入が認められ、急速にシェアを伸ばした。今ではトランサヴィア航空、オップ、ブエリング航空といった格安航空会社は、フランスの国内線の3分の1以上、ＥＵ諸国へのフライトの約半分を占めている。

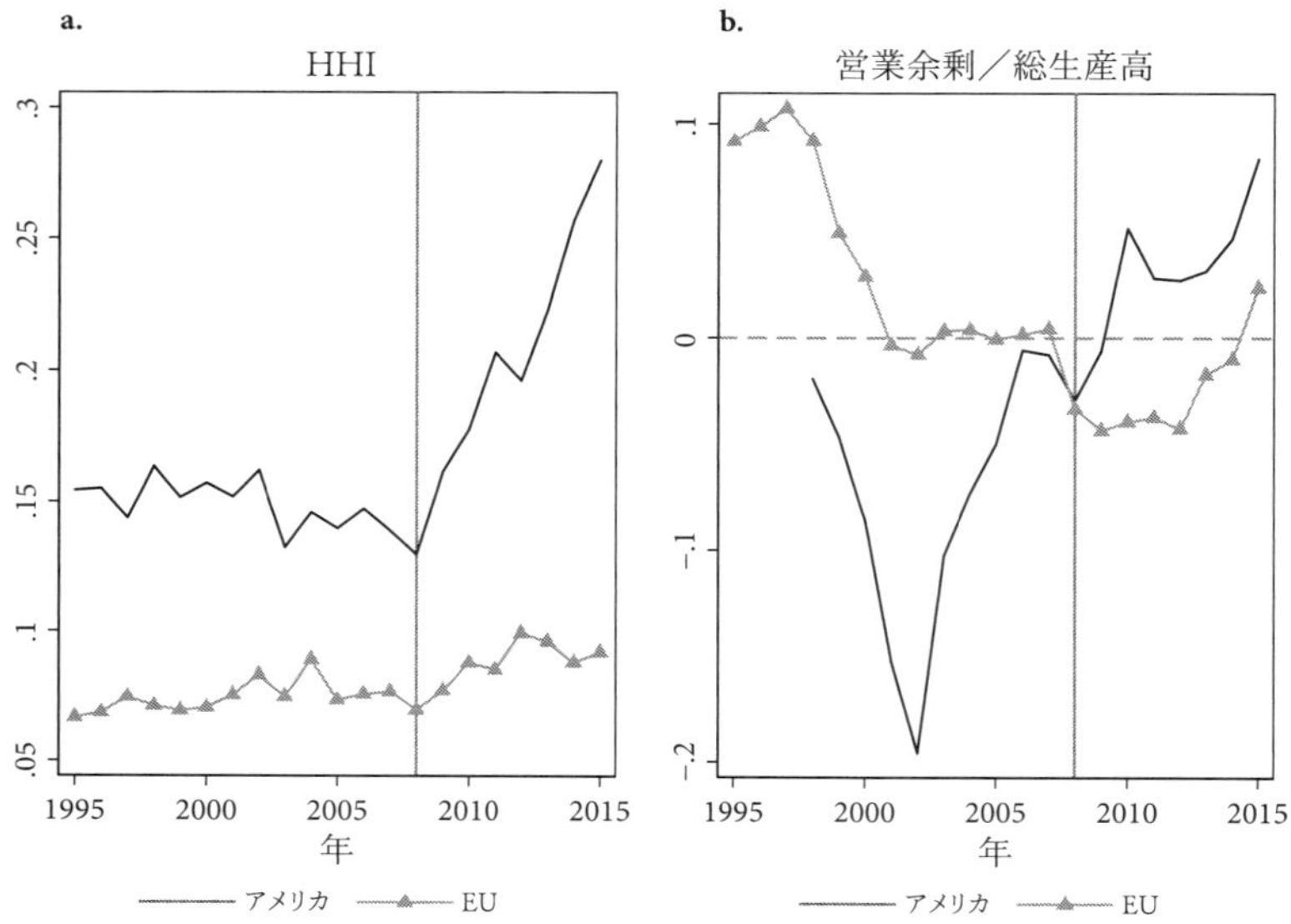

図 8.3　航空業界の集中度（a）と利潤（b）、EU 対アメリカ

グラフはアメリカとヨーロッパの航空業界（ISIC コード 51）の集中度（HHI）と純利益率の変化を比較したもの。

データ出所：集中度は Compustat をもとに、OECD の STAN データベースを使ってカバレッジを調整済み。売上シェアは、OECD の STAN データベースから抽出した総生産高に対する企業の売上高の割合として計算。企業は該当する国のデータが STAN データベースにあるものだけ含めた。利益率は OECD の STAN データベースから。

だからといって、フランスの空では完全に自由で公平な競争が行なわれているということにはならない。発着枠は厳しく規制されている。パリには二つの空港がある。シャルル・ド・ゴール空港のほうが大きく、国際線が多い。オルリー空港は小さくて便利な場所にあり、主に国内線に使われている。発着枠の配分は依然として、昔からある航空会社のほうが圧倒的に有利になっている。結果として、エールフランスはオルリー空港の発着枠の半分を持ち続け、イージージェットの拡大を阻止している。

しかし、アメリカの状況はもっと悪い。ニューヨーク、ワシントンDC、シカゴ近くの主要空港の発着枠はほぼ既存航空会社で固められている。さらに、アメリカは海外航空会社が国内線を飛ぶのを禁じている。1990年代の終わりごろ、批評家はヨーロッパの空の自由化は、アメリカのように消費者に便益をもたらすには（いまだ）至っていないと嘆いた。[14] 20年後には、ヨーロッパの航空事情を喜ぶと同時に、アメリカの状況を見て驚いたことだろう。

フリーの参入

電気通信業界は、ヨーロッパで競争政策が成功したもう一つの事例である。EUの通信市場は国有独占が伝統だったが、1988年以降、複数の法令が制定され、競争が始まった。[15]

事前の市場アクセス規制と事後の政策実施の組み合わせは、EUの電気通信市場への競争導入に効果を発揮し、個人と事業者に選択の幅、手頃な価格、高品質、革新的なサービスをもたらした。図8・4は、アメリカと比較したフランスの通信価格を示したものである。

ここでもフランスは明確な事例を提供してくれる。1990年代末、フリーは、フランス人起業家グザヴィエ・ニールが設立した通信会社イリアド傘下のインターネット・サービスプロバイダーだった。加入契約も、追加料金がかかる電話番号も不要のインターネット接続サービスを提供していた。2000年代に大きな争点となったのはアンバンドリングで、これにより既存通信会社フランス・テレコムはローカルループ（通信網の先端から加入者の自宅や事務所までをつなぐ銅線で、「ラストワンマイル」と呼ばれることもある）を貸し出さなければならなくなった。この施策は2000年にスタートする予定だったが、フランス・テレコムとフランスの規制当局の法廷闘争が長引き、2002年末まで延期された。これはフランスで高速インターネットを普及させるために、必要不可欠な措置だった。

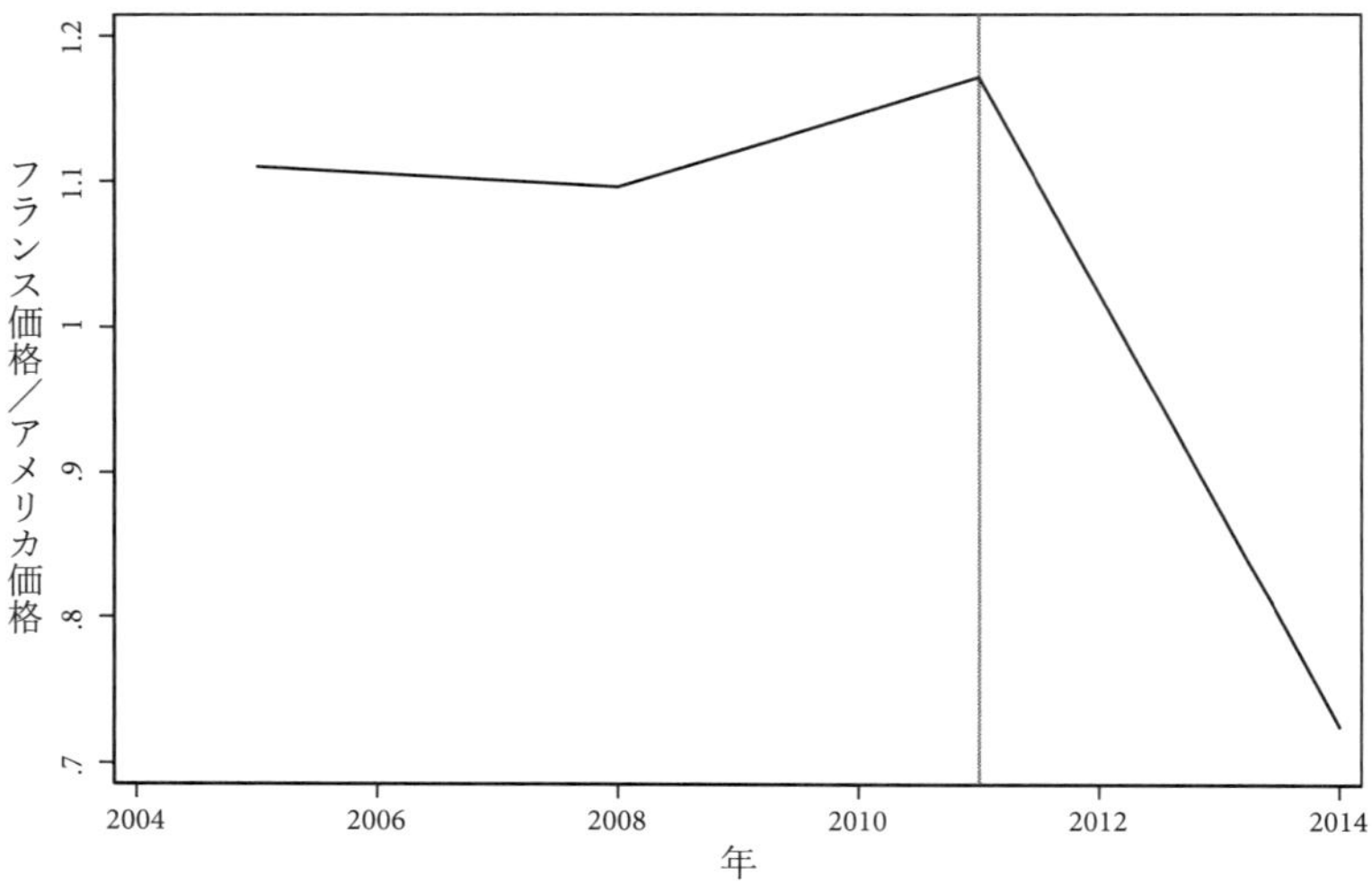

図 8.4　アメリカと比較したフランスの通信価格
フランスの価格は為替レートによりドルに換算している。縦のラインはフリーモバイルが4G市場に参入した年を示している。
データ出所：ICP

現在、フリーモバイルはイリアド・グループの携帯通信事業者だ。２０１１年に４Ｇ回線の免許を取得して、既存事業者の強力なライバルとなり、すぐに影響をおよぼした。２０１１年までフランスの消費者は、データ量に制限があり通話時間が数時間というスマートフォンのプランに毎月45から65ユーロ払っていた。フリーが提供するプランは、通話無制限、ＳＭＳ・ＭＭＳ無制限、データ無制限（３ＧＢを超えるとスピードは遅くなる）で20ユーロだった。フリーモバイルの利用者は急増し、２０１２年第１四半期の約２６０万人から、２０１４年第１四半期には８６０万人になった。現在の市場シェアは20％ほどで、25％を目標としている。

　消費者の便益はさらに拡大した。オランジュ、ＳＦＲ、ブイグは格安ブランドを立ちあげ、同じく20ユーロで提供した。アメリカより15％高かったフランスの料金は、３年でアメリカより25%安くなった。

ヨーロッパの自由市場理論

大きな疑問に戻ろう。ヨーロッパに何が起きたのか。そして、それはなぜか。ヘルマン・グティエレスと私は、ヨーロッパがいかにして自由市場の土地になったのかを考察し、二つに分けて説明した。

最初に言いたいのは、EUの機関はアメリカの機関と同じように見えるが、小さな、しかし重要な違いがあるということだ。EUのほうが独立性が高いのである。すでに述べたように、EUの機関には目標、対象、方針といった面でアメリカに通じるものがある。しかし、EUはアメリカよりも機関に政治的独立性を与えた。超国家的な二つの主要機関についてそれは言える。欧州中央銀行は連邦準備制度理事会のようには議会の監視を受けないし、競争総局は司法省や連邦取引委員会より独立している。

これは意外だろう。ヨーロッパとアメリカの選好を考えれば、通念に反して見える。ヨーロッパの人々はアメリカ人よりもミルトン・フリードマンを熱心に読んで、欧州中央銀行を独立したものにしようと思ったのだろうか。自由市場を信頼したから、競争総局の独立性を求めたのだろうか。

どちらもありそうもない。グティエレスと私は主権国家間で交渉すれば、普通の政治家がつくる機関より政治的に独立した超国家的機関が生まれると考える。私たちは経済のフォーマルモデルをつくり、これがまさにゲーム理論が予想するものだと示す。政治家と役人が規制者を制定し、それをビジネスや政治の影響からある程度独立した立場にできる世界を想像してほしい。各国がそれぞれの規制者を制定するより、2カ国が共通の規制者を制定するほうが、独立の水準は確実に高くなるというのが私たちの結論だ。

鍵となるのは、政治家は自分たちが規制者を取りこむチャンスよりも、他国に規制者を取りこまれることを心配するという考えだ。フランスとドイツの政治家は、自国では独立した力のある反トラスト規制機関を好まないかもしれないが、そうした機関に他国が政治的影響力を行使するのはもっと嫌がる。その結果、超国家的な機関の設立に同意するときには、独立性を求めることになる。1950年にモネがシューマン・プランを受けいれるようアデナウアーを説得したときに起きたのは、まさにこれである。[16]

私たちの理論からは、三つの検証可能な予測ができる。

(1) EU諸国はそれまでの国内の規制機関より独立性の高い、力のある規制機関の設立に同意する。

(2) 弱い機関を持つ国は超国家的規制から便益を得る。

(3) ロビー活動への回帰はヨーロッパでは減少している。少なくともアメリカほど増えてはいない。

私たちはこの予測を論文上で検証して確認した(2018a)。欧州委員会が取り組んだ自由化への努力の数々はすでにこの章で説明した。こうした努力は単一市場の成功に欠かせなかった(今も欠かせない)。

製品市場改革

製品市場規制(PMR)については、図8・1から8・4までのデータがEU諸国による改革への努力を示している。アメリカには(少なくとも)追いつきつつあると言える。こうした改革は意図的に政策を選択した結果だ。図8・5は、EU諸国の製品市場改革の平均数を落としたものだ。単一市場の創設の裏には、間違いなく改革への重要な取り組みがあった。

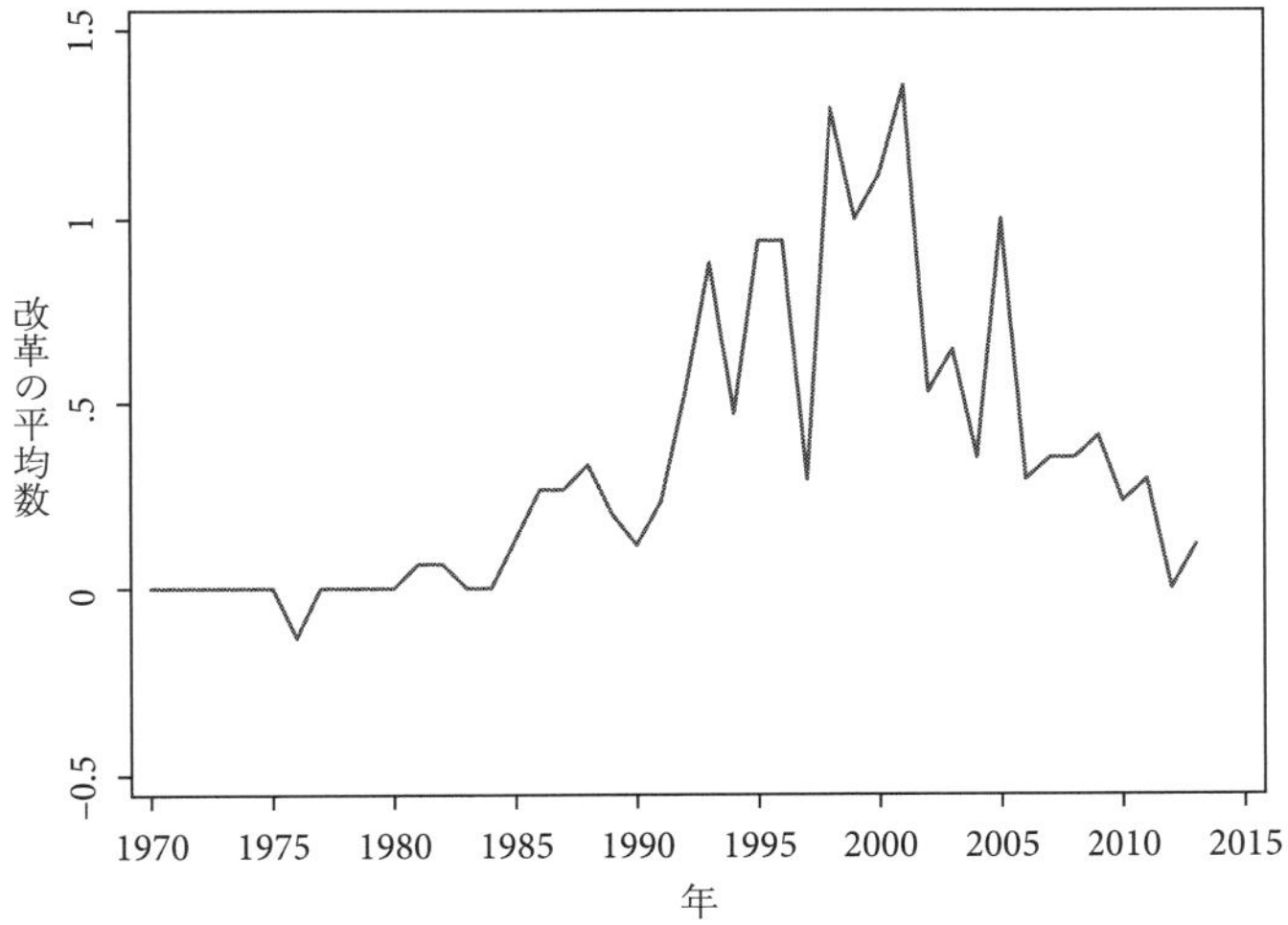

図 8.5　ヨーロッパの製品市場改革
データ出所：Duval et al.（2018）

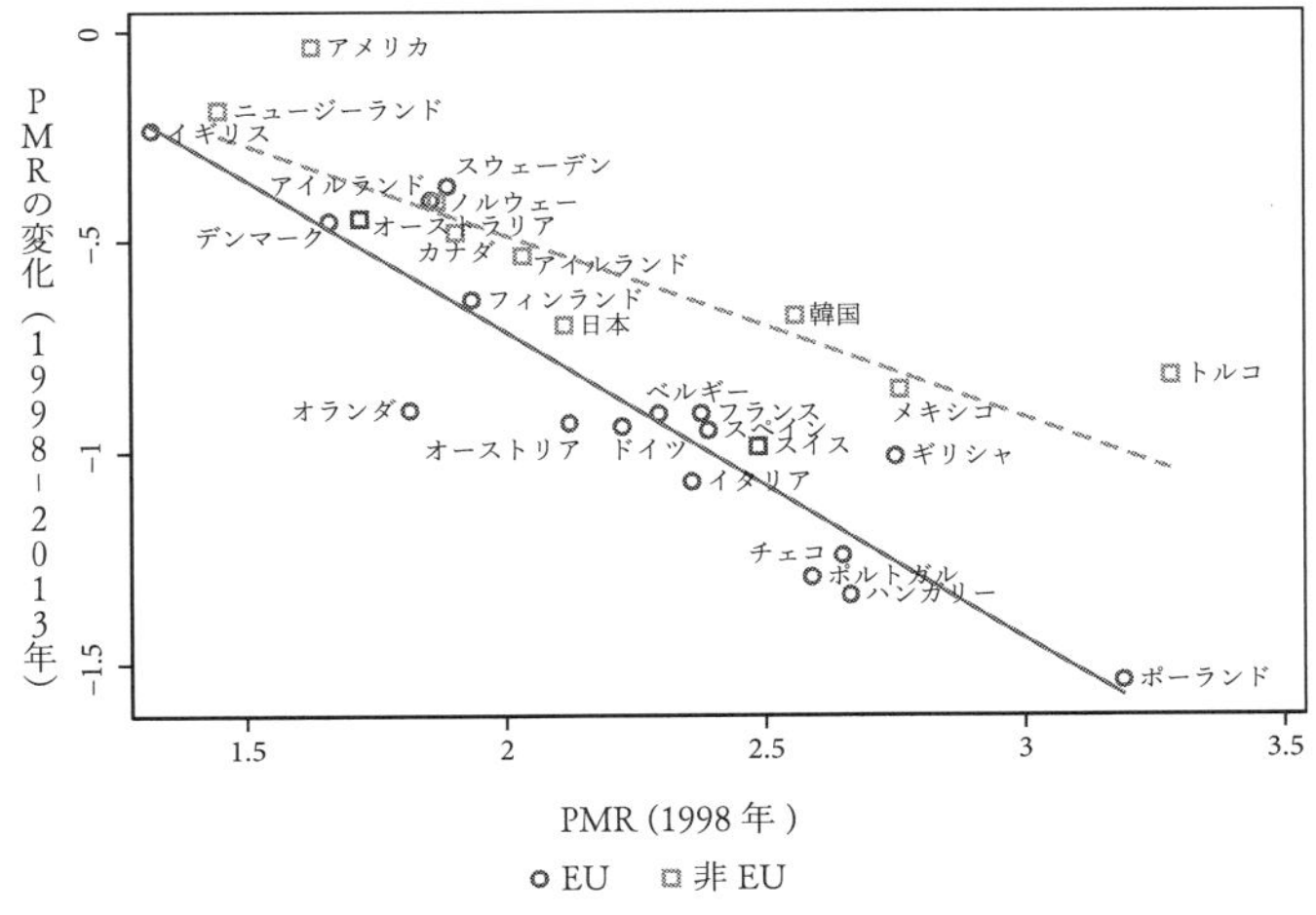

図 8.6　製品市場規制の世界的な収斂
データ出所：OECD

製品市場規制の収斂の詳細なデータは私たちの理論をさらに支えてくれる。図8・6は1998年から2013年の製品市場規制の変化を1998年と比較してグラフにしたものだ。右肩下がりの線は、収斂のプロセスをあらわしている。当初の規制レベルが高かった国は、規制は大幅に減っている。言い換えれば、そうした国はアメリカやイギリスに近づいているということだ。規制緩和の動きは世界的なものだが、その動きはEU諸国のほうがそれ以外の国よりも速い。1998年、ポルトガルとチェコの規制水準はメキシコと、ポーランドはトルコと同等だった。現在、ヨーロッパの市場は域外の市場と比べてはるかに自由である。EUとEU以外の国を示す2本線の傾きの差は統計的に有意であり、私たちの理論に合致する。

当初弱かったEU諸国の機関は、反トラストと製品市場規制で大幅な改善を成しとげた。さらに相対的な改善は、同様に弱い機関を持つEU以外の国よりもEU諸国のほうが大きかった。これはEUレベルでの執行力や影響力にプラスに働いたことを示している。

反トラスト

反トラスト政策は市場規制で重要な役割を果たしている。その政治的インパクトは大きく一目瞭然だ。誤解のないように言っておくと、私はヨーロッパが市場の自由化を進めるなかで、反トラスト法が中心的な手段になるとは思っていない。大きな単一市場という目標は反トラストの域を超えている。おそらく参入規制の撤廃のほうが、合併審査よりも影響力は大きいだろう。それでも合併統制は重要だ。

OECD並びにヒルトンとデンの論文が示した競争法と競争政策の指標で分析したところ、競争総局はほかのどの国の規制機関よりも独立し、競争を重視していることがわかった（Hylton and Deng, 2007）。それどころか、競争総局は司法省や連邦取引委員会よりも独立性が高い。

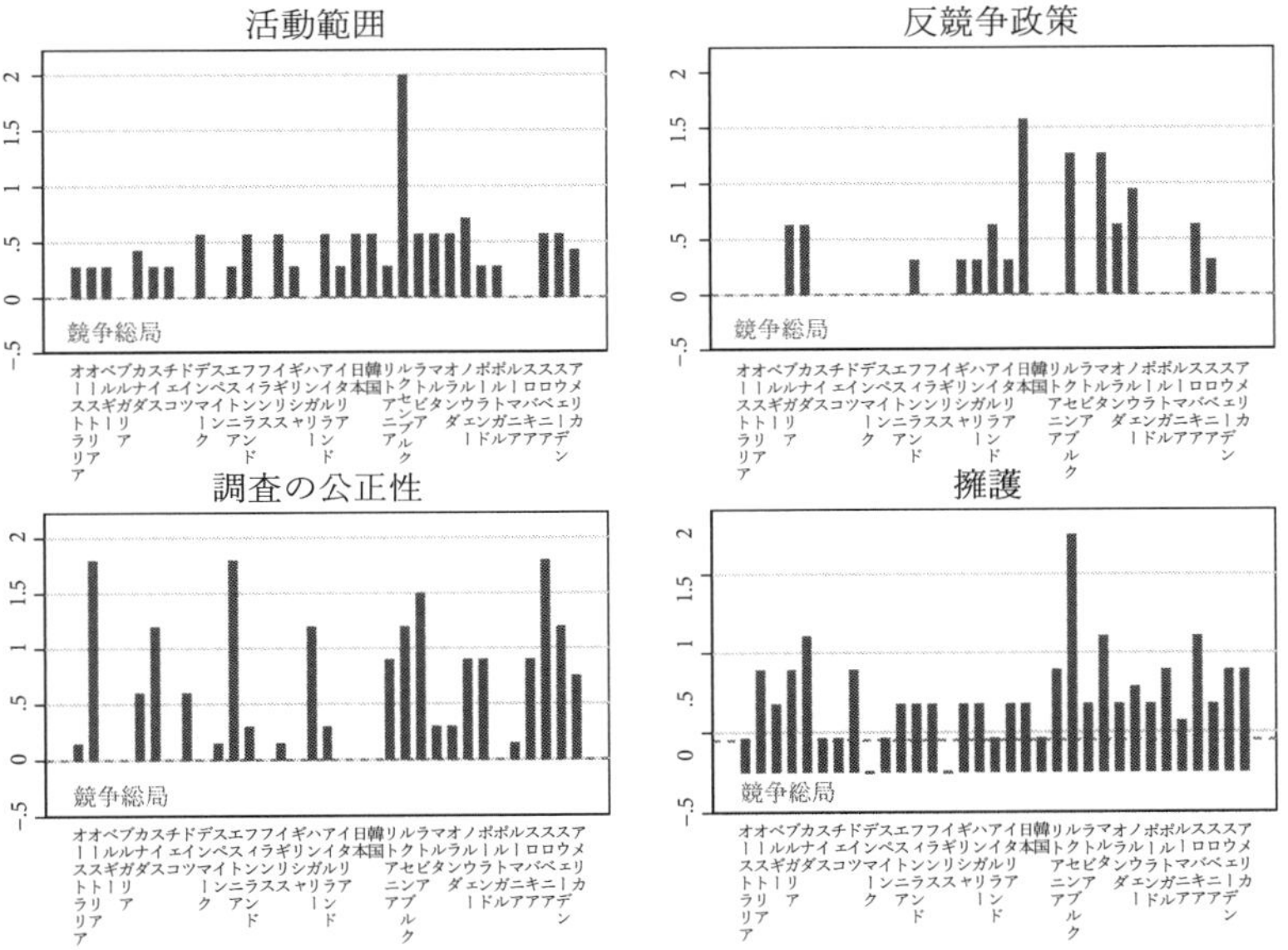

図 8.7　反トラスト法の執行制限
データ出所：OECD

図8・7は、反トラスト法の執行への制限をOECDが指標化したものである。棒が短いほうが規制機関は強く、独立している。競争総局は水平に引かれた破線で表現した。アメリカはそれぞれのグラフのいちばん右にある。競争総局は、私たちの理論に直接関係する三つの分野——活動範囲、反競争行為に対する政策、調査の公正性——で最小限の制限となっている。調査の公正性では、反トラスト政策に政府が介入する範囲を測る。競争総局は特に各国政府からの介入を受けず、その範囲は各国政府の平均的な範囲よりはるかに小さい。四つ目の擁護《アドボカシー》（規制機関がさらなる競争的な環境を擁護できるかどうか）は、私たちのモデルにぴたりとはまらない。これについては、イギリスとデンマークだけがEUより自由である。

図8・7は正式な規則と政策を対象とし

ものだ。もしかしたら、言葉だけで行動は伴わないかもしれない。厳しい政策は、厳しい執行につながるだろうか。

まず合併の執行から見ていこう。定義しやすいし、広く研究されているからだ。ジョン・クウォカの研究を取りあげてすでに述べたように、アメリカの反トラスト法の執行は減少している。ヨーロッパにその傾向は見られない。以前と変わらず（あるいはより厳しく）執行されている。たとえば、競争総局による市場支配的地位の濫用の取り締まりは、１９７０年代以降、横ばいか増えている。一方、司法省のほうは１９９０年以降はわずか10件、２０００年以降はたった1件しかない。

司法の管轄が違う地域で反トラスト法の執行を比較するのは難しい。その点で、マッツ・ベイルマンらの論文は非常に有用だ。各ケースの特異性を調整しているからだ。彼らは概念的に正しい質問をしている。同じケースについて、ほかの規制機関が審査したとしたら、どのような結果になるだろうか。１９９３年から２００３年のＥＵとアメリカの合併審査のサンプルを詳細に調べた結果、支配的合併、特に中程度の市場シェアを持つ企業の合併に対しては、アメリカよりＥＵのほうが厳しいことがわかった。２００４年のＥＵの合併改革以後は、違いはそれほど目立たなくなったが、それでもＥＵのほうが中程度の市場シェアを持つ企業の合併には厳しい。さらにアメリカよりも厳しい共謀政策を適用している。

カルテルはアメリカでは歴史的に厳しく、効率的に規制していた分野の一つである。最近では、司法省は企業だけではなく、個人への取り締まりを増やしている。その結果、収監される人が増え、その期間も長くなっている。この分野では、ＥＵはアメリカから恩恵を受け、優れたアイデアを借用している。さらに、欧州委員会は迅速に学んでいると見え、執行は着実に改善している（Duso, Gugler and Yurtoglu, 2011）。

ヨーロッパは自由市場を保持する

アメリカとヨーロッパの市場規制を比較すると、いろいろなことがわかる。もしアメリカでの法の執行が減っている理由が、グローバル化やテクノロジーにあるとしたら、同じことが大西洋の反対側でも見られるはずだ。だが、そうなってはいない。ヨーロッパの反トラスト法は近年変わらず活発に執行されている。マーティン・カレ、アンドレア・ギュンスター、マーティン・ピーター・シンケルによれば、ヨーロッパでは2000年から2004年のあいだに平均すると毎年、反トラスト法案件264件、合併案件284件、国家補助案件1075件の審査があったという（Carree, Günster and Schinkel, 2010）。欧州委員会は、アメリカでは承認されていたゼネラル・エレクトリック（GE）とハネウェルの合併を却下するなど、議論を呼ぶ決断もいくつか下している。最近では、5年前にアメリカで退けられたグーグルの案件でも、同社に不利な判決を下している。しかし、カレたちはこうした決定は国外企業に対する偏見によるものではないとしている。むしろ、「非ヨーロッパ企業のほうが、違反も罰金も少なく、上訴率も低い」という。さらに、反トラスト法の執行が足りないのではという議論は、アメリカでは増えているのに対して、ヨーロッパでは学会でもメディアでも目にすることはない。

ヨーロッパが完璧だと言っているのではない。それどころか完璧には程遠い。フランスはかつては競争を抑制し、悪しき政策をつくるのに非常に長けていた。そのいい例が、1990年代半ばのスーパーマーケット規制だ。ラファラン首相は小規模な小売店を守るために、面積が300平方メートル以上のスーパーマーケットを新たに出店するときは、特別な許可を必要とするという法案を提出した。そうして10年間、新規の出店が抑制された。大規模な小売店はさぞかし不満だったろうと思うかもしれない。それが実はそうならなかった。この法律により、ディスカウントストアとの競争が避けられ、チェーン店間でも競争が制限された。結局、企業の株価は上がったのである。

また、量的な側面を考慮することも大切だ。合併の大部分は承認されている。1999年から2019年1月まで、欧州委員会は7260件の合併を審査している。そのうち6401件は承認され、152件は第一段階で、44件は第二段階で撤回された。ほかは別の管轄（加盟国など）に照会された。最終的に、完全に拒否されたのは27件しかなかった。[17]

しかし、ヨーロッパも不完全だからこそ教えてくれることがある。自由市場の単純な理論を検証する手段を提供してくれるのだ。理屈では、EUが明確に独立した機関を設立したのは、すべての関係国を参加させるために必要だったからということになる。どの国も、他国がEU機関に働きかけて自国に有利にするようなことがないようにしたかった。その結果、自国内では自由市場にさほど乗り気ではなさそうな政治家でも、EUレベルでは自由市場を支持するようになった。理論から導かれるこの考えは、データに裏打ちされている。EUの機関は国内の機関よりも体系的に独立し、自由市場をより強く支持している。本書を執筆しているときに、アルストムとシーメンスがニュースになり、私たちの理論の検証材料となった。ドイツのシーメンスとフランスのアルストムは2017年、鉄道事業を統合することにした。正直に言えば、私は懸念していた。欧州委員会は、フランスとドイツという影響力のある二大国から強い政治的圧力を受けることになるからだ。パリとベルリンは合併の承認を望んだ。しかし、ベステアー委員は一歩も引かなかった。担当チームは、この合併は信号装置と高速鉄道の「競争を著しく減らし、運転士や鉄道インフラの管理者を含めた顧客から、供給業者と製品の選択肢を奪うことになる」と結論づけた。委員会は2019年2月、合併を却下した[18]。

私たちの理論から導かれる最後の予測は、いちばん物議をかもすだろう。もし私たちが正しければ、ヨーロッパよりアメリカのほうがロビー活動費は多く計上されているはずだ。また、ロビー活動によって、時代、場所、産業によって見られる違いの少なくとも一部を説明することもできるだろう。次章では、ロビー活動と選挙資金の調達について掘り下げる。とりあえず今は、アメリカ企業はヨーロッパの企業やロビイストより、多額の資金をロビー活動と選挙献金につぎこみ、目標を達成している、と言うにとどめておこう。

しかし、ロビー活動に目を向ける前に、部屋のなかの象〔誰の目にも明らかなのに誰も指摘しようとしない問題〕について触れる必要がある。ブレグジットである。言うまでもなく、私はイギリスがEUを去るという決断を悲しく思っている。振りかえれば、EUが自由市場に向けて歩みを進められた理由の一つには、イギリスが単一市場の設計に積極的に参加したから、というのがある。この市場は共同で取り組んだ結果であって、イギリスなしでは成功しなかっただろう。となれば、望んでいた自由市場環境の構築に尽力し、そして成功したあとでEUを離れる選択をしたイギリスの行動には大きな矛盾がある。

原注

（1）　PMR指標は国際比較ができる。この指標は競争を促進する、あるいは妨げる政策を測る。たとえば、国による企業統制、起業に対する法制度および行政上の障壁、貿易や投資への制限などだ。この指標はOECD加盟国34カ国を対象にしたものが、1998年、2003年、2008年、2013年とあり、OECD非加盟国22カ国分については2013年のものがある。

（2）　これは1995年1月の有名な演説であり、そのなかでミッテランは「Le nationalisme, c'est la guerre.（ナショナリズムは戦争である）」と言った。4カ月後、ベルリンで行なわれた大統領としての最後の演説でも、この言葉を繰り返している。

（3）　クリストファー・クラークの名著から拝借した。*The Sleepwalkers: How Europe Went to War in 1914*, London: Allen Lane, 2012〔邦訳　クリ

ストファー・クラーク『夢遊病者たち——第一次世界大戦はいかにして始まったか』小原淳訳、みすず書房、２０１７年）.

（４）第一次世界大戦の推定死者数は、兵士１千万人、民間人８００万人である。第二次世界大戦では、２２００万人の兵士と５００万人の民間人が犠牲となった。

（５）１９４６年９月19日、スイスのチューリッヒ大学での演説。

（６）「Jean Monnet, 90, architect of European unity, dies（ジャン・モネ、90歳、ヨーロッパ統合の設計者、死去）」ニューヨーク・タイムズ紙、１９７９年３月17日。モネが亡くなったのは３月16日。

（７）同じころ、ドイツは反トラスト法を修正し、合併規制の権限を連邦カルテル庁に与えた。アメリカでは１９７６年、議会がクレイトン法を改正し、合併の事前届出を求めるハート・スコット・ロディノ法を制定した。

（８）ローマ条約は、ＥＣＳＣを設立した１９５１年のパリ条約をもとにしている。ローマ条約第３条（Ｉ）（ｇ）は、「単一市場内の競争を歪めることがない体制」を掲げている。理事会規則17は１９６２年に効力を生じ、欧州委員会は１９６４年に初の決定を下した。ローマ条約１０１条（旧81条）は水平的取引行為、垂直的制限、免許制、ジョイントベンチャーについて規定している。第１０２条（旧82条）は支配的地位による反競争的効果を規定している。合併に関する規則は１９８９年に加えられた。

（９）学問的な議論には三段階あった。最初は、ＥＵの法律はアメリカの法律を受けついだものであるという意見が一般的だった。ガーバーはこの考えに異議を唱え、ＥＵの法律にも「独自の」伝統があることを示した（Gerber, 1998）。その後、研究者の見方はもう少しバランスのとれたものになった。ロイヒトとマーキスはアメリカ・ヨーロッパ間のアイデアのやりとりを研究し（Leucht and Marquis, 2013）、ロイヒトは伝統的に保護主義の立場をとる西ヨーロッパの経済がいかにして競争のルールに与するようになったか研究している（Leucht, 2009）。

（10）ズックマン、トルスロヴ、ウィアは、多国籍企業の利潤の40%がタックスヘイブンに移転し、アイルランドやルクセンブルク、シンガポールが勝ち組となっているとした。負け組は、ＥＵ諸国（利潤の20%が移転）とアメリカ（利潤の15%が移転）である（Zucman, Tørsløv and Wier, 2018）。

（11）ＥＵは黄金株の禁止や運輸業界の価格統制の禁止など、特定の国内規制を直接禁止することができる。ほかには、加盟国と協力して規制の相互承認を達成したり、条約にもとづいて判例法を定めることができる（たとえば、現在もある競争総局による国家補助規制）。しかし、それ以外は、加盟国は自ら改革を実行しなければならない。

（12）２０００年から２００４年のいわゆるカーディフレポートのあとには、国の改革プログラムと実施報告書が続いた。ＥＵはこうした報告書を使って常時監視し、進捗状況を公表した。ＥＵはすべての国の進展を記録して追うために、マクロ経済改革データベース（ＭＩＣＲＥＦ）をつくった。

（13）議論の詳細は以下を参照してほしい Combe (2010)。

（14）リチャード・ピンカムはこう書いている。「ブリュッセル主導によるヨーロッパ航空業界の自由化は、競争を促進し、運賃を下げるという目標に向けて間違いなく着実に歩みを進めている。実際に運賃は下がり、サービス水準はめざましく向上した。それにもかかわらず、残念ながらヨーロッパの民間航空業界の全体像は変わっていない。その背景には、自由化前の時代から受けつ いだ発着枠、大陸の既存航空会社に見られる反競争的な行動、国を代表する航空会社にふさわしい優遇措置を求める昔からの国民感情がある (Pinkham, 1999)。

（15）一連の改革は１９８８年に始まり、１９９８年に完全自由化されて完成した。現在の「電気通信規則の枠組み」は２００２年に採用され、２００９年に更新されている。その後、補足するための多くの法令が追加されている。

（16）歴史を振りかえれば、同様の側面を持つ興味深い前例としてオーストリア・ハンガリー帝国がある。オーストリアとハンガリーは共通の通貨と中央銀行を持つことで合意したが、銀行は独立したものにした。Flandreau (2001) を参照してほしい。

（17）データは以下を参照してほしい http://ec.europa.eu/competition/mergers/statistics.pdf. これらの理解を助けてくれたトマソ・デュソに感謝する。

（18）欧州委員会「合併——委員会はシーメンスのアルストム買収計画を却下する」。２０１９年2月6日発表。

III 政治経済学

これまでわかったことをまとめてみよう。アメリカの国内市場の多くで競争が減少し、アメリカ企業は国内消費者に過大な価格を請求している。余分に得た利潤は雇用や投資ではなく、配当や自社株買いに使われている。同時に、参入障壁は上がり、反トラスト法の執行力は弱まっている。こうしたアメリカの傾向はヨーロッパに流入しておらず、驚いたことに歴史の流れに逆らって、今のヨーロッパ市場の多く（特に航空、携帯電話、インターネット・プロバイダー）は、アメリカの業界よりも競争が激しく、価格は安くなっている。

私の解釈では、ヨーロッパで起きたことは、主に単一市場の創設と、そのために必要な組織上の変化を追求した結果である。その過程でアメリカはロールモデルとして機能した。ヨーロッパで採用された有益なアイデアの多くは、アメリカとイギリスから来ている。そうしたアイデアを適用し、ヨーロッパでは競争が開花した。第8章では、ヨーロッパが別の道をたどった理由を説明した。そこからは規制機関の設計、反トラスト法の執行、参入障壁の撤廃について予測が導かれる。もっとも影響を受ける業界や国について予測が導かれる。検証できる予測はすべて証明された。だから自分の理論には自信を持つことができる。これらを踏まえてアメリカに立ちかえり、この理論がアメリカ市場で競争が減った理由を理解する助けになるかどうか見ていきたい。

アメリカとヨーロッパの比較から学べること

私の主張は、政治献金とロビー活動費が、アメリカにおける執行力の弱体化と競争に対する規制障壁の増加をもたらしているというものだ。アメリカのロビー活動と選挙資金に焦点を当てるつもりだが、アメリカのシステムの特異性を強調するために、ここでもヨーロッパを対照群として使おうと思う。これは比較として有効に機能するだろうか。第II部では、経済的成果の面でアメリカとEUを比較した。このときは二つの経済には類似点が多いことから有効だと述べた。だが、両者の政治システムにも同じことが言えるだろうか。十分な類似性があると言えるか、それとも政治的な違いが大きく、比較しても誤った結論を導くだけか。

政治的な面について、ヨーロッパとアメリカには主に二つの相違点があると見ている。一つ目はきわめて重要な違いで、アメリカは軍事的に超大国だが、ヨーロッパはそうではなく、フランスの外交官にとっては悲しいことに、目指すつもりもないということだ。軍事的優位性がもたらす政治的、技術的影響は巨大で、本書が扱う範囲をはるかに超えている。二つ目の違いは一つ目に付随するもので、アメリカのドルがグローバルな経済と金融システムに非常に大きな役割を果たしているということだ。ドルは主要な準備通貨であり、インボイス通貨である。アメリカの貿易赤字は、多くの国がドルで富を蓄えたいという意向のあらわれでもある。

こうした違いは重要だ。アメリカが世界最大の軍事大国である必要がなければ、この国のロビー活動と政治は違ったものになっていたかもしれない。しかし、この状況は今始まったものではない。それで過去20年にアメリカで起きた変化を説明することはできない。同様の理由により、大西洋の両岸のロビー活動と選挙資金を併せて分析すれば多くを学べると思う。

9 ロビー活動

ワシントンのロビイストに慎重に投資すれば、税金や規制の回避といった形で大きな利益が得られる。奇妙な負の計算だが、それはロビー活動の経済学の基盤をなしている。

――ジェフリー・バーンバウム『ロビイスト』

ビッグバードは、「セサミストリート」に登場する大きな黄色いマペットで、何世代にもわたって子供たちに愛されてきた。政治のロビー活動の章で、最初に言及するキャラクターとしては違和感があるかもしれない。しかし、1990年代の半ば、ビッグバードは公のロビー活動で重要な役割を果たし、それによってアメリカの有力政治家は恥をかきながら退散することになった。

扇動的な下院議長ニュート・ギングリッチ率いる共和党は、1995年に議会で多数派になると、PBS（公共放送サービス）の予算削減を狙った。PBSが制作していたたくさんの番組のなかに「セサミストリート」があった。ギングリッチらは連邦政府がメディア放送局に資金を提供すべきではないと考え、また、P

BSが視聴者にリベラルな思想を吹きこんでいるのではないかと疑った。

そこで次の予算案で、PBSに拠出する連邦資金を削減する計画を立てた。しかし、PBSの支援者はそれに先んじて草の根のロビー活動を始めた。賢明な支援者はギングリッチ対ビッグバードという構図を描いた。法的には議会への働きかけは禁じられているPBSの慎重な誘導によって、全国の視聴者がビッグバードを、ひいてはPBSを支持する手紙を送ってワシントンの政治家を倒したのだった。

「民主主義のすばらしい教訓になった」とローカル局の幹部がニューヨーク・タイムズ紙に語った。「皆の目に映ったのは〝悪者ニュート〟がビッグバードを殺そうとしている場面だった。激しい抗議があって、視聴者からは電話が殺到した。そこで私たちは、もしこの問題に関心があれば、それを政治家に伝えてくださいと言った」

最終的にギングリッチは退けられた（第104回議会の第2会期が始まる前に、ビッグバードを〝殺さない〟と宣言までさせられた）。1997年度の予算で、議会は2000年までPBSに3億ドルを割りあてることにした。前年の予算の20％増しだった。

もちろん、ワシントンのロビー活動は普通、ビッグバードを救えというキャンペーンほどわかりやすくないし、その結果はもっとわかりにくい。このためデータを大量に集めるのは難しく、研究は容易ではない。

前章ではデータの分析に時間をかけたが、少なくともそれはまともなデータだった。経済に関する数値を総合的に測るのは難しいが、少なくとも数字は割にわかりやすい。投資、雇用、所得は測ることができる。企業レベルの売上の計測は比較的簡単だ。それらに比べれば、国をまたいで価格を研究するのは難しいが、それでもロビー活動の政治的影響力を時代、産業、国をまたいで研究するのに比べればはるかにたやすい。

ロビー活動が政治的成果に与える影響を分析するのは、使えないデータと当て推量の世界に足を踏みいれることを意味する。ロビー活動と選挙献金――政治や規制のプロセスに影響を与える費用――となれば、私たちが測れるのはまさに氷山の一角にすぎない。致命的なのは、元のデータが不足しているので、使えるデータが私たちの問いを決めてしまう傾向があるということだ。普通の研究では、興味があって重要な問題をまず選び、それからその答えを見つけるための方法を探す。しかし、この作業はときに時間がかかって苛立たしいものとなる。特に使えるデータがないときにはそうなる。納得できる答えを出すために必要なデータを入手できない可能性もあるので、リスクもある。だから、順序が逆になるのは自然なことだ。たとえ興味深い問題に答えることはできないとわかっていても、すでに手元にあるデータで研究しようとする。少なくとも何らかの結論は出せるだろう。街灯の下で鍵を探すようなものだ。(1)

幸い、政治経済学は経済学のなかでも創造性があってチャレンジ精神にあふれた研究者がいる分野だ。彼らの成果があれば、アメリカ政治におけるロビー活動とお金の役割について注目すべき結論が引きだせるだろう。

そもそもロビー活動は悪ではない。それどころかロビイストを雇うのは、合衆国憲法で保障された権利である。合衆国憲法修正第1条は言論の自由と「苦痛の救済を政府に請願する」権利を保障する。政治学者ジョン・デ・フィゲイレードとブライアン・リクターは次のように説明する (de Figueiredo and Richter, 2014)。

議会制民主主義の中心的信条の一つに、選出された公職者や政府に対して個人あるいは集団で請願する個人の権利がある。こうした請願は、立法者やほかの政府官僚の意見、方針、票に影響を与えるために行なわれる。この権利が認められた結果、個人、企業、その他の団体からなる組織化された利益集団が生まれ、発展した。こうした利益集団は政府の政策に影響をおよぼすために、選挙献金、宣伝、草の根運動、メディア・キャンペーン、ロビー活動などさまざまな手法を用いる。

民主主義体制においては、市民は政府に請願する権利を持ち、それは良いことだと誰もが認める。しかし、それは同時に、大企業の利害によるロビー活動の扉を開けることにもなる。つまり、人生におけるほとんどの事柄と同じように、バランスの問題だ。ではこのバランスが過去20年にどのように変化してきたか見ていこう。

ロビー活動の影響を測るのはなぜ難しいのか

ロビー活動と選挙献金を議論する前に、まずこうした行動の成果を測るのがなぜ難しいのか説明したいと思う。法律や規制の小さな変化——数百ページにおよぶ文書に埋もれることが多い——が、特定の産業あるいは利益集団にとって数百万ドルに値することがある。しかし、専門家ではない人がそれを特定して理解するのは、実質的に不可能だろう。さらに難しいのは、効果的なロビー活動によって立法者が法案から完全に除外したものを見つけることだ。たとえそうした変化を見つけたとしても、それを特定のロビー活動や選挙献金に結びつけるのは不可能であることが多い。

こうしたことから、ロビー活動の本当の効果について一致した見解を文献のなかに見ることはない。ロビー活動の重要性を疑う者もいる。私にはそうは思えない。それは以下の四つの理由による。

一つ目は、理屈から言って、ロビー活動は重要ではないとするには、かなり変わった世界観を持たなければならないからだ。マリアンヌ・ベルトランらは次のように述べている。「政治と経済が交わるところにはロビー業界がある。数兆ドル規模の公共政策への介入、政府調達、予算項目は、特定の利益を代表する人々によって常に隅々まで精査され、支持あるいは反対されるものだ」(Bertrand, Bombardini, Fisman and Trebbi, 2018)。ロビー活動の影響を否定するなら、なぜ企業が不要なものにかなりの人的、財政的資源を投入しているのか、説明する必要がある。最低限の理性さえあれば、ロビー活動が常に存在する(むしろ増えているように見える)という事実だけで、重要なものに違いないと言えるだろう。つまり、企業はロビー活動にお金を使っているが、そこに意味はないと考えるなら、経済学や人間性について私たちが知っていることに相反すると認めなければならない。厳密に言えば不可能ではないが、この考えを真剣に受けとめるつもりはない。

二つ目の理由は、レント・シーキングはゼロサムゲームであり、データを見てゼロサムゲームを把握するのは難しいからだ。たとえば、A社が、B社より有利に立つために規則を変えさせようとロビー活動に100ドルを使ったとする。B社はそれを阻止するために200ドル使う。B社が勝つ。さて、これは私たちの目にはどう映るか。総額300ドルが使われて、結局何も変わらないということになる。2社の相対的な市場シェア、成長率、生産性は前と同じままなのだ。明らかにロビー活動が重要であったとしても、単純なモデルなら重要ではないと結論づけるだろう。これは単に理論上の可能性の問題ではない。フランク・R・バウムガートナー、ジェフリー・M・ベリー、マリー・ホジナッキ、デイヴィッド・C・キンバル、ベス・L・リーチは、2200人のロビイストの活動を長期にわたって研究した。その結果、分析した争点については、どちらの側もほぼ同じ資源を手にしていたことがわかった(Baumgartner, Berry, Hojnacki, Kimball and Leech, 2009)。

三つ目に、レント・シーキングはたとえ合法だとしても、関係者としてはわざわざ宣伝したいものではないという事情がある。献金する企業も、それを受けとる規制者や政治家も同じだ。したがって、その成果は隠されていると考えるべきだ。これは研究者にとって特に難しい問題となる。しかし、困難と不可能は同義ではない。カーネギーメロン大学の経済学者カラム・カンは精巧なモデルを使って、エネルギー業界のロビー活動の見返りを見積もった。彼女はエネルギー業界に関するすべての連邦規制と、第110回議会中に行なわれたエネルギー分野のロビー活動のすべてを含めたデータセットをつくりあげた。それから、ゲーム理論モデルでロビー活動を計算した。つまり、数学の方程式を使って、ロビイストと政策立案者のあいだのゲームを表現したのである。それでロビー活動費からの見返りが計算できるようになった。見返りの平均は130%を超えている (Kang, 2016)。

最後の四つ目は、献金は選択であり、ランダムな投入ではないということだ。計量経済学の世界では、献金は内生的な変数であり、研究は内生性と欠落変数バイアスに悩まされる。残念ながら、人間にはたとえ直前であっても、とにかく事前に考える性質がある。これが私の研究者人生を難しくしている。

人は理由があるから行動する

「内生性バイアス」は経済学だけではなく、社会科学全般に見られる問題なので、ここで少し説明しておこう。実際に考えてみれば、それは自然科学と社会科学の大きな二つの違いのうちの一つであり、もう一つの違いは対照実験の実施の難易度だとわかるだろう。内生性バイアスの例をいくつかあげてみよう。

次の質問に答えたいとしよう。病院に行くのは健康に良いか。答えはイエスだと言うだろう。少なくとも一般的にはそのはずだ(中世の瀉血《しゃけつ》の話をしているわけではない)。しかし、この単純な話をどうやって検証すればよいか。たとえば、受診データと6カ月後の健康状態のデータをもらったとしよう。何がわかるだろう。おそらく、病院に行った人のほうが6カ月後の健康状態は悪いか、あるいは死亡しているケースが多くなるだろう。なぜか。なぜなら、そもそも病院に行くのは具合の悪い人だからだ。健康な人は病院に行かない。専門的に言えば、受診するという決断は内生的な決断ということになる。つまり、人は理由があってこの決断をするのである。したがって、自然科学の実験と違って受診をランダムな事象として扱うことはできない。ではこの質問にはどのように答えればいいのか。健康状態とは無関係に、受診がどう変化するか見つける必要がある。たとえば、地域の医療施設のランダムな開業と廃業を見るのも一つの方法だろう。その場合でも、開廃業は地域の平均的な健康に左右されていないと確信する必要がある。

もう一つの例は、需要と供給の法則にかかるものだ。牛乳の値段が上がったとき、どれくらいの人が牛乳の購入を控えるか考えるとしよう。この問題の主要素は価格——お店は牛乳をいくらにするか——と需要レベル——購入者はどのくらい欲しいか——である。問題は、現実の世界ではこれら二つの要素が同時に決まることだ。店主は需要に応じて価格を調整し、消費者の需要は価格によって決まる。店主は牛乳の需要が上がるタイミングを予測できるとしよう。需要が上がると予測する日には、店主は利益を増やそうと価格を少し上げたいと思うだろう。データはどうなるか。消費者は価格が上がったときに、牛乳を買う。需要曲線とは違う形になり、データを見た人は困惑するだろう。この事例の問題は、価格設定に内生性があり、期待される需要によって変わる点にある。(2)

内生性は物理学の世界ではそれほど問題にならない。原子より小さい粒子は人間のようには行動しない。粒子は何かを楽しみにしたりはしない。何かが起こると予想して行動を変えたりはしない。人間はそうする。人間にとっては幸いだが、研究者にとっては不運である。この問題についてはあとでもう一度取りあげるが、今のところは、これが非常に厄介で、対処するには相当な創意工夫が必要だと言っておけばいいだろう。

これをロビー活動と選挙資金に当てはめるとどういうことになるだろうか。ロビー活動を見ていこう。どういう会社や業界にロビー活動を行なう動機があるだろうか。新しいルールや規制ができると困る会社、あるいは表ざたにできない何かを抱えている会社、もしくは守るべきレントがある会社には、間違いなく動機があるだろう。あとの章で、インターネット経済の巨人、GAFAM（グーグル、アップル、フェイスブック、アマゾン、マイクロソフト）を取りあげる。こうした会社は近年、ロビー活動費を増やしている。たまたまだと思うだろうか。それとも規制の逆襲のリスクを感じてとった行動だと思うだろうか。答えは言うまでもない。

言い換えれば、ロビー活動を行なう動機のある会社とは、規制の対象になりそうな会社である。病院の話や牛乳の値段のように、ロビー活動をするという決断の内生性は、単純な相関を意味のないものにする。今日のロビー活動と明日の規制の相関はゼロか正になり、単純なモデルならロビー活動は機能しない、あるいは逆効果だとまで言うかもしれない。病院に行くのは健康に悪い、消費者は値段が上がると牛乳を飲むと結論づける単純なモデルのように。事例として金融、医療、インターネット企業を別の章で見ていくつもりだ。銀行、アセットマネジメント会社、巨大なインターネット企業は、新しい規制や新しい競合企業に道をふさがれるかもしれないと感じたときには、必ずロビー活動に精を出す。

内生性に対処するために、経済学者は歴史の思わぬ展開を疑似自然実験に変える方法を学んだ。たとえば、反トラスト法の執行に対する政治姿勢の因果的影響を理解するために、リチャード・ベイカー、キャロラ・フリードマン、エリック・ヒルトは、ウィリアム・マッキンリー大統領の暗殺後、セオドア・ローズベルトが急に大統領に就任した一件に注目した。マッキンリーはアメリカ史上最大の合併の波に大きな役割を果たした。反トラストには興味がなく、合併を制限する意図はまったくなかった。ローズベルトの意見は違った。

反トラスト法の執行に対処できなかった企業は、暗殺事件のあと消えていった。研究者らはこう結論づけた。「マッキンリーからローズベルトへの移行は、金ぴか時代の反トラスト法の執行を大きく変えた――それは新しい法律によるものではなく、現行法の執行に対する取り組みの変化によるものだった」(Baker, Frydman and Hilt, 2018)

ロビー活動はなぜ非効率を生むのか

すでに述べたように、ロビー活動は必ずしも悪いものではない。基本的に、ロビー活動については二つの見方がある。一つは悪いものではない、場合によっては有益だとする見方で、もう一つは悪いものだとする見方だ。悪くないというのは、ロビー活動のおかげで企業、規制者、政治家が重要な情報を共有できるからだ。技術や人々の好みは常に変化するので、政策立案者がついていくのは困難だ。放任すべき時期と規制すべき時期の判断は難しい。何が重要で何が重要ではないのか、見分けるのは難しい。そういう状況を鑑みれば、ロビー活動は有益なものになりうる。活動する側には重要な情報を提供する強い動機がある(たとえそれがバイアスのかかった情報だとしても)。少なくとも特定の問題に関心を抱いている人や事業者がいることを示している。

もう一つの見方は、ロビー活動は本質的にはレント・シーキングだとするものだ。これは経済学者のジーン・M・グロスマンとエルハナン・ヘルプマンが論じている(Grossman and Helpman, 1994, 2001)。簡単に言えば、企業はレントを守るためにロビー活動を行なうということだ。たとえば、2018年にトランプ政権が鉄とアルミニウムに関税を課したことはこれで説明できる。アメリカの大手鉄鋼会社は、2017年と2018

郵便はがき

料金受取人払郵便

本郷局承認

6392

差出有効期間
2025年11月
30日まで

113-8790

東京都文京区
本郷2丁目20番7号

みすず書房営業部
行

通信欄

(ご意見・ご感想などお寄せください．小社ウェブサイトでご紹介させていただく場合がございます．あらかじめご了承ください．)

読者カード

みすず書房の本をご購入いただき，まことにありがとうございます．

書　名

書店名

・「みすず書房図書目録」最新版をご希望の方にお送りいたします．

（希望する／希望しない）

★ご希望の方は下の「ご住所」欄も必ず記入してください．

・新刊・イベントなどをご案内する「みすず書房ニュースレター」（Eメール）をご希望の方にお送りいたします．

（配信を希望する／希望しない）

★ご希望の方は下の「Eメール」欄も必ず記入してください．

（ふりがな） お名前　　　　様		〒
ご住所　　都・道・府・県	市・郡	
	区	
電話　　（　　　　）		
Eメール		

ご記入いただいた個人情報は正当な目的のためにのみ使用いたします．

ありがとうございました．みすず書房ウェブサイト https://www.msz.co.jp では刊行書の詳細な書誌とともに，新刊，近刊，復刊，イベントなどさまざまなご案内を掲載しています．ぜひご利用ください．

年で比較すると、ロビー活動費を20%増やしている。トランプ政権に関税をかけさせることに成功し、それは価格上昇、利潤増加につながった。アルミニウム業界では、従業員数2000人未満の中規模企業、センチュリー・アルミニウムがロビー活動の中心となった。ビジネスウィーク誌は2018年9月27日号で次のように報じた。「触れられていないのは、センチュリーの最大株主がグレンコアというスイスの商社で、世界のコモディティの最大の売り手であり、買い手であるということだ……センチュリーがトランプ政権にロビー活動をしているあいだ、グレンコアはほかのコモディティ商社数社とともに、アメリカで外国産のアルミニウム在庫を記録的な量になるまで増やしていた。関税課税の発表があれば、価格は上がり、安い外国産の金属はとつぜん価値あるものになると考えたのだ。そして、それが実際に起きたことだった」

レント・シーキングによる富の喪失には2種類ある。一つは資金そのもので、利益集団がロビー活動に費やす資金は、ゼロサムゲームではなく生産的な仕事に使うことができたはずだ。二つ目は、政策そのものの損失だ。ロビイストが推す政策が効率的であることはめったにない。それは単純な移転や一括税といった形はとらない。たとえば、参入規制を考えてみよう。新規参入者が、既存者に与える打撃や引きおこす混乱の埋め合わせに一括税を払うことになっている世界を想像してほしい。そこでは効率性の低下による間接的な損失はない。新しい企業はそれでも参入し、価格競争や技術革新という形で便益をもたらす。参入者は既存者に小切手を切ることになるが、それは移転であり、死重的損失ではない。犯罪組織のなかにはこのルールを採用するところがあるが、それは他者に仕事をさせて「課税」するのが効率的だとわかっているからだ。タクシー会社に対するウーバーのように、参入者が既存資産の価値を破壊するなら、多くの経済学者が支持する政策でもある。

しかし、経済のなかでこうした形を見ることはほとんどない。既存企業のレントはたいてい正当化されるものではないからだ。移転はすぐに見抜かれ、抗議されるだろう。事後的に執行されるものでもない。参入者は参入後に支払いを拒むことができる。結果として、既存者はレントを守るために非効率なやりかたに頼る。それが新規参入の阻止であることは多い。こうして大きな非効率が生まれる。

何を知っているか、それとも誰を知っているか

ロビー活動費のうち有益な情報の共有に使われる部分と、レント・シーキングに使われる部分を分けて評価するのは難しい。しかし、この問題の解明に役立つ疑問に答えることはできる。ロビイストは特定の情報を議員に渡しているのか、それとも、特別利益団体に政治家への特権的なアクセスを提供しているのか。後者の見方はこの世界に通じる者の教義に一致する。コナー・マグラスはこう述べる。「ロビー活動について知っておくべき重要なことは三つある。コネ、コネ、コネだ」(McGrath, 2006)

誰を知っているかが重要であることを示す明らかな証拠はいくつかある。たとえば、ジョルディ・ブラネス・イ・ヴィダル、ミルコ・ドラカ、クリスチャン・フォンス＝ローゼンは、議員の補佐経験のあるロビイストは、その議員が辞任すると収入が劇的に減ることを示した(Vidal, Draca and Fons-Rosen, 2012)。また、スクワイヤ・パットン・ボグズやキャシディ・アンド・アソシエイツといった大手ロビー会社が、その専門性で名をはせているわけではない、という事実とも矛盾しない。

トマス・ヘール・ボグズ・ジュニア——その名は法律事務所パットン・ボグズ(現在はスクワイヤ・パットン・ボグズ)の一部になっている——は、コネがロビー活動成功の鍵であることを示す好例だ。彼の両親は2人とも国会議員だった。ワシントン・ポスト紙は、2014年9月15日付の彼の死亡記事にこう書いた。

「ヤング・〝トミー〟・ボグズのワシントンでの最初の仕事は、サム・レイバーン下院議長（民主党、テキサス州）の専用エレベーターを操作することだった」。要望に応じてワシントンの誰にでも連絡をとることができたボグズは、地元の有名レストラン「パーム」を舞台に、幅広い人脈を駆使してあらゆる方面のクライアントのためにロビー活動を行なった。米国銀行協会のためにグラス・スティーガル法の廃止に尽力し、1996年の電気通信法の大改正を後押しし、海外の政治家――なかにはかなりいかがわしい者もいた――のために、アメリカ政府の支援をとりつけた。はっきり言って、ボグズは銀行業、電気通信業、外交のどれについても専門家ではなかった。しかし、彼は誰に電話をすればいいのか、どこに政治的圧力をかければいいのか、狙いをつけた献金にどのくらいの価値があるのか、よくわかっていた。

誰を知っているかが重要なのは明らかだが、それは何を知っているかの重要性を排除しない。この二つの要素の相対的な重要性については、最近まであまりわかっていなかった。しかし、マリアンヌ・ベルトラン、マチルダ・ボンバルディーニ、フランチェスコ・トレッビのすばらしい研究のおかげで、理解が進んだ。彼らは知っていることも知っている人も重要だが、知っている人のほうが重要性は高いとした。ロビイストは、最初につながった政治家が新しい委員会に移ったときにはついていくという。たとえば、「ある議会で医療関連の委員会に所属する議員とつながったロビイストは、次の議会でその議員が国防の委員会に移ったときには、国防に関する案件も扱うようになる」。

また、専門家の見解が頼りにされていることも明らかにした。自分の所属政党とは違っていても、政治家が耳を傾ける専門家集団が存在するという。政治家は同じ政治姿勢のロビイストとつきあうことが多いが、専門家と話をするときには政党の枠を超える傾向がある。正確な情報を得ようとするのであれば、当然そうなるだろう。

ベルトランらはこのように二つの要素の効果を明らかにした。しかし、結局のところ、専門知識より人脈がもたらす金銭的報酬のほうがはるかに大きいという。そして、最重要と思われる専門知識は、政治家の選挙区に関する知識である。特定の政策に関する知識は重要度で劣るようだ。

財政上の優遇措置を求めるロビー活動

最後になるが、ロビー活動の多くは政府購入、移転支出、税金を標的にしている。ベス・L・リーチ、フランク・R・バウムガートナー、ティモシー・M・ラピラ、ニコラス・A・セメンコは、ロビー活動の資源は、予算の大きな案件や機関のほうに多く投入されることを示した（Leech, Baumgartner, Pira and Semanko, 2005）。同業者団体は税金の引き下げを求めてロビー活動をすることが多い。税金引き下げのロビー活動は基本的に非効率だ。減税措置は経済資源の配分の歪みを生じさせるし、ほかの誰かが税金を払うことになるからだ。経済学者のタニダ・アラヤベチキット、フェリペ・E・サフィエ、ミンチョル・シンは、企業が資本ベースの税制優遇措置を求めてロビー活動をすると、優遇措置が大きくなりすぎることを示した（Arayavechkit, Saffie and Shin, 2014）。アメリカのロビー活動と企業レベルのデータを用いて、ロビー活動をする企業は規模が大きく、資本集約的で、実効税率が低いと結論づけている。資本の限界生産物は、ロビー活動をしない企業より小さい。彼らによれば、ロビー活動をする企業は平均で5・5%、資本を過剰に蓄積している。

税金の引き下げには有益なインセンティブ効果があると思うかもしれない。それは事実だが、ロビー活動の場合はほぼない。経済学者が減税措置を支持するとき、それはできるだけ幅広い層の限界税率の引き下げを意味する。ロビイストによって実現した減税措置は抜け穴として使われ、投資や雇用の改善になることはほとんどない。

大西洋両岸のロビー活動

なぜロビー活動が非効率を生むのか、なぜ測定が難しいのかについては説明した。ここでアメリカとヨーロッパの比較に戻ろう。第8章では、ヨーロッパよりアメリカのほうが多くのロビー活動費が使われていると予想した。それは本当だろうか。

図9・1は、連邦政府とEUの機関に向けて使われたロビー活動費の総額を示したものだ。アメリカのほうがヨーロッパの2倍以上になっている。さらに、企業、弁護士、ロビイストのロビー活動費の割合は、ヨーロッパ（70％）よりアメリカ（87％）のほうが高い。これらのデータにはいくつか注意点はあるものの、その差はあまりに大きく、たとえ20％違ったとしても私たちの結論は変わらない。いちばん重要な注意点は、ロビー活動費には報告されないものが多く、バイアスがどの方向に働くかわからないことだ。アメリカでは、非営利団体がロビー活動に大きな役割を果たしている。企業と非営利団体が金銭的につながるのは合法であり、免税となっているが、その流れを追うのは難しい。マリアンヌ・ベルトランらによれば、企業は戦略的に非営利団体に寄付金を配り、自分たちに好意的なコメントを引きだそうとするという（Bertrand, Bombardini, Fisman and Trebbi, 2018）。ヨーロッパには暗いロビー活動の長い歴史がある。イタリアの政治学者と経済学者のあいだでは、イタリアにはまったく表に出てこないロビー産業があり、マスコミが触れることのない富裕層のネットワークが機能していることは常識である。これによるバイアスはEUレベルでは小さいかもしれないが、確かなことは知りえない。

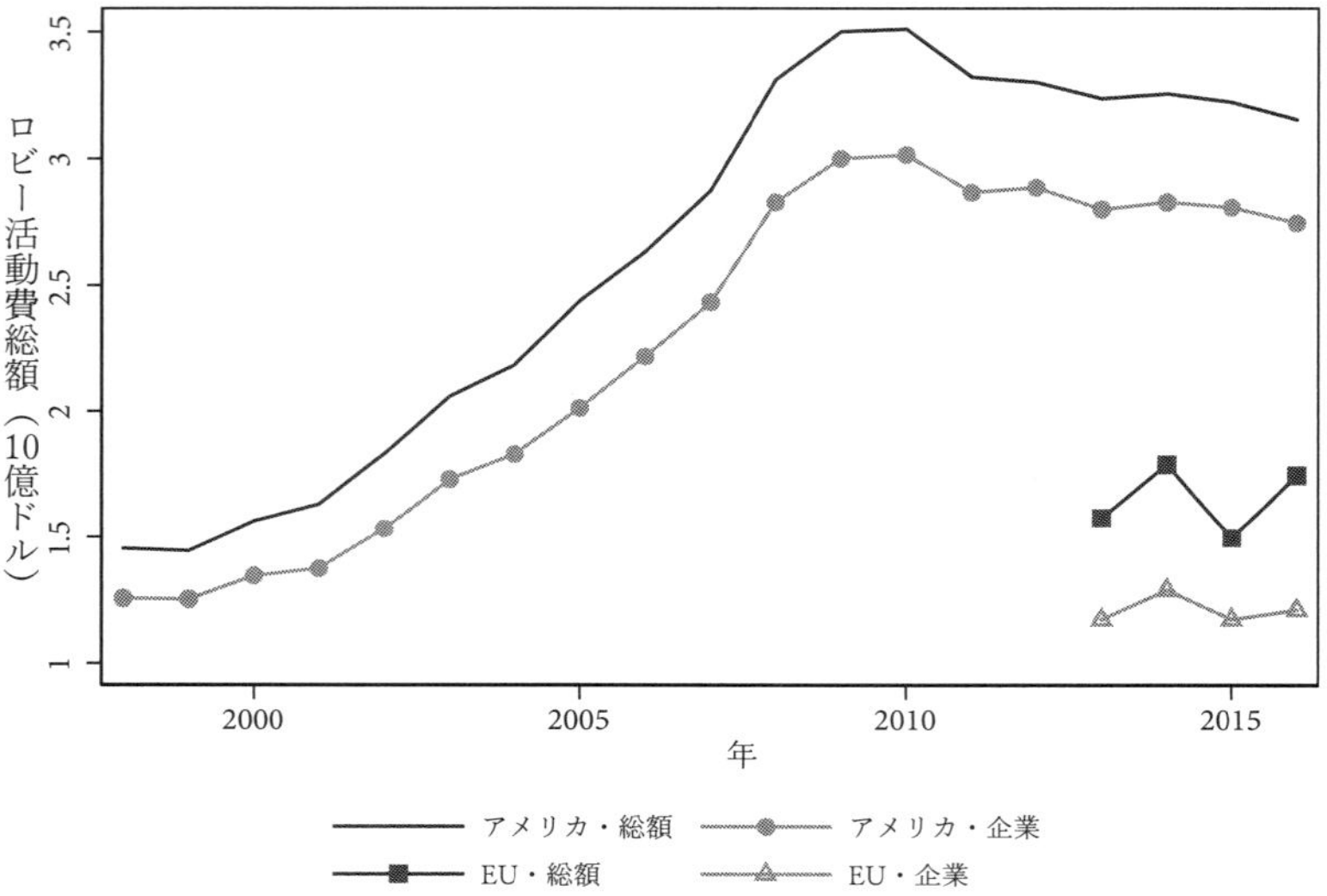

図 9.1 アメリカとヨーロッパのロビー活動費

EU のロビー活動費については本文中の注意点を参照してほしい。アメリカの企業部門には、農業関連、電子機器、建設、防衛、エネルギー、金融、保険、不動産、健康、弁護士およびロビイスト、その他ビジネス、運輸が含まれる。EU の企業部門には、専門コンサルタント業／法律事務所／独立コンサルタント、社内ロビイスト、同業者団体／専門職団体が含まれる。データ出所：アメリカは Center for Responsive Politics と Federal Lobbying Disclosure Act Database。ヨーロッパは LobbyFacts.eu と EU Transparency Register

図9・1はロビー活動の研究文献に一致している。ジョン・M・デ・フィゲイレードとブライアン・リクターは、ロビー活動について四つの経験的規則性をまとめている (de Figueiredo and Richter, 2014)。一つ目は、ロビー活動はアメリカほか先進国では広く見られるということだ。アメリカの連邦レベルのロビー活動費は、政治活動委員会（PAC）による選挙献金の何倍にもなる。「2012年、組織化された利益集団は、年間で35億ドルを連邦政府へのロビー活動に支出した。一方、利益集団のPAC、スーパーPAC、および527団体は2011年から2012年の選挙期間中に15億5000万ドル（年間およそ7億5000万

ドル）を選挙献金に費やした」。もしＰＡＣやスーパーＰＡＣについてよく知らなければ、第10章まで待ってほしい。そこで選挙資金について知っておかなければならないことを解説するつもりだ。

二つ目は「企業や同業者団体は、利益集団によるロビー活動費の大半を出している」ということだ。それは図９・１に実際に見てとれる。これとは対照的に、イデオロギーを掲げた集団は、連邦および州レベルのロビー活動費のそれぞれ２％と７％しか占めていない。

三つ目は「大企業は……規模の小さい集団と異なり、独立してロビー活動を行ない」、「小規模な利益集団は、同業者団体を通してのみロビー活動を行なう傾向がある」ということだ。これはもちろん、集合行為理論に合致する。マチルダ・ボンバルディーニとフランチェスコ・トレッビは、同業者団体の役割について調べている（Bombardini and Trebbi, 2011）。こうした団体は、個別の企業よりも効果的に政策に影響を与えるようだ。

四つ目の経験的規則性は、ロビー活動は利害が大きくなったり、問題が目立つようになったりすると増えるということだ。これがまさに実証研究を難しくしている要因である。ロビー活動には内生性があり、それゆえに単純統計モデルや相関ではロビー活動の影響を見積もれないのである。

どのくらい歪んでいるか

図９・２は、Ｓ＆Ｐ１５００指数に採用された会社（ざっくり言えば、アメリカの大企業１５００社）のロビー活動と選挙献金に焦点を当てている。選挙献金やロビー活動に積極的な企業の割合が増えているのがわかる。ロビー活動に関与するＳ＆Ｐ１５００の企業の割合は、33％から42％になっている。

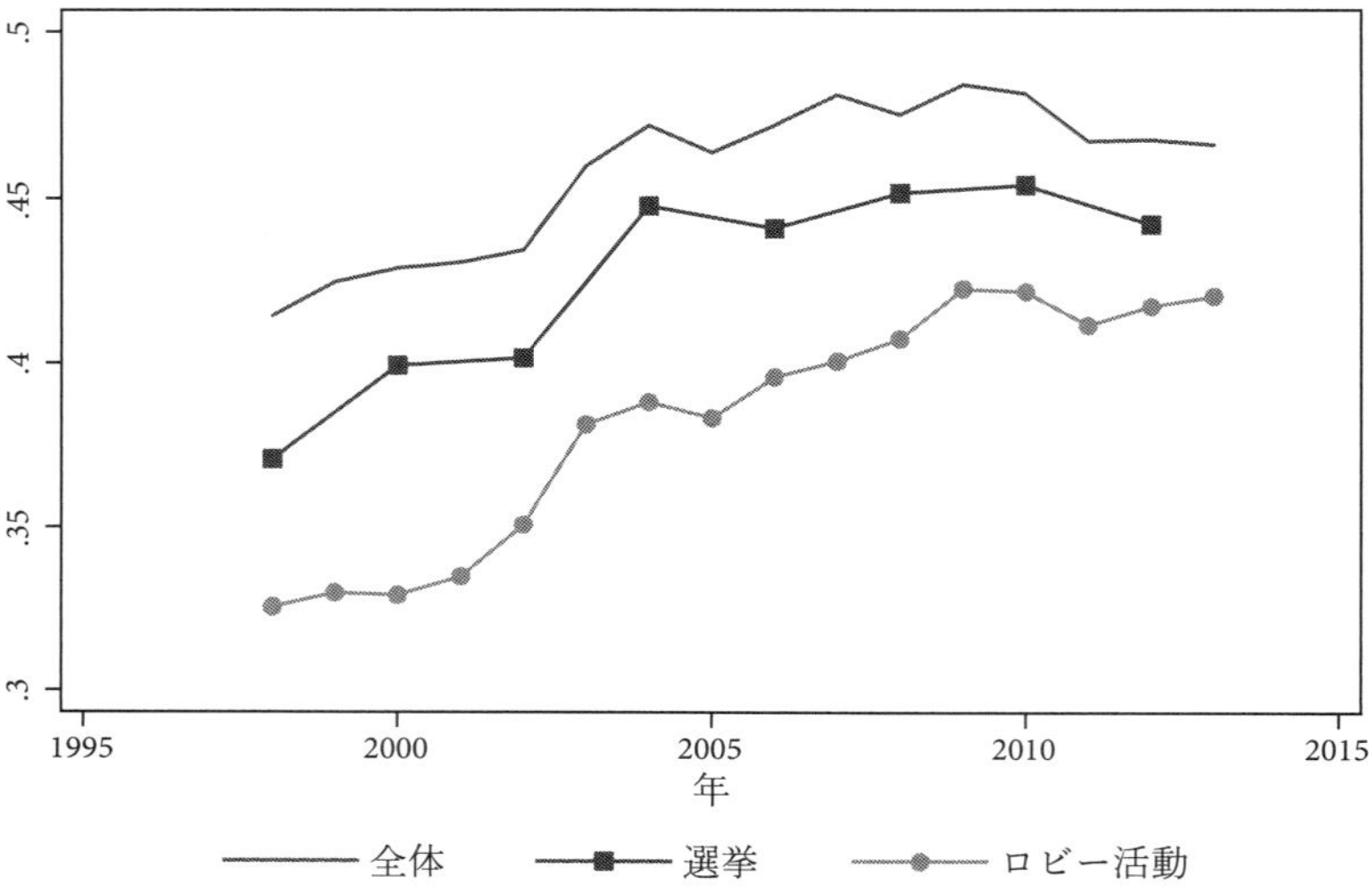

図 9.2　S&P1500 のうち政治的活動に積極的に取り組む企業の割合

アメリカ企業の政治的活動に積極的に取り組む姿勢は、このように広がってきている。同時に、選挙資金の献金とロビー活動費の分布は、以前から変わらず非常に歪んでいる。歪みというのは面白い言葉で、人によって使う意味が違う。議論が歪んでいると言うときには、議論が偏ったり、不公正だったり、誤解をまねいていることを意味する。

統計では歪んだ分布と言って、平均を境に左右非対称になった分布を表現する。対称的なデータの歪みはほぼゼロとなる。正規分布（きれいな釣り鐘状の曲線を描いたもの）の歪度は完全なゼロだ。分布が右側に歪んでいると言えば、大きな数値である右側に長く裾を引いている。

表9・1は企業の売上、選挙献金、ロビー活動費の分布を表現したものだ。企業の売上の対数分布は（正に）歪んでいる。歪度係数は0・23。これはよく知られた事実だが、企業規模の分布は右裾が厚い。これは大企業が経済において非常に大きな役割を果たしていることを意味する。表9・1は、売上に対する選挙献

表 9.1　企業規模別に見たロビー活動と選挙献金の歪み

(対数)	歪度と弾力性	S&P1500 企業 CR50	S&P1500 企業 産業別 CR4	全企業 産業別 CR4
売上	0.23（歪度）	42%	52%	15%
選挙献金	0.63（弾力性）	49%	65%	35%
ロビー活動	0.67（弾力性）	54%	68%	45%

売上に対する選挙とロビー活動の費用の弾力性は、1万ドル超の費用について費用（対数）を売上（対数）に回帰し、年固定効果を考慮して計算している。
出所：Compustat と OpenSecrets.com

金とロビー活動費の弾力性も示している。選挙献金の場合、弾力性は0・63だ。つまり、平均すると企業の売上が10％増加した場合、選挙献金は6・3％増加する。ロビー活動の弾力性は0・67だ。

企業の売上の分布が歪んでいること、そして献金は売上の増加とともに伸びることを考えれば、ロビー活動費と選挙献金の集中度は高いことが予想される。表9・1を見れば、そのとおりであることがわかる。S&P1500、つまり大企業だけを見ても、上位50社で売上の42％を占めるが、選挙献金は49％、ロビー活動費は54％となっている。産業別に見た場合、産業別CR4は、52％、65％、68％となる。大企業のなかでは、超大企業が大きな役割を果たしている。しかし、大企業内でのこうした比較は、実際の歪度を過小にする。企業規模にかかわらず、経済界のすべての企業を考慮した場合、売上の産業別CR4の平均は15％だ。平均すると、上位4社がその業界の売上の15％を支配している。しかし、そうした企業は選挙献金の35％、ロビー活動費の45％を占めている。言い換えれば、ロビー活動費は、すでに集中している売上の3倍集中している。つまり、大企業は経済のなかで果たす役割よりずっと大きな役割を政治システムのなかで果たしていることになる。

グティエレスと私は、この事実が基本的にはすべての産業に当ては

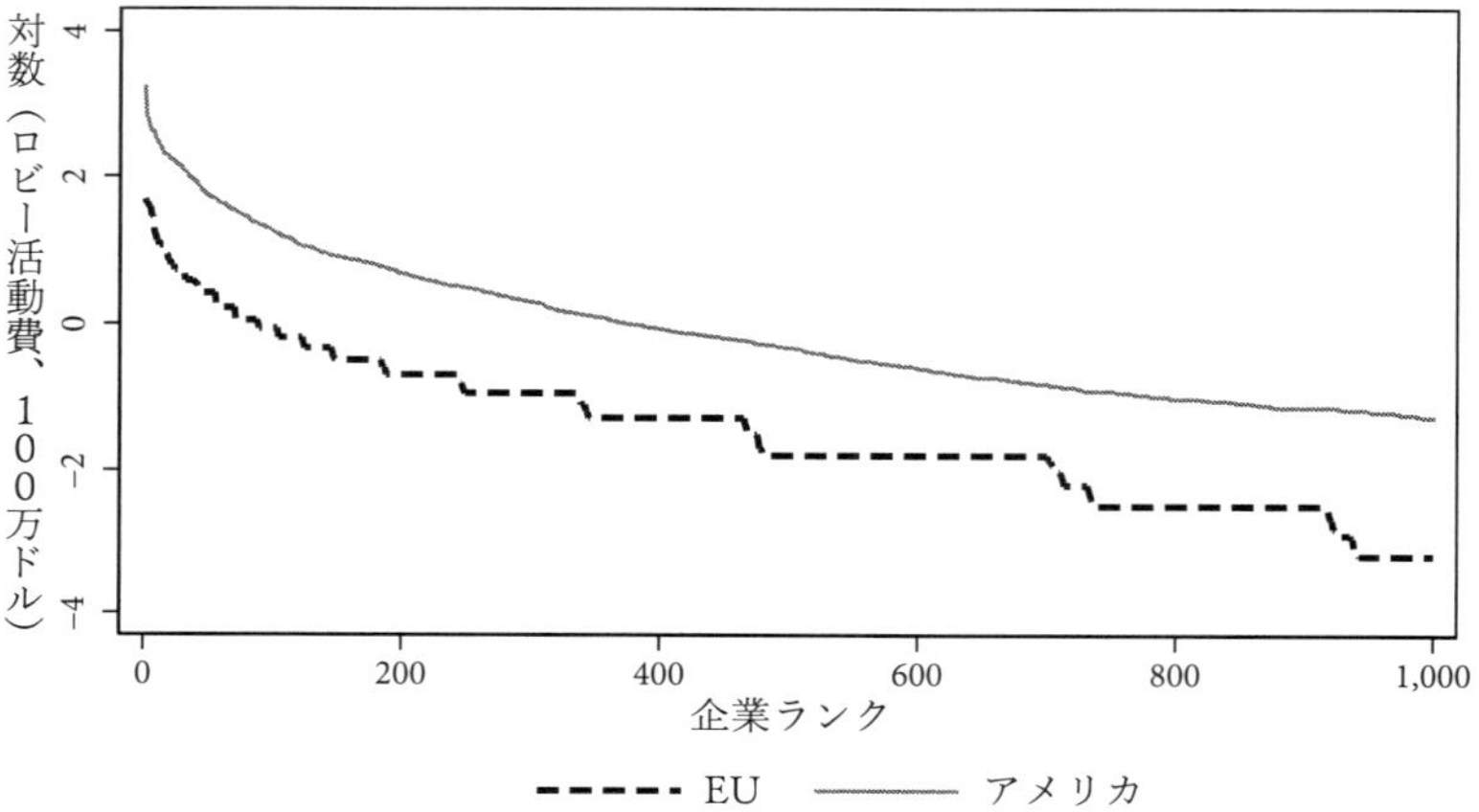

図 9.3　アメリカと EU におけるロビー活動を行なう大企業の分布

データに含まれているのは企業のみで、事業者団体や非営利団体は除かれている。EU が階段状になっているのは、（区間ごとに報告された）データを処理した結果である。

データ出所：アメリカは Center for Responsive Politics。EU は LobbyFacts.eu

まることを示している。ロビー活動のＣＲ４は、たいてい売上のＣＲ４よりもはるかに大きい。ほぼすべての産業で、大企業は政治とロビー活動において、その経済的な規模から想定される水準を超えて活動している。

ヨーロッパとの比較に戻ろう。アメリカのほうがロビー活動は大きな要因だと自信を持って言えるだろうか。ＥＵのロビー活動は過小評価されているのではないか。欧州委員会の透明性登録簿（Transparency Register）への登録は義務にはなっていない。しかし、すでに見たようにロビー活動費は大きく歪んでいるので、重要なのは大企業のロビー活動を把握することだ。大企業のデータに関しては、把握している限りでは信頼できると思われる[3]。

企業はそれぞれの国でもロビー活動を行なうから、ＥＵ機関に対する活動を測定した私たちの結果は過小なのではないかと思う人もいるかもしれない。しかし、それはアメリカでも同じ話である。

実際に、選挙資金に関する研究と分析を行なうキャンペーン・ファイナンス・インスティテュートのサイトであるFollowTheMoney.orgによれば、アメリカではわずか20州（アメリカのGDPの58％を占める）のロビー活動費で、14億3000万ドルにもなるのだ（2016年）。EUへの総ロビー活動費に匹敵する金額だ。

企業レベルのデータを使って、さらに正確な比較もできる。図9・3はEUとアメリカのロビー企業の上位1000社を検討したものだ。両者は同じようなカーブを描き、質的に類似した経済の力が働いているのがうかがえる。しかし、アメリカのカーブのほうが高い位置にあり、ロビー活動費に支出する傾向はアメリカのほうが強いことがわかる。部門の固定効果を考慮しても結果は変わらない。コンスタンティノス・デリスとダーヴィト・ゾンダーマンは、EUの売上の対数に対するロビー活動費の弾力性を0・15と見積もった（Dellis and Sondermann, 2017）。私たちがコンピュスタットから抽出したアメリカ企業のサンプルを使って計算した結果、アメリカの弾力性はその4倍を超えた（0・620）。結論は明らかだ。アメリカの大企業はEUの大企業よりもロビー活動に多額の資金を費やしており、それが全体で見たときの大きな差を説明している。

ロビー活動は奏功するのか

ロビー活動はきわめて内生的な決断である、というすでに述べた理由により、この最後の質問も答えるのは非常に難しい。大手テクノロジー企業はその規模や行動に対する不満の声が聞こえてくると、すぐにロビー活動に力を入れるようになる。つまり、積極的にロビー活動を始めたときというのは、調査される可能性が高いということになる。

ロビー活動に関する既存の研究の大半は、議会での成果、すなわち投票行動や委員会の構成に注目してい

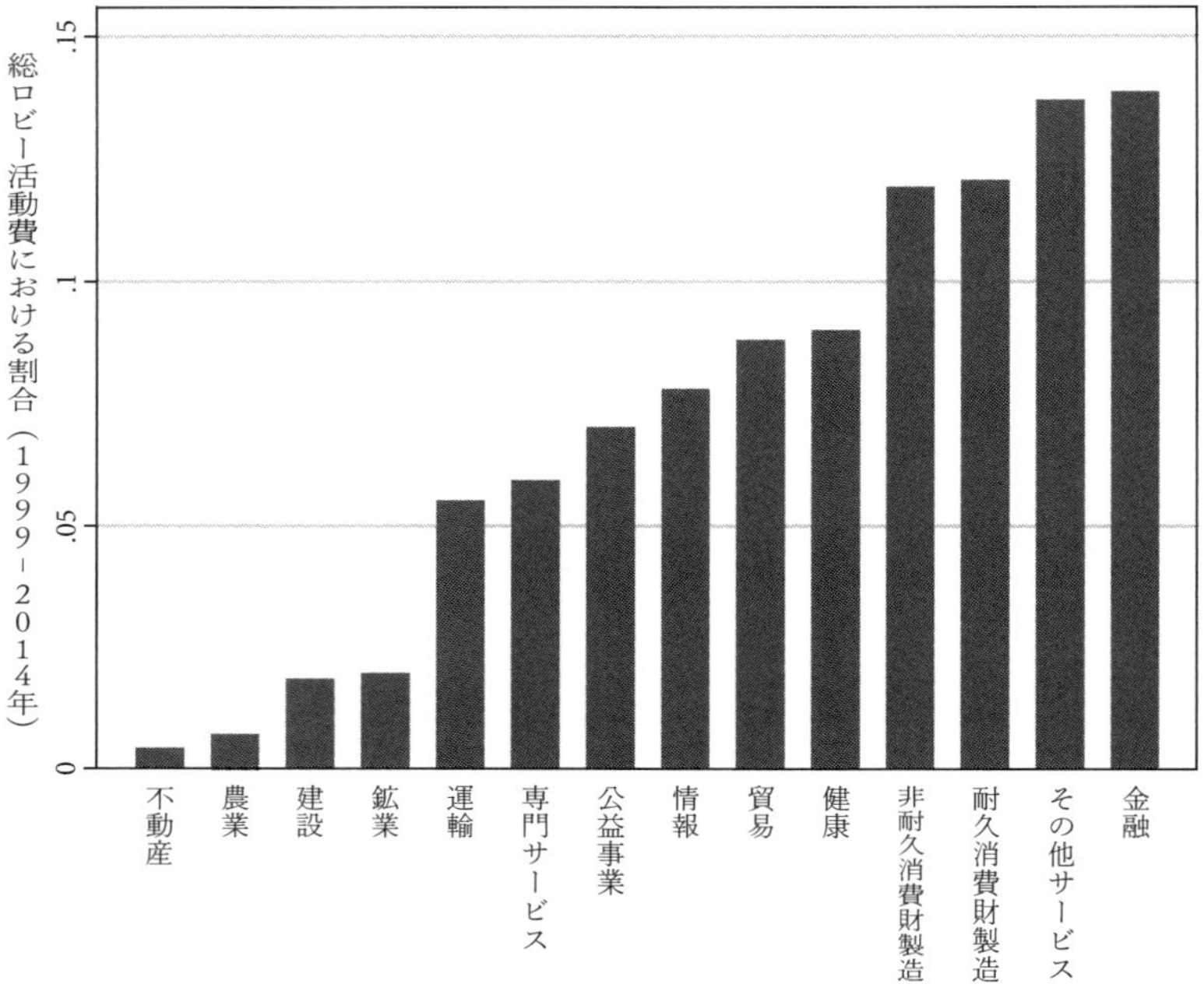

図 9.4　総ロビー活動費における産業別割合（1999－2014 年）

る。規制者への影響や規制に関する研究は、最近になってからのものだ。規制者は立法者に任命あるいは再任されることが多く、その予算はたいてい立法者の投票で決まる。企業は規制者を動かして自社の利潤を増やしたいと考える。規制者は再任や予算の増額を狙って、立法者を喜ばせたいと考えるかもしれない。

ルイ・J・P・デ・フィゲイレード・ジュニアとジェフ・エドワーズは、電気通信会社による州の公益事業委員会に向けたロビー活動を分析した（de Figueiredo and Edwards, 2007）。その結果、献金が増えるほど、その企業に好意的な規制ができることがわかった。ガイ・ホルボーンとリチャード・ヴァンデン・バーグは、電力業界の合併と買収を調べた（Holburn and Vanden Bergh, 2014）。それでわかったのは、企業は関連規制が決まる前の12カ月間は、

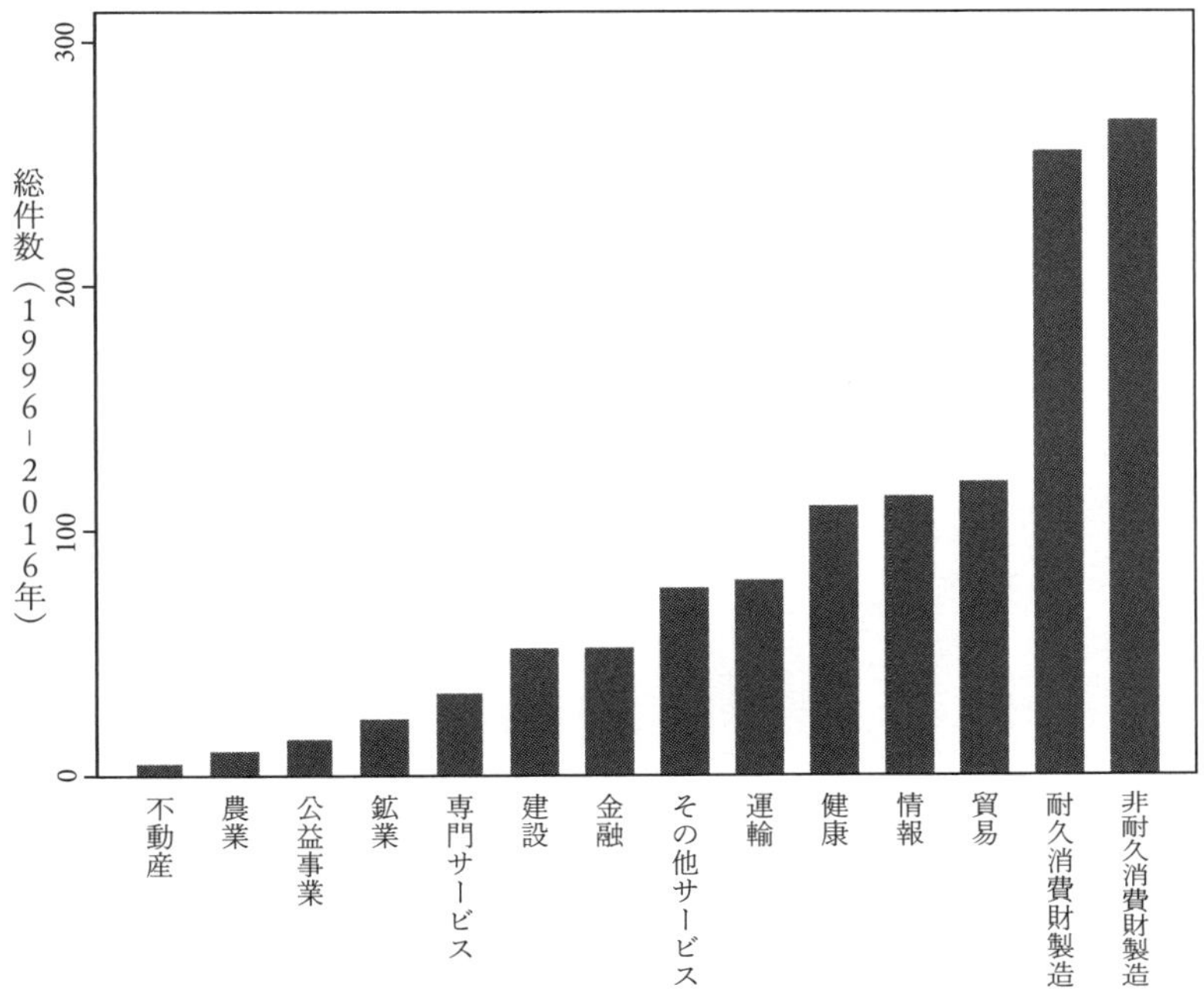

図9.5　業界ごとの訴訟件数（1996－2016年）

ほかの時期よりも多くの献金をするということだった。これは企業が戦略的な献金を試みていることを示している。しかし、それが実際に規制者の決定に影響を与えたのかどうかはわからない。

図9・4はロビー活動費の総額に占める業界別の割合を示したものである。金融業界の献金がもっとも多く、次いで耐久消費財と非耐久消費財の製造業、その他サービス業が僅差で続いている。ロビー活動の強度も業界によって大きく異なる。ある業界（たとえば金融業界）はほかの業界（たとえば貿易業）よりも、総所得からロビー活動に費やす金額の割合が大きい。

同時に、反トラスト訴訟の件数が多い業界もあれば、ほとんどない業界もある。私たちはここでは合併以外の訴訟に注目した。合併については過去の研究で詳しく検討されているからだ。図9・5は、合併以外の訴訟の業界別分布である。訴訟の数は業界によって変わり、予想されることだが、訴訟の多い業界（たとえば耐久消費財や非耐久消費財の製造業）のほうがロビー活動は盛んだ。これは逆の因果関係という問題を浮きぼりにする。

逆の因果関係を避けるためにまずできるのは、ロビー活動の経年変化を調べることだろう。こう問えばいい。ロビー活動の増加が訴訟数の減少につながっているかどうか。答えはイエスだが、有意性は低い。単純に見積もれば、司法省や連邦取引委員会に対するロビー活動費が倍になると、特定の業界の訴訟数は約4％減る。その一方で、内生性によってこの見積もりが低くなっているのはわかっている。ただし、その幅はわからない。

アメリカの状況をはっきりさせるためにヨーロッパを利用すれば、さらなる成果が見込める。グティエレスと私は、合併以外の反トラスト訴訟と業界ごとのロビー活動を調べた（Gutiérrez and Philippon, 2018a）。すると、予想どおり、利潤が大きく集中度が高い業界のほうが合併以外の訴訟が多かった。しかし、ヨーロッパのデータに取り組んでいたとき、別の考えが浮かんだ。ＥＵの訴訟を、産業が直面するまだ見ぬ「危険」――たとえば規制当局の調査の可能性など――の基準として使えるのではないか。そこで、こう想定してみよう。(1)アメリカのロビー活動はＥＵの規制者に影響しない。(2)ＥＵとアメリカの規制者は業界の動態について同じ情報を持っている（テクノロジー、消費者の好み、大手が悪い行動をする可能性など）。

この二つの前提をとれば、ＥＵの訴訟は、アメリカのロビー活動の影響を受けていない規制当局による調査の「可能性」の代わりとして利用できる。そして、こうした訴訟はアメリカの過度なロビー活動と正の相関をとるはずだ。私たちはそのとおりであることを明らかにした。その関係は有意だった。ＥＵである業界に対する訴訟が増えたときには、アメリカの同じ業界でロビー活動が増えているのが確認できた。そこで、私たちはＥＵの訴訟を使って、アメリカの逆因果バイアスの規模を見積もった。つまり、調査を受ける可能性に反応したロビー活動の増加である。その結果、バイアスが大きいことがわかった。ヨーロッパの訴訟が一つ増えると、アメリカのロビー活動費は6〜10％増える。ロビー活動費の標準偏差（業界と時期は調整済み）は38％しかないので、これは大きい。

最後に、こうして逆の因果関係の規模を見積もったので、アメリカのロビー活動の影響の見積もりからバイアスを除去できる。見積もった影響は2倍以上となった。バイアスを除去した見積もりからは、司法省と連邦取引委員会に対するロビー活動費が倍になれば、特定の業界の訴訟数を9％減少させることがうかがえる。ロビー活動費が１９９８年から２００８年で3倍近くになったことを考えれば、これはかなり大きな効果を生んでいると言える。私たちの見積もりが正しければ、アメリカでの法執行の減少は、ロビー活動の増加で大半が説明できる。

私たちのモデルは、ＥＵよりアメリカのほうがロビー活動は成功しているという予測もしている。クリスティン・マホーニーの研究はそれを裏づける（Mahoney, 2008）。彼女は二つのシステムの大規模な比較研究を行ない、47の政策をめぐる１５０人のロビイストの仕事を調べた（アメリカとＥＵで半数ずつ）。その結果、次のような結論に達している。「アメリカでは、企業の89％、同業者団体の53％が成果をあげているが、幅広い善を求めて戦う人々の多く――市民団体の60％、財団の63％――は失敗している……ＥＵでは、やはり産業界は強い（成功率は同業者団体57％、ロビー企業61％）が、公共の利益を求めて戦う市民団体と財団も同様の成功率となっている（56％と67％）」。マホーニーは、こうした違いがあるのは、アメリカの立法者が選挙献金のために資金力のある大企業に依存しているからだと述べている。

ロビー活動の力

ロビー活動がおよぼす力については、正確に把握できていない点も多いかもしれないが、収集できたデータは、私たちの目的に照らして重要なことを二つ教えてくれる。

まず、ロビー活動は機能するということだ。大好きなテレビ番組を救うための草の根レベルの活動であれ、公になる前に新しい規制をひそかに無効にしようとする動きであれ、ロビー活動は公共政策に確実に影響を与えている。

二つ目は、ロビー活動費はアメリカで急速に増加していること、そしてその大部分は直接あるいは同業者団体を通じて経済界が支出しているということだ。こうした集団は、経済的レントを守る（あるいはつくる）ことを主目的としているように見える。

２０１９年１月19日のウォール・ストリート・ジャーナル紙は、オンライン・ギャンブルを禁止するための戦いについて記事を書き、問題を浮きぼりにしている。アメリカのギャンブルは主に州が規制しており、２０１１年まで司法省は、オンライン・ギャンブルは連邦ワイヤー法によって禁止されているという見解を示していた。２０１１年、司法省は考えを改め、オンラインのスポーツ賭博は禁止するが、ほかのギャンブルは適用外とした。カジノ王で、共和党の大口献金者であるシェルドン・アデルソンは面白くなかった。２０１７年４月、彼のロビイストは司法省の２０１１年の決定は間違っているという文書を作成した。２０１９年１月、司法省は異例の動きを見せた。考えを翻したのである。ウォール・ストリート・ジャーナル紙によれば、司法省の声明には、アデルソンのロビイストが２０１７年に書いた文書に含まれていたのと同じ法律用語や主張が使われていた。

ヨーロッパにおけるロビー活動と比較してみると興味深い。ヨーロッパでも、ロビイストの言葉が規制にそのまま反映されている同様のケースはたくさんある。実際のところ、技術的に複雑な規制の場合、これはまさに予想されることであり、ロビー活動を専門知識と情報の共有と見る考え方には合致する。しかし、総じて言えば、ヨーロッパではアメリカほどロビー活動は普及していないように見える。これは、EU市場に比べてアメリカ市場で競争圧力が低下していることについて、ロビー活動がその原因となっている可能性を示唆している。重要な要因として、アメリカの立法者が選挙献金のために大企業を頼りにしている状況がある。

話はこれで終わらない。次に取り組むべきは、選挙運動の資金がどのように調達されているか理解することだ。

原注

(1) これは古いジョークをもとにしている。酔っ払いが街灯の下で何かを探しているのを見て、警官は何を探しているのかと声をかける。「鍵をなくしたんです」。それで警官はいっしょに街灯の下を探す。数分後、警官は「ここでなくしたのは確かなのか」と訊く。「いいえ、なくした場所は公園です」。なぜここで探しているのかという問いに男は答える。「ここに明かりがあるからです」

(2) 理想的な実験には、需要と結びつかないランダムな価格の変化を必要とする。たとえば、サプライチェーンの問題で、店の牛乳の在庫がランダムに増えた場合である。そうなれば店主は在庫を減らすために価格を下げるだろうから、消費者の反応(需要の弾力性)を計算できる。

(3) グリーンウッドとドレガーによれば、企業の75%とEUの政治機関に関わるNGOの60%は登録しているという(Greenwood and Dreger, 2013)。そして、その数は2013年以降50%以上増えている。一方で、二重計上によりロビー活動が過大に評価されている恐れもある。データには、ロビー活動の仲介者とその人たちを雇う企業の両方が含まれているからだ。中小企業については測定の問題もある。この問題を軽減するために、私たちはLobbyFacts.euにならい、欧州議会のパス所持者と欧州委員会との会合の数にもとづいて調整することにした。特に、パス所持者と会合がゼロの企業については、その年のロビー活動費の上位５％の結果は除外している。さらに、２０１５年の「ユニバーシティ・カレッジ・ダブリン（アイルランド国立大学ダブリン校）」に関するロビー活動費は外れ値だったため、前年の数字に置き換えた。こうした調整を加えたうえでの合計は、ガーディアン紙（２０１４年５月８日）などのメディアで報道された数字におおむね合致した。ほとんどの企業は、ロビー活動費を特定の金額ではなく幅をもたせて報告していることにも注意してほしい。私たちは範囲の中間値を採用した。ＥＵの年間合計は、２０１２年、２０１３年、２０１４年、２０１５年の年末時点のLobbyFacts.euで入手した登録データをもとにしている。

10

カネと政治

政治は高価なものになりすぎて、今では選挙で負けるにしても大金が必要だ。

——ウィル・ロジャース

もしもアメリカの下院議員に立候補した人が選挙期間中に、当選したら毎週30時間は別の仕事をするつもりだと言ったら、受かるだろうか。間違いなく一笑に付されて選挙戦から脱落するだろう。問題は、この候補者が言っている時間が、現職の議員が資金集めに毎週費やしている時間と同じということだ。

政治は金がかかるものになったので、新人議員ははっきりと言われる。ワシントンで何よりも大事なのは、再選を確実にするための資金集めだと。2016年、フロリダ州選出で共和党の下院議員デイヴィッド・ジョリーは、ニュース番組「60ミニッツ」で、ワシントンでの初日について語った。彼は補欠選挙で当選したので、6カ月後にはまた選挙が控えていた。

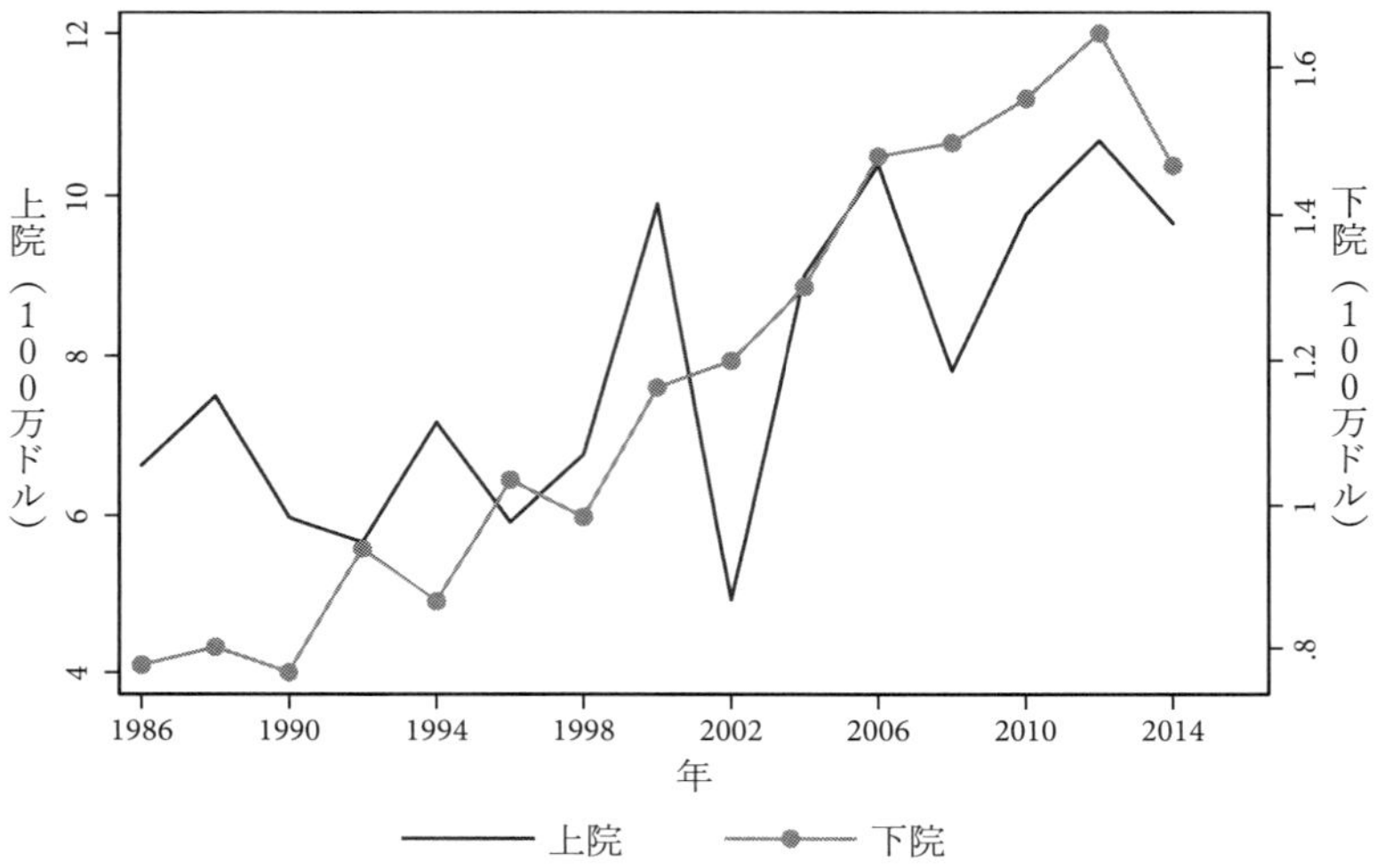

図 10.1　当選者による平均支出額
インフレを影響させないために、すべて 2014 年の水準に合わせた。
データ出所：Center for Responsive Politics

「私たちは党本部の部屋にこもり、計算式が書かれたホワイトボードを前にしていた。選挙までは６カ月。要するに、これから６カ月で２００万ドルを集めなければならない。そこで新人議員としては、１日に１万８０００ドルを集めるのが仕事になる。最初の任務は、１日１万８０００ドルを確実に集めることだった」

それは終わりのない仕事である。民主党の議員も共和党の議員も、それぞれの委員会における年功や地位によって毎年割りあてられる目標額がある。新人下院議員のために民主党が用意した２０１３年の文書では、新しい献金者発掘のために毎日最低でも４時間は電話をかけるように、と助言されていた。言うなれば、「ドルのために電話をかけよう」である。同じ文書で、議場や委員会での活動に割く時間として推奨されていたのは、わずか２時間だった。

本章の冒頭で引用したウィル・ロジャースの言葉は、選挙政治にあまりにも多額の金が使われて

表 10.1　支出の多かった上院議員選挙（2014 年）、上位 5 州

	総支出額	選挙運動	外部グループ
ノースカロライナ州	$113,479,706	$32,390,468	$81,089,238
コロラド州	$97,285,589	$27,887,734	$69,397,855
アイオワ州	$85,364,286	$23,452,451	$61,911,835
ケンタッキー州	$78,231,062	$44,838,119	$33,392,943
ジョージア州	$66,136,490	$39,579,101	$26,557,389

データ出所：Center for Responsive Politics

いることを1931年に指摘したものだ。この問題は今始まったものではない。しかし、金を必要とする政治家は、今では昔とはけた違いの金額を集めることを求められている。

図10・1は、上院と下院の当選議員が直接支出した選挙費用の平均を示したものである。上院議員選挙を勝つためにかかるコストは、1986年には約400万ドルだった（インフレ調整後）。2014年には1200万ドルになっている。下院の議席はもう少し安いが、それでも過去30年で80万ドルから160万ドルと2倍になっている。

しかも図10・1はすべてを開示していない。示しているのは、候補者が選挙戦で直接支出した金額だけだ。この章で詳しく見ていく政治活動委員会（PAC）、特別政治活動委員会（スーパーPAC）、政治的非営利団体は2010年以降、きわめて重要な役割を果たすようになっている。

表10・1は、2014年の上院議員選挙で支出の多かった州の上位5州である。もっとも金のかかった選挙戦は、ノースカロライナ州の現職の民主党議員ケイ・ヘイガンと共和党の挑戦者トム・ティリスの戦いだった。興味深いのは、総額1億1300万ドルのうち、2人の候補者が支出したのは3200万ドルだけだったということだ。ほとんどは外部グループが支出している。

当然ながら、選挙献金と選挙費用は切っても切れない関係にある。図10・

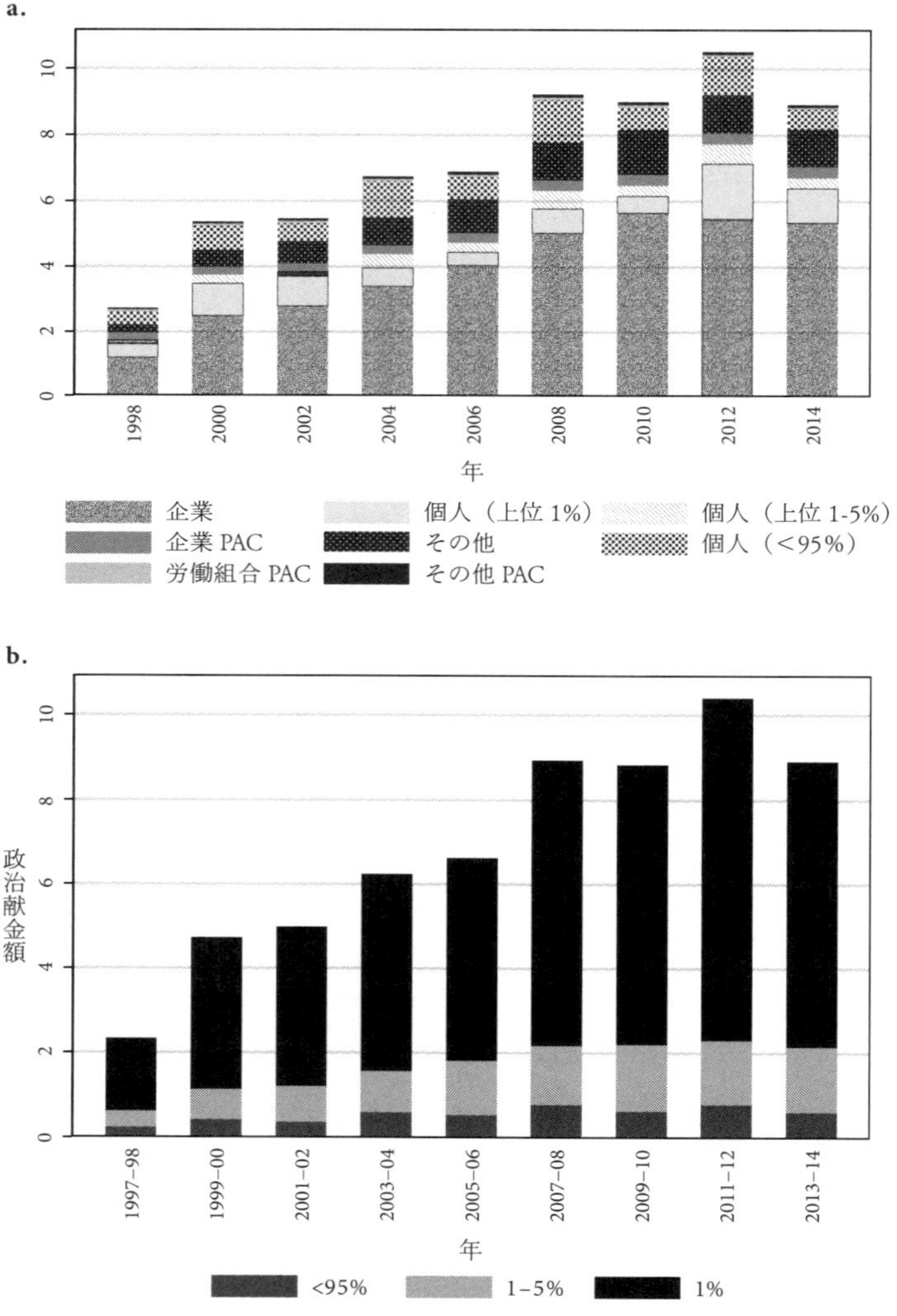

図 10.2

(a) グループ別政治献金　(b) 献金の集中（どちらも単位は2014年時点の10億ドル）

データ出所：Center for Responsive Politics

表 10.2　2016 年の選挙資金（100 万ドル）

	ヒラリー・クリントン	ドナルド・トランプ
候補者による調達	$973	$564
スーパー PAC による調達	$217	$82
合計	$1,190	$646

2aは、さまざまな団体からの献金をあらわしたものである。献金の総額は60億ドルほど増えている。ほかを大きく引き離してもっとも多く献金をしているのは企業である。献金の伸びももっとも大きく、20億ドルから60億ドルに増え、全体の増加額の3分の2を占めている。ほかに大きく伸びているのは、上位1％にあたる超富裕層からの献金である。

図10・2bは、献金者が集中していることを示したもので、すべてのグループを合わせてから最大の献金者から順に分けた。上位1％の献金者は全体の約4分の3を負担している。前章で見たように、ロビー活動費と同じく政治献金は大きく歪んでいる。とにかく大口献金者が重要なのだ。

個人の献金のなかで見ると、歪みはさらに増す。上位0・01％を見てみよう。一つの見方としては、上位0・01％に属する1人は、1万のなかでもっとも裕福な人だ。トマ・ピケティとエマニュエル・サエズの有名な研究からわかっているように、この層の国民所得シェアは拡大してきており、今では総所得の約5％を稼いでいる。分布としては非常に大きく歪んでいる。しかし、選挙献金の分布に比べればたいしたことはない。献金者の上位0・01％は全献金の40％も負担しているのだ。

これはいちばん多く支出すれば選挙に勝てるということではない。ドナルド・トランプは2016年11月の大統領選で勝利したが、調達額も支出額もヒラリー・クリントンよりずっと少なかった（表10・2参照）。この数カ月前には、共和党の予備選挙で自分より資金が豊富な候補者を破っていた。それどころか、2008年のジョン・マケイン候補以降、主要政党のどの候補者よりも外部調達資金は少なかった。それにもかかわらず、放送波を支配して選挙に勝った。

しかし、普通はもっとも使った人が勝つ。たとえば、センター・フォー・レスポンシブ・ポリティクスが行なった2014年選挙の分析によれば、もっとも多く支出した候補者は、下院選挙では94・2％の確率で、上院選挙では81・8％の確率で当選したという。しかし、だからといって金が当選理由になるわけではない。選挙運動においても、第9章で検討した内生性という根本的な問題が大きく立ちはだかる。相関関係は見えるが、因果の方向はわからない。

おそらく現職議員は対立候補より金を使わなかったとしても勝つ。おそらく人は単純に勝ちそうなチームに献金したいと思う。これが逆の因果関係と呼ばれるものだ。あるいは、良い候補者になる素質と良い資金調達者になる素質は同じなのかもしれない。これは欠落変数バイアスと呼ばれる。

この章では、カネと政治が互いにどのように作用するのか理解し、両者の因果関係を引きだしたい。ロビー活動と同じように、支出の決断は戦略的な選択であり、ランダムな決断ではないため、これは難しい取り組みだ。内生性の呪いからは逃れられない。企業は戦略的に勝者を競り落とそうとするかもしれないが、それは勝つためには資金が必要だということを意味しない。一方で、企業は何らかの見返りを求め、政治家は企業による貢献を高く評価する。

選挙資金法

選挙資金をめぐる論争はアメリカの歴史と同じくらい古く、その歴史は皮肉、間違った方向に導く法律、不十分な解決策に満ちている。セオドア・ローズベルトは１９０４年の選挙で、２００万ドル以上の企業献金を受けた。選挙後、この献金が議論を呼び、ローズベルト自身が企業献金の禁止を求める事態となった。１９０５年の議会でこう述べている。「企業からの政治委員会への献金、あるいは政治的な目的を持った献金はすべて法で禁じるべきだ。取締役が株主の金をそのような目的に使うことは許されるべきではない。さらにこうした禁止措置は、少なくとも腐敗行為防止法で対象とする悪を阻止するのに役立つだろう」

ローズベルトは１９０７年、ティルマン法に署名した。それは政治運動に対する金銭の企業献金を禁止するはじめての法律となった。しかし、この法には効果的な執行機能が欠けていた。罰則はあったものの、それを適用する者がいなかったのである。連邦選挙管理委員会は存在せず、候補者に開示義務はなかった。さらに、予備選挙は適用から除外されていた。多くの場所（民主党の強い南部地域など）では、本選挙は本当の争いにはならなかったので、予備選挙のほうがはるかに重要だった。そして、企業は役員らに候補者に個人的に献金するよう依頼し、のちに賞与やその他の特典で補償することもできた。

開示義務と予備選挙への拡充は１９１０年と１９１１年に実現した。また、支出額に制限も設けられたが、のちに連邦最高裁判所に覆された[1]。政治活動委員会の登場は数十年後で、その登場の仕方は非常にわかりやすいものだった。議会は、１９４０年代半ばにスミス・コナリー法とタフト・ハートリー法で、労働組合が候補者に献金するのを禁止しようとした。スミス・コナリー法は組合が連邦候補者に献金するのを禁じた。それに対抗して、産業別組合会議（ＣＩＯ）は１９４４年、フランクリン・Ｄ・ローズベルト大統領再選に向けて資金を集めるために、はじめてＰＡＣを組織した。金は組合からではなく、組合員による任意の献金で集めたため、スミス・コナリー法には抵触しなかった。政治広告や支出を定めた法は候補者を対象とし、ＰＡＣには適用されなかったので、関係者や一般大衆に対して特定の候補者や論点を宣伝するために、好きなだけ資金を使うことができた。

トマス・ストラットマンはこう述べる。「現代の国家レベルでの選挙資金法は1970年代に始まり、その後、議会や裁判所の決定により何度か改正されてきた」(Stratmann, 2019)。1971年の連邦選挙運動法(FECA)は、当初、支出額の上限を設定することを提案したが、それを実施するための手段は用意しなかった。FECAは1974年に改正され、超党派的な連邦選挙委員会(FEC)が誕生した。今日まで続く選挙資金法の執行組織である。1976年、上院議員ジェームズ・バックリー(ニューヨーク州、共和党)は、最高裁判所で、FECAによる選挙資金の支出制限は言論の自由を侵害すると主張した。最高裁判所はこの主張を認め、「バックリー対ヴァレオ」の判決は、政治的候補者による無制限の支出が認められたものと解釈されるようになった。

2002年、超党派選挙運動改革法——マケイン・ファインゴールド法とも呼ばれる——は、支出に制限をかけ、選挙前の30日間の政治広告を禁止しようとした。この法律はすぐに異議が申し立てられ、最高裁判所は規定のいくつかを無効にした。

フォロー・ザ・マネー・イフ・ユー・キャン

前章で説明したように、ロビー活動と選挙資金の影響を測るのは、基本的に難しい。図10・3は、資金の流れと、政府機関、政党、選出議員に対する企業や富裕な個人の影響を示したものである。いかに複雑であるかは見ればすぐにわかるだろう。焦点を当てているのは、観察できる流れ、部分的に観察できる流れ、そして観察できない流れである。

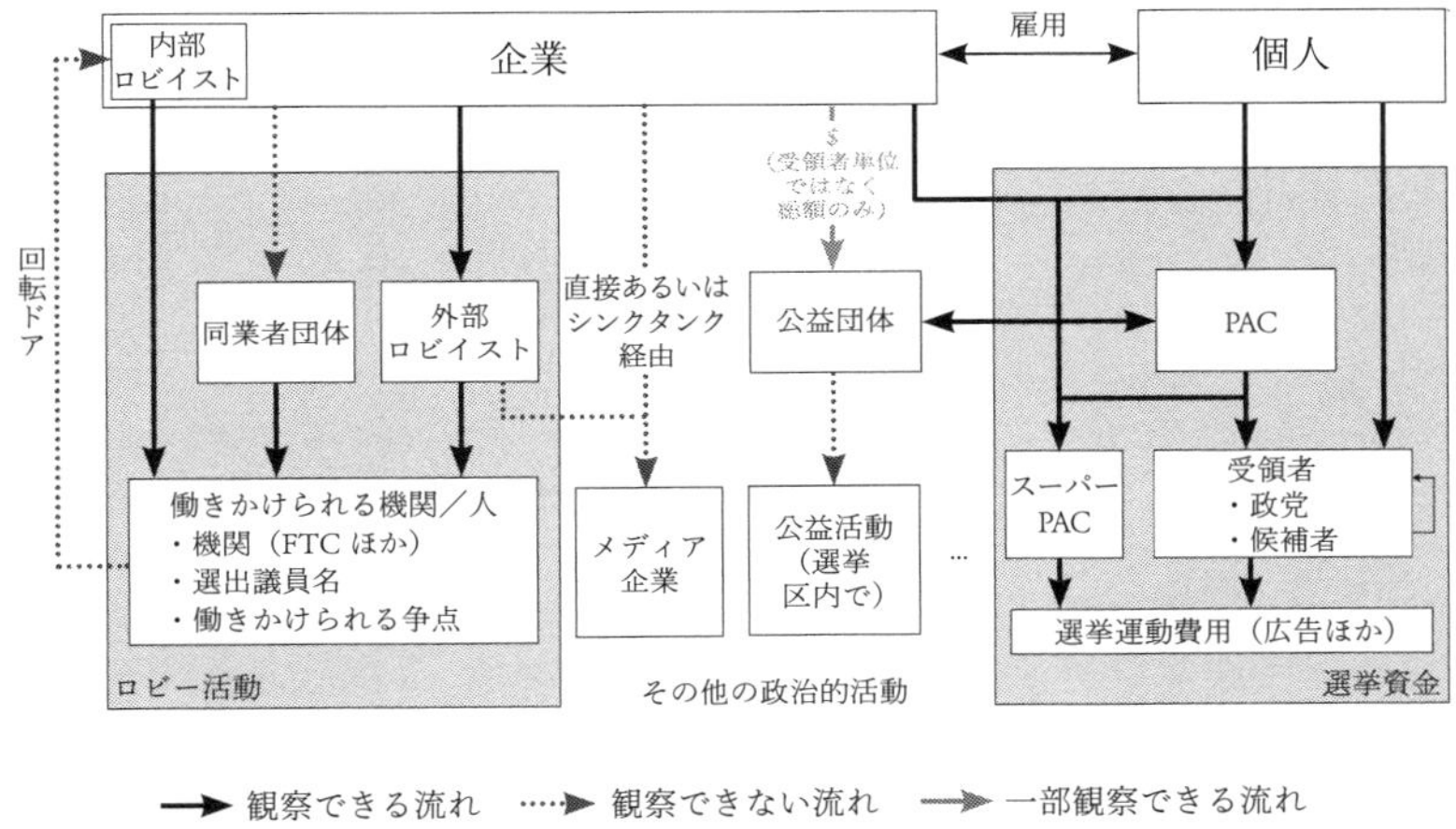

図 10.3　見えるものと見えないもの

「ハードマネー」と「ソフトマネー」の違いは重要なので、明確に区別する必要がある。ハードマネーとは、選挙運動や政党、従来のＰＡＣに直接献金されたもので、通常は制限される。ソフトマネーは、政党への献金で連邦法に規制されないものをいう。ソフトマネーはテレビやラジオの広告に使われることが多い。こうした広告は争点に焦点を当てており、はっきりと候補者を宣伝するようなことはしないが、明らかに連邦選挙で票を動かすことを目的としている。

ロビー活動の世界には必然的な結果が存在する。企業は組織の内外でロビイストを雇うことができる。内部ロビイストは企業に雇用され、企業に代わってロビー活動を行なう。私たちは彼らがどの機関を訪ね、どの政治家に会い、何について話したかを知ることができる。自分を雇った企業名を報告しなければならない外部のロビイストについてもほぼ同じことが言える。

しかし、多くのロビー活動は同業者団体を通じて行なわれる。同業者団体は企業とその目標のあいだに不透明な幕を張る。同業者団体のロビイストが政府関係者に会ったと

表 10.3　2016 年の選挙時の PAC 上位 16 団体

PAC 名称	総額	民主党	共和党
National Association of Realtors	$3,973,350	42%	58%
National Beer Wholesalers Association	$3,322,700	43%	57%
AT&T Inc.	$2,953,750	38%	62%
Honeywell International	$2,861,364	40%	60%
National Auto Dealers Association	$2,659,250	28%	72%
Lockheed Martin	$2,612,750	38%	62%
Blue Cross / Blue Shield	$2,573,398	36%	64%
International Brotherhood of Electrical Workers	$2,570,650	96%	4%
American Bankers Association	$2,444,007	21%	79%
Credit Union National Association	$2,380,350	47%	53%
Operating Engineers Union	$2,250,300	74%	26%
Comcast Corp.	$2,242,300	36%	64%
National Association of Home Builders	$2,185,625	17%	83%
Boeing Co.	$2,163,135	43%	57%
Northrop Grumman	$2,135,500	39%	61%
Nat. Assn. of Insurance & Financial Advisors	$2,091,950	33%	67%
合計	$41,420,379	42%	58%

データ出所：Center for Responsive Politics による計算。2017 年 11 月 27 日に FEC が公表したデータをもとに集計

きには、面会した事実も働きかけられた論点も把握できる。しかし、企業による同業者団体への献金は把握できないので、ロビー活動と特定の企業を結びつけることはできない。つまり、ある企業がロビー活動に費やした金額の合計額を計算することはできない。

選挙運動資金はもう少し透明性が高い。少なくともかつてはそうだった。私たちが持っている情報のほとんどは、センター・フォー・レスポンシブ・ポリティクスというアメリカの政治資金の流れを追っている非党派の研究団体によるものだ。そのウェブサイトは、企業と個人による直接献金だけではなく、PACとスーパーPACの献金に関するデータと情報も提供している。

PACは、ある候補者を支持してライバルを倒すために資金を集めて支出

表 10.4　リーダーシップ PAC（2016 年）

PAC 名称	関係者	総額	民主党	共和党
Majority Committee PAC	ケヴィン・マッカーシー（共和党、カリフォルニア州）	$2,086,513	$0	$2,086,513
Prosperity Action	ポール・ライアン（共和党、ウィスコンシン州）	$1,326,238	$0	$1,326,238
AmeriPAC	ステニー・H・ホイヤー（民主党、メリーランド州）	$1,019,499	$1,019,499	$0
Eye of the Tiger PAC	スティーヴ・スカリス（共和党、ルイジアナ州）	$942,485	$0	$942,485
More Conservatives PAC	パトリック・マクヘンリー（共和党、ノースカロライナ州）	$697,000	$0	$697,000

する組織である。ほとんどのPACはビジネス、労働問題、イデオロギー関連の利害を代表している。選挙（予備選挙、総選挙、特別選挙）ごとに、候補者委員会に5000ドルを支出できる。また、全国党委員会には年間1万5000ドルまで、ほかのPACには年間5000ドルまで拠出できる。PACは暦年に一個人、PAC、党委員会から5000ドルまで受けとることができる。[2] 表10・3は、2015年から2016年に実施された選挙で、集めた資金額の大きいPACをリストにしたものだ。献金者は大企業（AT&T）、規制に影響される業種（銀行やクレジットユニオン）、政府契約に依存する業種（ロッキード・マーチン、ノースロップ・グラマン）で占められていることがわかるだろう。

リーダーシップPACをつくってほかの候補者の選挙運動を支援する政治家も多い。[3] 2016年の選挙で、リーダーシップPACは4900万ドルを集めた。民主党候補者は1900万ドル（38%）、共和党候補者は3000万ドル（63%）を受けとっている。2016年のリーダーシップPACの上位5団体について、表10・4にまとめた。

スーパーPACは、2010年の「スピーチナウ・ドット・オーグ対FEC」の判決を受けて誕生した、新しい形のPACで、選挙運動資金のあり方を大きく変えた。2008年2月、スピーチナウ・ドット・オーグ——個人の献金を集める組織——は、連邦選挙委員会を相手どり、コロンビア特別区の連邦地方裁判所に訴訟を起こした。選挙で独立して支出を行なう政治委員会に、献金の制限と開示要件があることに異議を申し立てたのである。地方裁判所はこの訴訟を退け、スピーチナウ・ドット・オーグはDC巡回区控訴裁判所に上訴した。(4) 控訴裁判所は、議論を呼んでいた関連裁判で連邦最高裁判所がどのような判断を下すか待つことにした。

「シチズンズ・ユナイテッド対FEC」

スピーチナウ・ドット・オーグが上訴しているとき、連邦最高裁判所は「シチズンズ・ユナイテッド対FEC」の裁判を審理していた。保守派の非営利団体であるシチズンズ・ユナイテッドは、2008年の民主党予備選挙の直前にヒラリー・クリントンを批判するコマーシャルを放映したがっていたが、連邦法——2002年のマケイン・ファインゴールド法——により、法人（もしくは労働組合）が予備選挙前の30日以内、本選挙前の60日以内にそうすることは認められていなかった。さらに、法人が特定の候補者の当選あるいは敗北を目的に資金を支出することも許されていなかった。裁判所は、こうした条項は合衆国憲法に矛盾すると考えた。2010年1月21日、連邦最高裁判所は、修正第1条の言論の自由条項は、非営利法人、営利法人、労働組合、そのほかの団体が意見を伝達するために行なう独立支出に対して政府が制限を課すことを禁じているという判決を下した。

この画期的な判断は憲法、選挙資金法、会社法に影響を与えるものだった。5対4と賛否は分かれ、大きな議論を呼んだ。ケネディ判事による多数派の意見は次のとおりだった（スカリア判事、アリート判事、トーマス判事、ロバーツ長官が同調）。「修正第1条に何らかの力があるとすれば、それは市民や市民団代が政治的発言に関与したというだけで罰金を科したり投獄したりするのを議会に禁じる」。スティーヴンス判事は次のように反論した（ギンズバーグ判事、ブライヤー判事、ソトマイヨール判事が同調）。この多数派の決定は、「国中にある選ばれた機関の公正性を傷つける恐れがある。そこに至るための道は、遺憾ながら、この機関を傷つけることになるだろう……有権者が法は売買されていると信じるときに、民主主義は効果的に機能しないものである」。シチズンズ・ユナイテッドの判決は、裁判所史上類のない議論を呼んだと言えるだろう。判決を支持する者にとっては、それは修正第1条を守るものだった。批判する者にとっては、それは基本的に合法的汚職だった。

スピーチナウ・ドット・オーグに戻ろう。連邦最高裁判所の判決を受けて、DC巡回区控訴裁判所は2010年3月、独立支出委員会への連邦による献金制限を無効にした。その根底にあったのは、「政府は独立支出団体への献金制限に腐敗防止の利益を持たない」という考えだった。こうした独立支出委員会は現在、スーパーPACとして知られている。

この決定は開示要件には影響しなかった。シチズンズ・ユナイテッドの裁判も、法人が候補者や政党に直接献金することを禁ずる条項には影響しなかった。控訴裁判所は政治委員会の開示要件は維持した。

要するに、スーパーPACのPACとの違いは、法人、組合、団体、個人からいくらでも献金を受けることができ、候補者への支持、不支持をあからさまにして無制限に支出できる点にある。しかし、従来のPACと違って、候補者に直接寄付することはできず、その支出は支援する候補者の支出と連携したものであってはならない。スーパーPACは、候補者や政党に対して献金することはないが、連邦選挙で特定の候補者の当落を目指して独立して支出し、広告を出したりメールを送ったりする。こうした委員会は連邦選挙委員会に、支出とともに献金者についても記載した財務報告書を定期的に提出する。

表 10.5　独立支出が 300 万ドル超のスーパー PAC（2018 年）

スーパー PAC	支持／不支持	独立支出額	立場	集金総額
Congressional Leadership Fund		$70,579,180	保守	$100,999,974
Senate Majority PAC		$46,632,153	リベラル	$95,693,285
Senate Leadership Fund		$40,977,919	保守	$61,962,292
House Majority PAC		$16,366,917	リベラル	$51,456,232
Women Vote!		$13,572,937	リベラル	$19,134,659
New Republican PAC	スコット支持	$12,129,362	保守	$10,864,801
DefendArizona	マクサリー支持	$11,057,869	保守	$1,375,200
Club for Growth Action		$9,831,861	保守	$13,266,020
National Association of Realtors		$8,071,191		$11,050,215
With Honor Fund		$7,026,669		$17,683,994
America First Action		$6,879,805	保守	$18,129,004
Patients for Affordable Drugs Action		$6,402,502		$3,117,279
Restoration PAC		$6,334,807	保守	$7,252,065
Americas PAC		$5,807,485	保守	$5,657,500
Highway 31	ジョーンズ支持	$4,232,558	リベラル	$4,367,528
Wisconsin Next PAC	ヴクミール支持	$4,110,362	保守	$2,940,050
Change Now PAC		$3,897,079	リベラル	$1,782,491
Integrity New Jersey	メネンデス不支持	$3,462,048	保守	$2,125,000
合計		$277,372,704		$428,857,589

2018年10月6日現在、スーパーPACとして組織された2153団体は、2018年の選挙で総額7億9200万ドルを集め、総額3億5000万ドルを支出したと報告している。表10・5は独立支出が300万ドルを超えたスーパーPACを並べたものである。保守派のスーパーPACは2億2500万ドルを集め、リベラル派は1億7200ドルを集めている。

政治家とビジネスマンが得るもの

いつの時代も、選挙献金と議員を直接結びつけてその効果を把握するのは難しい。だから、元議員が語ってくれる内情は研究者の役に立つ。

2018年4月、ミック・マルバニー――元サウスカロライナ州選出の下院議員で、議会を離れてトランプ政権でさまざまな役職についていた――は、銀行業界の幹部たちを前に、下院に在籍中、物事がどのように進んでいたかを語った。

「議会にいたとき、私の執務室内にはヒエラルキーがあった。もしあなたが金をくれないロビイストなら、私は相手をしない。金をくれたロビイストなら会うかもしれない」。マルバニーは聞き手に、まずは献金によってドアを開けてから、ロビイストを送り続けて議会との関係を保つよう勧めた。それは「議会制民主主義の土台をなす」プロセスの一つだという。それから付け加えた。「この先も継続していかなければならない」。

研究結果はこの見解を裏づけている。たとえば、スティーヴン・アンソラベヘア、ジョン・M・デ・フィゲイレード、ジェームズ・M・スナイダー・ジュニアは、選挙献金とロビー活動には正の相関があることを示し、選挙献金は利益集団が政治家に近づく手段になっていると示唆している（Ansolabehere, de Figueiredo and Snyder Jr., 2003）。一度道ができれば、ロビイストは顧客の利害を伝える機会を持てる。

では、政治家と事業者にとってどのような利益があるのだろうか。簡単に言えば、再選と影響力だ。しかし、金で会う権利を買うことをマルバニーのように率直に認めるケースはなかなかない。一般的に言って、当然だと思うことを示す証拠を集めるのはきわめて難しい。そうは言っても、それは明らかなはずだ。選挙資金とロビー活動により、事業者は規制者に接近し、影響力を行使できる。トマス・ストラットマンはこう説明する。「献金は、候補者の立場や候補者が点呼投票で投じる票、さらには献金者が候補者と会える時間にまで影響するかもしれない。こうした推測は、企業は利潤の最大化を目的とし、利益につながらない献金はしないという前提から生まれている。彼らは見返りを期待して献金している」（Stratmann, 2019）

逆の立場から見れば、選挙資金は選挙に勝つための助けとなる。しかし、ストラットマンは指摘する。「実証的な研究が始まったときから現在に至るまで、選挙費用が当選にどのような影響を与えているかはわかっていない」

金は影響力の源として唯一のものではないことに留意しなければならない。ロビイストが企業の代わりに法律の変更を目指すときにまず取り組むのは、その選挙区における企業の雇用分布の調査である。これは味方を見つけるいい方法だ。マチルダ・ボンバルディーニとフランチェスコ・トレッビによれば、ある産業が地元で大勢を雇用しているときには、その選挙区の議員はその産業が望むように投票する傾向がある（Bombardini and Trebbi, 2012）。結果、その産業は直接的な選挙献金の形で多額の資金を支出する必要がなくなる。

選挙献金の目的が選挙の結果だけではなく、選挙後の政治家の行動にも影響力を行使することであるのは明らかだ。W・P・ウェルチは、献金は主に勝ちそうな現職に向かい、接戦の現職には向かわないと示した

(Welch, 1980)。同様に、ストラットマンは献金の時期は、少なくとも選挙サイクルにおける支出の時期と同じくらい、法案が議論される時期に重なるとした（Stratmann, 1998）。

企業は引き換えに何を得るのだろうか。それはよくわからない。答えを測定するのは難しい。当事者たちには見返りを隠す動機があるからだ。研究者は何でもいいから手に入るデータを使ってどうにかするしかない。たとえば、選挙資金の影響力の研究では、昔から点呼投票に注目してきた。点呼投票のデータなら入手が簡単だからだ。だが、点呼投票で影響力が把握できるだろうか。点呼投票が献金に対する見返りなら、かなりわかりやすいだろう。気づかれて汚職を疑われるかもしれない。利益集団は特定の投票に短期的な影響力を行使するより、長期にわたって影響をおよぼす戦略を好む（Snyder, 1992）。ランダル・S・クロスナーとストラットマンによれば、政治活動委員会はその性質上、やりとりを繰り返すことで長期的に影響力を行使するという（Kroszner and Stratmann, 2005）。しかし、それでは計測のハードルはさらに上がる。

選挙結果を見るとき、そこにはロビー活動と同じように内生性の問題がある。ＭＩＴの政治経済学者ジェームズ・スナイダーによる著名な論文によれば、選挙資源の配分は意図的かつ戦略的である（Snyder, 1989）。考えてみてほしい。選挙でたくさん金を使いたいと思う候補者はどちらだろうか。間違いなく当選する人か、勝つかどうかわからない人か。おそらく後者だろう。一方で、現職の候補者のほうが資金集めは楽だし、一度当選した実績があるので勝算も高い。当選の可能性と選挙運動に支出した金額を見るだけでは、金がどのくらい重要なのか、そしてなぜ現職が有利なのかはわからない。

アレグザンダー・フォウィアネスとアンドルー・B・ホールは、この問題をうまく回避している（Fouirnaies and Hall, 2014）。2人は前回の選挙でかろうじて当選した者と惜しくも落選した者に対する選挙区レベルでの献金額を比較することで、現職の有利性を見積もった。それで、次の選挙での当選の可能性に選挙献金が与

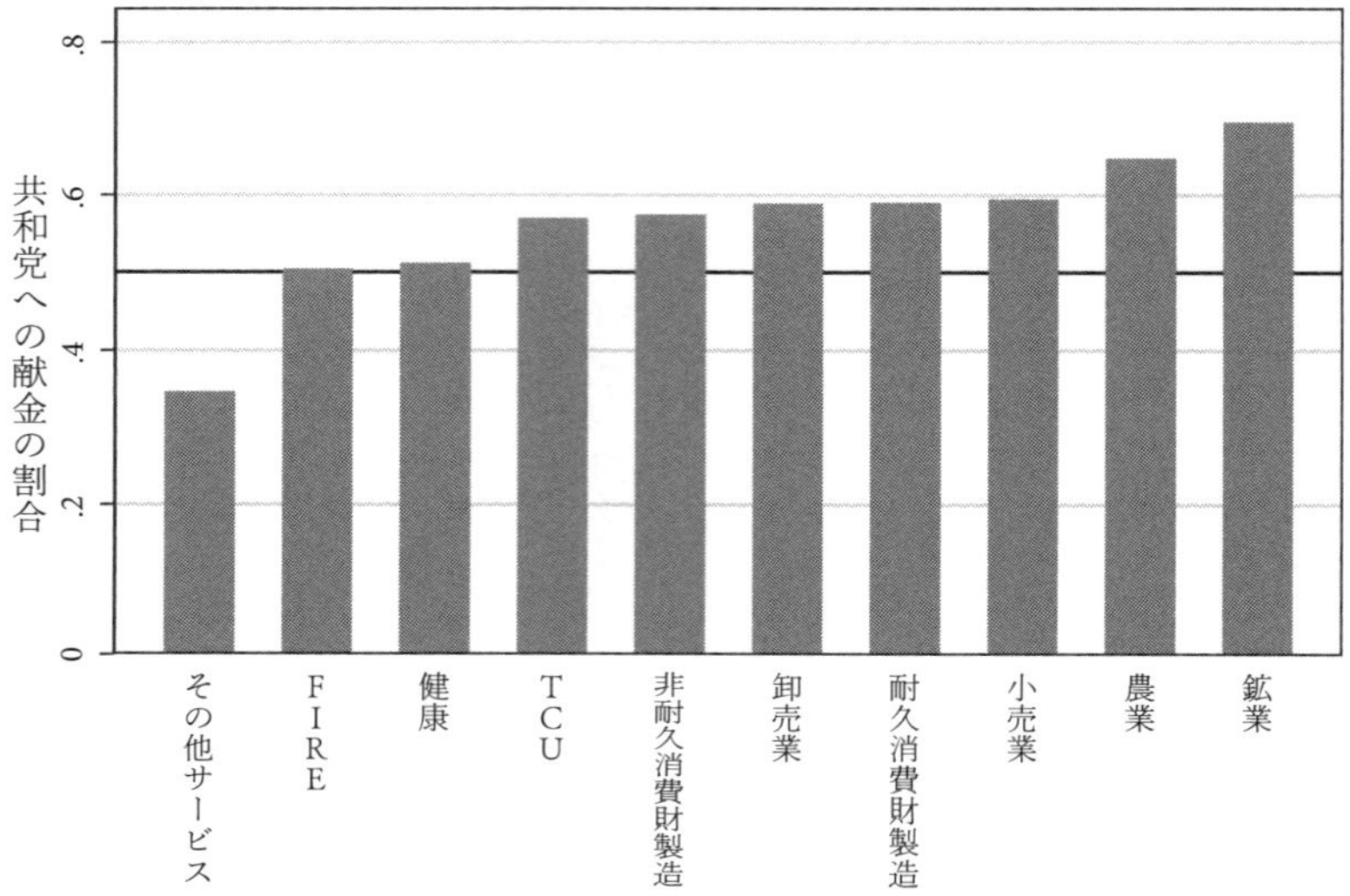

図 10.4　産業部門別に見る共和党への献金
FIRE は金融、保険、不動産。TCU は運輸、通信、公益事業。

える因果的影響を明らかにすることができた。その結果、選挙献金で現職の有利性の大部分を説明でき、政治家に近づくことを目的とする利益集団で、現職の資金的有利性の3分の2を説明できることがわかった。

政治的なつながりはビジネスにとって、どの程度重要なのか。カネと政治の関係を立証するためには、創造的で優秀な研究者を必要とする。シーマ・ジャヤチャンドランは、アメリカ企業に対する「ジェフォーズ効果」を明らかにした（Jayachandran, 2006）。2001年5月、ジェームズ・ジェフォーズ上院議員は共和党を離れ、上院の民主党勢力を優位にした。ジャヤチャンドランはこの転向結果に注目した。共和党と密接な関係にあった企業は価値を減じ、民主党と密接な関係にあった企業は価値を増やしたのである。企業と政党との関係は、政党に対する企業の寄付（ソフトマネー）で評価した。企業にとっての政治家の価値は株価で評価した。前回の選挙サイクルでジエフォーズの転向があった週には、共和党に対する10万ドルの追加献金は株価の0・33%減少と関連づけられるとした。

つまり、政治とのつながりは企業にとって明らかに価値がある。しかし、政治は誰もが知るようにリスクが高い。となれば、企業は分散投資をすることが予想される。実際、企業はそうしている。図10・4はどの産業も両党に献金しているが、多くの業界で共和党への献金割合が多少高くなっていることを示している。

ヨーロッパではそこまで目立った力はない

金はどの国にあっても政治に影響をおよぼそうとする。ヤスミン・ベクーシュとジュリア・カジェは、フランスではきわめて厳格な選挙資金法があるにもかかわらず、選挙献金が選挙の結果を左右すると結論づけた（Bekkouche and Cagé, 2018）。2人は四つの地方自治体選挙と五つの国会議員選挙から、4万人の候補者データを集めた。支出の水準も変化もこれまで見てきたアメリカとは大きく異なっている。1990年代に選挙資金法が改正されてから――支出の上限額が下がり、企業献金が禁止された――国会議員選挙で使われる金額は、候補者1人当たりで1993年には2万2000ユーロだったのが、2007年には1万ユーロに減っている。

しかし、選挙サイクル内で見れば、支出と票のあいだには依然として密接なつながりがあり、内生性の問題を提起する。当選の可能性が高い候補者は、おそらく資金集めにも長けているだろう。献金するのであれば、当選しそうな候補者に献金する人が多いだろう。相関関係だけを見て、金が票を買うと結論づけることはできない。ここはまさに研究者の腕の見せどころである。ベクーシュとカジェは、1993年から199

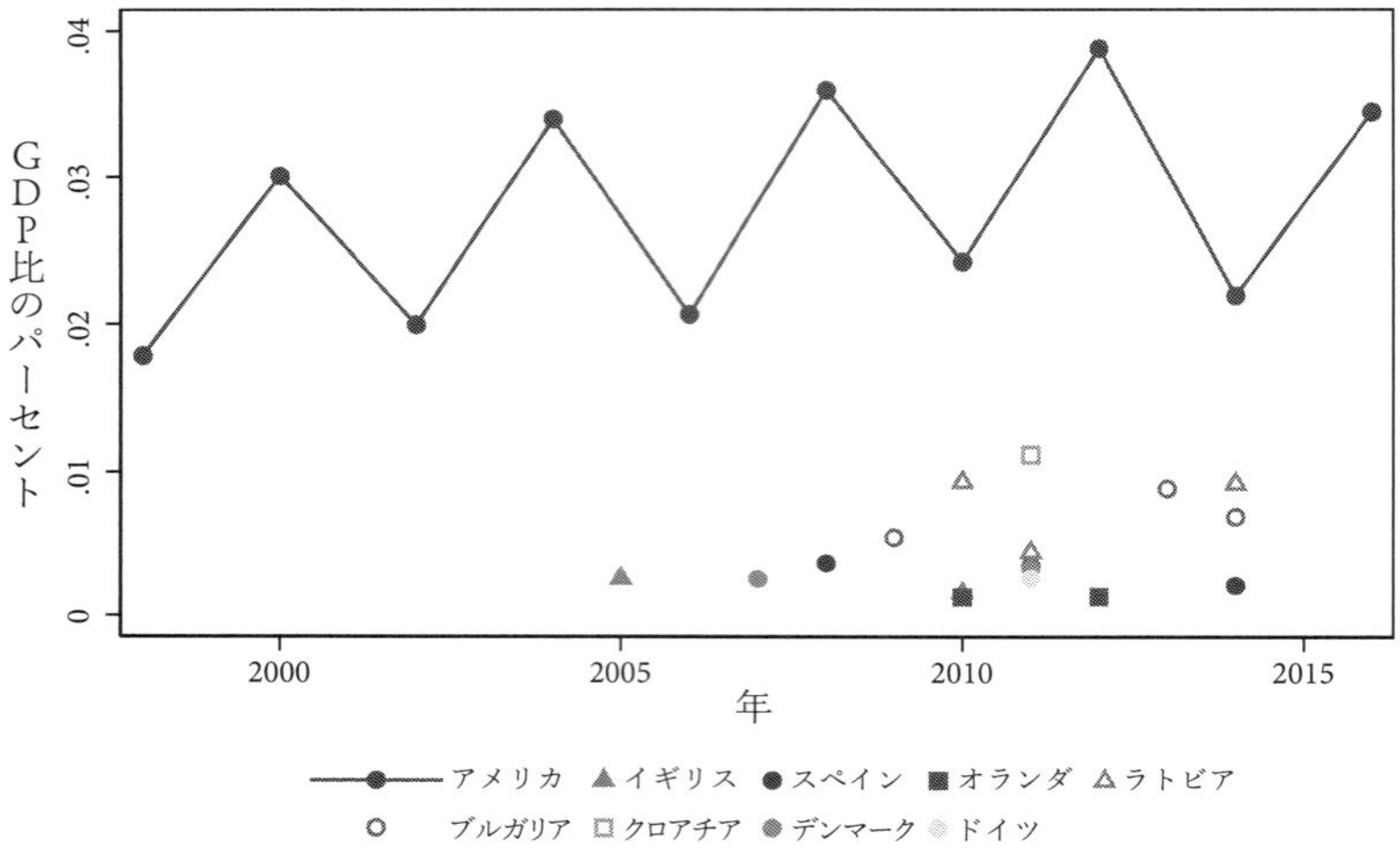

図 10.5　GDP で割った総選挙費用
データ出所：アメリカは Center for Responsive Politics、EU は欧州議会（2015)。ドイツについては Bundestags-Drucksache（2013）を参照。

7年のあいだに、フランスは企業や組合といった法人からの献金を禁止する法律を制定したと指摘する。この法律は、1997年の議会選挙ではじめて適用された。それまで法人からの寄付に頼っていた候補者は影響を受けることになった。ベクーシュとカジェの見積もりによれば、1993年に法人から受けとった追加の1ユーロは、1993年から1997年の総収入の0・46ユーロの減少と関連づけられるという。言い換えれば、こうした候補者は失った収入のおよそ半分しか補えなくなっている。

この研究でここが本当に光るところだ。逆の因果関係と欠落変数バイアスにより、実際の支出パターンが金で票を買えることを示さないというのはわかる。しかし、法制度の変更により予想される収入の変化を利用することはできる。予想される収入の変化は、候補者の能力や当選の可能性によって引きおこされるものではない。予想される収入の減少は選挙で当選するうえで、金の因果的役割を見つけるのに使える。2人は1997年の選挙で、支出が得票率に重要な因果的効果をおよぼしていることを示している。議会選挙の場合、1票の価格はおよそ10ユーロだった。

この議論はほかのヨーロッパ諸国のほとんどに広げることができる。金はどこでも政治に影響を与える。したがって、アメリカを際立たせているのは、金が政治に影響をおよぼしていることではない。尋常ではない資金規模だ。アメリカとヨーロッパで使われるロビー活動費に大きな差があるとすれば（第9章で見たように、企業のロビー活動では2倍から3倍となっている）、選挙資金の差は膨大だと言えるだろう。図10・5はアメリカの連邦選挙における選挙献金の総額と、いくつかのヨーロッパ諸国の選挙支出の総額をGDPで正規化して示したものである。取りあげたヨーロッパ諸国は主に2015年に欧州議会に参加しており、ヨーロッパ経済を代表する国である。アメリカの選挙献金は多くのヨーロッパ諸国の50倍となっている。

この証拠は第8章で示したモデルにも合致する。ヨーロッパは、アメリカのように政治において金の役割が過剰に大きくなる事態を避けてきた。政治資金は規制機関に広がっていく。連邦取引委員会や司法省の人間は選出された政治家から影響を受けやすい。少なくとも政治家のほうは決定過程に働きかけようとする。たとえば、グーグルの調査を始めるにあたって、連邦取引委員会はアメリカの議員から数多くの手紙を受けとった。なかには議会は連邦取引委員会の権限を制限できることに触れて、調査をやめるようにいうものもあった。欧州議会の議員がそのような手紙を書くことはあまりないだろう。たとえあったとしても、効果は大して期待できない。欧州委員会の競争総局は、欧州議会がとる措置から完全に独立しているからだ。

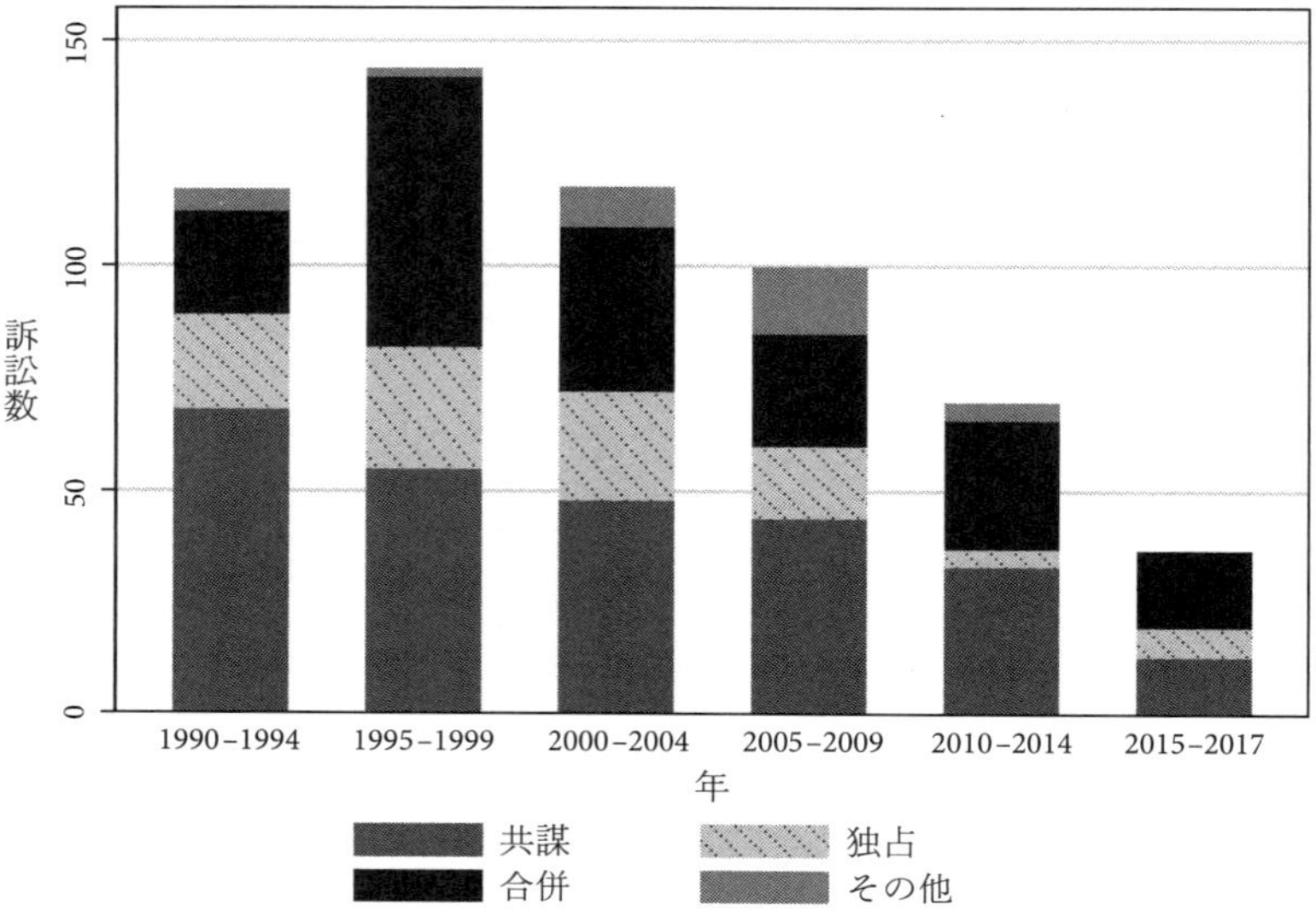

図 10.6　州司法長官を原告とする反トラスト訴訟の種類と数
データ出所：NAAG State Antitrust Litigation Database

アメリカの州政治

次にアメリカの州政治について見てみよう。これは非常に有用である。州のほうが選挙が多く、しかも同時に起こらないので交絡因子を排除できる可能性があるからだ。

州の規制者はアメリカ経済で大きな役割を果たしている。州司法長官は競争政策を担当する。州政府の最高法律顧問および最高法執行官の役割を果たし、州法違反を提訴する権限を持っている。全米司法長官協会（NAAG）は、司法長官同士の交流を促し、私たちが次に使うようなデータを収集する。

選挙資金も州レベルで規制されている。ロバート・J・ハクショーンは、州の規制を主に次の五つに分けている。選挙献金元の規制、献金額の規制、政治支出額の規制、開示法、公的選挙資金法（Hucksborn, 1985）。

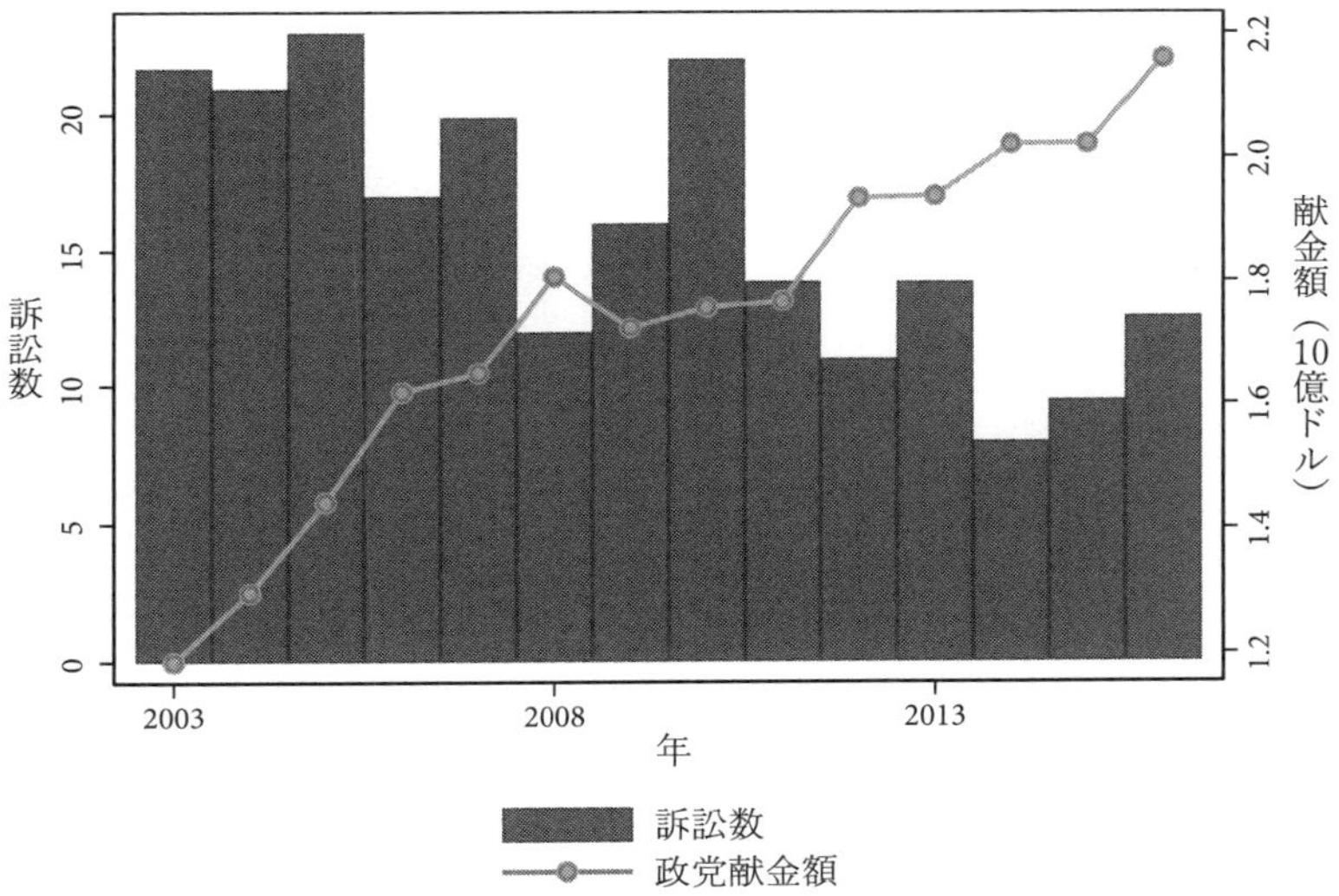

図 10.7　州の政治献金と非合併反トラスト訴訟
選挙サイクルの季節性を考慮するため献金は4年の移動平均としている。
データ出所：訴訟データは NAAG State Antitrust Litigation Database。州の選挙献金は Campaign Finance Institute。

献金の上限を撤廃すると現職に有利になるという証拠がある。トマス・ストラットマンとフランシスコ・J・アパリシオ＝カスティーヨは、州の選挙資金規制の変更をもとに、選挙資金の規制が厳しくなればなるほど、選挙が接戦になることを示した。特に、献金の制限は現職の有利性にマイナスに働くことを明らかにした（Stratmann and Aparicio-Castillo, 2007）。キース・E・ハムとロバート・E・ホーガンは、献金制限は現職の有利性を減らし、選挙戦の激しさを増すと結論づけている（Hamm and Hogan, 2008）。ティモシー・ベズリーとアン・ケースは、企業献金の制限に注目し、制限の厳しい州のほうが投票率が高くなり、女性と民主党が議席を獲得する割合が大きくなるとした（Besley and Case, 2003）。ロバート・ファインバーグとカーラ・レイノルズは、州レベルの反トラスト活動の決定要因を研究している。経済と政府支出が大きい州のほうが反トラスト訴訟は多く、反トラスト活動は失業率が高いときに増加すると結論づけている。また、任命された州司法長官のほうが、選挙で選ばれた州司法長官よりも反トラスト訴訟の提訴数は少ないとしている (Feinberg and Reynolds, 2010)。

ヘルマン・グティエレスと私は、州レベルでの執行に対する政治支出の効果を検証した。私たちは全米司法長官協会のデータベースから、州司法長官に提訴された反トラスト訴訟を集めた。州選挙の選挙献金については、選挙資金研究所 (Campaign Finance Institute) からデータを得た。訴訟については1990年以降のデータが入手できたが、献金については2000年以降のデータしかなかった。図10・6は州レベルの執行が連邦の執行と同じように、1990年代以降減っていることを示している。特に独占や共謀など合併以外の訴訟の減少が顕著に見られる。

図10・7は、2003年からほぼ倍になっている選挙献金に対して、州レベルの合併以外の反トラスト訴訟件数をグラフにしたものだ。ここでは4年の移動平均を使った。献金は時期による変化が大きく、州知事選挙の年には増加するからだ。

それから、これら二つの動向に関連性はあるのか探った。そのために州選挙の献金から州選挙サイクルごとの訴訟数を予測できるか確認した。州レベルのデータセットの良いところは、選挙サイクルの影響となくならない州の不均質性を除外できることだ (州と選挙サイクルの固定効果を含めた)。また、州の経済状況 (経済成長と失業率) も調整できる。

この結果、州の選挙サイクル中に多額の献金があると、翌年以降に非合併案件の訴訟が大きく減ることが予想できるとわかった。つまり、おおまかに言えば、企業は州内で選挙献金を利用して、未来の訴訟から自社を守っているということになる。

ダークマネー、慈善団体、テレビコマーシャル、回転ドア

私たちの力では、政治支出をたどるのはきわめて難しい。政治支出で増加している項目の資金源を知ることはできない。政治的な非営利団体は献金者を明かさなくてもよいことになっている。明かしたければ明かせるが、明かしたくなければ金の出所は誰にもわからない。理屈上、スーパーPACは献金者を開示することになっている。問題は、開示義務のない政治的非営利団体から献金を受けられるということだ。献金者を開示しない支出は2008年以降劇的に増え、2012年以降は選挙サイクルごとに1億ドル以上となっている。

無党派の非営利団体イシュー・ワンは、「ダークマネー」の増加の大半はわずか15団体によるものだと明らかにした[5]。これらの団体には労働組合、企業、巨額献金者、その他特別利益団体が含まれる。報告書によれば、「ダークマネーは、不透明なLLC（有限責任会社）から実態がよくわからない社会福祉団体や同業者団体まで、さまざまな形をとって政治に流れこんでいる」。イシュー・ワンはいくつか驚くべき例をあげている。2011年、ユタ州で「フリーダム・パスという当たりさわりのない名前の団体が広告を流しはじめた」。現職のオリン・ハッチ上院議員を推し、最有力ライバルのダン・リルジェンクイスト州上院議員を非難する内容だった。2012年11月——予備選挙の数カ月後で、ハッチが本選挙を制してから数週間後——になってはじめて公文書が明らかにしたのは「米国研究製薬工業協会（PhRMA）という製薬業界のロビー団体が、2011年にフリーダム・パスの初期資金の90％近くを拠出していた」という事実だった。そして、ご想像どおり、ハッチ上院議員はPhRMAと深い関係があった。ユタ州の有権者はこの情報を知

ることはできなかった。先ほど見た連邦最高裁判所のシチズンズ・ユナイテッドの判決後、フリーダム・パスは内国歳入法第501条（c）（4）に規定する「社会福祉」団体として組織されており、献金者を伏せておくことができたからだ。もっと最近では、「2017年、共和党上院議員ジェフ・セッションズの空席を埋めるための特別選挙の1カ月前……ハイウェイ31というスーパーPACがアラバマ州に出現し、400万ドル以上を費やして民主党のダグ・ジョーンズ候補を応援しはじめた」という事例がある。法の抜け穴により、ハイウェイ31は民主党とつながっている団体の支配下にあるということを、選挙の1カ月後まで公表しないで済んだのだ。

ダークマネーは広く存在するが、追いかけるのは難しい。しかし、難しい仕事ほど研究者の腕が際立つ。マリアンヌ・ベルトラン、マチルダ・ボンバルディーニ、レイモンド・フィスマン、フランチェスコ・トレッビは、2018年の研究で、ダークマネーの流れの一部に光を当てた（Bertrand, Bombardini, Fisman and Trebbi, 2018）。企業が自社の慈善財団を利用して、どのように政治家に働きかけるかを明らかにしたのである。ベルトランらは、こうした財団が、その企業にとって重要な委員会に籍を置く下院議員の選挙区にある慈善団体に優先的に資金を提供していることをつきとめた。これは開示されているPACの支出パターンにきわめてよく似ている。さらに、議員が退くと、PACの支出同様、その選挙区の慈善事業への寄付が一時的に減ることも示した。政治家と直接つながる慈善事業も、同様の政治依存のパターンを示している。ベルトランらは企業は自社の慈善団体を、免税で影響力を追求する手段として利用しているとした。政治的影響力の明快なモデルをもとにした彼女たちの見積もりによれば、アメリカ企業の慈善事業への寄付の総額のうち少なくとも7.2%は政治的な意図を持って行なわれているという。これはPACの年間の献金額のほぼ3倍である。しかも、保守的に見積もっての金額である。慈善事業への寄付は公開の対象とはなっていない。したがって、これは有権者にも株主にもほとんど気づかれない政治的影響力の一つである。そして納税者から直接的に助成されている。

企業は常に政治家に働きかける方法を探している。それはアメリカだけの話ではない。イタリア企業はこの点でかなり創造性を発揮しているように見える。ステファノ・デラヴィーニャ、ルーベン・ドゥランテ、ブライアン・ナイト、エリアナ・ラ・フェラーラによる優れた論文では、イタリアの企業はシルヴィオ・ベルルスコーニが政権を握っていたときに、彼の便益になるように広告費を使ったことが示されている(DellaVigna, Durante, Knight and La Ferrara, 2014)。ベルルスコーニは１９９３年から２００９年までのあいだに３回政権を握り、この期間を通してイタリアの大手民放テレビネットワークであるメディアセットを支配していた。デラヴィーニャらの見解によれば、ベルルスコーニ政権時の広告費の配分には、メディアセット寄りのバイアスがきわめて強く見られ、特に規制の厳しい業界でその傾向が強いということだった。メディアセットの利潤はこの期間に10億ユーロ増加したと見積もられ、規制の厳しい業界の企業は政治的投資に大きな見返りを期待したという。

最後に回転ドアの問題がある。第9章で取りあげた有名なロビイスト、トマス・ボグズは２０１４年に亡くなったときに、ワシントン・ポスト紙の死亡記事にこう書かれた。「電話一本で正しい人物に通じることができるように、元議員などを名誉職で雇う「回転ドア文化」の創造に一役買った」。ロビー活動と同じように、回転ドアは良くも悪くもなる。「職業政治家」への不満、あるいは、役人に民間の挑戦を理解してもらえないという不満は、実質的に回転ドアの増加を望んでいるのと同義である。回転ドアは経験や情報をうまく共有できれば役立つ。規制者の動機を歪め、規制の虜〔規制する側が規制される側に支配されてしまうこと〕につながるなら有害だ。ワシントンＤＣでは、規制者が政府内の職を辞め、自分がいた機関にロビー活動をする企業に入社したり、大企業の役員が多額の退職金をもらったあとで、その会社を規制する機関のトップに就任したりする例は枚挙にいとまがない。

長年にわたって有害な回転ドアを続けてきた事例の一つとして、特に電話、インターネット、テレビ放送を規制する連邦通信委員会（FCC）がある。マイケル・パウエルは2001年から2005年までFCCの委員長を務め、2011年には全米ケーブル電気通信連盟（NCTA）のCEOになった。ジョナサン・アデルスタインは2002年から2009年までFCCの委員を務め、その後、無線通信会社の団体であるPICA〔後のWIA〕の代表となった。2011年、メレディス・ベイカーは4年間の任期中、わずか2年でFCCの委員を辞め、コムキャストのロビー担当責任者に就任した。2013年、バラク・オバマはNCTAの元代表でセルラー通信・インターネット協会（CTIA）の元CEOでもあるトム・ウィーラーをFCC委員長にした。ウィーラーが辞めると、ドナルド・トランプは、元ベライゾン社員で通信業界の弁護士だったアジット・パイを後任に据えた。

規制機関とその規制対象の企業のあいだで幹部が移動するのは、多くの業界で見られる。デイヴィッド・ルッカ、アミット・セルー、フランチェスコ・トレッビは、アメリカの銀行規制機関（連邦と州の両方）と民間部門とのあいだの人の流れを研究している（Lucca, Seru and Trebbi, 2014）。民間部門のなかの人の流れは活発だ。人々は常に転職し、失業し、新しい職を見つけている。新規に雇用された労働者の3分の1から2分の1は転職者だ。金融機関の規制機関と民間企業間の移動も多い。平均すると、毎年規制者の約5％が職を辞めて民間に移り、ほぼ同じ数の人が民間から規制機関に移る。総計で年間約10％の人が移動していることになる。民間部門内の移動の総計は、（たとえば人口動態調査によれば）年間20％から24％ほどである。規制機関から民間への移動は、民間内の移動の約3分の1から2分の1だが、その数は増加傾向にある。規制機関は人材、特に有能な人材の流出問題に直面している。

回転ドアが問題なのは、それが規制の虜につながる恐れがあるからだ。報酬を受けて直接的に取りこまれることもあれば、イデオロギーといった知的な面で取りこまれることもある。ハリス・タバコヴィッチとトマス・ウォールマンは、直接的な取りこみの証拠として特許の規制をあげる（Tabakovic and Wollmann, 2018）。２人は米特許商標庁の詳細なデータをもとに、審査官は将来自分を雇用してくれる、あるいはその可能性がある企業に多くの特許を付与しているとした。そうした企業は知的財産保護も手厚く受けているという。これはある種の情報共有なのかもしれないが、２人は追加で付与される特許は、それ以降の特許申請で言及されることが少なく、質の低いものが多いとも指摘している。

回転ドアはヨーロッパにもある。欧州委員会の元委員長ジョゼ・マヌエル・バローゾが２０１６年、所定の冷却期間が終わってからわずか２カ月後にゴールドマンサックスに移ったときには批判された。欧州委員会で２００８年から２０１７年まで金融機関の規制にあたった過去５人の責任者のうち４人は、金融機関かその代理のロビー企業に職を得ている（Vassalos, 2017）[6]。

しかし、ヨーロッパの競争当局は同様の回転ドアの対象になっていないようだ。過去10年の回転ドアデータを見ると、金融関連の回転ドアは18件あるが、競争総局関連は4件しかない。同じことはヨーロッパ諸国の競争当局にも言える。その大部分は献身的な規制者であるように見える。私たちの理論どおり、反トラスト関連のロビー活動はＥＵのほうが（少なくともこれまでは）その役割は小さく、回転ドアはそれほど普及していない。

ヨーロッパは別の道を行くのか

アメリカの選挙資金事情はこの20年で劇的に変わった。スティーヴン・アンソラベヘア、ジョン・デ・フィゲイレード、ジェームズ・M・スナイダー・ジュニアは２００３年に行なった調査のなかで、なぜこんなに政治に金が使われていないのか問いかけている。

> 選挙献金に関する学術研究や公的議論の多くは、間違った前提からスタートしているように思える。ＧＤＰ比で見た選挙費用は増加していないように見える。選挙資金の大半は利益集団のＰＡＣではなく、個人の献金によるものだ……選挙献金を政治的成果を得るための投資として見るのは正確とは言えなさそうだ……政治家は個人から簡単に資金を集めることができるので、レントを追求する献金者は法制度から私的便益を引きだす力を失っている。

こうして読むと、アーヴィング・フィッシャーが１９２９年10月にアメリカの株価について予測した「恒久的に続くと思われる高原《プラトー》」という言葉と比べたくなる。しかし、公平に言えば、フィッシャーは未来について述べたが、アンソラベヘアらはそうではない。彼らは証拠をもとに当時の学識を検討し、レントを追求する献金者に焦点を当てた研究からは離れるべきではないかとした。

このときから状況は大きく変わり、シカゴ大学の経済学者ルイジ・ジンガレスは２０１７年の論文で経済力と政治力のあいだの悪魔のループについて述べ、懸念を示した。企業は自らの経済力を使って政治力を手に入れ、その政治力で新規参入や競争を妨げる。ジンガレスは、こうした動きを私たちは過去に見ているという。イタリアはフィレンツェのメディチ家は、15世紀にローマカトリック教会に融資していた関係を利用して、ヨーロッパでの政治的影響力を得た。アメリカは中世後期のフィレンツェのようになるのか、それとも開かれた社会をつくるのだろうか。

私がこの研究中に発見した驚きの事実の一つに、ほとんどのEU市場はアメリカの同じ市場よりも自由だというものがある。元欧州委員会委員のマリオ・モンティは言う。「たとえばEUは競争政策において、反トラスト政策をとるだけではなく、国が事業に出す補助金を規制し、各国政府による経済および金融市場への介入をほかの形で監視している」

アメリカの競争政策が弱い理由の一つとして、時代遅れとなった枠組みがある。アメリカには重複する権限と異なる目的を持つ二つの連邦機関と50人の州司法長官がいる。一方、ヨーロッパは2004年に競争政策の構造を近代化した。各国の案件は集中しないように、欧州委員会の効果的な監視のもとで国の競争担当機関に任されるようになった。

競争政策が弱いもう一つの理由は、アメリカの執行機関が選挙サイクルに直接影響を受ける点にある。ヨーロッパの執行機関は政治的圧力からうまく守られている。

これまで見てきたように、アメリカで政治家に献金する人は、企業への補助金や政府の市場介入を規制するルールの変更を主に目指している。ヨーロッパにとっての問題は、今後もアメリカほど政治に金を影響させずにいられるかどうかだ。これには二つの見方がある。

悲観的な見方は、機関が腐敗するのは単に時間の問題で、最終的にはそうなるというものだ。つまり、ヨーロッパは10年遅れてアメリカの道を進む。競争総局は今はまだ新しく、強い権限があるが、いずれ失われるだろう。

楽観的なほうは、ヨーロッパは幸運なことに機関を設立し、しかも予想以上に独立性を持たせることができ、その性質はこの先も維持できる、とする見方だ。機関に対する研究の多くは、機関が長期的な影響力と独自性を持っていることを示している。だから、私としては後者の見方をとりたい。しかし、そうなるかどうかはわからないし、現状に満足する余裕はない。

原注

(1) ヘンリー・フォードはミシガン州の上院議員選挙でトルーマン・ニューベリに敗れた。フォードは、ニューベリが選挙期間中に10万ドルの限度額を超える資金を使ったと主張した。ニューベリは１９２１年に有罪となり、最高裁に上訴した。最高裁はニューベリの主張を認め、支出制限を無効とした。

(2) ＰＡＣは設立から10日以内に、その名称、住所、会計担当、関係団体を明らかにしてＦＥＣに登録しなければならない。関係のあるＰＡＣ同士は、献金制限において一献金者として扱われる。一般にＰＡＣと呼ばれるが、連邦選挙法は「独立分離基金」としている。ＰＡＣへの献金は、企業や組合の一般的な資金とは別の銀行口座に保管されるからだ。

(3) ２００８年６月以降、「２００７年の誠実なリーダーシップと開かれた政府法（Honest Leadership and Open Government Act of 2007)」により、電子的に報告するリーダーシップＰＡＣは支援する候補者を記載しなければならなくなった。リーダーシップＰＡＣの多くは、政治家が議会での指導的地位や要職を求めていることを示唆している。

(4) 地方裁判所は中間審査基準を適用し、単独で独立した支出を行なう委員会への献金を制限するのは、現実の明らかな腐敗を防ぎ、政府の重要な利益に資すると判断した。委員会に登録せずに主要な政党と近い関係を持ち、数百万ドルを支出して２００４年の連邦選挙に影響を与えた、いわゆる「５２７条政治団体」の過去の活動を振りかえり、裁判所はそうした「名目上の独立」組織は「アクセスを売買し、ソフトマネーの禁止を回避するという二つの側面で、腐敗の抜け道として独自に機能している」と考えたのである。

(5) 以下を参照してほしい。Issue One, "Dark money illuminated," https://www.issueone.org/wp-content/uploads/2018/09/Dark-Money-Illuminated-Report.pdf

（6） 以下も参照してもらいたい。Corporate Europe Observatory, "Revolving door watch," https://corporateeurope.org/en/revolvingdoorwatch

IV いくつかの産業を掘り下げる

第I部から第III部までは、過去20年のアメリカの政治経済の進化を幅広く分析してきた。私の主張は三つにまとめることができる。一つ目。アメリカ市場は競争が減っている。多くの業界で集中が進み、リーダー企業は固定化し、過剰な資本利益率となっている。二つ目。この競争の欠如がアメリカの消費者と労働者を苦しめている。価格は上がり、投資は減り、生産性の伸びは低下している。三つ目。その理由は一般に思われているのとは違って、テクノロジーではなく主に政治的なものである。私は競争減少の原因は、活発なロビー活動と選挙献金に後押しされた参入障壁の上昇と反トラスト政策の弱体化だと考える。

読者の皆さんには、経済学者が自由市場、規制、政治経済学をどのように理解しているのかについてもお伝えしてきた。経済発展を分析するときに使うツールのいくつかも示した。投資の基本法則、参入の力学、合併審査、国内の財・サービスの価格に富が与える影響（ヘアカットとフェラーリを思いだしてほしい）について理解してもらえたと思う。

こうしたツールを使って、よく議論の的になる業界——金融、医療、インターネット巨大企業——について考えてみたい。どの業界にも、競争の欠如、参入障壁、ロビー活動という同じ経済の力が働いていることがわかるだろう。だが、細かいところはそれぞれだ。そこがこれらの業界を興味深いものにしている。金融業界が教えてくれるのは、効率と複雑さは同じものではなく、規制緩和は言うは易く行なうは難しということだ。医療業界は、一つの業界のなかで片側から反対側まで寡占が広まる過程を教えてくれる。最後に、インターネットの巨大企業は特に重要性が高い。「ネットワーク」効果によって効率的な集中の例として取りあげられることが多いからだ。この見方には真実も含まれているが、過大評価されているところが大きい。データは、今日のスターが昨日のスターにかなわないかもしれないということも教えてくれるだろう。意外な話に聞こえるだろうか。少なくとも私にはそう聞こえる……だが、私は経済学者である。

11 バンカーの報酬はなぜ高いのか

私は金融業界が不満を感じ、産業界が満足するところが見たい。
——ウィンストン・チャーチル（1925年）

金融業界は（ほぼ）全員が喜んで悪く言う業界だ。レントを追求する寡占や政治的な取りこみについて本を書くのに、銀行に1章も割かないというわけにはいかないだろう。その功罪はともかく、発展した金融システムを持たずに繁栄した国はこれまでなかった。だから、バンカーが何をやっているのか理解したほうがいい。

経済学者は資本主義がそこにあるかぎり、金融の適切な役割について議論してきた。イギリスの経済学者ジョーン・ロビンソンは、金融を付随的なものだと考え、「企業が行く道を金融はあとからついてくる」とした（Robinson, 1952）。一方、金融経済学者でノーベル賞を受賞したマートン・ミラーは「金融市場が経済成長に貢献するという考え方は、明らかすぎて真剣な議論にならない」と述べた（Miller, 1998）。

こうした発言は、ウィンストン・チャーチルの経済学者に対する懐疑的な見方を後押しする。チャーチルが次のように述べたのは有名な話だ。「部屋に2人の経済学者を入れたら、二つの異なる意見が得られるだろう。ただし、2人のうちのどちらかがケインズ卿だった場合、三つの意見を得ることになるだろう」

ご存じのとおり、この議論は新しいものではない。しかし、議論は進展してきたし、意見の相違の幅はかなり狭まったと言えるだろう。私の世代の経済学者は、昔ほどイデオロギーに関心を持たず、たくさんのデータを手にしている。それは成功の十分条件ではないが、より良い出発点だと思っている。

金融の歴史には数多くの金融危機が存在する。危機のあとには規制の変更があり、その後は比較的静かな期間があり、そして新しい危機が起こる。外から見れば、金融は常に変化しているように見える。さらにコンピューターの出現により、金融サービスの効率性は上がり、安くなったと思うだろう。ところが、そんなことは起きておらず、実際には過去100年、少なくともごく最近までほとんど変わっていないことをこれから示すつもりだ。

金融は実際に何をしているのか

金融仲介業は、貯蓄者から借り手に資本を動かす専門家が必要だったことから生まれた。金融仲介業がなければ、貯蓄を持つ世帯は借り手と直接取引しなければならない。それは簡単ではないだろう。

借り手は一般的に長期にわたって約束された資本を必要とする。代表例が住宅ローンと企業の借入だ。もしあなたが住宅や工場の購入資金を調達するなら、返済は長期にわたって行ないたいと思うだろう。さらに、こうしたローンには基本的にリスクがある。良い借り手も不運に見舞われることはあるし、仕事や顧客を失うこともあり得る。悪い借り手が良い借り手のふりをしているかもしれない。

一方、貯蓄者のほうはリスクを減らし、流動性を高めたい。腐った卵は買いたくないし、すべての卵を同じかごに入れたくない。そして、必要なときには卵を売れるようにしたい。経済学ではこうしたことに名前がついている。腐った卵は「モラルハザード」や「逆選択」、複数のかごに卵を入れることは「分散化」、販売可能な卵は「流動資産」と呼ばれる。

問題――金融業者にとっては機会――は、借り手と貯蓄者の要求が対立することだ。そこで金融仲介業者が必要となる。仲介する者がいなければ、情報コストの観点から、世帯が企業を選別、審査するのも、企業が必要な資本調達のために世帯から資金を集めるのも難しいだろう。このコストによって、世帯が投資を分散し、必要なときに流動性を確保するのも難しくなる。金融仲介業者はこうした仕事を専門に扱い、支払い手段、記録管理、保険、流動性を提供して、貯蓄者と借り手のあいだを取り持つことで報酬を得ている。

金融の基本的な流れを説明しよう。図11・1aは、100ドルの預金と100ドルの貸付で銀行のしくみを単純化して示したものだ。銀行は預金に5%の利息をつけ、貸付には7%の利息をかける。借り手（企業や世帯）はこの現行金利7%で100ドルを借りたい。貯蓄者は現行の預金金利5%で喜んで100ドルを預金する。資金は銀行のシステムを通して、貯蓄者と借り手のあいだを行ったり来たりする。銀行の所得は貸付から得る金利収入と、預金にかかる金利費用の差となる。この所得を「純金利所得」という。

このお金はどこへ行くのか。銀行はすべての企業と同じように、労働力を抱え、資本支出を強いられる。支店、ATM、ITシステムを維持し、従業員には給与を払わなければならない。そのため、銀行は賃金の支払いと資本支出のために2ドルを保持する。図11・1aを見ると、仲介額は100ドル、仲介コストは2ドルで、単位コストは2／100で2%となる。

現代の金融業は、従来の単純な銀行モデルを超えて進化してきた。図11・1bは、一見異なるが、基本的

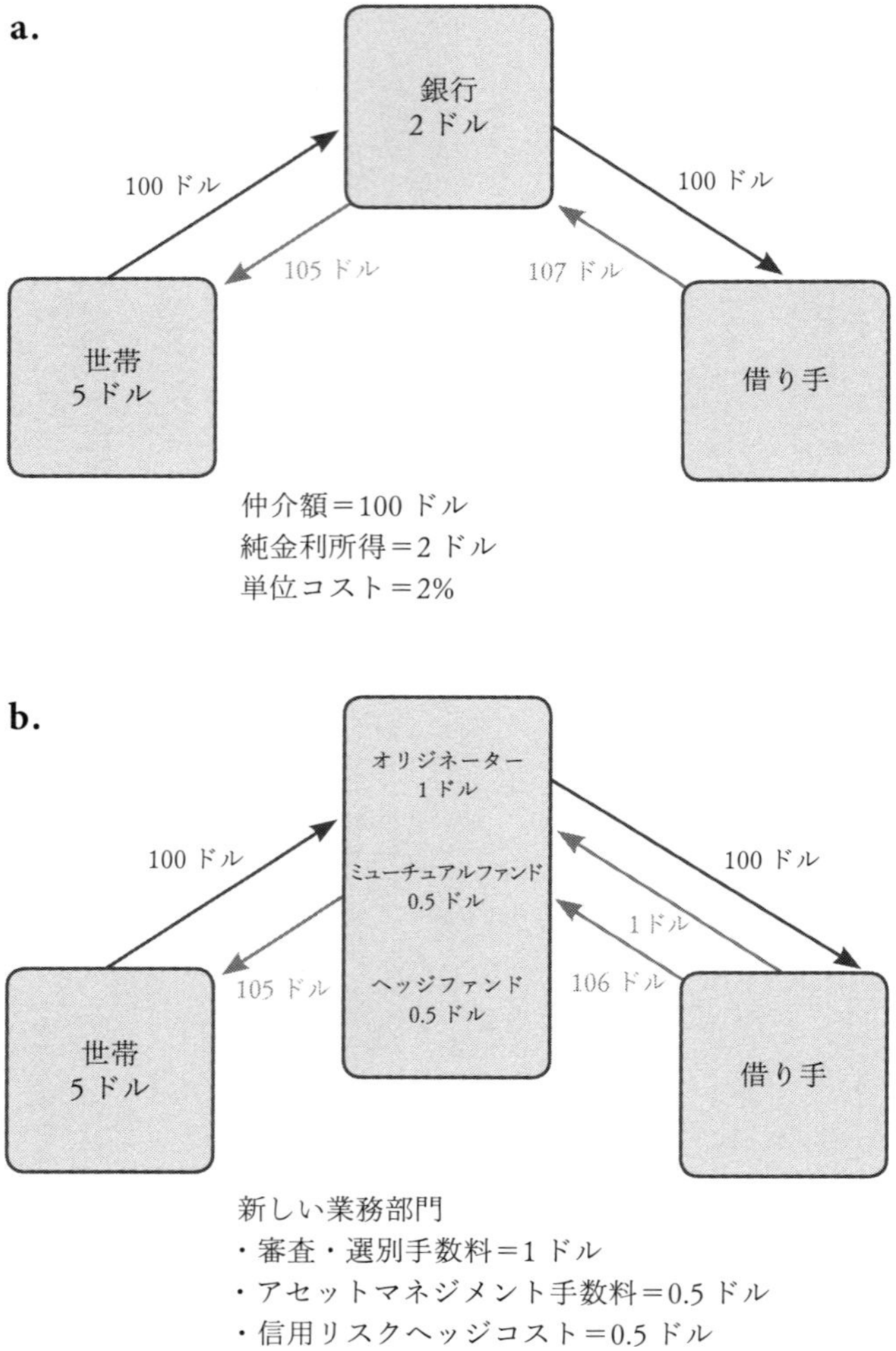

図 11.1　a と b は同等な金融システム

には同じように組織された金融仲介業を示している。伝統的な銀行業では、仲介業務は一つ屋根の下で発生する。銀行は貸付を行なって帳簿上に保有し、純金利所得を稼ぐ。この所得で、借り手の選別と審査、貸付期間と信用リスクの管理、貸付の回収を含めたコストを賄う。

一方、組成分配型モデルは仲介が連結されたものだ。多くの取引がブラックボックスのなかで行なわれる。従来のモデルのように純金利所得という単純な物差しはない。そこには取組手数料、アセットマネジメント手数料、取引利益などがある。

ここに悩ましい問題がある。金融仲介業が時間とともに変化する二つのモデルの組み合わせだとしたら、どのように評価すればいいのか。

答えは、ボックスのなかに入っていくものとボックスから出てくるもの、そしてボックスのコストに目を向けることだ。見方を変えれば、後者の複雑なモデルと従来のモデルは同じということだ。全仲介業者の賃金と利潤の合計はやはり2ドルで、仲介された資産額は、ブラックボックスの外から見て、やはり100ドルである。仲介の単位コストはやはり2%となる。

金融は根本的なところで情報を取引している。だからコンピューターと情報技術の出現により、金融サービスはもっと安く、もっと効率的になると考えた人もいるだろう。しかし、驚いたことにそうはならなかった。

金融のコストは今でも200ベーシスポイント

説明したように、金融仲介業者に支払われるすべての利潤と賃金の合計は、金融仲介業のコストをあらわ

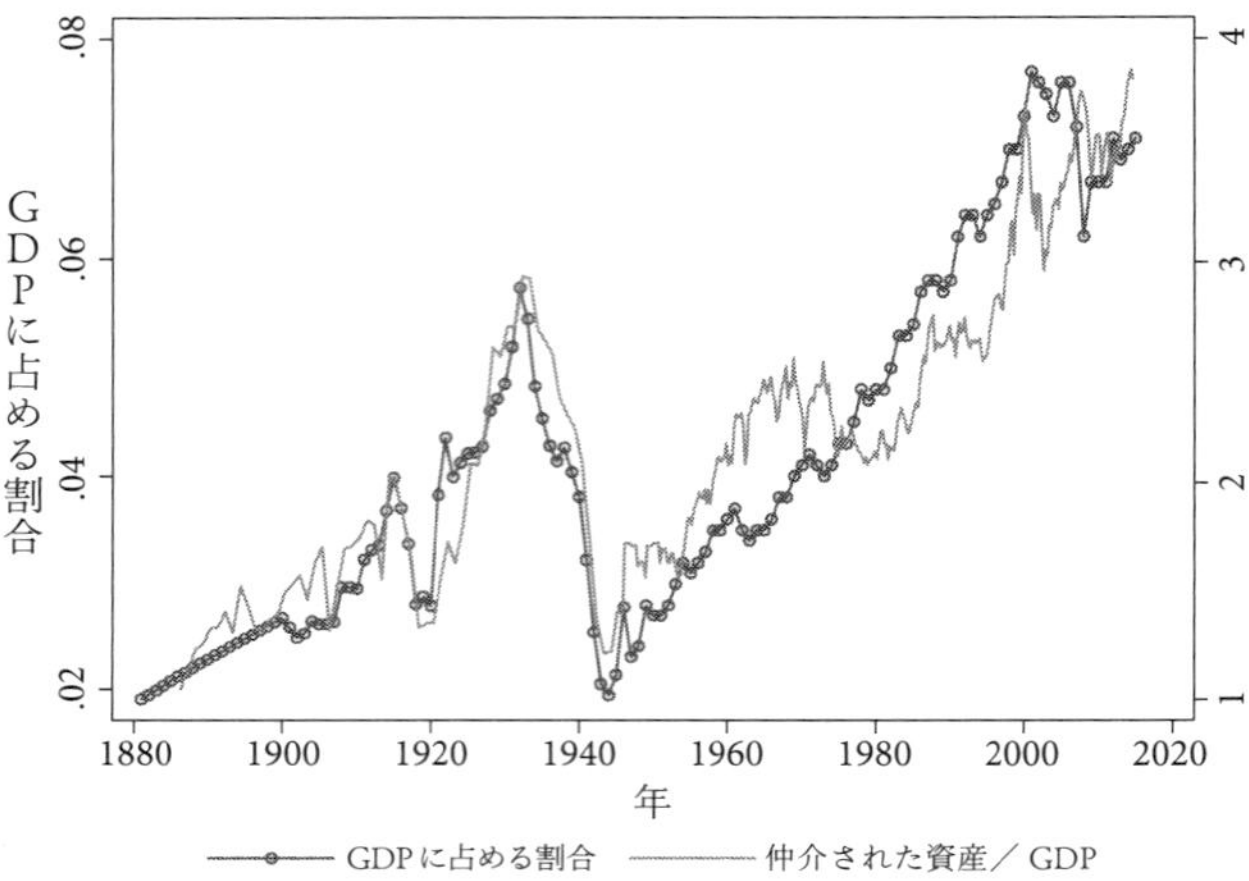

図 11.2　金融業界の所得と仲介資産

どちらも GDP に占める割合で示されている。金融所得は金融と保険業界の国内所得であり、総所得から純輸出を引いている。仲介資産には非金融企業の負債と資本、世帯の負債、流動性サービスを提供するさまざまな資産が含まれている。仲介資産のデータは 1886 年から 2012 年までである。

している。２０１５年に私が書いた論文のなかで、私は１８７０年から２０１０年までのこのコストをＧＤＰに占める割合として測定した(Philippon, 2015)。図11・2を見ればわかるように、仲介の総コストは時代とともに大きく変わってきた。１８８０年から１９３０年で、仲介コストはＧＤＰの２％から６％になった。１９５０年には４％を下回り、その後少しずつ上昇して１９８０年に５％、それから急激に伸びて２０１０年に８％近くになっている。

１００年前より今のほうが金融仲介に支出しているのはなぜだろう。この疑問に答えるために、まず仲介量を考えよう。企業部門では株式と社債を検討する必要があり、株式については公募増資とＩＰＯは区別したい。また、流動性のある預金やマネー・マーケット・ファンド〔短期の国債やコマーシャル・ペーパー、譲渡性預金などで安全性の高い運用を行なう投資信託〕についても考える必要がある。原則的には、非金融業の利用者、世帯、非金融企業のバランスシート上の

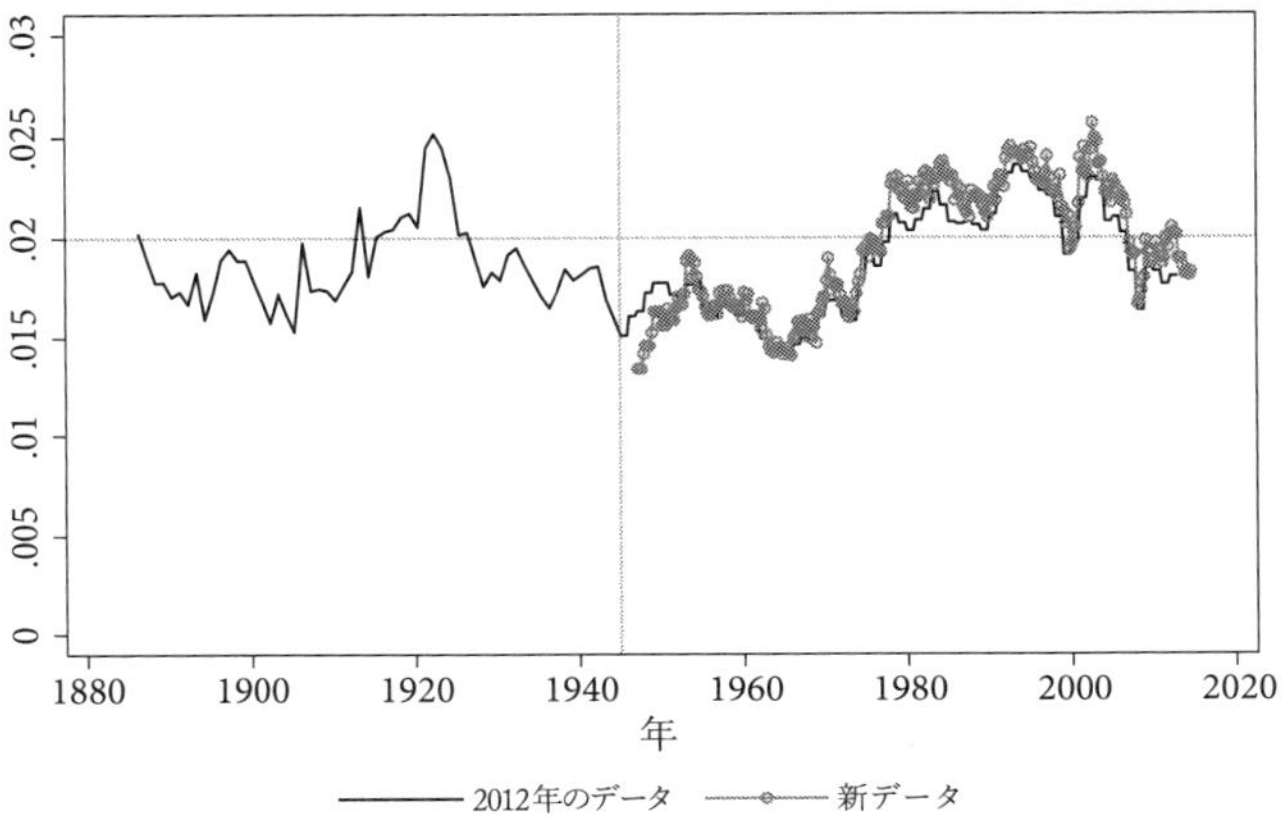

図 11.3　金融仲介の単位コスト（未加工）
未加工の測定値は、図 11.1 で示したように、仲介資産に対する金融所得の比率である。2012 年のデータは Philippon (2015) から、新データは 2016 年 5 月に入手した。データは 1886 年から 2015 年までである。
出所：Philippon (2015) と更新したデータ

金融商品を測定する。これは金融仲介業者のバランスシートを検討するより、正しい計算方法である。さまざまな種類の預金、株式、流動性資産を合計してから、金融部門が非金融部門に仲介した金融資産の数量データを入手し、図11・2に薄い線で表示した。

図11・2の丸印のついた実線は、アメリカの金融仲介業に支払われた金額のGDPに占める割合である。これはまさに図11・1で仲介業者に支払われた2ドルに相当する。薄い線は、理論にもとづく適切な重みづけをした負債、資本、流動性サービスを加えて構成した。これは図11・1の100ドルに該当する。

2本の折れ線のもとになるデータはまったく異なることに注意してほしい。2本が非常によく似た軌跡をたどっているのは偶然ではないのだ！こうして私たちが払った額（実線）を得た額（薄い線）で割ることで、金融の価格を計算することができる。

図11・3は、この単位コストが図11・1で見た例と同じように約200ベーシスポイントであり、比較的同じ水準で推移していることを示している。言い換えれば、仲介の金融資産1ドルを生みだして維持するために、年に2セントのコストがかかると推測できる。同様に、貯蓄者の年利回りは借り手の調達コストより平均2パーセントポイント低い。新しいデータの折れ線はもとの論文のものと同じような動きをしている。図11・3の未加工の測定値は借り手の性質の変化を考慮していない。補足資料では金融サービスの質的調整の問題を論じた。また別の機会には、金融がサービス業に占める割合として測定された場合や、純金融輸出が除外された場合にも同じパターンになることを示している（Philippon, 2015）。

今日の金融仲介には200ベーシスポイントのコストがかかる——1世紀前とほぼ同じだ。考えれば考えるほどわからなくなるだろう。高速コンピューターやクレジットデリバティブなどが登場したにもかかわらず、現行の金融システムは1910年の金融システムより効率よく貯蓄者から借り手に資金を移しているようには見えないのである。

金融の価格は下がっていないのに、賃金は間違いなく上がっている。私はルシェフとともに、金融業界の従業員の賃金とそれ以外の民間セクターの従業員の賃金を比較した（Philippon and Reshef, 2012）。さらに、金融業界の規制緩和を測定できるようにした。1930年まではおおむね規制緩和が進んだが、大恐慌をきっかけに規制されるようになった。その後、1980年代から1990年代にかけて、規制は次第に緩和されていった。過去のデータを見ると、同期間の金融業界の学歴、賃金、仕事の複雑さは、非農業民間部門と異なり、U字型を描いている（図11・4）。

1909年から1933年まで、金融は高学歴、高収入の産業だった。技能のある労働者の割合は民間部門のなかで17パーセントポイント高かった。働く人たちはほかの民間部門に比べて、平均で50％以上高い賃

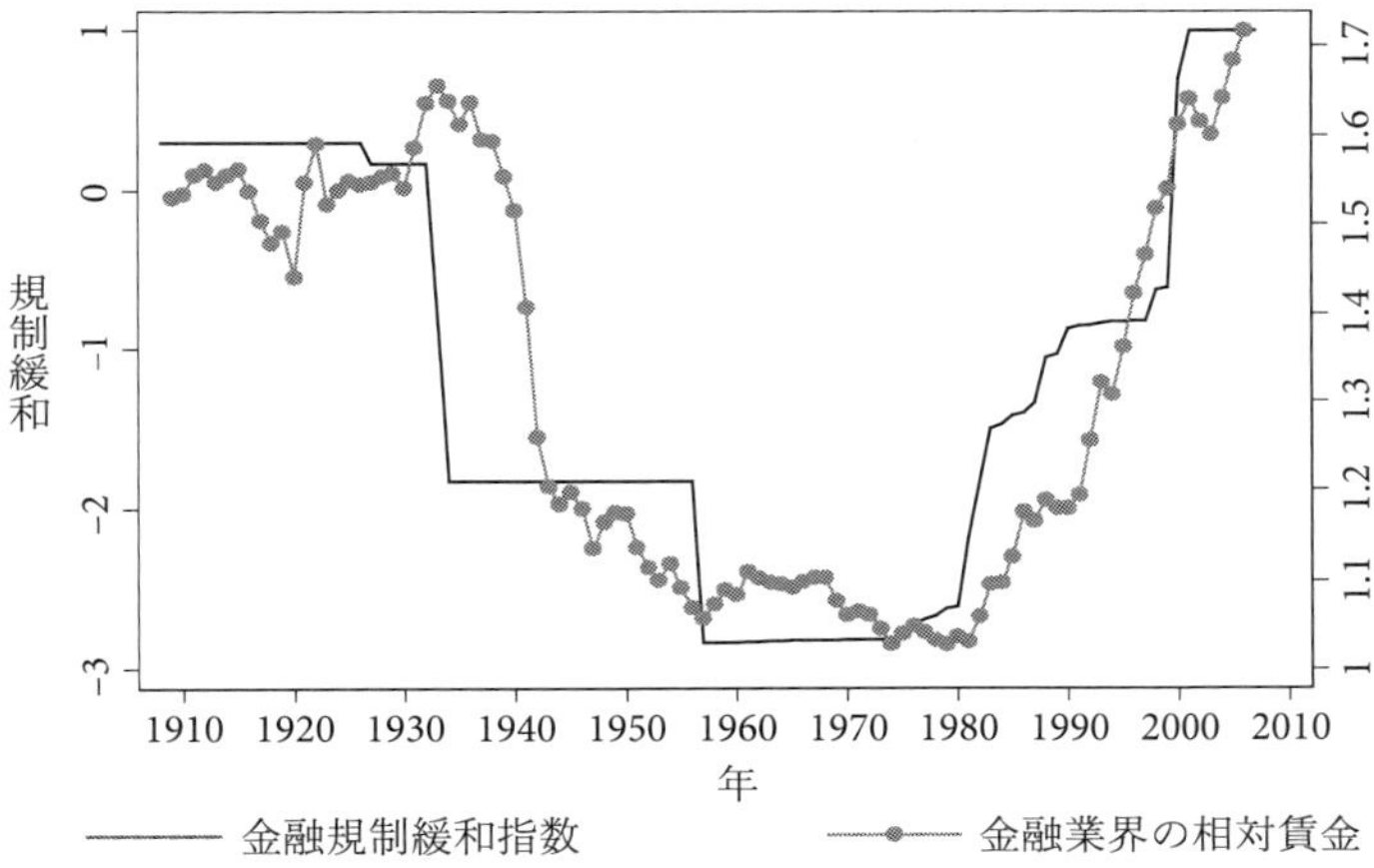

図 11.4　金融における賃金と規制
データ出所：Philippon and Reshef (2012)

金をもらっていた。大きな変化が起きたのは１９３０年代半ばだった。１９８０年まで、金融部門の相対賃金は非農業民間部門とほぼ同じだった。１９８０年以降は、ふたたび専門性が高くて高収入の業界となり、相対賃金と技能集約度は１９３０年代とほぼ同じレベルに戻った。２００７年から２００９年の経済危機を経て、賃金はある程度適正化されたが、限定的なものにとどまった。

過去40年の技術の進化は、金融業界の効率化を極端に進めたはずだ。今日の金融業界がジョン・ピアポント・モルガンの時代より大幅に効率化していないなどということがあろうか。

情報技術は、金融資産を購入したり保持したりするコストを下げたはずだ。小売業および卸売業と比較するといいだろう。結局のところ、リテールバンキングも小売業も仲介サービスを提供している。第2章で見たように、小売業と卸売業はＩＴに投資した。生産性は上がり、価格は下落した。金融業との対比は際立っている。金融はＩＴに投資したが、価格は下がらなかった。

金融はどうなっているのか

数字を見ると悩ましい。金融は高価なものであり、コンピューターによって下がることはなかった。既存のほとんどの論文はアメリカを対象としているが、私とルシェフ（Philippon and Reshef, 2013）、およびバゾの論文（Bazot, 2013）は、ほかの国にも同様の兆候が見られることを示している。金融はＩＴ革命の恩恵を間違いなく受けており、リテール金融のコストは確実に下がっている。しかし、仲介における１ドル当たりのコストは変わらず、金融サービスに費やされるＧＤＰの割合は増加している。では、なぜ非金融部門は所得の多くを金融部門に移転させているのだろうか。

規制緩和が進むと、賃金と価格は下がるのが普通だ。金融では上がっているように見える。イノベーションは成長を後押しするのが普通だが、金融のイノベーションによって資本配分が改善されているようには見えない。

もしそうなら、金融はいったいどうなっているのだろうか。ほかの産業と異なるように見えるのはなぜか。私は主に三つの点を強調したい。ゼロサムゲームの蔓延、確立した市場支配力、時に誤った方向に導く厳しい規制である。

ハーバード大学の経済学者ロビン・グリーンウッドとデイヴィッド・シャーフスティーンは、ブラックボックスのなかで何が起きているかを研究し、現代金融の成長を明確に描いてみせた（Greenwood and Scharfstein, 2013）。彼らは１９８０年以降の金融の成長は主にアセットマネジメント（証券業界）と、世帯向けの信用供与（信用仲介業）によるものだと示した。信用仲介業は、１９８０年にはＧＤＰの2・6％で、２００７年には3・4％に伸びている。従来の銀行業務の所得はほぼ横ばいだが、融資の取り組みや資金管理などの手数料収入は伸びている。要するに、彼らが描いているのは図11・1aから11・1bへの移行である。証券化や短期資金融資も伸び、一般にシャドーバンキング・システムと言われる分野が生まれている。

証券業界は1980年にはGDPの0・4％だったが、2007年にはGDPの1・7％に上昇している。業界の従来の所得源（取引手数料と取引利益、引受手数料）は減っている。同時に、アセットマネジメント手数料とデリバティブ取引による利益は増えている。アセットマネジメントについては、重要な既成事実がある。一般的には個別の手数料は低下しているが、手数料が高額なマネージャーに資産が配分されるようになっているため、管理資産1ドル当たりの平均手数料はほぼ変わらないのである。

ウェルスマネジメント業界も税回避、すなわちマイナスサムゲームに加担している。金融泥棒の創造性に限界はない。たとえば、カムエックスと呼ばれるネットワークは、EUから数十億ユーロをだましとった。トレーダーは、税務当局を欺くために大企業の株を互いに貸し出し、それぞれの株式に複数の株主がいると思わせた。一方は配当金の税金を払ったと不正に主張し、もう一方は還付金を要求するのである。

金融にはイノベーションがないという話ではない。あることは間違いない。問題は、そのイノベーションがシステム全体の効率性を改善していないように見えることだ。オンラインバンキングで次々に画期的なしくみが導入されるも、そのうちの一部はほぼ使えないか、むしろないほうがいいという状態だ。最速で市場情報にアクセスしようとする競争はその好例だ。情報の流れを監視し、その情報にもとづいてほかの人よりわずかマイクロ秒でも早く取引できれば、金が稼げる。しかし、こうした行動は、システム全体の効率性にはプラスにならない。情報が1マイクロ秒、1秒、あるいは1分ごとに価格に組みこまれるかどうかは重要ではない。1971年にジャック・ハーシュライファーが述べたように、予見と発見は同じ個人的利益をもたらすかもしれないが、社会的厚生に関するかぎり、両者のあいだには大きな違いがある。この個人の利益と社会の利益の対立は、ほとんどの産業内に存在するが、経済学者はその結果生じる非効率は、新規参入と競争があることで重大なものにはならないと考えがちだ。

しかし、新規参入の欠如は、ここ数十年、金融界で根強い問題になっている。アレン・バーガー、レベッカ・S・デムセッツ、フィリップ・E・ストラーンは、1990年代の企業統合に関する証拠を検証している（Berger, Demsetz and Strahan, 1999）。アメリカの銀行および金融機関の数は、1988年から1997年のあいだに30％近く減少し、上位八つの金融機関が全米に保有する資産の割合は、22・3％から35・5％に上昇している。数百という買収・合併が毎年発生し、なかには10億ドル超の資産を持つ機関同士の巨大合併もある。主な目的は市場支配力と多角化にある。バーガーらは、コスト効率の改善を示すものはほとんど見つからないとしていて、図11・3に沿う見解を述べている。ロバート・デ・ヤング、ダグラス・エヴァノフ、フィリップ・モリヌーは、企業統合は2000年代も続いているとした（Young, Evanoff and Molyneux, 2009）。大きすぎてつぶせない規模になることが統合の動機の一つにあること、そして合併・買収は特定の借り手、預金者、その他外部の利害関係者にマイナスの影響をおよぼしていることを示す証拠は増えていると主張する。

金融業界への新規参入もまた、厳しい――そして時に偏った――規制に制限されている。新規参入がもたらす便益の好例は、第2章で取りあげたウォルマートだ。金融業界は無駄がなく効率性の高いウォルマートのようにならずに、なぜ肥大化するに至ったのか。ウォルマートは2005年、銀行業の免許を申請したが、バンカーによる集中的なロビー活動――誰が予想しただろう――を受けて断念したことがある。それは重要な教訓を示していた。小売店主はウォルマートの拡大を防げなかったが、バンカーは防いだのである。もちろん、こうしたロビー活動は金融と商業の分離の名のもとに、そして地域の銀行を守るために行なわれている。まるでデビットカードや預金口座は、小売業には提供できない商品だといわんばかりである。

テクノロジーは金融に何をもたらすのか

金融はもっと安くできるし、そうなるべきだ。金融業界はほかの業界よりも情報技術の進歩から便益を得てきた。しかし、たとえば小売業のような業界とは違って、こうした改善は、金融サービスのエンドユーザーに還元されてきていない。アセットマネジメントのサービスは今でも高い。銀行は預金から多大な利ざやを得ている (Drechsler, Savov, and Schnabl, 2017)。

しかし、こうした状況も金融技術（フィンテック）を駆使する事業者のおかげで変わるかもしれない。フィンテックには金融サービスを破壊する可能性を秘めたデジタルイノベーションが含まれる。当然ながら、イノベーションは諸刃の剣だ。イノベーションは起業家に新たな入り口を示し、金融サービスへのアクセスを広めることができるが、プライバシーや規制、法の執行に関する重大な問題も生みだす。今日、フィンテックの中核をなすイノベーションには、携帯電話での支払いシステム、クラウドファンディング、ロボアドバイザー、ブロックチェーン、そして人工知能や機械学習を利用したさまざまなアプリケーションがある。大手金融機関は軒並みこのテクノロジーの波に乗った。ＪＰモルガン・チェース・アンド・カンパニーは最近、アセットマネジメントのアナリストには強力で柔軟性のあるプログラミング言語、Ｐｙｔｈｏｎを学ぶことを義務づけると発表した。

だからといって、フィンテックならなんでもすばらしいということにはならない。誇張した流行り言葉として使われることも多い。「ビッグ」データはただのデータである。「機械学習」の多くは、大規模なデータセットに対して非線形回帰分析を大量に行なうというだけの話だ。ビットコインの取引にはドラッグ、ポルノ、武器が関与していることも少なくない。

しかし、本当に役立つものもある。送金市場は間違いなく成功例だ。外国で働く人は母国に金を送るときに利用する。銀行業界の集中により、貧しい世帯は長年、不当に高い手数料を払ってきた。トランスファーワイズ〔後のワイズ〕といった新しいサービスの参入により、送金は安くできるようになった。たとえば、世界銀行のサンプル国48カ国が200ドル送るときにかかる手数料は、過去10年で9・8%から7・1%に下がった。もちろん、7・1%でもまだ高い。だが、少なくとも正しい方向には進んでいる。

しかしながら、フィンテックが本当の成功を収めるには、規制が必要だろう。ほかの業界のように、フィンテックのスタートアップ企業は、特定のサービスを提供するために破壊的なイノベーションを目指す。既存事業者の強みは、顧客基盤、業界の将来を予測する能力、既存の規制の知識にある。スタートアップ企業の強みは、既成のシステムにとらわれず、リスクを伴う選択を指向する姿勢にある。たとえば銀行業界では、次々に合併が行なわれるが、積みあがった昔の技術のせいぜい一部を統合しただけの状態で、多くの大手銀行をそのまま存続させている（Kumar, 2016）。一方、フィンテックのスタートアップ企業は、適切なシステムを最初からつくるチャンスがある。さらに、多くの既存事業者にはない、効率的なオペレーションを設計する文化がある。

金融をうまく規制するにはどうすればいいか

金融業界の競争は新規参入者と既存事業者のあいだで偏りがある。公平な競争の場を確保するのは、昔から規制が目指すところである。セルジュ・ダロールは、フィンテックに関してこの考え方を検討し、ミクロ経済の観点から、規制者は公平な競争の場を確実につくるべきだと主張する(Darolles, 2016)。しかし、金融業界を悩ます多くの歪みに、この議論を簡単には当てはめることはできない。たとえば、既存事業者が大きすぎてつぶせない存在であるとき、公平な競争の場とはどういうものになるだろうか。あるいは、既存事業者が短期のレバレッジに過度に頼っているときには? 公平な競争の場を確保するという原則が適用されるのは、新規参入者が既存事業者と同じことをよりよく、より安く行なおうとしているときだろう。しかし、業界の何らかの構造的な特性を変えようとするなら、この原則を厳密に適用すると障害になりかねない。

規則というのは、業界が若いときに早い段階で適用するほうが効果を発揮する可能性が高いと、歴史は示している。マネー・マーケット・ファンド(MMF)業界について、事実とは異なる歴史を想像してほしい。1970年代に規制者が、原則としてMMFはすべて固定NAV〔時価評価せずに固定された基準価額〕ではなく変動NAVを用いて公表しなければならないとしていたら、どうだっただろうか。固定NAVは預金のようなものだ。1ドルで買い、いつでも1ドルを引きだせる。何が起きても問答無用で引きだせる。しかし、そこには裏がある。あなたの1ドルの安全を100%保証するには、短期国債に投資するか、保険をつけるしかない。だから銀行預金には保険がかけられ、銀行は連邦預金保険公社(FDIC)に保険料を払う。MMF業界は銀行預金からの乗り換えを狙った。それは完全にフェアで、単なる競争にすぎない。そして、人々が固定で安全、保証付きの預金にひかれることはわかっていた。そこで、預金を提供しているかのように見せるために、固定NAVを公表し、1口は常に1ドルとした。しかし、実際には安全な短期国債に投資していなかった。2008年9月、リザーブ・プライマリー・ファンド(大型のMMF)が「額面割れ」となった(1口当たりの価額が1ドル以下になった)。リーマン・ブラザーズのコマーシャル・ペーパーに投資していたからである。

リーマンは経営破綻し、リザーブ・プライマリー・ファンドは損失を計上した。これにより、投資家はさらなる損失を回避するために金を引きだそうとした。ファンドは償還を停止し、米財務省はすべてのMMFを一時的に補償するプログラムをつくる必要に迫られた。安全な投資といってもこの程度である。この危機のあと、規制者は改革に乗りだし、ファンドにポートフォリオの変動NAVを提示するよう求めて、安全という幻想を消そうとした。しかし、うまくいかなかった。業界は反発し、妥協案にたどりつくまで何年もかかった。ここで私が言いたいのは、こうした規制の導入は、業界が小さければ比較的スムーズに進んだだろうということだ。確かな金融方針に沿った形で、市場の進化を導き、イノベーションを奨励しただろう。ところが、業界が数兆ドルという規模になると、規制を変更するのはきわめて難しくなる。

そういうわけで、フィンテックに対応するときに規制者にとって課題になるのは、先を見通せるかどうかということになる。規制を有効なものにするには、フィンテックに備えてほしい基本的な特徴を見極め、できるだけ早くそれを要求する必要がある。フィンテックの規制にはそれが重要だと私は考える。最近出席したブロックチェーンとプライバシーに関する会議で、印象的なやりとりがあった。ブロックチェーンの原則（たとえば永続性など）と、個人データの削除を求める個人の権利のあいだには矛盾がある。ところが、驚いたことに、ブロックチェーンの専門家たちによれば、規制が求めるものがわかっているのでそれは大きな問題にはならないというのだ。言い換えれば、条件付きで個人データを削除できるブロックチェーンをつくるのは可能だということだ。しかし、最初からそう認識される必要がある。まずは業界を成長させ、それから10年後にプライバシー保護の新しいしくみを求めるとしたら、はるかに難しくなるだろう。

フィンテックは消費者保護の新たな問題も生みだしそうだ。ポートフォリオを管理してくれるロボアドバイザーの例を考えてみよう。ベイカーとデラートが論じたように、ロボアドバイザーは間違いなく新たな法律上、運営上の問題を生み、消費者保護を行なう機関にとって頭痛の種になるだろう（Baker and Dellaert, 2018）。だが、消費者保護が目的なら、ロボアドバイザーは完璧である必要はない。現行のシステムより良いものであればいいだけだ。人間のアドバイザーがどれだけ悪い記録を重ねてきたか思いだしてほしい。投資アドバイザーには強力で攻撃的な圧力団体がついている。彼らは顧客には知らせることなく、最近まで高い手数料を維持してきた。ほとんどの人は自分が何を支払っているのか知らないだろう。利害の衝突は業界内に蔓延している。たとえば、ダニエル・バーグストレッサー、ジョン・M・R・チャルマーズ、ピーター・トゥファーノは、ブローカーが売るミューチュアルファンドは、販売コストを引く前でも、リスク調整後リターンが少ないとする（Bergstresser, Chalmers and Tufano, 2009）。ジョン・チャルマーズとジョナサン・ロイターによれば、ブローカーの顧客のポートフォリオは、ターゲット・デート・ファンドをもとにしたポートフォリオよりも、リスク調整後リターンがかなり少ないという（Chalmers and Reuter, 2012）。ブローカーの顧客は手数料が高いファンドに資金を配分している。実際のところ、ブローカー抜きで投資したほうが運用の成績は上がる傾向がある。センディル・ムッライナタン、マーカス・ノース、アントワネット・ショアーは、アドバイザーは顧客のバイアスを解消せずに、むしろ強化することが多いとしている（Mullainathan, Noeth and Schoar, 2012）。顧客がうまく分散された手数料の安いポートフォリオを組んでいたとしても、アドバイザーは利益を追求するよう促し、手数料の高いアクティブ運用ファンドを勧めるという。マーク・イーガン、グレガー・マトボス、アミット・セルーによれば、アメリカでは、金融アドバイザーの不正行為は、個人客を相手にする企業や、教育水準が低く高齢者の多い郡に集中しているという（Egan, Matvos and Seru, 2016）。また、そうした行為への労働市場におけるペナルティが小さいことも示している。

ロビイストを監視する

金融業界は、信頼できる金融サービスをより安く提供する方向に（ゆっくりと）向かっていると主張することはできるだろう。しかし、その道は平坦ではない。落とし穴を三つ指摘したい。

一つ目は、金融業界の既存事業者が今でも大きなレントを享受し、それを守るために戦うつもりでいるということだ。一つだけ例をあげるとすれば、未公開株式投資会社が納税者から多額の助成を受けていることだ。彼らはキャリードインタレストに対する不当な税の優遇措置によって利益を得ている。キャリードインタレストとは、投資ファンドの利益のうち、最高37％の所得税の税率ではなく、23.8％のキャピタルゲインの税率が適用される部分をいう。トランプ大統領は選挙期間中にこの抜け穴をふさぐことを約束したが、議会は未公開株式投資会社のロビー活動に屈し、穴をふさぐことはできなかった。議会は直ちに廃止する代わりに、ファンドのゼネラルパートナーに、投資資産を1年ではなく3年保有するように求めた。さらに、ファンドのマネージャーは、法人税法の優遇措置を利用してキャリードインタレストの利益を享受し続ける方法を見つけた。キャリードインタレストを受ける役員のために法人組織を設立したのである。

二つ目は、アメリカにデータの保護と所有権の枠組みが欠けていることだ。アメリカの銀行は競争を避けるために顧客の情報は保有し続けたいと考えている。ご想像のとおり、同じ議論はヨーロッパでも起きた。ヨーロッパの銀行はデータ共有という考えに激しくロビー活動を行なった。しかし、議会がこうしたロビー活動にすぐに屈したアメリカと違って、ヨーロッパは前進した。その精神は、一般データ保護規則（GDPR）として結実した。そこには人々は自分自身のデータを所有することが記載されている。このGDPRによれば、銀行口座の情報は本人のものなので、その情報に誰がアクセスできて、誰ができないかは本人が決めることができる。これはアメリカとは大きく異なる。アメリカの銀行の顧客は事実上、自分のデータを所有していない。アメリカの立法者がそれを許したのである。

私はフランスで生まれ育った。大きな銀行は伝統的にアメリカよりも政策に影響力を持っていた。それが逆になる日が来るとは想像もしなかった。オープンバンキングに関して言えば、ヨーロッパとアメリカでは大きな差がある。これはたまたまそうなったわけではない。第8章で見たヨーロッパの規制に対する考え方によるものだ。おそらくヨーロッパの人々はアメリカ人のように自然に自由市場に向かったわけではないが、市場をEUレベルで規制すると決めたときには、強力で独立した規制者を選んだ。これが政治ゲームの均衡点である理由についてはすでに示した。結局、2010年から2012年の経済危機のあと、ヨーロッパは銀行の監督と規制をEUレベルで行なうことを決めた。それ以来、銀行の規制者は力と独立性を強め、銀行のロビイストはいくらか影響力を失った。これはGDPRに関する議論と決済サービス指令の改正（PSD2）の過程を見れば明らかだ。GDPRとプライバシーの問題については、第13章と第14章でフェイスブックとグーグルを取りあげるときに、もう一度範囲を広げて考えることにする。

三つ目は、アセットマネジメントが過度に集中する可能性があることだ。インデックスファンドや上場投資信託（ETF）はすばらしい発明だ。費用が安くてシンプルで、投資家の95％にとっては、間違いなくアクティブ運用のファンドより良い商品だ。急速に拡大もしてきている。機関投資家が所有する上場株式の価額は2000年以降増えている。主に準インデックス運用機関の成長によるものだ。こうした流れは有望だが、ポートフォリオのマネジメントの集中につながる。問題の一つは、巨額の資金を扱う資産運用者は資本支出よりも自社株買いを好む傾向があるように見えることだ。グティエレスと執筆した論文のなかで、私たちは準インデックス運用機関が所有する企業のほうが、自社株買いを急速に増やしていることを示した(Gutiérrez and Philippon, 2017)。大型投資家は市場支配力の価値を理解しているので、参入障壁によって守られている企業を求める。ウォーレン・バフェットらは、ある意味それによって並外れた成功を収めた。もちろん、それは戦略として完全に合法である。しかし、直接、間接を問わず、巨額の資金を運用する機関の成長は、アメリカ経済における高いマークアップと低い投資への流れを強化している可能性がある。

結論を言うなら、金融には新しいものがあり、価値あるものがある。しかし、価値あるものが新しくなく、新しいものが価値あるものではないというのはよくあることだ。この傾向が主にフィンテック企業のおかげで、変わりつつあるという考えもある。しかし、フィンテックのイノベーションが自動的に金融サービスの安定性とアクセス性の向上をもたらすわけではない。金融の進化したテクノロジーの成果を享受したければ、ロビー活動に立ち向かう金融規制者が必要である。

12

アメリカの医療——自ら招いた禍

今、中年期にいる人々は、寿命脱出速度〔老化の速度を上回る寿命の増加速度〕に到達できる可能性が十分にある。

——オーブリー・デ・グレイ

今、中年期にいる人々は、高齢期に入ったときに今の高齢者より悪い状況になるだろう。

——アン・ケース／アンガス・ディートン

経済学者とテクノ楽観主義者の対立に焦点を当てるのに、健康ほど適当なテーマはない。科学者が永遠の命は技術的に可能かもしれないと言いはじめたときに、アメリカが産業革命以降はじめて民主国家のなかで、平時における平均余命の低下を経験しているのは悲しい皮肉である。

テクノ楽観主義者は、技術的に実現可能なものというレンズを通して世界を見る。しかし、残念ながら、技術的に実現可能なものが悪しき政策によって実現不可能になりえることは昔からある。ノーベル賞を受賞した経済学者アマルティア・センは、約40年前に大量飢餓は何はさておき政治問題であると主張していた。「飢餓とは、十分な食べ物を持っていない人々を特徴づける言葉である。十分な食べ物がそこにないという状況を特徴づける言葉ではない。後者は前者の原因の一つとなり得るが、多くの可能性の中の一つの原因にすぎない。飢餓が本当に食料供給と関連しているのか、どのように関連しているのかは、現実から検証すべきことである」(Sen, 1982)。センによれば、十分な食料がないことが問題であるケースはほとんどなく、権力を持った者が飢餓に対処する意志や決断に欠けていることが問題なのだという。言い換えれば、飢餓は多くの場合、人間の政策の失敗なのである。

アメリカの医療にも同じことが言えそうだ。私たちができることと実際にしていることの差は、少なくともここ数十年に起きた技術の変化よりもはるかに大きい。アメリカには最高の病院、最高の技術がありながら、健康に関しては凡庸な成果しかあがっていない。効率が悪く、寡占状態にあり、時には不正も起こる医療システムだけにその責任を求めることはできないが、大きな要因ではある。

アメリカは世界最大の経済大国であり、1人当たりで見るともっとも豊かな国に数えられる。しかし、ほかの富裕国に比べると、貧困層の割合と乳児死亡率は高く、平均余命は短い。(1)

図12・1は、アメリカ、フランス、イギリス、コスタリカの新生児の平均余命の推移をあらわしたものだ。コスタリカを選んだのは、比較対象を広げるとともに、所得と健康の違いを強調するためだ。2000年、フランスの新生児の平均余命は79・2歳だった。アメリカは2年半短く、76・7歳だった。2016年にはその差は4・2歳まで開き、フランスでは82・8歳、アメリカでは78・6歳となっていた。アメリカの平均余命は、間違いなくほかの富裕国より短いが、実はそれほど豊かではない国と比べても短くなっている。201

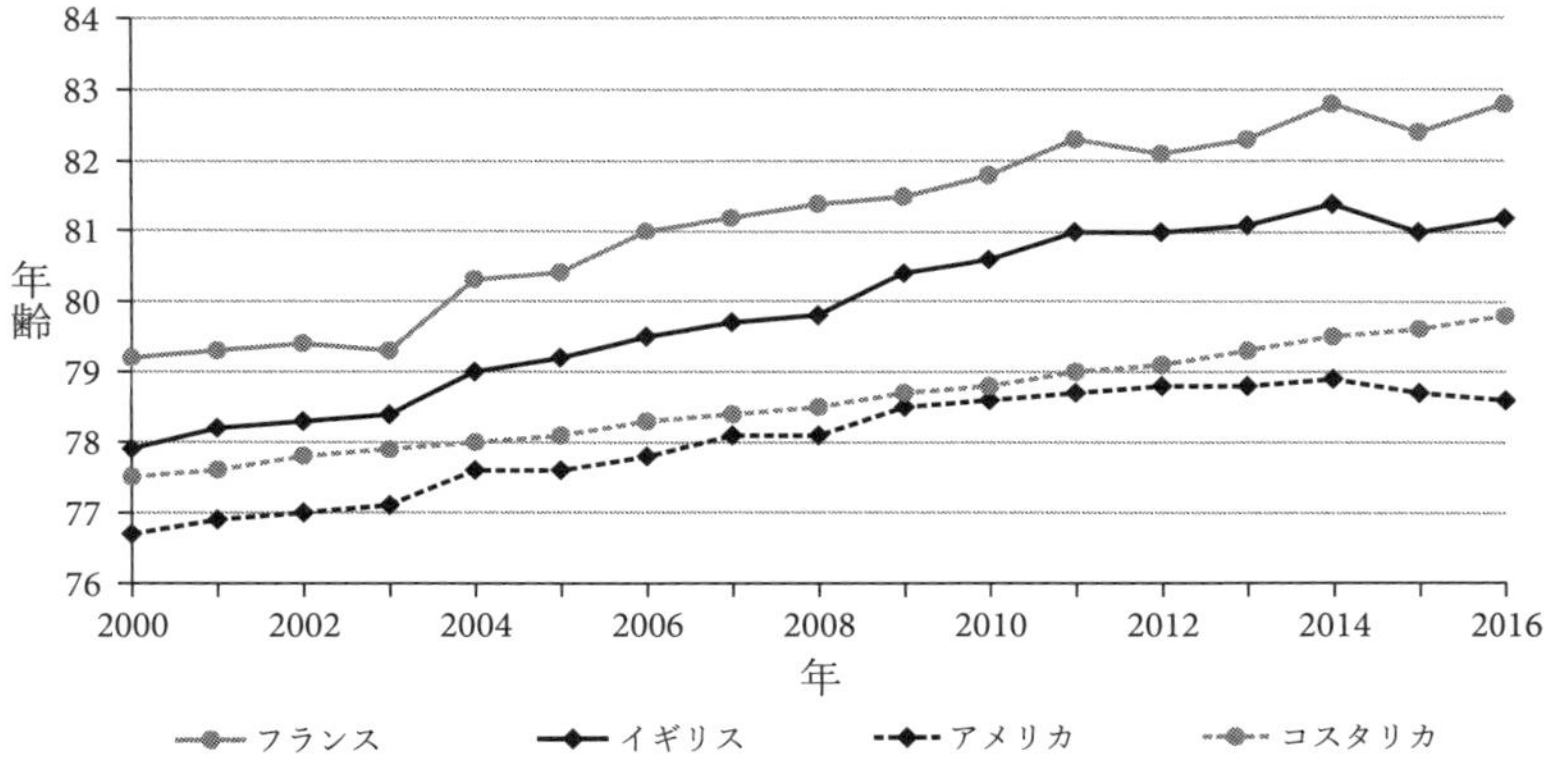

図 12.1　平均余命
データ出所：OECD

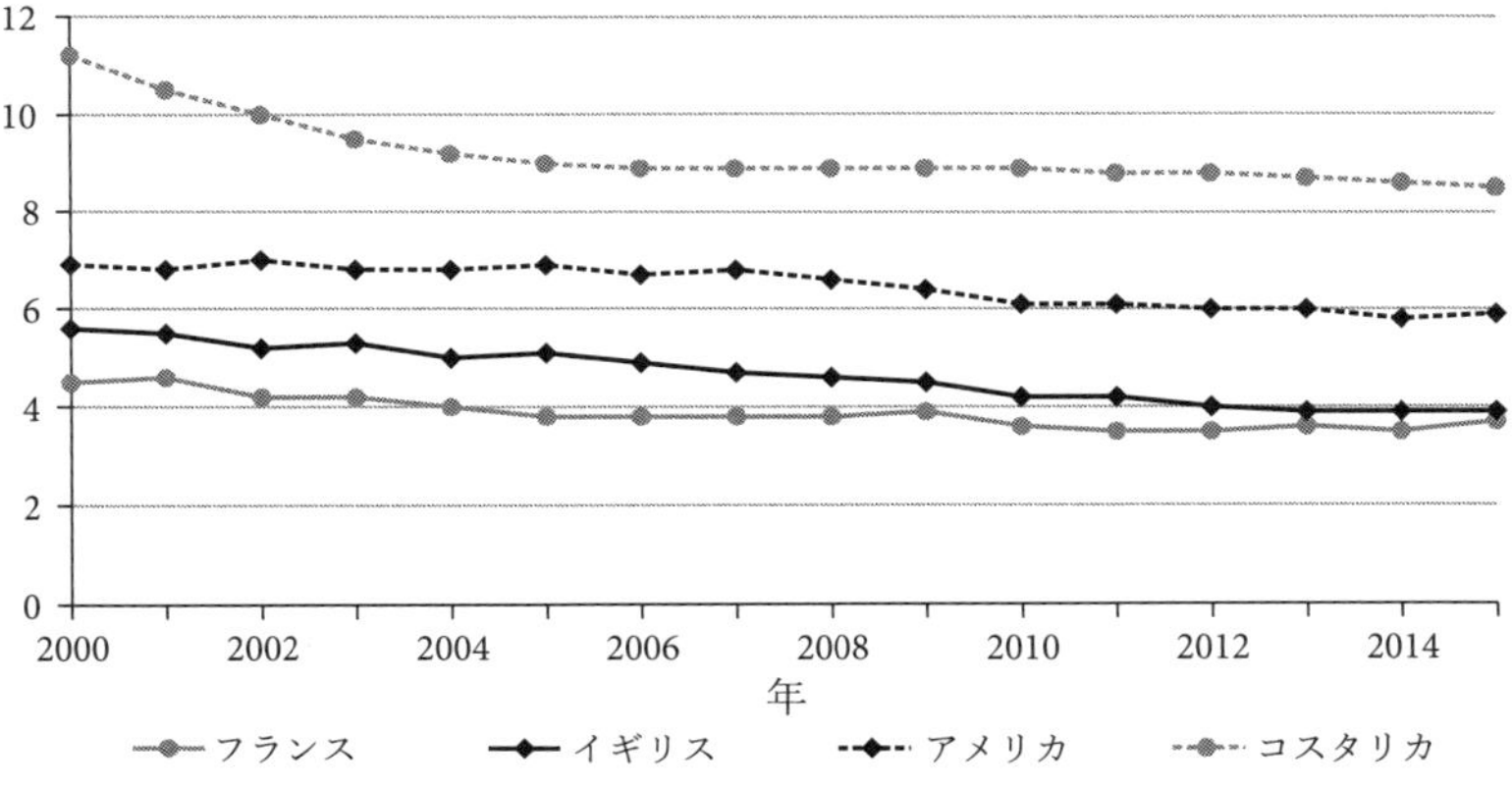

図 12.2　乳児死亡率
生児出産 1000 件当たりの死亡数
データ出所：OECD

6年のコスタリカの新生児の平均余命は、アメリカの新生児よりも1・2歳長かった。そして、その差は近年、開いてきている。

図12・2は乳児死亡率の推移である。死亡率は世界中で低下している。アメリカの乳児死亡率は2010年以降は下げどまり、イギリスやフランスなどのほかの富裕国よりも高い水準で推移している。2014年から2016年のデータによれば、生児出産1000件当たりの死亡数はアメリカでは5・9人、フランスでは3・7人、イギリスでは3・9人となっている。コスタリカはきわめて高く、約8人だった。

アメリカの医療費

残念な結果に加えて、アメリカの医療費はほかの富裕国よりもはるかに高い。雇用主が提供する医療保険の平均コストは、2018年には家族プランで2万ドル近い。ただし、アメリカは豊かな国なので、この数字には注意が必要だ。第7章で論じたバラッサ・サミュエルソン効果により、非貿易財および非貿易サービスは富裕国のほうが高くなる。だから、医療も富裕国のほうが高くなるはずだ。

図12・3は医療のバラッサ・サミュエルソン効果を示したものである。1人当たりの医療費が、1人当たり所得の増加に伴って増加するのがわかるだろう。ところが、図12・3はアメリカの医療費がこの流れから外れているのも示している。(正確に言えば、回帰直線から外れている)。アメリカの1人当たりの医療費は、1人当たりGDPが同水準であるノルウェーやスイスよりもはるかに高い(ルクセンブルクとアイルランドの1人当たりGDPは、大規模な多国籍企業の活動により偏っている)。

図12・4は医療費の対GDP比を示したものであり、実線はアメリカ、破線は同国と比較可能なOECD

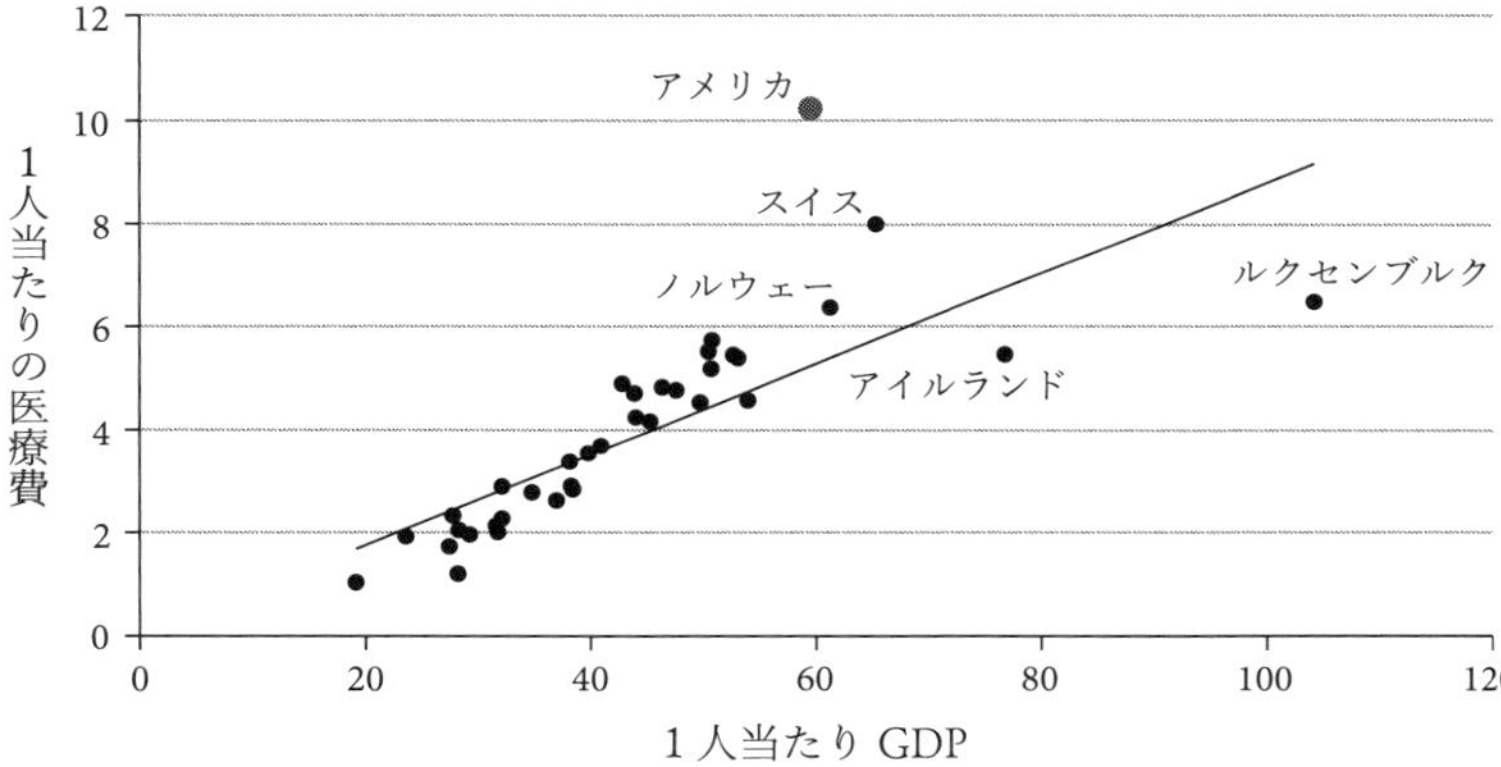

図 12.3　主要国の医療費 vs 1 人当たり GDP（いずれも単位は 1000 ドル）
データ出所：Kaiser Family Foundation analysis of OECD data

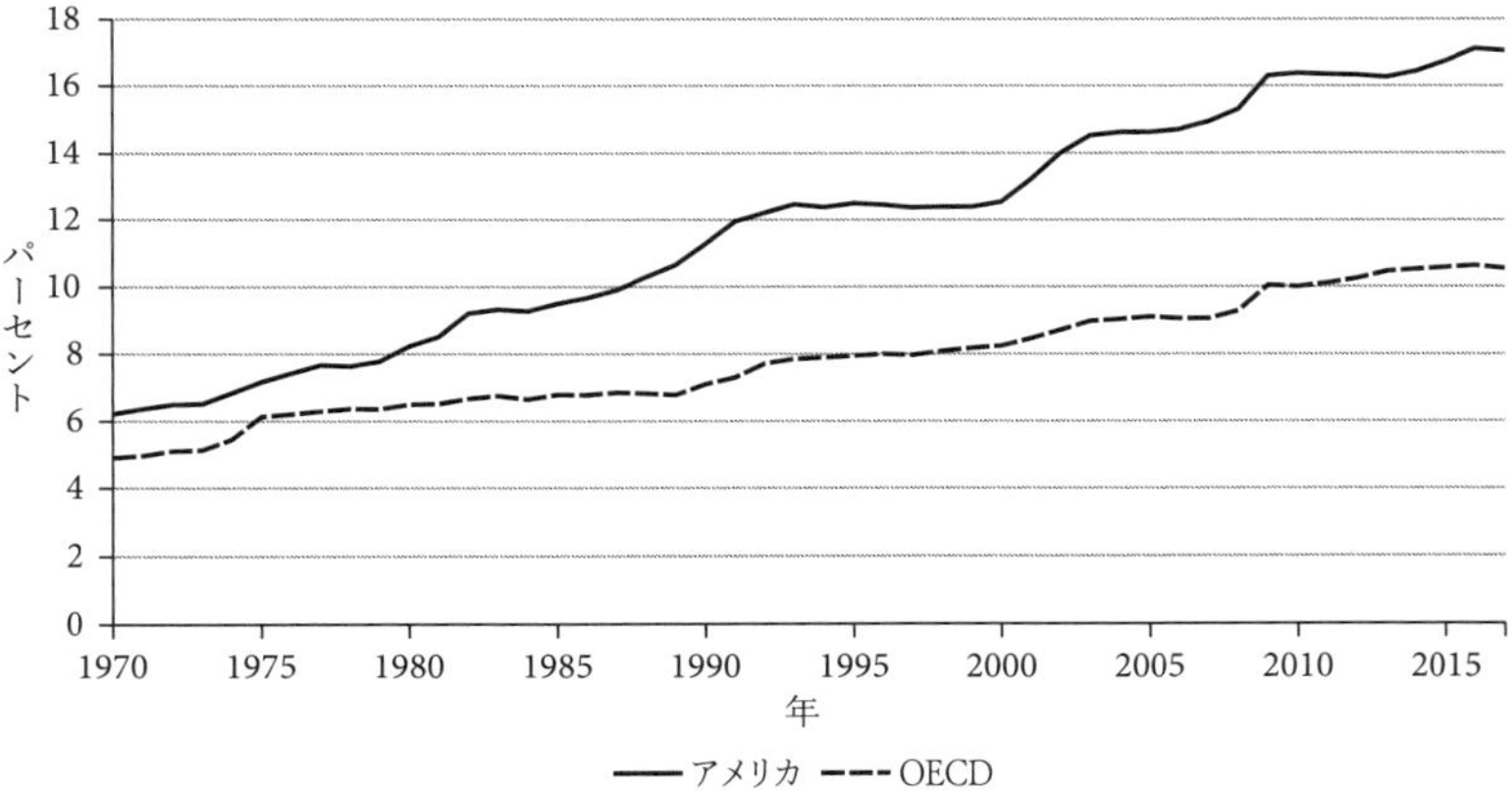

図 12.4　医療費の対 GDP 比、アメリカ vs OECD（平均）
データ出所：Kaiser Family Foundation analysis of OECD data

加盟国の平均である。二つの事実が際立っている。一つ。いずれも医療費は上昇している。二つ。アメリカの伸びのほうがはるかに大きい。アメリカは常にほかの富裕国より医療に支出しているが、その差は１９８０年代以降大きくなっている。

２０１８年、アメリカはＧＤＰのおよそ18％、３兆３０００億ドルを医療に費やしている。この内訳はどうなっているのか。アメリカの医療費でもっとも大きい項目は、入院や手術などの病院ケアで、年間１兆ドル以上を占める。次に大きいのは医師および臨床サービスで、こちらも多くは病院システムによって提供される。３番目は処方薬で、約３３００億ドルとなっている。

医療費の公的支出と民間支出の配分も多くの情報を含んでいる。アメリカの公的支出はほかの国とほぼ変わらない。一方、民間支出はＯＥＣＤ平均の3倍となっている。アメリカでは、公的部門、民間部門それぞれに複数の医療制度がある。公的にはメディケア、メディケイド、先住民医療サービス、退役軍人管理局があり、それぞれ別のしくみとして運営されている。さらに医療制度については州によっても異なる。同様に、民間の医療制度も一つではなく、多くの下位制度がある。この複雑さは間違いなく過剰なコストの原因の一端を担っている。

アメリカは近い将来、ＧＤＰの20％を医療に使うことになるかもしれない。ほかの国のほぼ2倍である。この事実をどのように理解すればいいのだろうか。

価格 vs 品質

アメリカ人が多額の医療費を払っているのは、価格が高いからであって、医療サービスをたくさん受けているからではない。米ヘルスケアコスト研究所は、２０１２年から２０１６年で、雇用主が提供する保険の請求が伸びたのは、救急外来の受診、外科手術による入院、投与された薬の「価格の上昇によるところがほとんどだった」としている。一方、医療の品質は「ほぼ変わらないか、下がっている」という。「市場が機能していないだけだ」とジョンズ・ホプキンス大学の医療経済学者ジェラード・アンダーソンは、２０１８年にウォール・ストリート・ジャーナル紙に語っている。雇用主が提供するプランをめぐって医療提供者と支払い額を交渉する保険会社は、平均するとメディケアより50％多く支払っており、上昇するこの費用は「アメリカが多額の医療費を支払う主な原因となっている」という（Mathews, 2018）。

研究者は特定の医療項目の費用も国別で比較し、アメリカがなぜそんなに高いのか探ろうとしている。[2] 受診回数も入院の期間・回数も過剰費用の説明にならなかった。ほかの富裕国の平均とあまり変わらないのである。繰り返しになるが、差異は価格によるものだ。年間の薬代は、アメリカで１人当たり１４４３ドル、ヨーロッパでは１人当たり平均７４９ドルである。

高価格のもう一つの大きな要因は、何層にも重なる「管理」コストだ。そこには医療制度と医療サービスを計画し、規制し、運営するコストが含まれる。この管理費がアメリカは高く、医療費全体の約８％を占める。ほかの国は平均３％なので、倍以上である。別の研究では、管理費を広く定義し、管理業務にかかる時間などの間接費も考慮した結果、管理費は医療費全体の25％にもなった（Tseng et al., 2018）。

私が「管理」とかぎ括弧を使ったのは、それは実際には何層にも重なる医療の仲介者や提供者——保険会社から病院まで——が手にするレントだからだ。経済学の多くの研究から、緩やかな競争は高い「管理」費につながることがわかっている。

人件費も差異の原因の一つだ。アメリカの医師や看護師の給与は、ほかの国よりも高い。たとえば、アメリカの総合医は年収約22万ドルだが、ほかの富裕国の平均は12万ドルである。これは1人当たりGDPの平均差をはるかに上回り、バラッサ・サミュエルソン効果では説明できない。しかし、注意しなければならないのは、ほかの国ではほぼ無料で医学教育が受けられることだ。アメリカでは、医学生は20万ドル以上の負債を抱えて卒業する。

アメリカの医療は生産性が低い

こうした結果をまとめると、アメリカはある意味、国民の健康を維持するにあたって効率性に欠けているように見える。どの国よりも金を使い、平均して国民の寿命は他国より短く、健康的な生活でも劣っている。もちろん、医療制度だけを責めるわけにはいかない。ほかの要因——遺伝子、行動、社会状況、環境や身体の影響——も平均余命に関わってくる。多くの研究が、罹患率と死亡率の差異のうち医療で説明できるのは20％以下だとしている。[3] タバコ、質の悪い食事、運動不足は大きく影響する。アン・ケースとアンガス・ディートンによる先駆的な研究によれば、中年の非ヒスパニック系白人の罹患率と死亡率は、世紀が変わったころから上昇しているという（Case and Deaton, 2017）。大学を出ていない高卒以下の非ヒスパニック系白人のあいだで、死亡率はすべての年齢層で上がっている。対照的に、黒人はすべての年齢層で死亡率が下がっている。高卒以下のグループでは、自殺、薬物の過剰摂取、アルコール関連の肝疾患が目立って増えている。「この期間において、中年期の主な死因である癌と心臓病による死亡率の減少は、薬物の過剰摂取、自殺、アルコール関連の肝疾患の著しい増加によって相殺されている」

世界中の医療制度を比較する方法としてもっと有用なのは、医療によって改善できる死亡率を使うことだ

表 12.1　ヘルスケア・アクセス・アンド・クオリティ・インデックス上位国

HAQ インデックス	国
97	アイスランド、ノルウェー
96	オランダ、ルクセンブルク、オーストラリア、フィンランド、スイス
95	スウェーデン、イタリア、アンドラ、アイルランド
94	日本、オーストリア、カナダ
93	ベルギー
92	ニュージーランド、デンマーク、ドイツ、スペイン、フランス
91	スロベニア、シンガポール
90	イギリス、ギリシャ、韓国、キプロス、マルタ
89	チェコ、アメリカ

ろう。最近、大規模な調査が行なわれ、傷病やリスク要因のデータを用いて１９５カ国を対象にしたヘルスケア・アクセス・アンド・クオリティ・インデックス（ＨＡＱ）がつくられた（GBD 2016 Healthcare Access and Quality Collaborators, 2018）。この調査では、適切な医療を受ければ死に至らないはずの32の傷病を対象に、実際に治癒した人数を調べている。理論上は死に至らない傷病から全員が回復した場合、スコアは満点となる。表12・1は上位の９スコアである。

上位にはヨーロッパ諸国にカナダ、オーストラリア、ニュージーランドが並ぶ。アメリカの順位はその富や医療費支出を反映していない。この調査からは、アメリカの特異性がほかに2点浮かびあがる。２０００年と２０１６年を比べた場合、中所得および高所得の国のなかで改善数値が最小であること、そして国内のＨＡＱインデックスにかなりの格差があることだ。ミシシッピ州のスコアが最低（81・5）である一方で、北東部州、ミネソタ州、ワシントン州はヨーロッパのスコアと変わらない。

この調査は完璧ではない。属性の問題からは逃れられないからだ。どんな結果でも評価の難しさはあるが、大きく見れば、アメリカは救急治療で良い結果を出し、住民全体の健康維持には失敗しているようだ。

このように見てくると、アメリカの医療業界の生産性は低いと言っていいだろう。しかし、さらに掘り下げれば、アメリカの医療制度が、寡占産業、利害の衝突、規制の虜、政治の虜といった経済的な疾病を患っているのがわかる。困ったことにこれらは高コストと残念な結果をもたらす。

集中

病院は合併によって市場支配力を高めてきた。２０１０年以降、年に約70件の合併が行なわれている。今では、大都市圏在住のアメリカ人の80％近くが、病院が高度に集中した地域にいる。たとえば、最近では、テキサス州を拠点とする大病院二つが合併すると発表した。ダラスのベイラー・スコット・アンド・ホワイト・ヘルスと、ヒューストンのメモリアル・ハーマン・ヘルス・システムである。合併が実現すると、アメリカ最大の68の病院を持つ医療グループが誕生する。病院は名目上は非営利団体に分類されるが、その収入は合計で１４０億ドルを超える。

病院側は合併によって効率性が高まり、コストは低下し、より良い医療を提供できると主張して、常に合併を正当化する。市場支配力に関しては、慎重に言及を避ける。過去に答えを求めるなら、効率性が高まることはなく、価格は上昇するだろう。

驚いたことに、病院側は航空業界を手本にしているようなのだ。「正しく規模を拡大することが重要だ」。ボン・セクール・マーシー・ヘルスのＣＥＯ、ジョン・スターチャー・ジュニアは、ウォール・ストリート・ジャーナル紙のインタビューに答えて言った。「秘密でも何でもない……病院が統合化において、ほかの業界、たとえば航空業界に比べてどれだけ遅れているかは」

そう、読み間違いではない。病院が見習う業界として航空業界をあげているのである。信じられるだろうか。

実際には、合併が保険会社に対する交渉力を高めるきっかけになるから、というのが大きな理由としてある。保険会社の経営陣（皮肉なことに、アメリカの多くの州で実質的に独占状態にある）は、病院が合併しようとするとすぐに意見する。町に支配的な病院があるときには、保険会社としてはプランにその病院を入れざるを得なくなる。ある病院がその地域で唯一入院患者を受けいれられる病院であるときには、その地域の人々に保険を提供する会社は、その病院を入れるしかなくなる。独占状態にあれば、その病院は事実上好きなだけ請求できる。

当然ながら、市場の片側で集中が起きると、それは反対側でも同じことが起きるきっかけになる。最近、保険会社のエトナを700億ドルで買収した薬局チェーンのCVSファーマシーは、続いて病院の買収を計画している。

制限付きの契約

競争を抑制する行為は医療業界のいたるところに見られ、医療提供者と保険会社のあいだで結ぶ契約に埋めこまれることもめずらしくない。競争を抑制する契約の例をいくつか見てみよう。

強制参入

病院は、保険会社が提供するすべてのプランに自病院を含めるように強制した契約を結ぶことがよくある。これにより保険会社は安い契約を提供することができなくなる。たとえば、保険会社のシグナと医療提供者のノースウェルは、特定の医療提供者を除くことで費用を抑えた保険プランを開発しようとした。これはシグナと、ノースウェルのライバルのニューヨーク・プレスビテリアンとのあいだの別の契約により阻止された。シグナがニューヨーク・プレスビテリアンを除外したプランを提供するのを、既存の契約が禁じていたからだ。

ノースカロライナ州シャーロットでは、その地域で大きな市場シェアを持つアトリウム・ヘルスが司法省から訴えられている。病院は「市場支配力を利用して、保険会社がライバルの病院と交渉して、保険料を抑えたプランを提供するのを阻止している」というのである。カリフォルニア州司法長官は、北カリフォルニアで24時間医療を提供するサッター・ヘルスについて、反競争的な行為が見られると述べている。

誘導禁止

医療業界の契約のなかで、もう一つ競争を抑止するものとして、保険会社が現状よりも低価格あるいは高品質の医療提供者に患者を誘導するのを禁止する条項がある。強制参入により、保険会社はコストの高い医療提供者を保険から締めだすことができない。併せて誘導禁止条項により、保険会社は患者がもっと安い、あるいはもっと品質の高い医療提供者を求める動機を創出することができない。

２０１８年９月、ウォール・ストリート・ジャーナル紙は、ウォルマートが従業員向けの保険を提供する保険会社に、評価成績の悪い下位５％の医療提供者を外すよう求めたと伝えた。保険会社３社――エトナ、アーカンソー・ブルー・クロス・アンド・ブルー・シールド、ユナイテッド・ヘルスケア——は、医療提供者との契約によりそれはできないと返事をした。

不透明性

金融業界では、投資アドバイザーは常に手数料を隠しておこうとする。医療提供者も同様だ。価格情報へのアクセスについて、医療提供者が制限できるとする契約はたくさんある。

つまり、保険会社が値段の比較ツールを顧客にオンラインで提供するときには、そうした医療提供者が情報開示から身を引くことを受けいれなければならないということになる。こうした契約により、患者は自分に請求される医療費を文字どおり見ることができない。これを執筆している時点で、アメリカ政府は保険会社と病院に医療費の開示を求める行政命令の制定を検討している。成就することを祈ろう。

規制の虜

もしここまで読んで、「規制者はいったい何をしているのか」と思ったとしたら、あなたは問題のもう一つの面に対峙している。規制の虜だ。

アメリカでは、保険は州レベルで規制されている。つまり、国中に保険業界を監視する州の保険監督官がいるということだ。彼らはきわめて大きな影響力を持っている。ほとんどのニュースメディアにその行動が監視されていたとしてもだ。しかし、一般大衆が保険監督官に関心を払わなければ、保険会社はその埋め合わせ以上のことをする。

2016年にセンター・フォー・パブリック・インテグリティが発表した報告書では、保険会社が保険監督官に影響力をおよぼすために、豪華な会食や旅行やさまざまな便宜を提供するなどの接待活動を頻繁にしている証拠があるという (Mishak, 2016)。同センターによる一例をあげれば、アーカンソー州の保険監督官ジュリー・ベナフィールド・ボウマンは、ユナイテッド・ヘルスケアと病院のあいだの請求書をめぐる問題を審査しているときに、同社のロビイストから食事などの接待を複数回受けている。「月曜の夜は本当に楽しかった。おもてなしを感謝します」と、ボウマンはユナイテッド・ヘルスケアの弁護士にメールを送っている。彼女が保険会社に有利な判定を下したと聞いても驚きはないだろう。この決定は2年後に裁判所が介入し、「不適切な行為が見られる」として覆された。しかし、このときにはボウマンはすでに別の会社で職を得ていた。そう、ユナイテッド・ヘルスケアである。

オピオイド問題

規制の虜はもっと悲惨な結果をもたらすことがある。なかでも最悪な事態がオピオイドの流行で見られた。オピオイドは、2000年代の初頭以降、アメリカで急速に広まった。オピオイド問題は、アメリカの薬物過剰摂取の歴史のなかでも最悪である。鎮痛剤として処方されるオピオイドの過剰摂取による死亡者数は1999年から2010年のあいだにほぼ4倍になり、1980年代にクラックが流行したときの死亡率を上回っている。クラックの死亡率は10万人当たり2人だった。オピオイドの死亡率は10万人当たり10人で、ウエスト・ヴァージニアでは10万当たり40人にも達している。

オピオイド問題には需要側と供給側がある。需要の原因は、アメリカ社会と経済の状況にあり、医療制度の欠陥のせいにはできないだろう。しかし、供給側は医療制度の問題によって増強されてきた。オピオイドに向かわせる要因と規制の虜はいっしょになって過剰処方を促しているという証拠がある。供給と需要の両方に問題がある。ケースとディートンが言う「絶望死」はオキシコンチンが登場する前から存在するが、過剰処方は間違いなく問題を悪化させている。

オピオイド危機のさなかにあっても、製薬会社は処方制限に対して執拗にロビー活動を繰り広げていた。たとえば、ペイン・ケア・フォーラムは連邦と州に対して、オピオイド処方の制限について10年でおよそ7億4000万ドルをかけてロビー活動を行なった（Perrone and Wieder, 2016）。ジュリアナ・ゴールドマンとローラ・スティックラーは、2018年1月、「CBSニュース」で次のように伝えた。「州司法長官の政治団体に対する製薬会社からの寄付金は、過去3年で増え続け、民主党へは約70万ドル、共和党へは約170万ドルとなっている」。最近では、オピオイドの製造会社はこの危機のなかで訴えられないようにロビー活動を行なっている、ゴールドマンとスティックラーは付け加える。「寄付金は確かに合法だが、そのお金のおかげで会社は司法長官と単独で会ったり、ゴルフや高級レストランでの食事をともにしたりできる」。トム・マリーノは、トランプ大統領の指名でアメリカ製薬業界のトップに君臨する予定だったが、ワシントン・ポスト紙とCBSの「60ミニッツ」が、医薬品販売会社や薬局によるオピオイド販売に立ち向かう米連邦麻薬取締局の動きを阻止する体制をつくった張本人であると報道したことで、候補から外れた。「製薬業界、製造会社、卸売会社、小売店、ドラッグストアチェーンは、かつてないほど議会に対して影響力を持っている」。2015年まで麻薬取締局の麻薬規制部門の責任者をしていたジョゼフ・T・ラナジージは、ウォール・ストリート・ジャーナル紙に語った。「つまり、オピオイド危機のまっただなかで、彼らの利益を守る法案を議会で通させることができるのは、彼らの影響力の強さのあらわれだと思う」（Higham and Bernstein,

2017）

そして、オピオイドが広がり続けるなかで、その動きを逆行させるのは難しかった。アメリカ政府は入手に制限をかけようとしたが、すでに乱用が蔓延していたので、ヘロインなどの代用ドラッグを広めることになった。２０１０年、オキシコンチンの改良版をつくることでオピオイドの乱用を抑制しようという試みが行なわれた。しかし、いくつかの研究グループによって明らかになったのは、新しい改良薬が常習者を代用のヘロインに向かわせたということだった(4)。現在、50万人以上のアメリカ人がヘロイン依存症で、そのうち80％は以前はオピオイドを使っていたという。

公共政策の失敗

アメリカの医療業界で集中が進んでいるのは気がかりである。劇中なら、登場人物のセリフは次のようになるだろう。

病院「統合を進めて、銀行のように大きすぎてつぶせない存在になりたい。そうすれば、航空会社が乗客を扱うように患者を扱うことができる」

保険会社「私たちは統合しなければならない。そうすれば銀行や大手製薬会社と交渉するときに強く出られる」

大手製薬会社「この業界はすでに集中しているが、さらに推し進めるべきだ。特に病院や保険会社が統合しはじめたというなら」

医療を効率よく届けられるかどうかは世界的な問題だ。どの国も試行錯誤しており、アメリカだけの話ではない。資金もインフラも専門家も不足している新興国では、医療水準は低くなり、誤診もたびたび起こる。富裕国は過剰コスト、過剰投薬、過剰な高額治療と格闘している。しかし、この多様な状況のなかでもアメリカは外れている。群を抜いて医療費がかかっていながら、結果は平均点以下なのだ。アメリカの政策立案者は公共政策の大失敗に見えるこの問題を解決しようと必死に取り組んでいるだろう、と思うかもしれない。しかし、残念ながら、アメリカでは医療について理性的に話しあうのはほとんど不可能に見える。

どの国にも理屈に合わない部分はある。フランスは自国の社会モデルは世界から羨まれていると信じている。イギリスはアメリカとの関係は特別だと信じている。国がこうした考えにとらわれるとき、合理的な議論はほぼ不可能になる[3]。どれだけ証拠を示そうとも、何も変わらない。アメリカではこうした問題の一つが医療であり、銃規制である。銃規制は本書のテーマではないので取りあげるつもりはなかったが、最近医学誌に発表された論文を読んで考えを変えた（Schuur, Decker and Baker, 2019）。医師団体とつながりのあるＰＡＣは、銃規制——身元確認など——に賛成する候補者より、反対する候補者に多くの資金を提供するというのである。これは、公には銃規制の強化の必要性を訴える医師団体の立場とは矛盾するように見える。こうしたＰＡＣが医療改革に反対する候補者を支持し、そうした候補者がたまたま銃規制法案にも反対することはありそうだ。経済的レントと政治を混ぜあわせると、必ず驚きの結果が出てくる。

アメリカの医療問題の討論でよく聞く訴えのなかには、首をかしげざるを得ないものがある。そのなかの二つをあげてみよう。一つは、アメリカは自由市場の国なので、人々は政府が主導する医療制度を求めていないというものだ。言わせてもらおう。まず、政府はすでに医療制度に関与している。メディケアと呼ばれるものだ。それから、本来関与すべきではないにもかかわらず、政府が深く関与しているほかの市場は探すまでもない。住宅市場がある。アメリカ政府は、不効率でずさんな経営をしている機関（ファニーメイ、フレディマック）を通じて、数兆ドルという住宅ローンを保証している。

ここで問いかけてみてほしい。政府の関与を正当化する市場の失敗と言えるのはどちらの市場だろうか。医療か住宅ローンか。そう、これは修辞疑問だ。答えは明らかだから。医療の市場は外部性、逆選択、市場の失敗の「最重要証拠」である。これは誰が見ても明らかであるはずだ。実際、アメリカの外にいる人にとっては明らかであり、だから世界中の政府が何らかの形で医療に関与している。

一方で、ほとんどの国には民間の住宅ローン市場がある。デンマークには流動性が高く効率的な民間住宅ローン市場と、国が運営する効率的な医療制度——その逆ではない——がある。フランスでは家を買うときには、民間の銀行から民間ローンを借りる。所得が低い世帯は補助を受けられる——ただし、非効率なものが多い——が、ローン市場は民間である。アメリカには、非効率な半官半民の医療制度と、納税者によって助成される歪んだ住宅ローン市場がある。アメリカ人は基本的に政府による市場介入を嫌うという考えは精査に耐えられるものではない。

よく聞かれる二つ目の意見は、アメリカの企業は世界のなかで医療関連製品の研究開発費の大部分を担っているので、価格が高くなるというものだ。アメリカの世帯は高いお金を払うことで、進んで世界中の新薬の研究に資金を提供し、世界の人々に貢献しているというのである。ご都合主義とおぼしき面はさておき、この主張に信憑性はない。なぜアメリカ人は自分よりも平均余命が長い人々に資金を提供するのだろうか。この主張を受けいれるためには、アメリカの政治家や規制者は国外の人々を支援するために自国民を苦しめている、という説を信じなければならない。アメリカ国立衛生研究所が基礎医学の最大の資金提供団体であることは事実だが、だからといってアメリカの製薬価格が高いことを正当化するものではない。

本書の最初のほうで、前提を覆す証拠が出てきたときにはその前提を見直す必要があると述べた。アメリカの医療制度論争ほど、その必要性が高い議論はないだろう。確かに一つの解がすべてに当てはまるとは限らない。国によって違いがあり、選択も異なる。しかし、合理的な政策立案者なら、事実上すべての先進国がアメリカモデルとは異なる医療制度を採用し、より低いコストでより良い結果を出していることがわかるだろう。

そして、そのためには単一支払者制度を必要としないことに注意してほしい。目指すのは国民皆保険、すなわち、質の高い医療を全国民に提供する制度である。しかし、この目標を実現するためには、率直な議論を重ねる必要がある。多くの国が単一支払者制度を採りいれずに皆保険を実現している。たとえばヨーロッパでは多くの国に、規制された民間保険市場があり、住民は民間の保険会社から基本パッケージを選ぶことになっている。また、営利を目的とした民間の医療機関もあり、そこでは公的保険の患者も受けいれている。経済に政府の足跡を増やしたくないというなら、合理的な政策として、メディケイドとメディケアおよび規制された民間保険を何らかの形で統合して皆保険を達成する一方で、ファニーメイとフレディマックを閉鎖すべきだろう。そうすれば、本来そこにいるべきではない政府を市場から締めだしておくことができ、必要とされている市場の効率性を高めることができるだろう。

原注

（1） 2016年、4060万人すなわちアメリカの人口の12・7%が、公的な貧困基準に照らして「貧困」とされた。これは2014年のピーク時（4670万人）に比べて600万人少ない。公的な貧困基準は、世帯の税引き前所得で判断する。たとえば、2016年の場合、4人家族で年収2万4339ドル未満だと貧困と見なされる。貧困の測定は、社会的移動を正しく処理していないことが多いため、やっかいだ。ブルース・マイヤーとジェームズ・サリヴァンは、「格差をめぐる議論は、ここ数十年のあいだに格差が急激に拡大したことを示す所得データを、ほぼ唯一の根拠としている。これらのデータは不完全で、ときには経済的福祉の不平等がアメリカでどのように変わってきたかについての見解をねじまげてしまうことが明らかになっている」と説明する。Meyer and Sullivan (2018) を参照してほしい。私が平均余命と乳児死亡率に焦点を当てたのは、国別の比較が容易だからだ。

(2) Papanicolas, Woskie, and Jha (2018) を参照してほしい。2013年から2016年の高所得の11カ国（アメリカ、イギリス、カナダ、ドイツ、オーストラリア、日本、スウェーデン、フランス、デンマーク、オランダ、スイス）のデータが使われている。

(3) 公衆衛生学用語では、罹患（morbidity）と死亡（mortality）は異なる状態を指す。罹患は病気にかかった状態である。死亡は死んでいる状態である。

(4) アビー・アルパート、デイヴィッド・パウエル、ロザリー・リカード・パクラは、2010年以降、ヘロインによる死亡者が急激に増えた理由のなかで大きいのが、オキシコンチンの改良だとしている。2010年以前にオキシコンチンの乱用率が高かった州では、オキシコンチンの乱用が大きく減り、代わりに改良後すぐにヘロインによる死亡者が急増した (Alpert, Powell and Pacula, 2018)。ウィリアム・N・エヴァンズ、イーサン・リーバー、パトリック・パワーもヘロインの死亡率が4倍になったのは、オキシコンチンの改良によるところが大きいとしている。「オピオイド消費の増加は2010年8月に止まり、翌月からヘロインによる死亡が増えはじめた。ヘロインの死亡者が多い地域は、改良前にヘロインやオピオイドを使用する人が多かった地域である」(Evans, Lieber and Power, 2019)。改良された新しい薬は、ヘロインとオピオイドを合わせた死亡率を減らすことはなかった。オピオイドによる死亡が減った分は、ヘロインによる死亡が埋めることになったのである。

(5) フランスには、もはや合理的な議論は望めない二つの経済問題がある。労働時間の削減義務化と公的部門の生産性の問題だ。労働時間の削減を国が義務づければ失業問題を解決できると多くの人が考えている。社会モデルを壊すことなく公的部門のコストと仕事を減らすのは可能だという見方に反対する人も多い（多くは前者と同じ人である）。

13

星《スター》を見上げて——トップ企業は本当に違うのか

この国にとって望ましいことはゼネラル・モーターズにとって望ましいことであり、その逆も真であると思う。

——チャールズ・ウィルソン

インターネット経済におけるスター企業について考えてみよう。グーグル、アマゾン、フェイスブック、アップル、マイクロソフト、略してGAFAMである。この略語については一つ言っておかなければならない。ヨーロッパではGAFAと呼ばれる。アメリカではFAANGである。どちらも誤解を招く略し方だと思う。マイクロソフトが入っていないのである。おそらくほかの企業よりも古いからだろう。しかし、同社は依然として——おそらく将来も——アップルやほかの企業と同様にデジタル経済の主要プレーヤーである。FAANGにはネットフリックスが含まれているが、ネットフリックスの時価総額はフェイスブックの3分の1で、フェイスブックの時価総額自体、アップルの半分だ。さらに、ネットフリックスは今ではコンテンツ供給の大手であるため、そのビジネスモデルをフェイスブックのものと比べることに意味があるのか確信がない。だから、私はGAFAMに焦点を当てようと思う。

GAFAMについては誰もが一家言あるようだ。史上もっとも偉大な企業だと思う人もいる。民主主義への脅威と考える人もいる。しかし、どうやら誰もが、これらの企業は根本的にこれまでのとは違うので、資本主義の過去のルールを単純に当てはめることはできないと同意している。それは本当だろうか。

インターネット企業が今日の市場のスターであることは間違いない。表13・1は2018年春の時価総額の上位10社を並べたものだ。二つの事実が際立っている。一つ。10社中8社がアメリカ企業で、2社が中国企業である。ヨーロッパと日本の企業は完全に圏外となっている（データには含まれている。上位に食いこめなかっただけだ）。二つ。上位6社はインターネット・テクノロジー企業である。

こうした企業がスター企業であることは間違いない。しかし、いつの時代にもスター企業はあった。昔の企業とは違うのだろうか。

カーメン・ラインハートとケネス・ロゴフは、有名な著書『国家は破綻する〔原題は *This Time Is Different*〕』で、「今回は違う」という考えは経済危機への最短経路だと示した（Reinhart and Rogoff, 2009）。マクロ経済学においては「今回は違う」ということはあり得ない。しかし、インターネット関連の企業は本当に違うのかもしれない。今回は違うかもしれないと考える技術的な理由はいくつかある。インターネット企業は成長が速い。スナップチャットは、グーグルが8年かけて達成した時価総額10億ドルを、わずか18カ月で達成した。フォーチュン500の企業が平均20年かかる偉業である。デジタルデータは紙のデータにはできない形で利用が可能だ。大量の細かいデータを使って学習するモデルは、従来の学習モデルよりはるかに進化している。知識の創造が増える可能性はあるが、データと知識は根本的に違うものだと認識する必要がある。10億の「つぶやき」は大量のデータだが、必ずしも大量の知識ではない。

表 13.1　グローバル企業上位 10 社、2018 年春

企業	国	時価総額（10 億ドル）
アップル	アメリカ	926.9
アマゾン	アメリカ	777.8
アルファベット	アメリカ	766.4
マイクロソフト	アメリカ	750.6
フェイスブック	アメリカ	541.5
アリババ	中国	499.4
バークシャー・ハサウェイ	アメリカ	491.9
テンセント・ホールディングス	中国	491.3
ＪＰモルガン・チェース	アメリカ	387.7
エクソンモービル	アメリカ	344.1

この件については、私は少々意地悪な見方をしている。ＧＡＦＡＭは違うと言う人はたいていこうした企業のことをほとんど知らない。彼らはデータを見ずに聞いたことをそのまま言っているのだ。逆によく知っている人ほど、ある程度標準的なビジネスコンセプトを使ってこうした会社を説明する。

ＧＡＦＡＭを理解することはさまざまな理由により重要だが、特に市場の集中を理解しようとするときに重要となる。こうした企業は革新的で大きな成功を収め、もちろん、国内市場の大部分も支配している。アメリカの航空、通信、医療の分野で進む集中を見て、消費者や経済全体に悪影響があると考えずにいるのは難しいと思う。ＧＡＦＡＭの市場における集中化をどのように考えればいいかは、それほど明確ではない。それはウォルマートによる小売業界の集中のように、効率的なのかもしれない。あるいは完全に効率的とは言えないが、巨大なインターネット企業を持つ必要コストなのかもしれない。少なくとも、非効率な既存事業者による集中と、スター企業が市場を乗っ取った結果としての集中は区別しなければならないだろう。

したがって、こうしたスター企業が過去のスター企業と違うのかどうか理解する必要がある。さらに重要なのは、こうした企業が経済全体に対して、輝かしい成果を生みだすのかどうかを考えなければならない。

次の章では、GAFAMのロビー活動と政治的影響力について見ていくつもりだ。しかし、彼らがワシントンで力を誇示しようとする比較的最近の取り組みを詳しく見ていく前に、まずは事業体としての彼らに焦点を当てるほうがいいだろう。特に彼らが長いあいだ規制を逃れてきた背景にある二つの前提を掘り下げたい。一つは、彼らは特別な企業なので、その事業を規制で邪魔するべきではないというもの、もう一つは、健全なアメリカ経済に不可欠な存在なので、慎重に扱わなければならないというものだ。

そのためにはデータを見るしかない。そういうわけで、データにとりかかろう。

スター企業のビジネスモデル

まずはこうした企業のビジネスモデルについて簡単に見てみよう。アップルは高級品の製造会社である。グーグルとフェイスブックはオンラインの広告会社だ。アマゾンはクラウドサービス付きの市場であり、小売業者である。マイクロソフトはもう少し多角的に事業を展開している。

アップルはiPhoneを売っている。iPhoneは魅力ある製品だ。機能性に優れ、見た目が美しい。シャネルのバッグやエルメスのスカーフのようにステータスシンボルになっている。アップルはタブレットとコンピューターも売っている。この三つの製品でアップルの売上の84％を占める。しかし、アップルは高級ブランドである。販売数だけではなく、高い利益率で儲けている。韓国企業のサムスンはアップルよりも多くのスマートフォンを販売している。市場シェアはアップルの24％に対して27％あるが、サムスンのスマートフォンのほうが安い。

iPhoneはスマートフォンのなかで、車のなかのメルセデスと同じ位置づけにある。ただし、アップルは市場で24%のシェアを持っているが、メルセデスのシェアはその10分の1だ。2017年、メルセデスベンツは世界で約230万台を販売した（過去最高だった）。これは世界の自動車市場の2%から3%にあたる。売上は約1200億ドルで利益は約135億ドル、つまり利益率はおよそ10%となる。アップルは毎年約2億2000万台のiPhoneを売る。2017年の連結売上は約2300億ドル、うち1500億ドルはiPhoneの売上によるものだった。利益は約500億ドルなので利益率は20%を超える。時価総額はメルセデスの10倍以上だ。要するに、アップルは特殊な製造会社なのである。高級品を大規模に展開している。ほかの高級品メーカーとのもう一つの大きな違いは、アップルはソフトウエアやサービス（iTunes、アップルミュージック、アップストア）を多数開発し、それらが製品売上を補強する戦略的な役割を担っている点にある。こうしたサービスやソフトウエアは顧客を引きつけて離さず、さらに新規参入を効果的に阻んでいる。

グーグルとフェイスブックは、広告から収入のほとんどを得ている。グーグルは88%、フェイスブックは97%である。両社の市場シェアは大きい。2社で、デジタル広告費用の約3分の2を集めている。しかし、顧客を引きつける方法は異なる。グーグルは人々がオンラインでモノを探すときに手助けする。2018年時点で、グーグルは世界で毎秒4万件の検索を処理する。1日当たり35億件、さらに言うなら1年で1兆2000億件である。グーグルは世界のオンライン検索の約3分の2を処理し、残りはBingとYahooが担っている。携帯電話からのインターネット検索については、グーグルが90%以上を占める。あなたがグーグルで検索しても、グーグルの収益にはならない。あなたが有料リンクをクリックしてはじめて収益となる。広告主がなぜこのモデルを好むのかわかるだろう。クリックされたときにだけ費用を払えばいいのである。しかも、広告は無作為ではなく、あなたの検索に応じて表示されるため、あなたが提示されたものに興味を持つ確率は高くなる。

フェイスブックは、あなたの関心を引くコンテンツを提供し、それから大量の広告を提示する。そのモデルは過去のメディア企業、新聞、ラジオ、テレビのものと大して変わらない。大きな違いはコンテンツとコスト構造にある。フェイスブックはコンテンツをつくらない。コンテンツはあなたやあなたの写真や動画であり、あなたの友人の写真や動画である。ある意味、あなたは自分から買い、フェイスブックはその分け前にあずかっているのだ。非常にうまいビジネスモデルである。ＣＥＯのマーク・ザッカーバーグが述べたように「われわれはソーシャル・テクノロジーを提供する。彼らが音楽を提供する」のである。違いはほかにもあり、フェイスブックはあなたやあなたの家族や友人のことをよく知っている。だから、的確な広告を打つことができる。広告主にはうれしい特性だ。同時に、それはフェイスブックに政治的リスクをもたらしている。

マイクロソフトはグーグルやフェイスブックより社歴が長い。おそらくそのためだろう、収入も多角化されている。利益の大部分をオフィス、ウィンドウズ、Ｘボックスから得ているが、クラウドサービス（Ａｚｕｒｅ）からも得ている。マイクロソフトは１９９０年代のスター企業だった。その株価は２０００年に55ドルに達した。２００９年に20ドルまで下がり、その後２０１１年に25ドルになった。しかし、クラウドビジネスの拡大など、適切な経営判断が続き、ふたたびスター企業に返り咲いた。マイクロソフトがほかと大きく違うのは、同社がソーシャルメディア企業ではないということだ。この点は弱みとも考えられるところだが、その分野特有のリスクも小さくなっている。

アマゾンは、メディアビジネスとクラウドサービスビジネスを備えたオンラインの小売業者である。同時に、市場でもある。ある点で、アマゾンはほかの4社とはまったく異なる。アマゾンにはブルーカラー労働者を含めた大勢の従業員がいて、有形資産に多額の投資をしている。従業員数はウォルマートよりは少ないが、それは単にウォルマートの規模が大きいからだ。アマゾンは過去7年間、アメリカの小売部門における資本と研究開発費の伸びの大半を占めている。この点は重要なので覚えておいてほしい。投資については第4章で検討した。すでに見てきたように、投資と生産性の伸びは鈍化し、収益力のある大企業が利潤に対する投資比率の低さの主な原因となっている。ただし、小売業は第2章で見たように例外である。どの資料からも、競争力と生産性を維持しているのがわかる。

現在のスター企業と過去のスター企業

GAFAMを過去のスター企業とどのように比べればいいだろうか。こうした企業の時価総額が過去最高となったというニュースはよく耳にする。アップルははじめて1兆ドルを超えた企業となった。しかし、それではリンゴとミカンを比べるようなものだ（しゃれのつもり）。それは現在のドルで、活況な株式市場での話だ。

アップルの時価総額は本当に過去最高なのか。答えはノーである。

表13・2には、GAFAMを過去のスター企業と比べるのに必要な情報を並べた。このデータを見れば、上位5社はたいていアメリカ株の総市場価額のおよそ10%を占めることがわかる。1960年代には、AT&Tだけで市場の6%以上を占めていた。今のアップルは3%以下である。GAFAMは確かに違うということがわかる。ただし、予想していたのとは異なるはずだ。GAFAMは……小さいのである！

表13・2にはたくさんの情報が詰まっているので、ゆっくりと見ていこう。10年ごとに区切った各年代のスター企業に関して重要な事実が示されている。私たちは1950年を始点とした。コンピュスタットのデータベースがここから始まるためだ。年代ごとに各社の平均時価総額を計算し、上位5社を選別した(次の図のために上位20社も選別)。縦の列にはそれぞれ異なる情報が記載されている、

順位は株式の時価総額によるものだ。ゼネラル・モーターズ(GM)は1950年代には2番目に時価総額が大きかった。当時は上場企業数が少なく、GMは株式の時価総額合計の6・71%を占めていた。従業員数は民間雇用者数の0・89%だった。また、GMはほかの企業から多くの原材料を購入していた。平均すると、売上原価(COGS)は、アメリカのGDPの1・22%となった。売上原価は会計項目で、中間投入財(車の部品、鋼鉄、エネルギー)のほかに製造工程で働く人の賃金も含まれる。GMの製造にかかる賃金は、アメリカのGDPの約0・5%にあたり、原材料として購入した分はGDPの約0・72%だった。つまり、GMはアメリカ経済に深く組みこまれていたのである。

各年代の最後には、上位5社の平均あるいは合計を示した。1950年代のスター企業の平均営業利益率(営業利益/売上)は20%だった。そして、営業利益のうち51・7%を税金として払っている(税金/営業利益)。5社を合わせた時価総額は上場企業の時価総額合計の27・95%を占め、従業員数は民間雇用者数(雇用)の2・59%、調達している原材料や製造労務費はGDPの3・04%にあたる(売上原価/GDP)。

注意(表13.2):Compustatにあるアメリカ本社の企業をベースにした。すべての数値はパーセント。売上原価は企業の輸出割合に応じて調整。時価総額シェアは、株式の市場価額をアメリカの株式の市場価額総額で割ったもの。雇用シェアは、従業員数をアメリカの民間雇用者数で割ったもの。時価総額・雇用比率は、時価総額シェアを雇用シェアで割った比率。1950年代のAT&Tは売上原価のデータがなかったので、1960年のデータを使った。過去のデータにも現在の企業名を使った(エクソンモービル、AT&T)。

表 13.2　スター企業の 70 年間

年代	順位	企業名	収益性（%）		時価総額・雇用比率	経済に占める割合（%）			
			営業利益／売上	税金／営業利益			時価総額シェア	雇用シェア	売上原価／GDP
1950 年代	1	AT&T	24.9	45.6	7.3		7.01	0.957	0.62
	2	ゼネラル・モーターズ	16.9	57.2	7.5		6.71	0.891	1.22
	3	エクソンモービル	16.8	38.2	24.7		5.70	0.231	0.57
	4	デュポン	28.7	59.7	39.0		5.55	0.142	0.16
	5	ゼネラル・エレクトリック	12.7	57.9	8.0		2.98	0.373	0.47
		平均	*20.0*	*51.7*	*10.8*	合計	*27.95*	*2.595*	*3.04*
1960 年代	1	AT&T	30.9	44.6	7.4		6.40	0.869	0.56
	2	IBM	25.3	53.1	19.1		4.08	0.213	0.12
	3	ゼネラル・モーターズ	16.3	51.9	4.5		4.25	0.952	1.25
	4	エクソンモービル	13.5	43.0	14.5		2.98	0.206	0.69
	5	テキサコ	12.9	23.3	20.9		1.88	0.090	0.25
		平均	*19.8*	*43.2*	*8.4*	合計	*19.59*	*2.330*	*2.86*
1970 年代	1	IBM	24.6	50.3	14.1		4.66	0.330	0.18
	2	AT&T	25.5	35.0	4.4		3.91	0.894	0.69
	3	エクソンモービル	17.5	66.6	15.6		2.46	0.158	1.03
	4	ゼネラル・モーターズ	9.2	46.4	2.5		2.20	0.873	1.31
	5	イーストマン・コダック	24.1	47.5	12.6		1.72	0.137	0.10
		平均	*20.2*	*49.2*	*6.3*	合計	*14.95*	*2.391*	*3.30*
1980 年代	1	IBM	19.6	42.6	9.4		3.31	0.354	0.31
	2	エクソンモービル	9.8	44.5	15.8		2.08	0.132	1.14
	3	AT&T	12.8	18.7	4.4		2.10	0.472	0.85
	4	ゼネラル・エレクトリック	11.5	33.5	4.6		1.48	0.320	0.42
	5	ゼネラル・モーターズ	4.3	11.3	1.5		1.05	0.710	1.21
		平均	*11.6*	*30.1*	*5.0*	合計	*10.03*	*1.987*	*3.94*
1990 年代	1	ゼネラル・エレクトリック	22.5	17.4	10.1		2.12	0.209	0.49
	2	マイクロソフト	39.0	35.5	93.6		1.28	0.014	0.01
	3	エクソンモービル	7.7	38.1	23.9		1.71	0.072	0.67
	4	ウォルマート	5.0	39.4	2.5		1.27	0.517	0.80
	5	コカ・コーラ	23.1	31.7	55.2		1.34	0.024	0.05
		平均	*19.5*	*32.4*	*9.2*	合計	*7.73*	*0.836*	*2.02*
2000 年代	1	エクソンモービル	13.0	48.2	41.1		2.51	0.061	0.88
	2	ゼネラル・エレクトリック	23.8	10.3	10.5		2.35	0.223	0.44
	3	マイクロソフト	40.7	31.6	44.8		2.05	0.046	0.03
	4	ウォルマート	5.1	36.0	1.3		1.63	1.223	1.52
	5	ファイザー	32.0	16.3	20.5		1.47	0.072	0.02
		平均	*22.9*	*28.5*	*6.2*	合計	*10.01*	*1.625*	*2.89*
2010 年代	1	アップル	29.6	25.8	41.8		2.54	0.061	0.24
	2	エクソンモービル	8.3	34.4	36.7		1.91	0.052	0.87
	3	マイクロソフト	32.8	18.4	23.0		1.68	0.073	0.07
	4	アルファベット	27.7	23.2	43.3		1.56	0.036	0.09
	5	バークシャー・ハサウェイ	15.2	13.2	6.6		1.43	0.216	0.58
		平均	*22.7*	*23.0*	*20.8*	合計	*9.11*	*0.438*	*1.84*

表 13.3　2017 年末のスター企業

順位	企業名	収益性（%） 営業利益／売上	税金*／営業利益	時価総額・雇用比率	経済に占める割合（%） 時価総額シェア	雇用シェア	売上原価／GDP
1	アップル	24.9	26.4	36.5	2.92	0.080	0.37
2	アルファベット	16.9	19.7	47.3	2.46	0.052	0.15
3	マイクロソフト	16.8	13.9	27.6	2.22	0.081	0.09
4	アマゾン	28.7	35.0	5.2	1.90	0.367	0.42
5	フェイスブック	12.7	18.4	105.8	1.73	0.016	0.01
6	バークシャー・ハサウェイ	30.9	25.4	6.7	1.65	0.245	0.70
7	ジョンソン・エンド・ジョンソン	25.3	15.4	14.5	1.26	0.087	0.05
8	JP モルガン・チェース	16.3	19.1	7.5	1.23	0.164	0.08
9	エクソンモービル	13.5	−43.4	26.4	1.19	0.045	0.75
10	バンク・オブ・アメリカ	12.9	17.9	7.5	1.02	0.136	0.06
11	ウェルズ・ファーゴ	24.6	24.0	5.9	1.00	0.171	0.05
平均	1-5 位	*20.0*	*22.7*	*18.8*	合計 *11.23*	*0.596*	*1.03*
	GFAM（4）	*17.8*	*19.6*	*40.8*	*9.32*	*0.229*	*0.61*
	6-10 位	*19.8*	*6.9*	*9.4*	*6.35*	*0.677*	*1.64*
	上位 10 社	*19.9*	*14.8*	*13.8*	*17.58*	*1.273*	*2.68*

注意：Compustat にあるアメリカ本社の企業をもとにした。すべての数値はパーセント。売上原価は企業の輸出割合に応じて調整。時価総額シェアは、株式の市場価額をアメリカの株式の市場価額総額で割ったもの。雇用シェアは、従業員数をアメリカの民間雇用者数で割ったもの。時価総額・雇用比率は、時価総額シェアを雇用シェアで割ったもの。GFAM はアマゾンを除き、残りの 4 社で計算した。

＊税率は 2017 年に税制改正があったので 2016 年のものを使用。

表13・2は、時代とともに経済がどのように変化してきたかを雄弁に語る。1950年代は製造業と石油産業に支配されていた。インターナショナル・ビジネス・マシーンズ、すなわちIBMは1960年代に登場する。GMは1990年代に退場し、入れ替わりでマイクロソフトとウォルマートが参入する。グーグル（アルファベット）とアップルは2010年代に姿をあらわす。アマゾンとフェイスブックの登場を確認するには、表13・1と表13・3のように、2010年代の終わりを見る必要がある。

2000年代における銀行の不在を疑問に思うかもしれない。シティグループは2000年代初頭、間違いなくスター企業だったが、2008年に経営が悪化したため、10年の平均ではランク入りできなかった。JPモルガン・チェースとバンク・オブ・アメリカは、表13・3に示すように、2017年にトップ10入りしている。

エクソンモービルは、70年間上位5社に入り続けた唯一の企業である。[1] プルーストの『失われた時を求めて』のなかでパルム大公妃は娘にこう言っている。「神のありがたい御心により、あなたはスエズ運河会社のほとんどすべての株と、エドモン・ド・ロチルドの三倍ものロイヤル・ダッチの株を持たせていただいたのです」。ありがたいことに「由緒正しい血統はなんら変えることのできるものではなく、石油は今後もつねに必要とされるでしょう」(吉川一義訳、岩波書店)。しかし、エクソンモービルは時代とともに変わってきた。雇用の割合については4分の1以下になっている。

GAFAMは稼ぎすぎなのか

GAFAMは過剰な利潤を上げているのだろうか。売上利益率に焦点を当ててみよう。表13・2を見ればわかるように、上位20社の税引き前営業利益率はだいたい20%前後である。今の税引き前利益率も過去の水準と変わりない。しかし、企業が支払う平均税率は変わっている。AT&Tの利益率は昔は25%だったが、45%の税率で税金を払っていた。2010年代には、アップルの利益率は30%近くで、税率は26%以下となっている。税引き後の利益率は大きく上昇している。しかし、これは一般的な現象なのだろうか。それともGAFAM特有のものなのか。

図13・1は、時価総額で見たアメリカの上位20社、GAFAM、そしてGAFAMを除いた上位20社それぞれの売上利益率を示したものだ。営業利益は上昇し続け、近年高止まりしている。GAFAMの利益率はほかの20社よりもはるかに高い。しかし、平均を変えるほどではない。上位20社の利益率は、GAFAMを含めても含めなくてもほとんど同じだ。本書ではすでに論じたように、どのグループも2000年ごろに売

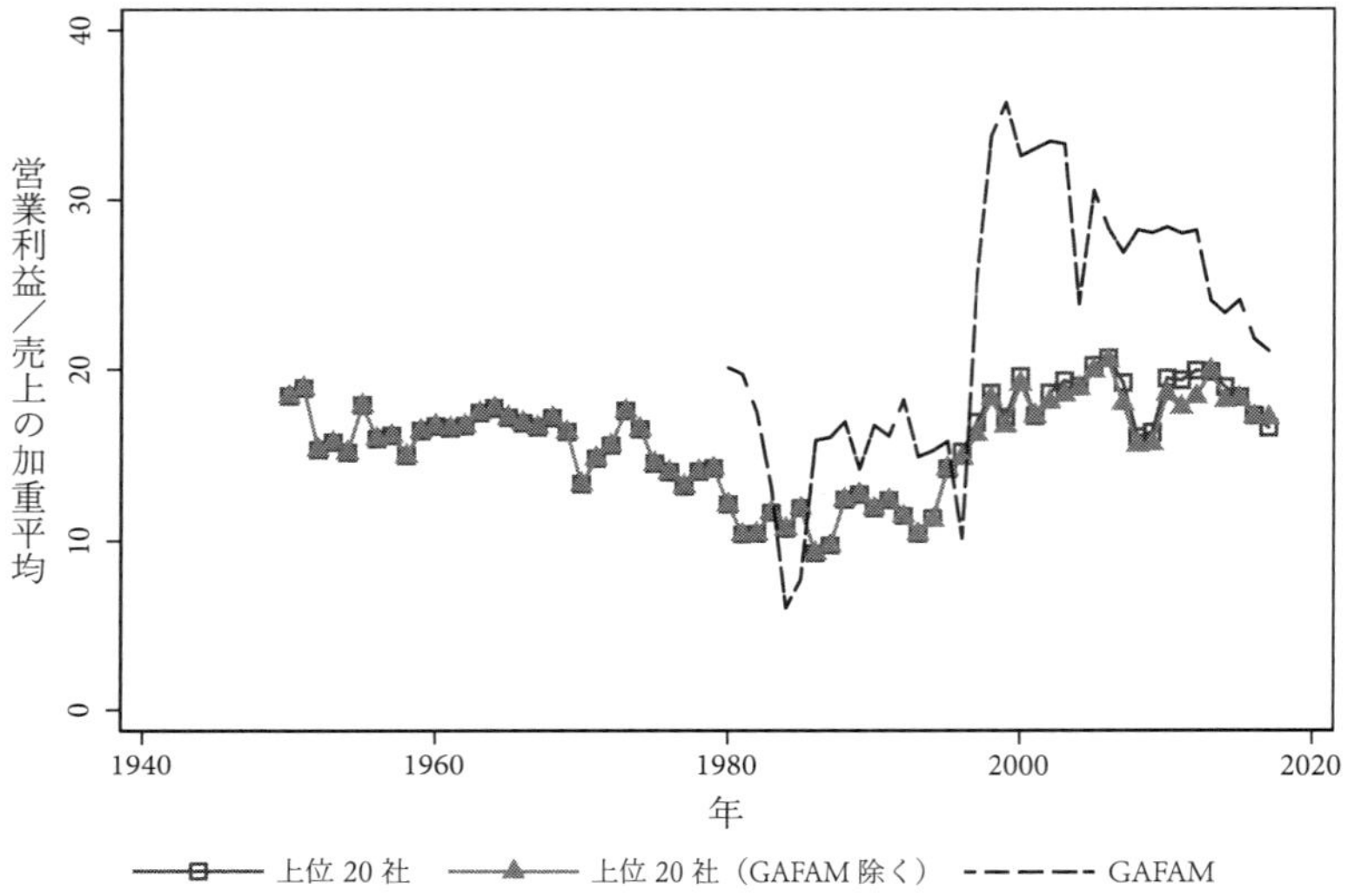

図 13.1　税引き前営業利益率

上利益率が大きく上昇している。これはGAFAMの有無に関係なく起きている。

GAFAMの売上利益率はきわめて高いが、それは過去のスター企業も同様である。GAFAMの2017年の平均利益率は20%（表13・3）だが、次に続く5社の平均利益率は19・8%だ。2017年のアップルの利益率は25%だったが、IBMの利益率も1960年代から1970年代には同水準だったし、AT&Tはさらに高い平均利益率を30年間維持していた。スター企業は金を稼ぐ。だからスターなのだ。しかし、現在のスター企業は昔のスター企業よりはるかに稼いでいるわけではない。同じような水準を維持しているだけだ。

さらに驚くのは――そして、多くの解説に反して――GAFAMの時価総額に目新しい話はなさそうだということだ。GAFAMの時価総額シェアは、過去のスター企業を大きく上回っていない。GAFAMの時価総額は2017年のアメリカの時価総額合計の11・2%を占める。1980年代には、GE、

GM、IBM、AT&T、エクソンモービルで、9・95%を占めていた。アップルは市場の3%近くを占めているかもしれないが、IBMは1980年代を通して3%以上、エクソンモービルは2000年代に2・5%占めていた。

データが教えてくれるのは、テクノロジー企業は過去の大企業とはまったく異なるという前提は成りたたないということだ。

これは2番目の前提につながる。つまり、GAFAMはアメリカ経済の健全性に不可欠なので、保護しなければならないというものだ。

ここで過去の企業と新しい企業の大きな違いを指摘したい。新しい企業は雇用が少なく、ほかの企業とほとんど交流しないことである。実際のところ、こうした点はアマゾンには当てはまらないため、GFAMと言うべきだろう。

なぜフットプリントが重要なのか

ここでスター企業のフットプリント〔企業活動の影響がおよぶ範囲〕を見てみよう。フットプリントは理論的に重要だ。それによって、企業の動きが経済全体の動きに与える影響の大きさが変わるからだ。

企業が経済のなかでほかの企業から原材料の多くを購入するとき、その企業は経済に深く組みこまれている。企業が深く組みこまれているとき、企業にとって良いことはたいてい経済にとっても良いことになる。1953年にGMのCEOチャールズ・ウィルソンが国防長官の指名承認のための公聴会で、少々変えて述べた言葉は、この場合は真実だ。スター企業がスター経済をつくるのである。

コラム13・1で、なぜフットプリントが重要なのかを説明している。結局のところ、経済のなかでほかの企業と交流しないスター企業は、経済の中心にいるスター企業より重要性で劣ることになる。

――コラム13・1　原材料、生産、経済的フットプリント――

簡単な例を使ってフットプリントが重要な理由を示したい（図13・2参照）。二つの経済を想像してほしい。いずれにも会社が三つある。会社はすべて生産し、GDPは各社が生みだした付加価値の合計とする（相対価格は等しいという単純化された例を使う）。経済1では、企業1がx_1、企業2がx_2の付加価値を生む。企業3はq単位の付加価値を生み、GDPはx_1+x_2+qとなる。簡単な数字を入れてみよう。$x_1=2$、$x_2=1$、$q=1$とする。するとGDPは4となる。ここで、企業3の生産性が10%上がり、1から1・1になったとしよう。何が起こるか。GDPは4から4・1、2・5%上昇する。これは企業3がGDPの1／4を占め、その生産性が10%上がったからだ。経済への影響は10%の1／4である。悪くはないが、それほどでもない。

次に経済2を見てみよう。こちらでは企業2は企業3のために中間投入財を生産する。企業3はx_2を材料として企業2から購入し、qx_2単位の製品をつくる。企業3の付加価値は中間投入財を消費するためqx_2-x_2となる。x_1とx_2については前と同じように$x_1=2$、$x_2=1$とし、

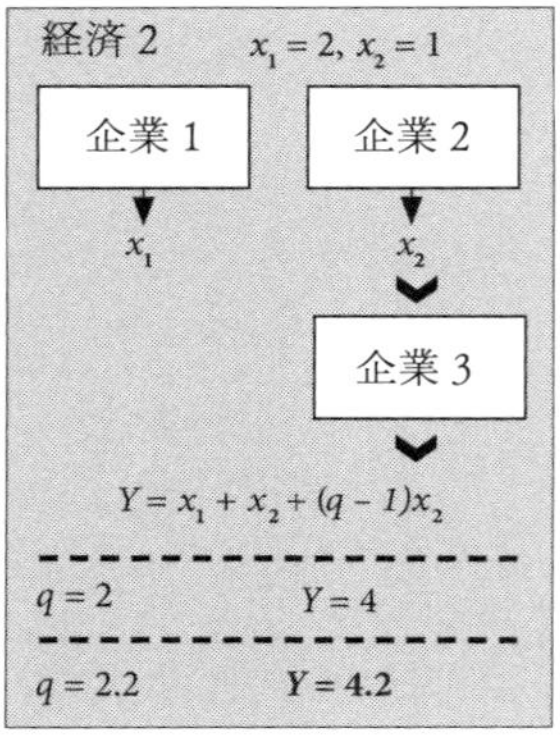

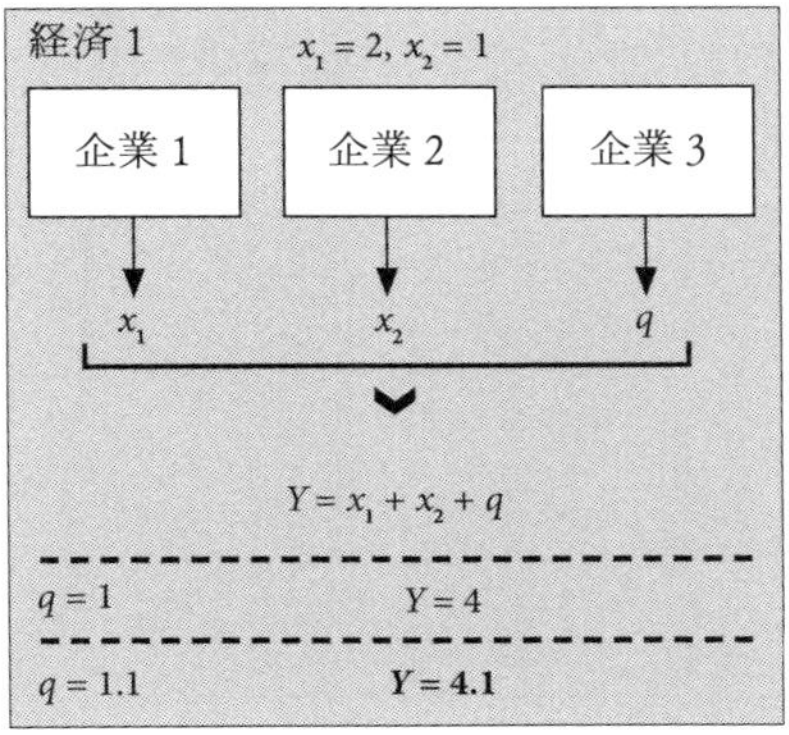

図 13.2　なぜフットフリントは重要なのか

q＝2とすると、最初のGDPは経済1と同じ4となる。企業3のGDPシェアはやはり1／4である。つまり、付加価値に関するかぎり、経済2は経済1と同じように見える。しかし、企業3の生産性が10％上昇した場合を考えてみてもらいたい。生産が5％増えるのがわかるだろう。経済1の2倍である。なぜそうなるのか。GDPに占める企業3の売上比率が今回は1／2だからだ。たとえGDPシェアが同じでも——時価総額シェアも同じになるだろう——こちらのほうが経済のなかでほかの部分と深く結びついている。結果として、企業3の向上は経済1より経済2のなかで重要性を増す。

企業のフットプリントはどのように測ればいいだろうか。それは産業によって異なるので難しい。製造業なら売上原価（COGS）を使えばいいだろう。製造業以外では同じようには機能しない。金融ではまったく役に立たない。良い代替策はなかなかないが、私は雇用を使おうと思う。表13・2のなかの民間雇用シェアと売上原価／GDPの相関は86％である。完璧ではないが、単純な分析のためなら十分だ。

図13・3は、1950年以降の上位20社の雇用シェアを示している。スター企業の労働フットプリントは

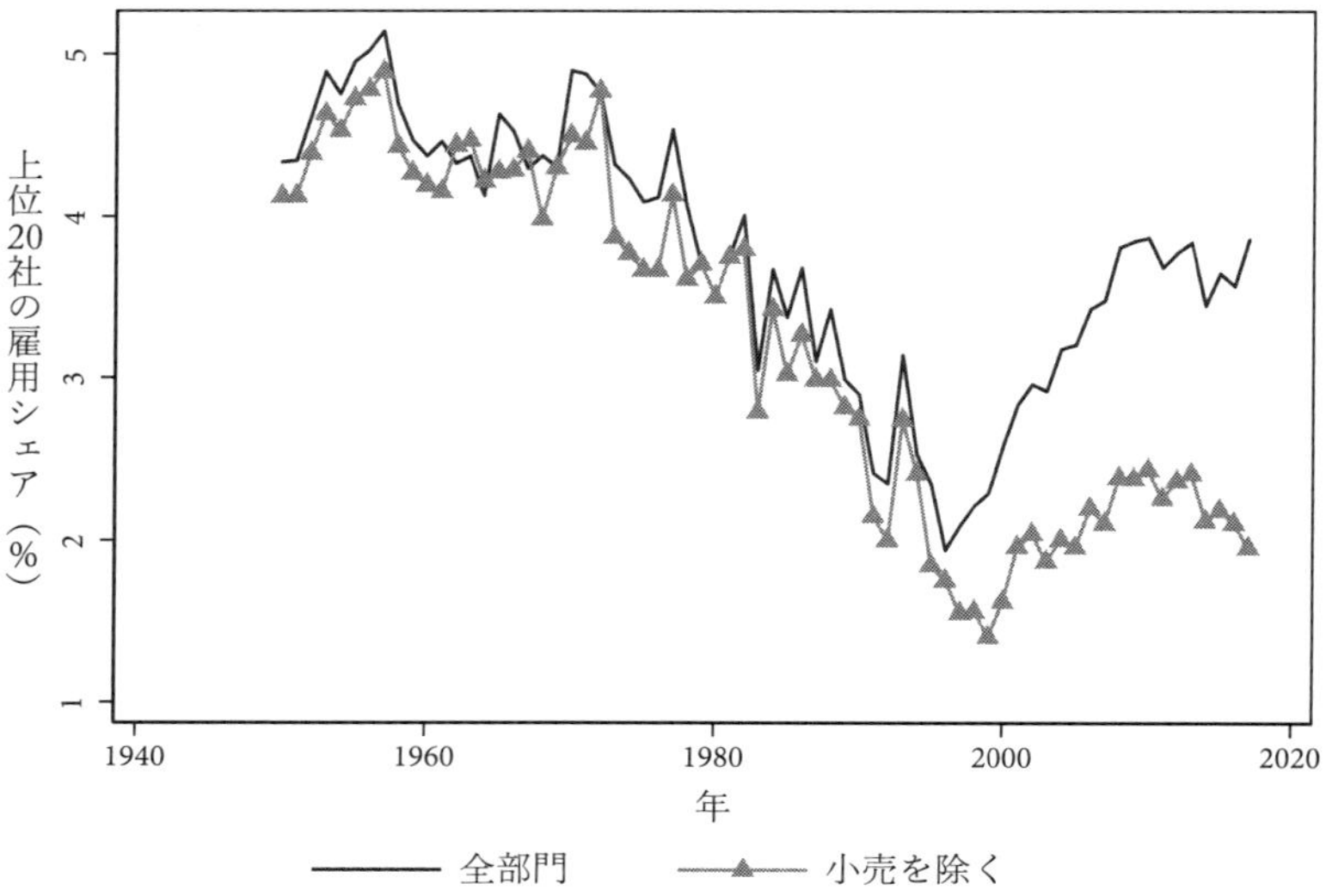

図 13.3　スター企業の労働フットプリント

右肩下がりとなっている。最近上昇しているのはウォルマートによるものだ。アメリカの小売業界の効率性についてはすでに論じた。競争が激しく、効率性の高い業界である。しかし、小売業界を除けば、スター企業のフットプリントは過去70年で4・5％から2％に減少している。

上位5社に限ってみれば、さらに大きく減少している。表13・2によれば、上位5社の雇用シェアは、1950年代から2010年代にかけて2・59％から0・44％、およそ6分の1となっている。

隠遁企業の増加

私は時価総額・雇用比率を雇用の重みに対する企業の市場株式の重みとして定義する。この考えを理解するために、すべての労働者は同一で、すべての企業は生産性が等しく、同じ資本・労働比率を使っている世界を想像してほしい。このような世界では、規模だけが企業を分け、規模は従業員数、利潤、時価総額によって同じように測定できる。利益と時価総額は従業員数に正比例する。時価総額・雇用比率はすべての企業で1となる。

もちろん、現実には企業の生産性や従業員の能力は異なる。従業員1人当たりが生みだす市場価値が高くなれば、時価総額・雇用比率は高くなる。これはこの会社が資本集約的で、技術的に進んでおり、高い能力を持った労働力を雇用しているからである。

スター企業に注目するとき、選ばれるのはほかの企業よりも生産性の高そうな集団となる。ほかの企業より能力の高い従業員を雇っているかもしれないし、多額の資本（機械、コンピューター、ソフトウエア）を利用しているかもしれない。したがって、スター企業の時価総額・雇用比率は高くなることが予想される。そして、実際にそうなっている。上位企業の時価総額・雇用比率の平均は、1950年代から1980年代までは7・5から15だった。

GAFAMのなかでアマゾンは普通の会社に近く見える。時価総額シェアは2017年には1・9%、雇用シェアは0・37%、つまり時価総額・雇用比率は1・9／0・37＝5・2となる。これは1950年代から1960年代のゼネラル・モーターズに近い。

しかし、1990年代からは、この比率が急激に上昇する。マイクロソフト、アップル、グーグルは25を超える。（アマゾンを除く）GFAMを見れば、この4社で株式市場の9・3%を占めながら、雇用の0・23%しか占めていないことがわかる。時価総額・雇用比率は40・8だ。もちろん、いちばん極端な例はフェイスブックで、時価総額・雇用比率は105・8となっている。フェイスブックは高い能力を持つ人だけを雇い、すべてを自社でつくる。基本的に他社から購入することはない。

衰えるスター企業

巨大なテクノロジー企業がアメリカ経済の柱であるという考えは、明らかに間違っている。新しいスター企業を定義する特徴は、いくら稼ぐかでも、時価総額がいくらかでもない。アマゾンを除けば、いかに少ない人数でやっているか、そして他社からの購入がいかに少ないかである。グーグルの共同創業者ラリー・ペイジは「アイデアをつくるのに１００人もいらない」と言っている。

ＧＡＦＡＭはフットプリントが小さいので、これらの会社に何かあってもアメリカ経済全体の生産性にはあまり影響しない。１９６０年代にＧＭの生産性が倍になったら、人々はその違いに気づいたはずだ。自動車の価格は下がり、安全性は増し、燃費もよくなり、結果としてＧＭのサプライチェーン全体の生産性が上がっただろう。(2) フェイスブックの生産性が一夜にして倍になったとしても、その違いに気づく人はいないだろう。アプリを眺めているときに出てくる広告の精度は上がるかもしれないが、その結果として他社の生産性が著しく上がることはない。

ヘルマン・グティエレスと私は、アメリカの経済成長に対するスター企業の貢献について、過去50年の歴史を研究した (Gutiérrez and Philippon, 2019a)。図13・4は、今日のスーパースター企業は過去のスーパースター企業ほど生産性の伸びに寄与していないことを示している。アメリカの生産性の伸びに対するスーパースター企業の貢献はこの20年で40％以上減少している。

私たちは、スーパースター企業の定義として、任意の特定の年の時価総額で上位20社となる企業（経済全体のスター）あるいは、時価総額で業界内の上位４社の企業（業界スター）とした。スター企業は――とい

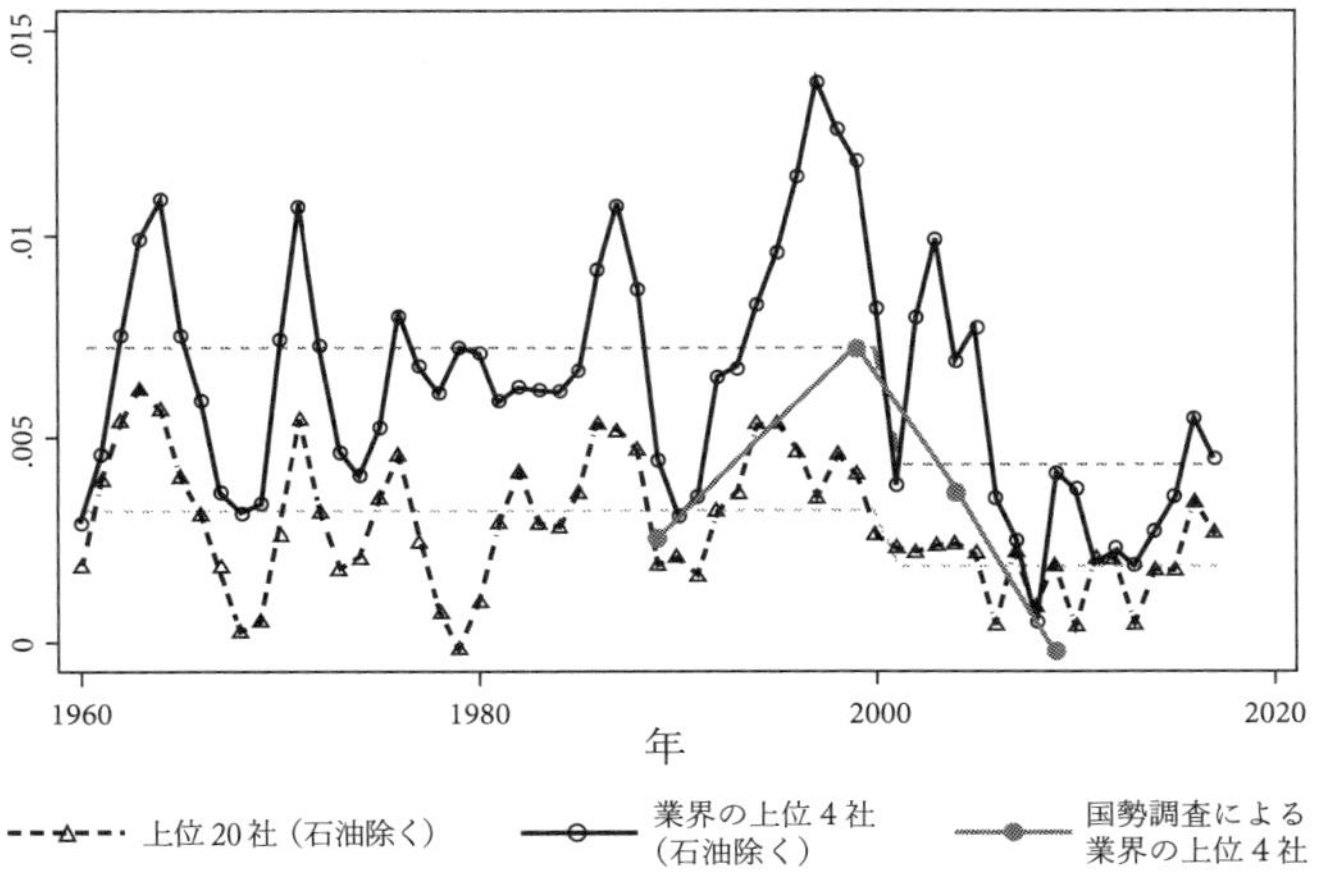

図 13.4　スター企業のアメリカ経済への貢献

うよりどの企業も——成長に二つの貢献ができる。今働いている従業員の生産性を上げる（内部貢献）、あるいはまず生産性を上げてもっと従業員を雇うことである（再配置貢献）。コラム13・1で示した考え方は計算に利用できる。内部貢献は急速に減少する一方で、再配置貢献は1990年代半ば以降、急速に重要性を増している。それにもかかわらず、統合すると図13・4のようになる。スター企業はかつては毎年、70ベーシスポイントの労働生産性の伸びをもたらしていた（業界スターの場合）が、今ではわずか40ベーシスポイントとなっている。

私たちの結論は、新しい経済のスター企業についての一般常識に反し、デジタルテクノロジーは「最強の汎用技術である」というエリック・ブリニョルフソンおよびアンドリュー・マカフィー（Brynjolfsson and McAfee, 2014）と、最近のイノベーションの影響に懐疑的なロバート・J・ゴードン（Gordon, 2016）とのあいだの論争を浮きぼりにする。私たちの結論は、歴史を学ぶ学生にとってはそれほど驚くものではないだろう。歴史を学ぶ学生なら、「今回は違う」——ラインハートとロゴフ（Reinhart and Rogof, 2009）から拝借――と考えたり、現在のスター企業は例外だと考えたりするのは偏った見方だとわかるだろう。しかし、いつの時代もアメリカ経済にはスター企業が存在したし、そういう企業は大規模で生産性が高かった。私たちのデータによれば、今のスター企業は（今のところ）過去のスター企業にかなわない。

スター企業にもっと求めよう

フェイスブック、アップル、グーグル、マイクロソフトは、過去のスター企業より小さい。生産性が上がっても、かつてのGMが同じように生産性が上がったときほどの影響力はない。おそらく携帯電話のバッテリーは今よりも長持ちするようになるだろうし、ノートパソコンはもう少し高速化するだろう。地下鉄で映画を見るのももっと簡単になるだろう。もちろん、こうした快適さには意味があり、経済的な測定にはそういったことも考慮しなければならない。しかし、こうしたことがGDPや平均余命を大きく動かすことはないはずだ。

この結論を読んで悲観的すぎると思うなら、おそらくこうした会社がつくりだした根拠のない宣伝を真に受けているからだろう。GAFAMがすばらしい会社であることは確信している。しかし、過去のGM、GE、IBM、AT&Tもそうだったのだ。GAFAMは特別な会社ではなく、ほかの会社に対するのと同じ敬意と警戒をもって扱うべきだ。

経済史が教えてくれることが一つあるとすれば、偉大な会社は挑戦を受けなければならないということだ（アマゾンを含めたGAFAMすべてに当てはまる）。生産性が鈍化している理由ははっきりしない。ブルームらが言うように、アイデアを見つけにくくなっているのかもしれない（Bloom et al., 2017）。しかし、本書は競争の減少と参入障壁の強化が既存事業者を安住させていると主張する。私たちはもっと競争を起こさなければならない。難しいのは、インターネット企業の場合、そうするための適切なツールを見つけることである。

原注

（1） 連邦取引委員会は１９９９年の終わりにエクソンとモービルの合併を承認した。

（2） ここにはもっと大きな学びがあるかもしれないが、研究は初歩段階にとどまっている。ＯＥＣＤの研究者ダン・アンドルーズ、キアラ・クリスクオロ、ピーター・ガルは標準化された国際データを使って先端企業を分析した（Andrews, Criscuolo and Gal, 2015）。彼らはグローバル先端企業を、労働生産性あるいは多元的な生産水準の観点から2桁産業区分ごとに上位5社とし、２０００年代初頭から毎年データを取得した。グローバル先端企業は当然ながら生産性が高い。資本集約的で、規模が大きく、収益性が高く、所有する特許数も多い。多国籍企業グループの一員であることも多い。彼らの主張によれば、過去20年の生産性の減速は、先端企業の成長の鈍化ではなく、グローバル先端企業とそれ以外の企業のあいだで生産性の差が拡大していることだという。２００１年から２０１３年のあいだで、グローバル先端企業の労働生産性の伸び率は、製造業部門で年平均2・8％、市場サービス部門で3・6％となっているが、それ以外の企業はどちらの部門でも0・5％ほどにとどまっている。しかし、彼らが先端企業としているのは、ＧＡＦＡＭではない。サンプルのなかの「先端」企業の平均売上は製造業で約４０００万ドル、サービス業で約５００万ドルとなっている。

14

規制すべきか否か、それが問題だ

連邦取引委員会は、グーグル、フェイスブック、ツイッターなどのテクノロジー企業を調査するときには、テクノロジー業界の活力や、規制が事態を悪化させる可能性を考慮して慎重に対処すべきだ。

——ジャレッド・ポリス

２０１２年、米連邦議会の議員13人以上が、グーグルの調査に関して連邦取引委員会に手紙を送った。そこには大きすぎてつぶせない銀行のように、この国のトップ５に数える巨大テック企業は調査を受けるには影響力が大きすぎるという考えが反映されていた。コロラド州選出の民主党の下院議員ジャレッド・ポリスは、次のように懸念を表明した。「グーグルに反トラスト規制を適用するのは、我が国の反トラスト制度の公正性を脅かす間違った施策になりかねず、最終的には、連邦取引委員会が重要な反トラスト規制を保護する能力を低下させるような行動をもたらすかもしれない」

前章では、ＧＡＦＡＭ、すなわちグーグル、アマゾン、フェイスブック、アップル、マイクロソフトのビジネスモデルとその力がおよぶ範囲について分析した。私は、こうしたデジタル経済のスター企業は人々が思うほど特別ではないと述べた。もう少し正確に言うなら、ほとんどの人が思う理由では特別ではないということだ。こうした会社はアメリカ経済の柱ではない。その売上利益率と市場価値は歴史的水準に沿っている。かつてと違うのは、実体経済におけるフットプリントが過去のスター企業より小さいことだ。アマゾンを除けば、新しいスター企業に典型的に見られる特徴は、従業員数が少なく、他社からの購入が少ない点にある。

この章では、GAFAMの問題とされている項目——ロビー活動、脱税、プライバシー、反トラスト——と、それらがどの程度新規参入の障壁になっているのか、あるいはなっていないのかを見ていく。さらにビッグデータの使われ方も分析し、それほど明らかになっていない価格差別の役割についても考える。

GAFAM、ワシントンへ行く

連邦機関、特に議会はどういうわけか最初から、巨大化するテクノロジー企業を規制することに消極的だった。立法者はオンラインの小売業者に売上税課税を強制するのを拒み、アマゾンやグーグルやフェイスブックといったオンラインのスタートアップが、今は到達した巨大企業を目指して最初の一歩を踏みだしたときに、ほとんど干渉しなかった。

ワシントンから激しい干渉を受ける可能性が低かったので、大手テクノロジー企業は、ほかの産業の大企業のように首都で大規模なロビー活動を展開するようなことはしなかった。アマゾンは1994年に設立され、2005年まで政策立案者に対するロビー活動には支出しなかった。グーグルは1998年に設立され、

2006年までゲームに参加しなかった。フェイスブックは2003年に設立され、2013年まで連邦へのロビー活動に投資しなかった。アップルは1976年から事業を行なっているが、2014年までロビー活動は最小限にとどめていた。

ところが、この10年のあいだにGAFAMはワシントンに行くようになった。ロビー活動費を急速に増やし、2017年には5000万ドルを投資している。その内容は、移民問題、ネット中立性、広告規制、そして個別の問題だった。

図14・1はGAFAMのロビー活動が最近のものであることを示している。それを示す例外となったのがマイクロソフトだ。1998年、司法省はインターネット・エクスプローラーとウィンドウズOSの抱き合わせ販売は反トラスト法違反であるとして、ソフトウエアの巨人を訴えた。ウェブブラウザのナビゲーターを開発した画期的なスタートアップ企業ネットスケープをつぶそうとしたというのだった。訴訟が決着するまで2年かかり、マイクロソフトは連邦判事によって分割されそうになった。図14・1が示すように、マイクロソフトが1990年代の終わりに司法省とのあいだで経験したことは、ワシントンDCで存在感を示す重要性を確信させたようで、それ以降、同社のロビー活動費は着実に増加している。

ほかのGAFAMは、なぜとつぜんロビイストを雇う必要を感じたのだろう。第9章で見たように、企業がロビー活動に注力するようになるのは、脅威を感じた、あるいは少なくともその可能性があると考えたからだ。その支配的な地位が誰の目にも明らかになり、ユーザーのデータの扱いに関する一連の問題が噴出するなかで、GAFAMは規制当局から精査されるようになった。

アマゾンのロビー活動は、スーパーマーケットチェーンのホールフーズを買収したあとに増加した。フェイスブックはデータのプライバシー問題が立て続けに起き、そのなかの一つはケンブリッジ・アナリティカ

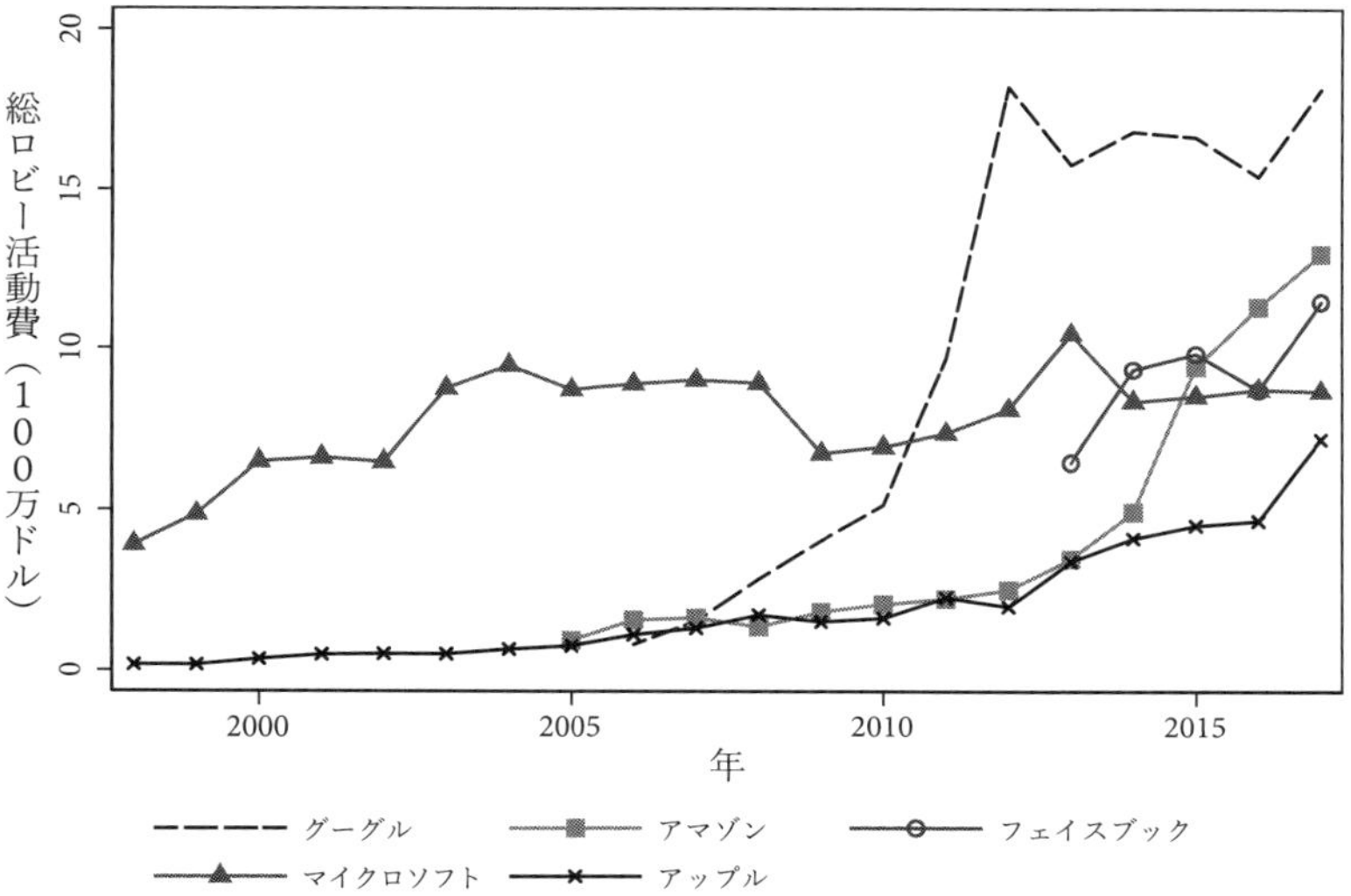

図 14.1　ロビー活動費
出所：Center for Responsive Politics

社が関係していた。グーグルの自動運転車部門であるウェイモは責任問題などが発生する可能性に直面している。グーグル、ツイッター〔後のX〕、フェイスブックは、2016年の選挙期間中にロシアからユーザーを狙われるという事案もあった。

一般的に言って、企業は四つの理由のうちの一つを求めてワシントンで影響力を行使する。最初の二つの理由は、ロビー活動によって享受できると考える便益に関連する。すでに持っている特権を守りたい、あるいは、政策立案者を説得してまだ持っていない特権を手中に収めたいというものだ。ほかの二つの理由は、できれば避けたいコストに関連する。企業は政策立案者を説得して既存の負担を軽減したい、あるいは、新しい負担を避けたいと思っている。

まずはすべての企業に関係する問題から始めようと思う。税金である。その後、テクノロジー企業が現在享受している特別な便益について見ていく。極度の集中とネットワーク効果である。それからテクノロジー企業が避けたいと思っている負担も検討する。ユーザーのための新しいプライバシー保護である。

GAFAMは税金を払っているか

答えはノーだ。GAFAMは公平な負担分の税金を支払っていない。しかし、率直に言って、ほかのグローバル企業もそれは同じだ。大手企業が払う税金は時代とともに減っている。図14・2は、大企業の営業利益に対して支払った税金の割合である。法人税の実効税率は低下傾向にある。1980年までは営業利益のおよそ50%だったが、その後は20%以下にまで落ちている。GAFAMの税率はほかの一流企業の税率とまったく同じ道をたどっている。疑問に思うかもしれないので言っておくが、図14・2のなかで2016年に大きく落ちこんでいるのは、石油価格の急落に関連したエクソンモービルの申告が原因で、例外である。

法人税はかなり難しい問題だ。基本的な経済理論によれば、企業の利潤に課税するのは良くないとされている。法人税は投資を減らす効果があるため、投資家への分配——利息、配当、キャピタルゲイン——に課税するほうが効率的だとされる。

理屈はそうだ。実際にはどうだろう。証拠は基本的な主張を支持しているが、完璧ではない。一般的には、法人税は投資に対してマイナスに働くとされているが、その影響の幅については研究によってさまざまである。アラン・J・アワーバックはこうした研究を調査し (Auerbach, 2002)、シメオン・ジャンコフらは、最近の証拠を検証している (Djankov, Ganser, McLiesh, Ramalho and Shleifer, 2010)。それでも経済学者のあいだにはある程度のコンセンサスがある。法人税は高すぎないほうがいいということ、そしてもっと重要なのは、法人税

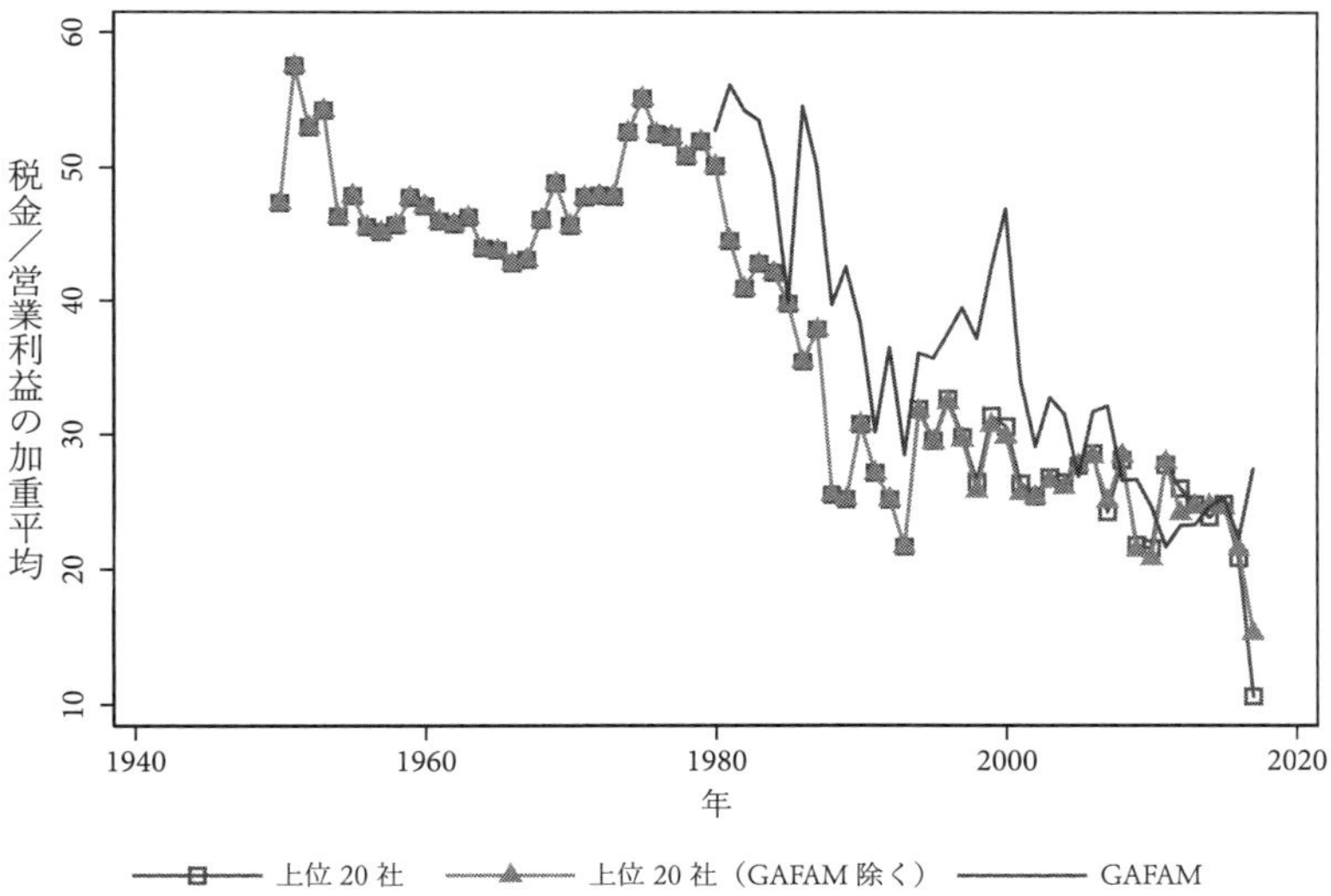

図 14.2　法人税率（営業利益に対する申告された税額合計）

は広く課税し、抜け穴がないようにすべきということだ。

近年、大きな問題となっているのが企業の租税回避だ。ほとんどは合法だが、それでもコストがかかり、効率が悪い。カリフォルニア大学バークレー校の経済学者ガブリエル・ズックマンの研究によれば、企業がタックスヘイブンに利潤を移しているので、アメリカは毎年700億ドルの税収を失っているという[1]。これは法人税収入のおよそ5分の1にあたる。ズックマンが言うように、「アメリカの多国籍企業がアメリカの外で稼ぐ利潤」の約3分の2は「低い税率、あるいはゼロ税率の6カ国で申告されている。その国とはオランダ、バミューダ、ルクセンブルク、アイルランド、シンガポール、スイスである」。

GAFAMが払う税金がほかの大企業より少ないようには見えない。製薬、金融、製造業の大企業もGAFAMと同じように利潤を移し、租税を回避している。

GAFAMにはもっと大きな問題がある。利潤の場所を特定するのが難しいことが多いのだ。これがＧＡＦＡＭの税金がヨーロッパで政治問題として白熱している理由である。申告された利益ではなく、売上にもとづいて税額を計算すべきという意見がある。もしある国で多額の売上があったら、その国で申告された利益は少なくても、その国で税金をもっと払うべきだというのである。

２０１８年、アメリカは減税・雇用法（ＴＣＪＡ）を成立させ、多国籍企業の利益に対する課税方法を変えた。法人税の法定税率は35％から21％に引き下げた。これは税制上の優遇措置や抜け穴によって、税率が２０１８年より前からすでに35％を大きく下回っていたことを思えば、大きな変化ではない。税制・経済政策研究所によれば、フォーチュン５００社は２００８年から２０１５年のあいだに平均で21・２％の連邦税を払ったという。とはいえ、抜け穴をふさいだり、法定税率を下げたりするのはおそらく良い考えだろう。

ＴＣＪＡには多くの条項があり、それらがうまく機能したかどうかを判断するのは時期尚早だ（早い段階での評価についてはChalk et al., 2018を参照してほしい）。しかし、税金の申告方法と引き当て方法には影響を与えている。２０１８年より前は、企業には選択肢があった。国外の所得に対する税金を引き当てて法人税に含めるか、国外所得は永続的に国外で再投資するので引き当てないでおくか。アップルは国外所得の大部分については税金の引き当てを選択したので、同社の法人税率は比較的高くなっている。それと同時に、実際には払わなくていいようにロビー活動に注力した。ＴＣＪＡはこうした活動に応えてリパトリエーション〔本国への資金還流〕規定を定め、海外の所得には15・５％という、引き当てた場合のそれまでの税率の半分以下である低い税率を適用することにした。結果として、２０１８年より前にアップルが引き当てた税金のかなりの部分は納税されなかった。大企業はどこも利潤移転を行なっており、ほとんどは租税を回避するためにタックスヘイブンを利用している。しかし、払うつもりのない税金を計上するのは誠実さに欠けたやりかたに思える。

税金に関する議論をまとめると、法人税逃れは公共政策の明らかな失敗であると強調することが重要だ。法人税逃れはほとんどが合法であり、政治的な意思が少しでもあれば減らす、もしくはなくすことも可能だ。一方、富裕層の税金逃れはほとんどが非合法であり、解決が難しい問題となっている。

デジタル経済において集中は必要なのか

ＩＴ市場の集中度は高い。ＧＡＦＡＭにとってなぜ集中が利益になるかを理解するためには、ネットワーク経済性の原則を理解する必要がある。政治経済学とロビー活動を別にすれば、市場が集中する理由と過程は二つの経済的な力で説明できる。一つ目は「規模の経済」である。ＩＴビジネスは多額の固定費と少ない限界費用で成りたっている。これは昔からある考え方で、ＩＴに限ったものではない。製薬会社にも航空機メーカーにも当てはまる。規模の経済はＩＴのほうが大きいかもしれない。情報拡散の限界費用は少なく、場合によってはゼロだからだが、それは実証的な問題である。

二つ目は「ネットワーク効果」、経済学用語で言えば「ネットワーク外部性」で、これはＩＴ特有のものだ。ネットワークが大きくなればなるほど、ネットワークに参加する人々は交流する機会が増える。逆に同じネットワークに属していない人々は交流が難しくなる。コラム14・1では、このネットワーク経済性の基礎について説明した。

ネットワーク外部性はシナジーの一形態である。合計が部分の総和を上回るとき、正のシナジーが発生している。２社が合併すれば、両社のＩＴシステムや人的資源管理などの機能を統合してコストを削減できるかもしれない。技術を統合すれば、もっと良い製品がつくれるかもしれない。

ネットワーク外部性には直接と間接という二つのタイプがある。フェイスブックは直接的な外部性の例だ。私たちは友人も参加しているという理由で、フェイスブックに直接的な価値を見いだしている。一般に直接的な外部性は、ネットワーク上で別の人と直接接触することで効用を得るときにあらわれる。

間接的な外部性は、ほかのユーザーが存在することで、自分たちも享受できるサービスをネットワークが提供するようになるときにあらわれる。ネットワーク上でほかの人たちと接触することに興味はないが、類似する関心を皆で共有する。好例がスマートフォン、タブレット、コンピューターのオペレーティングシステム用に開発されるアプリの生態系だ。そうした例では、私たちはほかのユーザーと直接交流する意図はない。しかし、ユーザー数が増えれば、開発者はアプリを増やそうという気になり、皆が便益を得る。結局、ほかのユーザーとの直接的な交流に価値を置いていないとしても、ネットワーク上のその存在には価値を見いだしているのだ。ユーザー数の少ないネットワークは、アプリが少なくてユーザーを引きつけられないだろう。

――コラム14・1　ネットワーク経済性――

ネットワークを分析するときには二つの概念が鍵となる。規模の経済とネットワーク外部性だ。まずは「規模の経済」である。消費者が財をY単位買いたいと思っている産業を考えてみよう。話を単純にするために、産業の総需要Yは弾力性がないとする。つまり、財の平均価格に影響されない。たとえば$Y=10$である場合、消費者は合計で10単位の財の購入を強く求めているが、できれば安い業者から買いたいと考えている。この産業にはN社あって競争している。限界費用cは全社同じである。競争と消費者の相対価格弾力性により、限界費用に対するマークアップmが決まり、価格は$p=(1+m)\times c$となる。企業は同じ限界費用と同じマークアップを共有するので、同じ価格を設定する。これを均衡は対称的であるという。各社はY/N単位を製造し、mcY/Nの利潤を得る。

この業界に参入するときに払わなければならないコストをkで示し、自由参入であると仮定しよう。自由参入とは、参入コストを取りもどせると見込むかぎり、業界に新しい企業が参入してくる状態をいう。したがって、自由参入のもとでは、$mcY/N=k$とならなければならない。つまり、業界内の企業数は$N=mY\times c/k$となる。c/kは固定費に対する限界費用の割合である。固定費が限界費用に対して相対的に大きいとき、つまりc/kが小さいとき、規模の経済が大きいという。したがって、規模の経済が大きいということは、Nの値が小さく、業界が集中していることを示唆している。これは自由参入が前提となっている場合なので、集中はレントを意味していないことに注意してほしい。単純に利潤で参入コストを賄えなければならないという事実を反映している。

二つ目は「ネットワーク外部性」である。自分以外にh人いるネットワークに属していると考えてほしい。あなたがネットワークから得る価値$u(h)$が、ユーザー数hを増やすなら、正のネットワーク外部性がある。では、二つのネットワークがあって、どちらに参加するか検討するH人がいるとしよう。ネットワーク1にはすでにh_1のユーザーがいて、ネットワーク2にはh_2のユーザーがいる。あなたはまだ心を決めていない$H-h_1-h_2$の1人だと想像してほしい。ネットワーク1とネットワーク2に参加する価値はそれぞれ$u(h_1)$と$u(h_2)$である。もし$h_1>h_2$で正の外部性があるなら、$u(h_1)>u(h_2)$だとわかるだろう。あなたはおそらくネットワーク1に参加するはずだ。あなたの友達があなたのあとに決断するときには、人数はh_1+1とh_2となっている。友達はおそらくネットワーク1に参加する。残りの人もネットワーク1を選択するだろう。ネットワーク2のユーザーは、自分たちのプラットフォームの不人気に気づき、チャンスがあれば乗り換えようとするだろう。対抗する力がないネットワーク2はやがて消えてなくなり、ネットワーク1の独占状態となる。

ネットワークを共存させる主な方法として、サービスの差別化がある。鍵となるのは、異なるユーザー集団がそれぞれに評価するような特色を提供する、あるいは異なる所得層をターゲットにすることで、h_1とh_2という単純な比較を壊すことだ。このようにしてiOSとアンドロイド、あるいはアメックスとビザとマスターカードは共存しているのである。

ほとんどのネットワークは直接と間接の両方の外部性を持っている。たとえば、カーナビのウェイズの検索エンジンとGPSは、ユーザーが増えるにつれて正確性と信頼性が増していく。

正のシナジーとネットワーク外部性は、今の無形のデジタル経済においては以前よりも広まっているという主張をよく聞く。そういう意見は、はっきりとした意図はなくても、高い集中と市場支配的地位を正当化するために利用される。私はこれは誤解を招く主張だと思う。幅広い正のシナジーという主張は、多くの人が思っているほどの説得力はない。

シナジーはニューエコノミーに存在するが、オールドエコノミーにも存在する。ニューエコノミーのリーダーは、過去のオールドエコノミーのリーダーと同じように、自分たちの活動に伴う正の外部性を過大評価する傾向がある。ラナ・フォルーハーは2018年8月、フィナンシャル・タイムズ紙に寄せたギグエコノミーについての記事のなかで、ライドシェア会社ウーバーの創業者で元CEOのトラヴィス・カラニックが、数年前に実業家たちに向けて、5年以内に「交通渋滞がない」世界が実現するだろうと語ったと述べている。ところが、最近のニューヨーク市での経験から言えば、そんなことは起きていない。ミッドタウンを車で抜ける平均速度は2010年には時速6・4マイルだった。運輸省のモビリティレポートによれば、2017年は時速5マイルになっている。

マティアス・コバルビアスとヘルマン・グティエレスと私は、規模の経済という仮説について調べたが、それを支持する証拠はあまり見つけられなかった（Covarrubias, Gutiérrez and Philippon, 2019）。私たちはアメリカの詳細なデータを使い、さまざまな業界の規模に関する収穫の度合いを見積もった。分析は1988年から2000年と2001年から2016年の二つの期間に分けて行なった。その結果、過去30年にわたって規模に関する収穫が大きく増加している証拠は見つけられなかった。あるモデルでは、規模に関する収穫は今も昔もあまり変わらず、別のモデルでは、今のほうが5％ほど多かった。規模に関する収穫が1を大きく上回る兆候を示す業界はほとんどなかった。

また、無形資産が有形資産よりも正の外部性を生みだしやすいと考える根拠もない。特許は無形資産の最たるものだ。今日、多くの特許とそれにまつわる訴訟にパテントトロール〔特許を買い集め、事業活動を行なわずに賠償金目的に訴訟を起こす者〕が関わっている。彼らはシステムを悪用し、負の外部性を生みだす。もう一つの例が市場調査や広告宣伝、大きく言えばマーケティングだ。デジタル経済のなかではその重要性は増しているが、ある企業の得はほかの企業の損と直接的につながることが多いので、研究開発といったほかの活動よりもゼロサム要素が大きい。

デジタル経済のなかに正の外部性を示す例は一つもないと言っているのではない。情報共有により正のシナジーが発生する可能性は大きくなっている。ウィキペディアはまさにその一例だ。ギットハブとスタック・オーバーフローは開発者にオンライン上で貴重な助力と大量のコードへのアクセスを提供している。[2] しかし、デジタル経済には、高い集中によってのみ得られる正のシナジーと規模に関する収穫があふれているという考えは、控えめに言っても、誤解を招くものである。

ビッグデータの何が問題なのか

GAFAMは過去10年で巨大なネットワークをつくり、潜在的な競争相手より優位に立った。ユーザーのデータを大量に所有し、そのおかげでライバルの新興企業は市場に足を踏みいれるのが難しくなり、場合によっては不可能にもなった。データを収集することで、GAFAMは利益のために顧客やサプライヤーを利用するチャンスも得る。

コーネル大学の教授ソーレ・オマロバはこう述べる。「もしアマゾンがあなたの銀行データと資産を閲覧できるなら、あなたが払えるいちばん高い価格でローンを売りこもうとするだろう[3]」

これは大きな問題になりつつある「価格差別」を浮かびあがらせる（コラム14・2で改めて定義した）。市場における価格差別は良いものなのか、悪いものなのか。答えは一般にその市場に自由参入があるかどうか、少なくとも市場に競争の可能性があるかどうかによる。価格差別は取引の総余剰を最大化するという意味で効率的だ。ある企業がすべての情報を手にしていれば、顧客ごとに異なる受けいれ可能な価格や契約を提案できる。効率的に差別化されていれば、経済的に実行可能である限り、その取引は行なわれるだろう。差別化がなければ内部補助が発生し、価格的にはじかれてしまう人が出てくるかもしれない。しかし、問題はすべての情報を持った独占者はすべての余剰を引きだせるということだ。これがオマロバが懸念したことである。ここでの論点は、企業が価格差別化を増大させるとき、自由参入の重要性が増すということだ。

　プラットフォームは競争を制限するさまざまな道具を使い、ときには価格の差別化を阻もうとする。ノーベル賞を受賞した経済学者ジャン・ティロールは、価格の統一の役割を強調する。これは「最恵国待遇」条項とも呼ばれる。国際貿易協定をもとにした比喩である。つまりプラットフォームは、事業者がプラットフォームの外で安い価格で提供するのを阻止する。オンラインの予約サービスは、レストランやホテルにウェブサイト上の価格より安い価格で提供しないように要求する。アマゾンも多くの国のサプライヤーに同様の制限を課している。アメリカン・エキスプレスは事業者に対して、アメックスカードを使った消費者へほかより高い価格を請求しないように要求する。アメックスの手数料はほかのクレジットカード会社より高いケースが多いにもかかわらずである。ここでの重要なのは、事業者は全員に同じ価格を請求するように言われているので、そのプラットフォームを使っていない消費者が追加のコストを支払っていることだ。なぜこのようなことが起こるのかを理解するために、半分の人が裕福で、加盟店手数料が４％という高いクレジットカードを使っている経済を想像してほしい。残りの半分の人は２％のクレジットカードを使っているとする。事業者が手数料を転嫁できるとしたら、１００ドルの商品について一般人には１０２ドル、裕福な人には１０４ドルを請求するだろう。どちらのケースでも事業者は消費者から正味１００ドルを得る。もし全員に同じ価格で売るように強いられたら、全員に１０３ドルを請求するだろう。平均すればやはり手数料を引いて１００ドルを得ることになるので、商売は成りたつ。しかし、こうなるとお金のある人もない人も１０３ドルを払うことになる。話はそこで終わらない。裕福な人はおそらく豪華な特典プログラムを享受しているはずだ。そうでなければ、そもそも高いクレジットカードを持たないだろう。つまり、この事例のなかで起きているのは、価格の統一によって貧しい人が富める人を支援しているはめになっているということだ。

――コラム14・2　価格差別――

AとBという2種類の消費者、そして製造コストcで製品をつくる企業1社が存在する市場を考えてほしい。Aタイプの消費者は$v_a > c$で商品を評価する。Bタイプの消費者は$v_b > v_a$で商品を評価する。

まず、価格差別がない場合を見てみよう。企業がAとBを区別できなければ、両者に同じ値段を提示するだろう。選択肢は二つある。$p = v_a$という値段を提示すれば、すべての消費者は受けいれて購入する。利潤は$(v_a - c) \times (n_a + n_b)$となる。この場合$n_a$はタイプAの消費者の人数である。しかし、$p = v_b$という値段を提示し、Aタイプの消費者をあきらめることもできる。利潤は$(v_b - c) \times n_b$となる。$(v_b - v_a)\, n_b > (v_a - c)\, n_a$であるなら、戦略的にAを見切ったほうがいい。トレードオフは明らかである。左辺は、高い値段をつけたときに得られる追加の利潤である。右辺は、Aと取引しないことで生じる損失である。企業はAタイプの消費者の数が少ないとき（n_aが少数のとき）、あるいは格差が大きいとき（$v_b - v_a$が大きいとき）には、Aを見切るだろう。そうなった場合、Aタイプの消費者は価格的に買えなくなり、きわめて非効率で不公平な状況になりうる。

では次に、価格差別がある場合を考えよう。企業はAとBを区別できるとする。すると、$p_a = v_a$と$p_b = v_b$という二つの値段を提供できる。これならAタイプの消費者がはじかれることはない。その意味で、価格差別は効率的である。一方、企業は大儲けをして、消費者から余剰すべてを引きだす。

企業が価格を差別化できるときに自由参入が非常に重要になるのは、これが理由である。価格差別と自由参入があれば、市場は効率的になり、消費者は余剰を手にできる。

解決策はあるのか。そう、お察しのとおり、自由参入である。効率的な価格差別と自由参入があれば、両方の世界の最善を享受できる。良い情報と自由参入の組み合わせは、最大の消費者余剰を持つ効率的な市場をもたらすはずだ。

これは重要な教訓である。ビッグデータは自由参入をこれまで以上に重要なものにしている。自由参入なきビッグデータは、ビッグデータがない世界より悪いかもしれない。自由参入（確かな競争可能性）を確保できないなら、企業のデータ収集を制限したほうがいい。もしこうした企業に私たちのデータを大々的に使わせるなら、自由参入を確保しなければならない。現在の状況で受けいれられないのは、有意義な競争可能性がない市場とビッグデータの組み合わせである。

デジタル時代における市場の競争可能性にとって重要なのは、人々に自分たちのデータの所有権を与えることだ。ここで競争とプライバシーが深く関わってくる。

ビッグデータとプライバシー

プライバシーとデータ保護の問題は大きなニュースになった。2015年、フェイスブックは外部からの個人情報へのアクセスを制限する厳しい方針を打ち立てたと発表した。3年後、同社はユーザーのデータに数十社が特別にアクセスできるようにしていたことを明らかにした。議会に送られた700ページ以上の報告書のなかで、フェイスブックはユーザーのデータをハードウエア、ソフトウエアの会社52社と共有していたことを認めた。その多くはそれまで開示されていなかった会社だった。新しいリストにはアップル、マイクロソフト、アマゾンのほかに、ファーウェイなどの中国企業も数社含まれていた。端末の製造会社、携帯電話会社AT&T、クアルコムなどの半導体設計会社とは長年データを共有していた。

ウォール・ストリート・ジャーナル紙に掲載されたダグラス・マクミランとロバート・マクミランによるスクープ記事（2018年10月8日）は、グーグルが何十万人ものグーグルプラスのユーザーの個人データ関連の問題をどのように隠していたのか報じた。同紙が入手した文書は、グーグルの法務および政策担当者が作成したもので、上層部と共有され、この問題が明らかになれば「直ちに規制当局の関心」を引く可能性が高い、と書かれていた。

おそらく心配する必要はなかっただろう。アメリカの規制者がこうした問題に取り組むスピードはあまりにも遅く、議論は大西洋の反対側に移動していた。EUはオンライン上のプライバシーを規制する大胆な方策をとり、一般データ保護規則（GDPR）を成立させた。2018年5月に発効したこのGDPRは個人に新しい権利を認め、企業に新しい責任を課した。

GDPRは、EU居住者の同意なしに個人データを収集する企業の権限を制限した。人々は自分たちの情報の閲覧を求めることができ、情報を削除するよう要求できる。企業は限定してデータを収集し、不要になったデータは削除しなければならない。GDPRは、違反があった際には直ちにユーザーに知らせることも管理者に求めている。(4)

GDPRは大胆で野心的だ。同時に、混乱も招いた。それは当然だろう。非常に重要で複雑な問題にはじめて取り組むのだから。企業経営者にとっての問題の一つは、規制者がコンプライアンスをどのように評価するのか、法律が明示していないことにある。企業としては、自社のデータ方針の改正は十分なのか、システム改良への投資は十分なのか、判断が難しい。

このデータプライバシー法に対する、私がアメリカで聞いた防衛的な反応には驚かされた。問題を認識し、改善を提案する代わりに、アメリカでは多くの解説者がこの新しい法律をばかにしたのだ。GDPRのあいまいで不完全な定義がコンプライアンスを難しくしているという弁護士の不満は、数えきれないほど耳にした。言い換えれば、ヨーロッパの人は5億人のプライバシーを守ろうとして、数百人のコンプライアンス担当役員の仕事を複雑にしていると文句を言っているのだ。本気だろうか。これは単にばかげているだけではなく、弱さのあらわれでもある。

厄介な問題に直面したとき、反応は二通りある。一つはすわったまま問題を先延ばしして言い訳を探す。もう一つは行動する。たとえあなたがしたことが完璧ではないと誰かが文句を言ったとしても。デジタル時代にデータプライバシーの新しい規制が必要であることは誰もがわかっている。しかし、GDPR論争は、アメリカの規制者とロビイストを文句ばかり言う役立たずに、欧州議会のメンバーを規制の起業家にした。このような逆転が起ころうとは、20年前には予想できなかっただろう。競技場に出てプレーする代わりに、ただ傍観して批判するのはアメリカ人らしくない。

ＧＡＦＡＭにどう対処するか

テクノロジー業界の集中の問題を考えるとき、次のような疑問が浮かぶ。ＧＡＦＡＭはその巨大な規模を利用して不当に競争を抑圧しているのか。ＧＡＦＡＭは分割すべき時期に来ているのか。あるいは分割はむしろ害になるのか。

まず指摘したいのは、グーグル、アマゾン、フェイスブック、アップルが成功したのは、１９９０年代の終わりにマイクロソフトのインターネット独占を阻んだ司法省のおかげという面があることだ。したがって、反トラストの執行は不要であるというグーグルの主張は誠実とは言えない。オープンで競争的なシステムの受益者は、そのシステムを終わらせ、いったん確立した競争を抑えこもうとすることが多い（Rajan and Zingales, 2003）。成功した企業は巨大化するにつれて、政治的なシステムを自分たちの都合の良いように変え、参入コストを増大させようとするものだ。

ＧＡＦＡＭに対処する方法は三つある。それぞれ互いに排他的なものではなく、議論の大きさによって並べることができる。買収を制限する、市場支配力の行使を制限する、分割する、という三つである。

小規模な会社の買収を制限するのは、間違いなくこの段階でとるべき一手だろう。あとから考えれば、グーグルがウェイズやダブルクリックを、フェイスブックがインスタグラムやワッツアップを買収するのを黙って見過ごしたのは良い判断ではなかった。こうした新興企業は本物のライバルに成長する可能性がある。既存企業の利点は、顧客基盤と金融資源にある。新興企業の利点は、既存のしくみにとらわれず、積極的にリスクをとる姿勢にある。ＧＡＦＡＭの場合、もう一つ既存企業の利点として市場の理解がある。ＧＡＦＡ

Mはどの企業よりも、新興企業の可能性を理解できる立ち位置にいる。だから成長して注目される前に、早い段階で買収に乗りだすことができる。早期であれば、合併審査を避けられる。一般に合併の事前届出が必要なのは次のような場合である。

◆提案された取引の一方の年間純売上高か総資産額が1億ドル以上で、他方の年間純売上高か総資産額が1000万ドル以上である場合。

並びに

◆合併の実施により、買収企業が被買収企業の株式および資産を1500万ドル超保有することになる場合。議決権付株式の取得が1500万ドルに満たなくても、合併により、年間純売上高か総資産額が2500万ドル以上の発行者の議決権付株式の50%以上を買収者が保有することになる場合、届出が必要となる。

将来のライバル企業を早期に買収することで、GAFAMは強力な市場支配力を行使することになる。こうした買収は審査して制限すべきだが、言うは易し行なうは難しだ。インターネット時代に事前届出と合併審査を改善するには、基本的に三つの方法がある。

一つは届出と審査の基準値を下げることだ。ドイツは最近この方法を試し、芳しくない結果を得た。この方法で効果を上げるためには、基準をかなり下げなければならず、そうすると反トラストの観点からは問題にならない中規模企業同士の多数の買収が対象になってしまうからだ。

ほかには、対象企業の売上ではなく、買収価格を基準として使う方法があるだろう。フェイスブックはメッセージサービスのワッツアップの買収に約２００億ドルを支払った。これは当時のワッツアップの少ない売上と50人にも満たない従業員数を考えれば、破格の数字だった。しかし、ワッツアップには毎月4億５０００万人以上のアクティブユーザーがいて、フェイスブックはそれが自社の支配にとって脅威になるかもしれないことをどこよりもよく理解していた。買収価格は、この買収の経済的な本当の重要性を明らかにしており、審査を行なう理由として利用できたかもしれない。ただし、この方法は、売上と違って買収価格が操作できる点に問題がある。企業は審査を避けるために、取引価格をわざと抑えようとするかもしれない。

合併審査を改善する三つ目の方法は、合併によっては事後の審査を可能にすることだ。事後審査には際立った利点が一つある。申請の時点ではわからない競争への合併効果の情報を得られることだ。その一方で、事後手続きの場合、すでに資産がいっしょになっているのでコストはかさむことが多い。法的な不確実性もある。たとえこうした手段が有効だったとしても、今の段階ではどれがいちばん有効だとは言えないが、私としては、買収の重要性はその価格を基準にすべきだし、急速に変化する事業環境において事後審査はさらに有用性を増すと思う。

ＧＡＦＡＭに対処する次の方法はもう少し議論を呼ぶものだ。ＧＡＦＡＭによる市場支配力の行使を制限する手法は、いくつかの市場における支配を直接ターゲットにする。アメリカはこの道を行きたがらないが、ＥＵはヨーロッパ企業だけではなく、ヨーロッパで展開するアメリカ企業の市場支配にも立ち向かってきた。イェール大学の経済学者フィオナ・モートンの研究によれば、ヨーロッパの規制者はアメリカの規制者より新しい領域での実施に積極的に取り組んできたという。欧州委員会の競争当局は、ロイヤリティ・リベートやＩＴプラットフォームにおける支配的地位といった、巨大テクノロジー企業に関連する多数の問題に対峙してきた。ドイツとブリュッセルの規制者は、フェイスブック、アマゾン、グーグルの市場支配とデータ収集行動について調査を開始している。

たとえばフェイスブックのような一つのネットワークによる過度な支配を防ぐために、規制当局は二つの要件を課すことができるだろう。相互運用性（ほかのネットワークと互いに連結する能力）とデータ・ポータビリティ（あるネットワークから別のネットワークにデータを移動させる能力）である。これらは、過去の電気通信会社に課された要件によく似ている。

データ収集に関して言えば、規制者はユーザーが横断的なトラッキングから逃れられるようにオプトアウト規定を課すことができるだろう。現在、グーグルとフェイスブックだけが、数十億人というユーザーが無数のウェブサイトを閲覧するのを、本人の意向にかかわらずトラッキングできる。こうしてオンライン広告業界における支配的地位を維持しているのである。オプトアウト規定があれば、グーグルやフェイスブックがほかのウェブサイトまでトラッキングするのを許可するかどうか、ユーザーに決めさせることができる。

しかし、市場の力は効力のあるオプトアウト規定には向かわないようだ。ディーナ・スリニバサンは次のように説明する。「まず、フェイスブック自体が、別サイトでのトラッキングを消費者が拒否することを許していなかったし、今も許していない。次にフェイスブックは、トラッキングされないようにするためのブラウザの「トラッキング拒否」機能を利用した、消費者の明確な要求を無視する選択をした。三つ目に、消費者がトラッキングとターゲティング広告を回避するためのアドブロッカーをインストールしたときには、フェイスブックはそのアドブロッカーを回避するようにした」（Srinivasan, 2019）。オプトアウト機能に効力を持たせるためには、規制が必要であるように思える。そうすれば、競争と消費者厚生を増大させることができるだろう。

最後の選択肢はＧＡＦＡＭの分割である。これは大きな論争になるだろうし、実施には困難が伴うだろう。

問題の一つは、ＧＡＦＡＭの活動がＡＴ＆Ｔよりも統合されていることだ。ＡＴ＆Ｔの場合、長距離サービスと地域のインフラ企業のあいだには明確な線引きがあった。アマゾンやグーグルの分割をどのように進めればいいかは明確ではない。分割を進めるのは、馬の前に荷車を置くようなものかもしれない。プライバシー規制とデジタルデータに対する所有権を定義し、消費者に効果的なオプトアウト規定を与えるほうが先だろう。

反トラスト規制は昔よりも事後の統制を必要としているように見える。独占力につながった過去の買収は、当然ながら分割の候補となるだろう。市場も大胆な改善策を必要としている。アップルの場合、最近はアップストアが論争の中心になっている。価格もルールもはっきりせず、利害の衝突が蔓延している。アマゾンは市場（オンラインの小売プラットフォーム）であると同時に、（自身のブランドを持つ）市場の参加者でもある。この状況も利害の衝突を生みだしている。

二つのジレンマ

ＧＡＦＡＭについては楽観視する理由が一つと、ジレンマが二つあると思う。すべてはデータ利用に関係している。一つ目のジレンマは、ビッグデータと自由参入に関連する。すでに述べたように、ビッグデータは強力な価格差別をつくることができる。それで市場の効率性を高めることはできるが、総余剰が独占者のもとに集まる可能性もある。ビッグデータがあれば、競争可能性の重要性は増す。問題は、ビッグデータがそれ自体、参入障壁であるということだ。

二つ目の要点は、経済的フットプリントとプライバシーに関連する。前章で論じたように、ＧＡＦＡＭがアメリカ経済の成長率の伸びにあまり貢献していないのは、そのフットプリントが過去のスター企業のフットプリントに比べて小さいからだ。これが二つ目のジレンマにつながる。現況のままであれば、GAFAMの成長への影響力は引きつづき小さく、期待外れのままとなるだろう。事業を多角化してフットプリントを増やせば、総生産性に有用な力を発揮できるだろう。しかし、フットプリントを増やせば、プライバシー問題が悪化する。

グーグルとフェイスブックは今のところ、巨大な広告マシンにすぎない。彼らは多数の広告関係の企業とほぼすべての新聞を混乱に陥れた。このことは総生産性に大きな意味をもたらさないが、政治および民主制について問題をもたらす。同じことはアップルにも言える。iPhoneがあれば移動中にも容易にデジタルコンテンツにアクセスできる。それは便利だが、もしiPhoneの用途がそれだけなら、総生産性を変えることはない。さらに、iOSのアプリ市場は不透明で、いたるところで利害が対立している。

経済成長に有意義な影響を与えるためには、GAFAMやその関連企業は運輸、エネルギー、健康といった本当に重要な市場を改善しなければならない。もしグーグルが実際に使える自動運転車の市場開発に助力したら、もしフェイスブックが銀行システムを本当に崩したら、もしほかのデジタルテクノロジーがヘルスサービスを効率的に提供できたら、私たちは本物の便益を広く実感できるだろう。

しかし、ここにはジレンマがある。どのケースでもプライバシーの問題が立ちはだかる。こうした新しい市場では、GAFAMは今までよりも個人的なデータ、秘密性の高いデータにアクセスするようになるだろう。すでに今の段階で、データの扱いについてこうした企業を信頼できないとしたら、車やヘルスサービス提供者から民間企業へ直接データが渡ることについてどう思うだろうか。

だが、希望がないわけではない。テクノロジーが生みだした問題は、テクノロジーが解決できるかもしれない。たとえば、人工知能はハッカーを撃退したりデータ漏洩を防いだりするのに使うこともできる。サイバー攻撃の犯人をすばやく特定するのもテクノロジーによって容易になる。テクノロジー専門の記者アダム・ジャノフスキーは、次のように述べる。「(企業は) 機械学習を使ってマルウエアを仕分け、新しい攻撃を特定する手がかりになる共通の特徴を探している。権限を持ったユーザーだけがシステムに入れるようにするために、人の声、指紋、タイピングのスタイルを分析している。そして、サイバー攻撃をしかけた人物を特定するための手がかりを探し、二度と攻撃ができないようにしている(5)」

競争もプライバシー問題の改善に役立つと、ディーナ・スリニバサンは言う。「フェイスブックは2007年と2010年に、トラッキングをしないという約束を反故にしようとした。しかし、市場には競争があり、消費者には選択肢があったため、フェイスブックの試みを阻止できた」(Srinivasan, 2019)。フェイスブックは独占的地位を手に入れてはじめてユーザーのプライバシーへの関心を無視できるのである。

良いニュースは、優秀な政策関係者がこの問題に注力していることだ。イギリスの財務大臣は2018年9月、大統領経済諮問委員会を率いたジェイソン・ファーマンをトップに迎えて、専門家パネルを立ちあげた。このパネルがまとめた影響力のある報告書は、デジタル経済の規制にまつわる複雑な問題に取り組み、政策決定を導く一連の方針を提案している (Furman et al., 2019)。その政策提言では「データ移動性およびオープン・スタンダードなシステムを推進する方法とデータ開放性の拡張」を強調している。

新しいテクノロジーは生産性の伸びを復活させる可能性を持つが、まだ実現してはいない。データ保護の問題に対処する方法を確立できれば、GAFAMはこの流れの先頭に立てるかもしれない。私たちはビッグデータが参入障壁にならないように、そしてプライバシーが守られるようにしなければならない。

原注

（1） ガブリエル・ズックマンが２０１７年11月10日付のニューヨーク・タイムズ紙に寄せた意見記事「How corporations and the wealthy avoid taxes（企業や富裕層はどのように税金を回避するのか）」を参照してほしい。

（2） スタック・オーバーフローは、開発者がほかの開発者に助けを求めることができるサイトである。約９００万人のユーザーがいて、１年に１６００万件の質問と２５００万件の回答がある。ギットハブはオープンソースのソフトウエア開発の中心にある。これはコードのリポジトリで、約２５００万人のユーザーがいて５０００万件のリポジトリがある。マイクロソフトは２０１８年6月に、このギットハブを75億ドルで買収することを発表した。この動きはマイクロソフトがアマゾンウェブサービスに対抗するのを後押しすると見られている。

（3） オマロバの話はラナ・フォルーハーの以下の記事で引用されている。"Banks jump on to the fintech bandwagon," *Financial Times*, September 16, 2018.

（4） ＧＤＰＲは違反があった際には72時間以内に規制者に知らせるよう企業に求めている。アメリカには違反通知に関する連邦法は存在せず、企業は州法の継ぎはぎの上を渡っていく。

（5） Adam Janofsky, "How AI can help stop cyberattacks," *Wall Street Journal*, September 18, 2018.

15 買い手独占力と格差

雇い主はいつでもどこでも、暗黙のうちにではあるがかならず団結して、労働の賃金を引き上げないようにしている。

——アダム・スミス『国富論』(山岡洋一訳、日本経済新聞出版社)

市場支配力には2種類ある。独占《モノポリー》と買い手独占《モノプソニー》である。独占のほうがよく知られている。買い手にほかに選択肢がほとんどないからといって、企業が商品に高い値段をつけるとき、その企業は独占力を持つ。これはわかりやすいし、その意味するところはすでに論じた。

従業員やサプライヤーがその労働力や商品・サービスを売る先がほとんどないからといって、企業がその従業員やサプライヤーに市場支配力を行使するとき、その企業は買い手独占力を持つ。

私の大学院時代には、買い手独占力は的外れな論点とされ、標準的なカリキュラムから外されていた。経済を考えるときに使う現代のモデルに買い手独占力は含まれていない。それは「19世紀」のものだった。

ところが、驚いたことに、この論点はよみがえった。アメリカのいくつかの地域労働市場では、買い手独占力の増大を示す証拠が見られる。さらに、インターネットのプラットフォームの価格決定力も——クレジットカード会社の価格決定力と同じように——、買い手独占の一形態であり、消費者よりサプライヤーのほうを向いている。

独占と買い手独占は発生源は異なるが、経済全般に同じような影響をおよぼす。商品をつくるのに労働力しか要しない世界を想像してほしい。1人の労働者が1単位の商品をつくる。独占者が賃金の50％を利益として乗せると考えてほしい。もし競争力のある賃金が1だとしたら、商品の価格は1・5となる。経済全体に100人の労働者がいる場合、100単位の商品ができる。名目GDPは150ドル、労働所得は100ドル、資本所得は50ドルとなる。労働者はGDPの3分の2を稼ぎ、資本所有者は3分の1を稼ぐ。しかし、労働者は消費者でもある。労働者1人は1を稼ぐが、1／1・5、つまり1単位の商品の3分の2しか購入できない。

では次に買い手独占を考えてみよう。商品の価格は1とするが、賃金については、ほかに働く場所がないので、1ではなく2／3まで切り下げるとする。結果はまったく同じであることに注意してもらいたい。労働者はGDPの3分の2を稼ぎ、資本所有者は3分の1を稼ぐ。労働者は商品の3分の2しか買えないが、完全な競争経済であれば1単位を購入できるだろう。

したがって全体で見れば、買い手独占と独占は、労働者の生活水準に同じような影響をおよぼす。企業が50％増しの値段をつけようと、雇用主が30％賃金を下げようと関係ない。どちらの場合も、労働者の購買力は本来あるべき水準より30％低くなる。

労働市場の集中

最近、アメリカの労働市場に買い手独占力が復活していると主張する論文がいくつか出てきている。話はかなり単純だ。潜在的な労働者にとって雇用主の選択肢が少なければ、雇用主は労働者に対して市場支配力を持ち、低い賃金を申し出ることができる。

そこで最初の疑問である。労働市場はどの程度集中しているのか。ホセ・アザール、イオアナ・マリネスク、マーシャル・スタインバウム、ブレディ・タスカは、２０１６年にデータ分析会社が収集したオンライン上の求人情報に注目した（Azar, Marinescu, Steinbaum and Taska, 2018）。アザールらは、各通勤圏における6桁の連邦標準職業分類コードごとのハーフィンダール・ハーシュマン指数（ＨＨＩ）を利用して、労働市場の集中度を計算した。平均的な市場のＨＨＩは３９５３、これは市場に人を募集する雇用主が２・５人いる状態に相当する。半数以上の労働市場でＨＨＩが２５００を超える高い集中――第2章で見た司法省と連邦取引委員会のガイドラインによる基準――を示していた。高度に集中した市場は雇用の17%を担っている。ほかに考えられる市場の定義を検討したケースでは、高度に集中した市場の割合は3分の1以上となった。

次の疑問は、市場の集中が賃金を押し下げるのかどうかだ。これは測定が難しいが、そのとおりである可能性を示す最近の論文がいくつかある。エフライム・ベンメレク、ニッタイ・バーグマン、ヒュンソブ・キムは、地域労働市場の集中が賃金に与える影響を、１９７７年から２００９年の国勢調査のデータを使って検討した（Benmelech, Bergman, and Kim, 2018）。ベンメレクらによれば、地域の雇用主の集中は時代とともに高まっており、それと賃金のあいだには負の関係があるという。これは、集中した労働市場では雇用主は買い手独占力を有するという考えに沿う。さらに、労働市場の集中と賃金の関係は、集中度が増したときと労働組合組織率が低いときに負の関係が強くなるとしている。しかし、労働市場の集中が低いときには、賃金の伸びは生産性の伸びと密接につながっている。

興味深いことに、ベンメルクらは中国からの輸入品との競争が激しい市場ほど集中が増すという発見もしている。こうした市場は生産側の競争が増すので、独占レントは減少すると予想される。残念ながら、集中が買い手独占力を増加させ、自由貿易の恩恵の一部を失わせることはあり得る。これは私が序論で述べた幅広い論点のもう一つの例だ。国内競争と海外との競争には違いがある。国内競争の促進について悩むことはない。国外との競争は複雑でそれほど明快ではない。

買い手独占力に関する文献はまだ少なく、学ぶべきことはたくさんある。労働市場の支配力が労働者に害をおよぼすことは広く認識されている。デイヴィッド・バーガー、カイル・F・ハーケンホフ、サイモン・モンギーは、労働市場の支配力がもたらす厚生損失を生涯消費の2・9％から8・0％と見積もる（Berger, Herkenhoff and Mongey, 2019）。しかし、労働市場の集中の進化について一致した意見はない。バーガーらによれば、労働市場の集中は全国レベルでは増しているにもかかわらず、地域レベルでは過去35年減少していると いう。これは第2章で見た問題を思いださせる。コラム2・2では、全国レベルの集中は地域レベルの集中と異なり、経済を間違ってとらえる原因になることを示した。

今はオンラインの労働市場があるので、地域労働市場の集中の重要性は薄れていると思うかもしれない。アリンドラジト・デュベ、ジェフ・ジェイコブズ、スレシュ・ナイドゥ、シッダールタ・スリは、まさにこの問題を研究している（Dube, Jacobs, Naidu and Suri, 2018）。取りあげたのは、オンデマンドの労働プラットフォームで最大規模のアマゾン・メカニカル・タークだ。オンライン・プラットフォームがあれば仕事の検索が容易になるので、完璧に近い競争が生まれるのでは、と思う人もいるかもしれない。ところが、デュべらによれば、このように多様で巨大な単発仕事の市場であっても、市場支配力は驚くほど大きく、こうしたオンライン労働市場のプラットフォームが生みだす余剰の多くは、雇用主が手にしていると考えられるという。

制限付きの契約

大規模な病院が医療市場における競争を減らすために、制限付きの契約を利用しているのはすでに見た。同様に、大手フランチャイズチェーンの雇用主も労働市場の競争を減らすために、制限付きの契約を結んでいる。プリンストン大学の経済学者アラン・B・クルーガーとオーリー・アッシェンフェルターは、マクドナルド、バーガーキング、ジフィルーブ、H&Rブロックなどの大手企業が一般に結ぶフランチャイズ契約における条項の役割を調べた（Krueger, and Ashenfelter, 2018）。

こうした契約では、フランチャイズチェーン内のほかの店から従業員を勧誘したり、雇用したりすることが制限されている。つまり、あるマクドナルドの店舗は、近くのマクドナルドの店舗から従業員を引き抜けないようになっている。クルーガーとアッシェンフェルターは、大手フランチャイズチェーンの契約の約60%には「引き抜き禁止条項」が含まれており、こうした契約は低賃金で離職率の高い業界のフランチャイズ企業に多く見られると述べている。こういう契約は間違いなく労働市場の競争を減らし、結果として賃金の伸びを抑えている。

良いニュースは、こうした労働市場問題がようやく注目されるようになったことだ。20州の司法長官が、クルーガーとアッシェンフェルターの研究をもとに、マクドナルドのフランチャイズ契約に含まれる競業禁止条項を調査している。

職業免許

アメリカではこの30年で地理的な移動が減っている。働く人は昔ほど地方と都市部のあいだで移動しなくなっている。この傾向について妥当な説明はいくつかある。そのなかの一つが、ある種の免許や資格を必要とする職業の人の数が増えているというものだ（Davis and Haltiwanger, 2014）。

モリス・M・クライナーとアラン・B・クルーガーは、さまざまなデータソースをもとに免許制度がどのように拡大してきたかを追った（Kleiner and Krueger, 2013）。それによると、アメリカの労働力のうち州法で規定される免許を必要とする割合は、１９５０年代初頭に5％未満だったのが、２００８年には25％となり、20世紀の後半で5倍になっている。州の免許は免許制度の大部分を占めるが、これに地域や連邦の職業免許を加えれば、２００８年に許可された労働力の割合は29％に達する。

免許の増加には二つの原因がある。一つは、過去数十年のあいだに一般に免許を必要とする職業に従事する人の数が増えたことだ。医療業界にはそういう職業が多数ある。しかし、それでは増加分の3分の１しか説明できない。それに併せて、大統領経済諮問委員会の２０１５年の報告書の分析によれば、新たに免許要件が課されたために免許を必要とする職業の数が大幅に増えたという。この免許要件の拡大が増加の３分の2を説明する。

免許制度は常に表向きは健康、安全、消費者保護のために制定される。それが妥当なときもある。しかし、既存事業者がレントを守るための最適な手段になるケースも多い。実際に既存事業者は免許要件の拡大を求めてロビー活動にいそしむ。それが効果的な参入障壁になることを理解しているからだ。ヨーロッパが多くの産業で参入障壁を減らしていることはすでに論じた。そのうちの一部は不要な免許の削減によるものだ。必要とは思えない免許制度もまだ多数あるが、少なくともヨーロッパは正しい方向に向かっている。しかし、同じ期間にアメリカは免許制度を増やしている。

格差——クラブ経済の台頭

アメリカ経済には大きな格差が生まれており、それにはたくさんの説明がある。たとえば教育の利益。それは時代とともに増加している。これは教育を受けた労働者（大卒など）と、それほど教育を受けていない労働者（高校中退など）の所得格差が、次第に広がっていることを意味している。

資本所得と労働所得の分離もある。労働分配率が減少する一方で、企業の利潤と株主還元が増加していることはすでに示した。資本の所有の集中度は、人的資源の集中度より高い。利潤が増加すると、大量の株式を所有しているごく少数の世帯が多くの便益を得る。集中と市場支配力はこのように格差を増大させる。

格差の増大の原因を考えるには、企業内と企業間の格差を検討する方法もある。ジェイ・ソン、デイヴィッド・J・プライス、ファティ・グヴェネン、ニコラス・ブルーム、ティル・ヴォン・ワクターは、アメリカの雇用主と従業員が紐づけられた巨大なデータベースを使って、1978年から2013年の所得格差の増大に企業がおよぼした影響を分析した（Song, Price, Guvenen, Bloom and Wachter, 2019）。その結果、所得格差の増大のうち3分の1は企業内で発生し、3分の2は企業間の平均所得の違いから発生しているとわかった。

しかし、この企業間の差の拡大は、企業そのものではなく、企業内の従業員の構成の変化から生まれている。構成の変化はほぼ同等の二つの要因に分けられる。高賃金の労働者が高賃金の会社で働くようになったこと、そして、高賃金の労働者が高賃金の労働者といっしょに働くようになったことである。要するに労働者が分けられるようになり、賃金の分離が進んだのである。ソンらは企業内所得格差の増大の3分の2は、巨大企業（従業員数1万人以上）で起きていることも発見した。それより小さい企業に比べて際立って所得格差が大きくなっているという。

買い手独占力の危険性

これまで労働市場で買い手独占力が増大している現状を見てきた。オンラインのプラットフォームでも買い手独占力が増す危険がある。大手プラットフォームには、消費者に対する独占力が小さくても、サプライヤーに対する買い手独占力が存在する。

ジェフ・ベゾスはかつてこう言った。「会社には2種類ある。高く売るために努力する会社と安く売るために努力する会社だ。われわれは後者を目指す」。そして、そのとおりになった。アマゾンは消費者に高い値段を請求しない。しかし、規模の大きさを利用してサプライヤーや配送会社からリベートをもらっている。それが市場支配力を高め、リベートを享受しなかったとしてもアマゾンと競争するのを難しくしている。マクロ経済的には、買い手独占力の影響は独占力の影響とあまり変わらない。プラットフォームが商品を買うときの価格を下げられるとしたら、その商品の製造業者は賃金を下げなければならなくなるだろう。したがって規制者は、リベートやそのほかの形の買い手独占レントが、市場参入の障壁にならないようにする必要がある。

結論

すべて現状のままであってほしいからこそ、すべてが変わる必要があるのです。

——ジュゼッペ・トマージ・ディ・ランペドゥーサ

ジュゼッペ・ディ・ランペドゥーサの小説『山猫』（小林惺訳、岩波書店）のなかで、ガリバルディの軍隊がシチリアを侵攻したとき、ファブリツィオ・サリーナ公爵の甥、タンクレディは言う。「すべて現状のままであってほしいからこそ、すべてが変わる必要があるのです」[1]。自由市場にも同じことが言える。今私たちが格闘している問題の多くは新しいものではないが、自由市場を維持したいなら、私たちは常に適応していく必要がある。

本書の調査・執筆には数百時間をかけた。読者の皆さんは数時間で読みおえたかもしれない。あるいは私がよくやるように、図や表を見て面白そうなデータのところだけ読んだかもしれない。

少なくとも労力をかけたのだから、私たちは何かを学ぶべきだ。つまり、いくつかのことについて考えを改めなければならない。そして、現状を改善するために何かしらの考えを持つべきだ。
長々と政策提言をするつもりはない。その代わりに私が学んだこと、驚いたこと、得たものをお伝えする。

驚いたこと

私は自由市場が本当はいかにもろいものであるかを知って驚いた。私たちは自由市場を当然のものとして受けとめているが、歴史はどちらかと言えば、それが例外であることを教えてくれる。自由市場は民間企業を律するものだと思われているが、今では多くの民間企業が支配力を持ち、粗悪なサービス、高価格、不完全なプライバシー保護がまかり通っている。わずか20年前のアメリカは事実上、自由市場の国であり、規制緩和と反トラスト政策のリーダーだった。もしこの領域でふたたびトップに立ちたいと思うなら、自国の歴史を振りかえり、世界のほかの地域の学びとなった教訓を学びなおさなければならないだろう。

過度な集中は消費者個人を確かに傷つけるが、その影響は次第に広がりを見せている。元国防長官ロバート・ゲーツは、その著書『イラク・アフガン戦争の真実――ゲーツ元国防長官回顧録』のなかで、防衛関係請負業者間の競争をあおるのは問題であると述べている（Gates, 2014）。２０１５年、国防総省の調達責任者フランク・ケンドールはこう述べた。「われわれが調達する主な武器システムのすべてをせいぜい2、3の大手供給業者から購入する未来が見える……調達部門はこれを前向きな動きだとは思っていないし、アメリカ国民も同様だろう」。ロドリコ・カリルとマーク・ダガンは、市場構造が競争やコストにどのような影響を与えるかを調べるために、防衛関係の請負業者の合併を研究している（Carril and Duggan, 2018）。その結果、防衛産業では過去30年に市場の集中が進んでおり、入札の競争が減り、連邦政府は請負業者が負担した費用すべてに利益を乗せた金額を払うという内容の契約が増えていることがわかった。

私は競争を是とする証拠の強さに驚いた。競争が価格を下げ、実質賃金と生活水準を上げると私たちは昔から知っている。しかし、証拠は競争が投資にもプラスに働くことを示し、イノベーションと生産性の伸びを促すことも示唆している。とはいえ、理論上は競争は行きすぎる可能性がある。だから私たちは、ある時期にどこかの国の何らかの産業で、競争がイノベーションに悪影響を与えている事例があると考えるべきだ。しかし、そんな事例はほぼ見当たらない。なぜか。それは吠えなかった犬の話だからだ。競争が成長に良いことを示す論文は多数読んだし、議論もしてきた (Buccirossi et al., 2013)。特許や参入障壁、あるいはほかの方法によって既存事業者を保護することが、生産性を高めると確信させてくれる論文は見たことがない。もしデータのなかにあったら、学者全員がそれを見逃すとは思えない。犬は吠えなかった。それが重要な証拠である。しかし、なぜそういう事例がないのだろうか。答えは単純なものだと思う。標準理論には欠陥があるからだ。競争を弱め、参入障壁をつくるためにロビー活動をする既存事業者の政治的な動機を無視しているのである。既存事業者は不当な動機をもとに成功することが多く、だから自由市場はもろいのである。しかし、その主張が評価に値する数少ないケースでは、ほぼ確実に成功する。結果として、産業の経験分布は競争不足に傾き、イノベーションと競争の曲線の悪化する側にいる産業を目にすることはほとんどない。

私はさまざまな機関が想定を超えた力を持ち、想定より長く持続していることに驚いた。これはヨーロッパとアメリカを比較したときに気づいたことだ。大西洋の両側にほぼ同じ期間暮らしてみて、ヨーロッパは根深い問題に直面していると思う。おそらくアメリカが直面するものより根深く、危険な問題だ。さらにヨーロッパ諸国のほとんどは過去30年、革新的で優れた経済政策の先頭に立った経験がない。それにもかかわらず、EUの競争政策はアメリカの政策よりも強力なものになり、EU市民はその成果を享受している。すべては、当時最良のものに触発されてつくられた単一市場の設計にさかのぼることができる。皮肉な話だ。EUの消費者がアメリカの消費者よりも良い暮らしを享受しているのは、アメリカが自ら捨てたプレーブックをEUが採用したからというのだから。

私はアメリカのロビー活動と選挙資金の規模と複雑さに驚いた。明らかに存在しているのに、特定するのは難しい。見つかりやすいところに隠れているが、声をあげてもっともらしく否定している。機関や利益集団は動的な生態系をつくる。機関はロビイストが参加するゲームを形づくり、自身は政治的決定に影響を受ける。経済の非効率性は過度に複雑な機関には往々にして見られ、継続的なロビー活動によって維持される。医療システムはその好例だ。1人の患者として、とりわけ幼い子供の親として、システムの複雑さやコスト、著しい非効率には当然ながら気づいていた。しかし、データを分析するまで、その問題の大きさは完全には理解していなかった。

私はインターネットの巨大企業について調べてみてわかったことに驚いた。私もご多分に漏れず、文書を書くのにワードを使い、はじめて手にしたマックブックを懐かしく思いだし、グーグルのすっきりしたデザインのホームページをはじめて見たときのことは忘れられず、アマゾンで買い物をし、フェイスブック、インスタグラム、ワッツアップで友人や家族の近況を知り、連絡をとる。しかし、こうした企業を調べてみることで、それらの何が特別で、何が特別ではないのか、考えを整理することができた。確かに魅力的な企業であるのは間違いないが、私たちが思っているような影響力はほとんど持っていない。少なくとも今のところはそうだ。その独創性が、ツイートやターゲティング広告や素敵な写真以外のものに変換されることを切に願っている。しかし、会社としてすでに確立しているので、大規模な競争が必要であることも確信している。

最後に、私は経済の研究と政策の差に驚いた。経済学者は、政治家がもう少し自分たちの意見に耳を傾けてくれれば、もっと効果的な政策ができたはずだという不満をよく口にする。そこにはいくぶんかの真実はあるが、私としては自分たちに都合がよすぎる意見だとも思う。まず、何らかの政策経験のある経済学者なら必ず言うだろうが、経済のアドバイザーは明らかにまずい考えをつぶすことにほとんどの時間を費やし、良い政策を支持する機会はほぼない。さらに、経済学者がタイミングよく助言できないことを示すかなり強い証拠がある。２００８年の金融危機は明らかにその一例だ。ほとんどの金融経済学者がリスクを認識したときにはすでに遅すぎた。２０００年代に開かれた学会では、金融業界はイノベーションと成長を推し進めているという見解が一般的で、それに疑問を呈する経済学者はほとんどいなかった。一般常識に反論するのは刺激的だが、リスクもある。私は２００８年のはじめに、金融の効率性を測定する論文を書いた。驚いたことに、金融は実際には効率的になっていないという内容だった。この議論については第11章で述べた。これはおそらく私の論文のなかでは注目を集めた一本だが、何度も却下され、発表までに7年かかった（Philippon, 2015）。

経済学者は多くの産業で進行している集中を研究し、理解するのも同じように失敗していた。もちろん、今ではマークアップ、競争、集中についての文献はたくさんある。しかし、本書で取りあげた少数の例外はあるが、それ以外はどれも先見の明のあるものではなく、発表していれば議論になり、有益だったであろうときに現状に異を唱えたものはなかった。

同じことは経済学のほかの分野でも起きている。貿易政策はその好例だ。ポッドキャスト「トレード・トークス」で、ポール・クルーグマンが出演した回は全員に聴いてもらいたい[2]。クルーグマンは、貿易モデルが世界の貿易の発展にいかについていけていないかを説明している。１９８０年代より昔は、ほとんどの貿易は富裕国間で行なわれ、同じ産業内で製品を売買していた。標準モデルはこのパターンを説明していなかった。説明していたのは、国と国が異なる比較優位を持って、異なる製品を売買する貿易形態だった。そこで新しい貿易モデルが、専門化と規模への回帰をベースに、富裕国間の貿易を説明するために開発された。それができたときに増加していたのは、貧しい国との貿易であり、それは古い比較優位モデルのほうがうまく説明できた。1990年代になって貿易と格差の問題が顕著になったとき、貿易モデルの予想では影響は少なく、経済学者は心配することはないと言った。そんななかで中国が世界貿易機関に加盟し、雇用と賃金に大きな影響を与えた。チャイナショックが去り、格差についての懸念は減少したが、人々はそのように見てはいない。

ここに謙虚さについての教訓がある。経済学者が信頼を失ったのは、間違った方向に導くポピュリズムだけのせいではない。コンセンサスに挑戦して最適なタイミングで助言することができていないからでもある。

現状を見積もる

本書のいちばんの論点は、アメリカのほとんどの産業で過去20年、競争が減っているということだ。ここで肝心な疑問に答えたい。それはどのくらい重要なのか。もっと具体的に考えるために、参入障壁を元の水準に戻し、不適切な合併を取り消し、1990年代終わりの競争水準に戻すとしよう。私たちの暮らしはどのくらい良くなるだろうか。

この問いに答えるために、比較的単純な経済モデルを使おうと思う。経済学者が「モデル」について語るとき、それは経済主体の行動をあらわす一連の方程式を意味している。世帯は生計を立てるために活動する。

労働力を提供する。いくら貯金し、何を買うかを決断し、消費と貯蓄を決める。企業は互いに競争し、世帯やほかの企業が購入したいと思う財やサービスを供給する。資本、労働力、ほかの企業から中間投入財を集めてくる。需要が弾力的であることを理解している。つまり、高すぎる価格を設定すれば、消費者を失う。こうした決定のすべてを数学的に記すことができる。政府の決定（税金、支出、規制）や中央銀行の決定（金利）も具体化することができる。

モデルの利点は、こうした決定の結果を計算できることだ。この結果を「マクロ経済均衡」と呼ぶ。決定は相互依存の関係にあるため、均衡は重要な概念である。たとえば労働市場を考えてみよう。世帯が労働力を供給する一方で、企業は労働力を雇用する。しかし、企業が労働力を雇用するのは自社商品を販売したいからであって、その商品は労働所得を使って世帯が購入する。同様に、世帯が貯蓄をすると言うとき、それは銀行口座に金を預けたり、投資信託を購入したりすることを意味する。しかし、銀行や投資信託は仲介者であって、エンドユーザーではない。貯蓄は最終的にはローンや社債、株式となる。こうした債権から得られる利益は、企業の資金需要に左右される。したがって、こうした決定はすべて互いに依存している。これが実際的に意味しているのは、競争があるために——あるいは競争がないために——どうなるかを理解したければ、こうしたすべての市場で起こることを同時に追う必要があるということだ。だからモデルが必要なのである。

モデルを手に入れたら、重要な質問はこうなる。競争の変化の大きさはどのくらいなのか。証拠を検証しよう。GDPに占める税引き後利益の割合は約4パーセントポイント増加した（第3章）。所得の労働分配率はGDPの約6パーセントポイント減少した（第6章）。アメリカをヨーロッパと比較すると、マークアップは相対的に約10％増加していた（第7章）。そのうちの一部は、アメリカのマークアップの上昇に加えてＥＵのマークアップの減少によるものだった。

試しにこの証拠に合う数字をモデルに入れてみようと思う。まずは１９９０年代の状況から始めよう。マークアップは総生産の５％とする。つまり、企業は労働、資本、中間投入財のコストに５％の利ざやを上乗せする。自由参入経済なので、こうして上乗せした利潤は、設立と企業活動のコストで相殺される。ＧＤＰが１００ドルで総労働所得は65ドルとなるように単位を設定する。労働分配率は０・65だ。

では次に競争が減少し、自由参入が厳しくなる状況を想像してほしい。企業は利ざやを５％から10％に上げることができる。すると何が起こるか。資本、労働、中間投入財の需要が減る。賃金も下がる。雇用への影響は、世帯が低い賃金でも働き続けたいと思うかどうかによる。私は世帯が働き続けることを選択する保守的なモデルを使う(3)。結果として、マークアップの上昇が引きおこすのは、賃金減少、投資減少、生産性減少で、雇用は変わらないという状況だ。もう少し細かく数字を見てみよう。競争のために、ＧＤＰは95ドル、つまり５％減る。労働所得は57ドルに下がる。新たな労働分配率は57／95で０・６となり、第６章の証拠に合致する。資本ストックは10％減る。これも第４章で論じたギャップに沿う。

これらの数字を大局的に見てみよう。アメリカのＧＤＰは約20兆ドル。もし、20年前と同じような経済の競争を実現できたら、ＧＤＰは５％伸びて21兆ドルになるだろう。従業員の報酬は約11兆ドルだ。競争があれば、65／57×11で12・５兆ドルになるだろう。つまり、私の計算によれば、競争の欠如はアメリカの労働者から１・５兆ドルの所得を奪っていることになる。これは２０１２年から２０１８年の実質賃金の累積増加を上回る数字だ。競争の欠如によって、アメリカ人労働者はまる６年分に相当する増加額を負担している。

これはどのように測定しても大きなコストだ。

この問題の大きさを測るもう一つの方法は、ほかの政策提言と比べてみることだ。これを執筆している現在、アメリカは2020年の選挙期間に突入しようとしている。多数の候補者が掲げる公約の詳細は知らないが、この数字を上回るものがあったら驚くだろう。

競争の激しい経済に戻すのは簡単ではない。競争の欠如から便益を得る人たちは既得権益を守るために戦うだろう。ここで政策論争を行なうにあたって役に立ちそうな指針をいくつか提案したい。

21世紀の経済指針

指針1　いつでもどこでも自由参入

市場は存在しなければ自由も何もない。だから売り手独占《モノポリー》は売り手ゼロ《ゼロポリー》よりずっといい。しかし、市場があるなら、既存事業者のレントを積極的に守らなければならないと考える理由はなく、多くのレントは大きすぎると考える理由はたくさんある。実際問題として、競争を促進すれば厚生は改善する。私が説明したように、超過競争の犬は吠えなかった。

もしあなたが自由市場を信じるなら、誰に対しても強い姿勢でのぞまなければならない。アメリカの政治家や規制者は、連邦レベルでも州レベルでも参入規制を拡大してきた。その証拠は第5章、第8章、第9章、第15章で論じたが、それらのデータはおそらく氷山の一角しかとらえていない。保守派は、アメリカは規制を減らすべきだと正しい主張をしている。私ならこの考えに「小規模企業の参入や成長を妨げる規制」と条件をつける。

既存事業者にも今までより強い姿勢で立ち向かう必要がある。たとえそれが自分が好きな事業者であっても。今日の独占企業は昨日の新興企業だ。成功する企業というのは常に最高で、常に度を超した存在である。

成功する起業家は常に傑出した大物であり、支配者である。スティーブ・ジョブズは「宇宙をへこませたい」と言った。そして実際にそうした。しかし、それはアップルの独占力を監視しない理由にはならない。競争と反トラストの実施は、倫理的に悪いことをした者に対する懲罰ではない。少なくともほとんどの場合はそうだ。それは経済的な解決策であり、経済システム全体の効率を高めるものだ。企業はライバル企業を倒そうとする権利がある。もっと言うなら、廃業に追いこもうとしてもよい。規制者にはそうした活動が自由市場を妨げないようにする義務がある。しかし、それを個人攻撃として受けとめる必要はない。それは単なる仕事である。

帰結1　効率的市場では、限界企業は倒産寸前となる

競争のある市場では、限界企業は倒産の危機にさらされる。これが自由参入の定義である。企業は収支が合うかどうかあやしくなるまで参入し続ける。財政難は悪い兆しではなく、反トラスト政策を緩める言い訳にするべきではない。しかも、倒産は解散ではない。困窮した企業はたいてい再建される。一時的な財政難が競争を制限する言い訳に使われるとき、ほぼ決まって悪しき政策がそれに続く。航空会社は財政難を理由に合併を進め、アメリカの空は少数の航空会社に独占されるようになった。

指針2　政府も間違うべし

私たちは銀行、クレジットカード会社、ソーシャルメディア会社、Eメールのサーバー、信用情報会社からのデータ漏洩を許容する世界に生きている。しかし、この世界では、規制者が間違いをおかすという考えは受けいれられない。規制者は完璧でなければ、マスコミに愚弄される。彼らが積極的に動かなくても不思議はない。しかし、それはあるべき姿ではない。私たちは新しい解決法を必要とする新しい問題に直面している。新しい解決法には間違い、試行錯誤、修正がつきものだ。規制に対して間違いは一つも許さないという姿勢は、ゼロ規制につながる。規制者は高い水準に保つ必要があるが、過度な立証責任を課すのは得策ではない。

特に経済政策の問題では、完璧は善の敵だ。グローバル化した世界において、私たちは複数の地域の規制者の話に耳を傾ける意義も認めなければならない。フォルクスワーゲンがディーゼルエンジン制御に関して不正を行なったことから起きた一連のスキャンダル「ディーゼルゲート」は、ヨーロッパのロビー関連の事件で最悪の部類に入る。これは自動車業界のロビイストの働きかけによるヨーロッパの規制者の堕落を明らかにした。米国カリフォルニア州大気資源局（CARB）や米国環境保護庁（EPA）の取り組みがなければ、ヨーロッパの人々はもっとひどい大気汚染に苦しんでいただろうし、不正者が罰せられることもなかっただろう。しかし、ちょっと考えてみてほしい。ディーゼルゲートがアメリカで見つかったのは偶然ではなく、ヨーロッパで一般データ保護規則（GDPR）が導入されたのは偶然ではない。どちらの場合も国内の政治家や規制者は働きかけの影響下にあったが、国外の規制者はそうではなかった。

指針3　透明性、プライバシー、データ所有権を保護せよ

医療、金融、運輸のほか多くの産業で競争について考察するときに、データ、情報、プライバシーの問題は無視できない。手数料を隠すことで、寡占者が高い価格を維持し、怒りや取り締まりを避けるのを私たちは繰り返し見てきた。それは銀行、クレジットカード会社、製薬会社、病院、保険会社、インターネットのプラットフォームに当てはまる。あなたはいくら払って、なぜそれを払うのか知る必要がある。もし支払わ

ないなら、あなたの何が売られているのか知らなければならない。

非常に手ごわい問題に見えるかもしれないが、解決策はある。本書で論じた経済問題は解決できると私は確信している。しかし、そのために世界はなんとしてでも、アメリカの政策立案者を引っ張り出さなければならない。21世紀においてもっとも重要な規制論争、すなわちプライバシーとデータ保護の議論の場にアメリカが不在である現状は、見ていて残念だ。中国政府は個人のプライバシーを侵害し、ジョージ・オーウェルのビッグ・ブラザーが支配する世界を思わせる政策を推し進めている。ヨーロッパの政策立案者はできる限りのことをやっているが、アメリカの政策立案者の積極的な関与なしにうまくいくとは思えない。はっきり言えば、プライバシーとデータ保護の問題を解決するには、ほとんどアメリカしか持ち合わせていないレベルの専門性が必要なのである。

私が強調した経済問題は世界共通のものだ。すべての国が向き合わなければならない。アメリカがほかの国とは違うのは、ほかよりも大きな力と責任を持っていることだ。道を見失っているのも、おそらくほかの国よりも高い地点からスタートしているからだろう。自国を偉大にしたものを顧みなくなった国は過去にもあった。ローマや中国の帝国は何世紀も続いたが、リーダーがその帝国の礎を忘れたときに崩壊した。スペインの黄金時代は、身内びいきや政治と宗教の不寛容によって終焉を迎えた。オランダは巨大なスペイン帝国崩壊の一因となったあと、17世紀の海運と経済力の中心となり、創造力、起業家精神、国際的開放性を武器に繁栄した。しかし、貿易が不振となり、隣国と戦争に突入し、最終的にはイングランドが海外投資とイノベーションの中心地になることを許した。物語は続く。大国が勃興し、その地位に安住し——あるいは欲に走り——凋落する。

アメリカにとって良いニュースは、少なくとも歴史的な意味合いでは、このプロセスは始まったばかりで、転落を阻止できる機関が依然として機能しているということだ。確かに、アメリカは自由市場をなおざりにしてきたが、その間違いを正すチャンスはある。確かに、ビッグデータとプライバシーをとりまく問題は難しいが、過去にはヨーロッパが競争の改善についてアメリカを手本としたように、アメリカは消費者のプライバシー保護についてヨーロッパに学ぶことができる。

そして確かに、政治の世界には金があふれている。特別利益団体からの強い圧力があり、立法者や規制者の判断を曇らせている。これはもっとも対処が難しい問題かもしれない。自由市場を復活させる施策を阻む可能性があるからだ。しかし、金を集めるために毎週30時間を費やさない議員がかじ取りをする先進経済の例はたくさんある。

アメリカは過去にも大きな問題を乗りこえてきた。民間の技術イノベーションにおいても政治・社会のイノベーションにおいても、1世紀以上ものあいだ最先端を走り続けている。アメリカの市場は自由を取りもどせるし、そうしなければならない。

原注

(1) 1963年には映画になった小説『山猫』は、リソルジメント(イタリア統一運動)およびイタリア統一戦争の終結が近い1860年の話である。ガリバルディは、両シチリア王国を掌握した。ガリバルディは共和制を望んだが、ヴィットーリオ・エマヌエーレ二世をイタリアの初代国王とする立憲君主制を採用することになった。

(2) Trade Talks #66、2018年12月。このポッドキャストを聴けば、どの政党を支持していようと、政治的偏向のない経済分析に耳を傾けることができるとわかるだろう。

(3) 正式には0・1という低い労働供給弾性値——いわゆる「フリッシュ弾性値」——を使用する。理論的には、利潤と株主還元(配当)が上がる一方で賃金が下がるので、世帯によっては前ほど一生懸命に働かないという合理的な判断をするだろう。フリッシュ弾性値が高ければ、労働供給は大きく減るので、私の結論を後押しすることになる。GDP、消費、労働所得はさらに大きく減るだろう。

補足資料

A　産業分類――NAICSとISIC

私がこう質問したとしよう。「シアーズのライバル企業は?」おそらくウォルマートやアマゾン、その他いくつかの企業名があがるだろう。しかし、それですべてだろうか。同じ業界に属する企業はどのくらいあるだろうか。経済学者や統計学者は物事を分類するのが大好きだ。私たちは企業を産業に、産業を部門に振りわける。この補足資料では、こうした名称が意味することを説明する。

産業とは何か。さまざまな産業に対して企業をどのように分類するのだろうか。企業や産業について勉強したければ、こうした基本的な疑問に答える必要がある。たとえば、企業の市場シェアを計算するためには、まずその企業がどの産業に属しているか知らなければならない(それから物理的な場所などを考慮する)。

アメリカを研究するときには北米産業分類システム(NAICS)を使う。これは1997年に、古い標準産業分類(SIC)システムに代わるものとしてアメリカ、カナダ、メキシコが共同で開発した。NAICSは、経済を20の部門に分け、各部門を業種に分けている。表A・1はアメリカ経済の重要な部門をいくつか示したものだ。

分類が目指すのは、同じような生産プロセスを持つ経済単位（工場、プラント、店舗）をまとめてグループ化することである。たとえば、ＮＡＩＣＳでは、「情報産業」部門には情報の形を変え、流通させる活動が含まれる。テレビやラジオ、出版（書籍、新聞、雑誌）、映画などだ。「専門的・科学的・技術的サービス業」の部門には、専門知識（人的資本）が主な投下資本となる業種が含まれる。弁護士、建築家、インテリアデザイナー、エンジニアリング業務、広告代理店などだ。「製造業」部門は4桁のコードで86の産業に分けられる。「小売業」は27に、「専門的サービス業」は9に分けられる。

ウォルマートは小売業に分類される。２０１２年版のＮＡＩＣＳの3桁コードは４５２（総合小売店）、4桁コードは４５２９（その他の総合小売店）で、４５２１（百貨店）とは区別されている。アマゾンも小売業だが、コードは４５４（無店舗小売業者）、４５４１（電子ショッピングおよび通信販売業者）となっている。

産業分類は難しく、完璧ではない。ＩＢＭは最初はコンピューター製造業（３３４）だったが、その後、専門的サービス業（５４１）に移動した。しかし、データベースによっては、ＩＢＭのコードは１９５０年から変わっていないものもある。多くの大企業が複数の産業を営んでいる事実にＮＡＩＣＳはどう対応しているのだろうか。基本的には分割している。ＮＡＩＣＳは、普通は一つの場所にある事業所で分類している。工場、製作所、店舗、ホテル、映画館、空港ターミナルビルなどだ。事業所とは、投下資本（従業員数、賃金、材料、資本）と生産物の記録が可能な最小の事業単位である。生産物は販売されるかもしれないし、親会社に供給されるかもしれない。ＮＡＩＣＳはかなり高度なシステムである。たとえば、ホテル内の店舗は別の事業所として小売業に分類され、ホテル自体は宿泊業に分類される。運輸業や電話通信業では、事業所は常設の支店、ターミナル、駅となる。一つの企業が複数の事業所を所有することはめずらしくなく、その

表 A.1　NAICS 上のアメリカ経済における重要な部門の分類

部門	コード	定義	例
公益事業	22	ガス、電気、蒸気、水の生成、輸送、配布を行なう／下水処理を行なう	22111 発電
建設業	23	建物・構築物を建設、修理、維持する	23731 幹線道路、一般道路、橋梁建設
製造業	31–33	原料、材料、部品を新しい製品に変換する	32541 製薬、医薬品製造
卸売業	42	消費者に販売するための原材料、中間原料、商品を取引する	42471 石油バルクステーション、石油ターミナル
小売業	44–45	一般消費者に商品を小売する	44111 新車販売店
運輸・倉庫業	48–49	乗客、貨物を輸送する／商品を保管する	481111 定期乗客航空輸送
情報産業	51	情報、文化的製品を流通させる	51521 ケーブル 51721 無線通信事業者
金融・保険業	51	金融資産、保険商品を創造し、取引する	52311 投資銀行、証券取引
専門的サービス業	54	科学的、技術的サービスを組織に提供する	54181 広告代理店
医療・社会福祉業	62	医療、社会福祉を個人に提供する	62121 歯科医院

ため、NAICSのなかで複数の業種に登場することもある。NAICSには垂直統合（たとえば、鋼鉄をつくる製鋼所は鋼鋳物もつくる）や共同生産（自動車の代理店は販売とともに修理も行なう）に対応する特別な規則がある。

最後に、アメリカと他国を比べるときには、国連がつくった国際標準産業分類（ISIC）を使う。基本的な方針はNAICSに類似している。アメリカ、カナダ、メキシコは、ISICの2桁コードをまたぐことがないようにNAICSをつくろうとした。しかし、特に細かい定義を使うときには、いくつかの違いが残る。

B　実質GDP成長率を理解する

アメリカの名目GDPは、時価を使ってその年の財とサービスの市場価値を測定する。名目GDPの問題は物価の基準が恣意的なものになることだ。2017年のアメリカの名目GDPは19兆5000億ドルだった。ドルで測った場合である。もしセントで測ったとすれば、1950兆セントになる。数字は異なるが、間違いなく同じ経済の実態をあらわしている。このように私たちは、実質GDPという概念と任意の計算単位であらわしたGDPの概念を分ける方法を見つける必要がある。

二つの財、aとbがあるとしよう。t年に生産された量を$q_{a,t}$と$q_{b,t}$、価格を$p_{a,t}$と$p_{b,t}$とする。この場合、名目GDPは次のようになる。

$$Y_t = p_{a,t}\,q_{a,t} + p_{b,t}\,q_{b,t}$$

もし同じ財とサービスが毎年同じ値段で売られるなら、名目GDPを使って意味ある比較ができるだろう。しかし、すべて変わる。価格が変わる。ある財が新しく発売され、ある財は市場から消える。新しい商品の問題は第2章で検討した。実質GDPは物価の影響を差し引こうとしたものである。歴史的に見て、二つの方法がある。

固定加重実質GDP

実質GDPの定義するときの従来の方法では、基準年を決め、その年（0年）の物価を使う。t年のGDPは0年の物価を使って次のように計算できる。

$$Y_{t,0}=p_{a,0}q_{a,t}+p_{b,0}q_{b,t}$$

$Y_{t,0}$は、0年を基準とした実質GDPを測ったものである。これはt年において、もし物価がすべて0年と同じだとしたらGDPはどうなるかを計算したものである。これは「ラスパイレス指数」として知られている。固定化した物価、つまり「固定加重」を使うという意味だ。

$Y_{t,0}/Y_0$は、0年とt年のあいだの実質成長を測ったものである。この方法はアメリカでは1996年まで使われていた。説明しやすいが、一つ大きな欠点がある。計算して得られる「実質成長」の数字は、どの基準年を選ぶかによって変わってくるのだ。たとえば、1998年のアメリカ経済の成長率は、1995年を基準年とした場合は4・5％だったが、1990年の物価を使えば6・5％、1980年なら18・8％、19

70年なら37・4％となる（Whelan, 2000）。これは「代替バイアス」として知られる問題で、時代を経て相対価格が大きく変化したときに発生する。

連鎖指数

基準年を使って問題になるのは、その価格が古くなることだ。では、直近の年の物価を使えばいいのではないか。これが連鎖指数の基本的な考え方である。

$$Y_{t,t-1}=p_{a,t-1}\,q_{a,t}+p_{b,t-1}\,q_{b,t}$$

これが前年の物価を使った今年のＧＤＰであり、t年の成長率は次のように計算できる。

$$g_t^L=Y_{t,t-1}/Y_{t-1}$$

成長率g_t^Lは、前年を基準年としたラスパイレス指数による成長率である。今の成長率の計算はほぼこのように行なわれている。実際にはもう少し進んでいる。考えてみてほしい。$t-1$年とt年のあいだの成長率を計算するなら、$t-1$とtを対称的に扱いたいと思うのではないだろうか。$t-1$年のＧＤＰはt年の物価を使って、$Y_{t-1,t}=p_{a,t}\,q_{a,t-1}+p_{b,t}\,q_{b,t-1}$と計算できる。そして、成長率は次のように計算できる。

$$g_t^P=Y_t/Y_{t-1,t}$$

これが「パーシェ指数」と呼ばれるものだ。どちらの成長率の計算も理にかなっている。ならば幾何平均をとればいいのではないか。それが米商務省の経済分析局が採用した方法であり、フィッシャー指数による実質成長率である。

$$g_t^F = \sqrt{g_t^L g_t^P}$$

これが経済分析局が四半期ごとにＧＤＰ成長率を計算して発表するときに、ニュースの見出しになる数字である。

Ｃ　実質為替レートとバラッサ・サミュエルソン効果

為替レートには2種類ある。外国為替（ＦＯＲＥＸ）市場をもとにした金融レートと、現地の物価をもとにした購買力平価（ＰＰＰ）レートである（後者には国際比較プログラム［ＩＣＰ］のものやビッグマック指数がある）。世界の価格を比較する前に、まず為替レートがどのように決められるのか考える必要がある。ＰＰＰ理論とは、長い目で見れば、財のバスケットについて一物一価の法則が成り立つように為替レートは調整されるというものである（第7章を参照）。ＰＰＰと一物一価の法則のあいだにはどのような関係があるのか。一物一価の法則は個別の財（たとえば靴1足）に、ＰＰＰは総合物価指数（財のバスケットの価格）にあてはまる。当然ながら、一物一価の法則が財一つ一つに対して成りたつなら、ＰＰＰも財のバスケットに対して成りたつだろう。個別で見れば成りたたないものもあるかもしれないが、それでもＰＰＰは平均的なバスケットに適用できるだろう。ということで、ヨーロッパとアメリカ両方で売られている代表的な財のバスケットを考えてみよう。そこには食料、自動車、電子機器などが入っているはずだ。P_{US}がアメリカにおけるバスケットのコスト（ドル）、P_{EU}がヨーロッパにおける同じバスケットのコスト（ユーロ）だとすれば、ＰＰＰ理論により、ユーロ／ドルの為替レートはＰＰＰレートに近づくはずである。

$$E^{PPP} = P_{US}/P_{EU}$$

為替レートのＰＰＰ理論の根拠はあるのだろうか。これはよくある「半分空のコップ」のように、すっきりしない話なのである。短期的には、為替レートは一見無作為な理由で動き、ほとんどは相対価格と無関係でいる。そして、現地価格が名目為替レートの変動に適応するまでには時間がかかる。ＰＰＰは長期的に見た場合のみ、為替レートの理論として成立するのかもしれない。たとえ成立するとしても、類似のバスケットの価格がかなり長いあいだ大きく違う状態がありうるという点で、根拠としては弱い。

実質為替レート

しかし、為替レートの進化を予測する根拠はある。物価が高くなると、その国の通貨の価値は下がる傾向がある。ＰＰＰからの逸脱を定量化するために、ユーロの実質為替レート（ＲＥＲ）を次のように定義する。

$$RER = E^{MARKET}/E^{PPP}$$

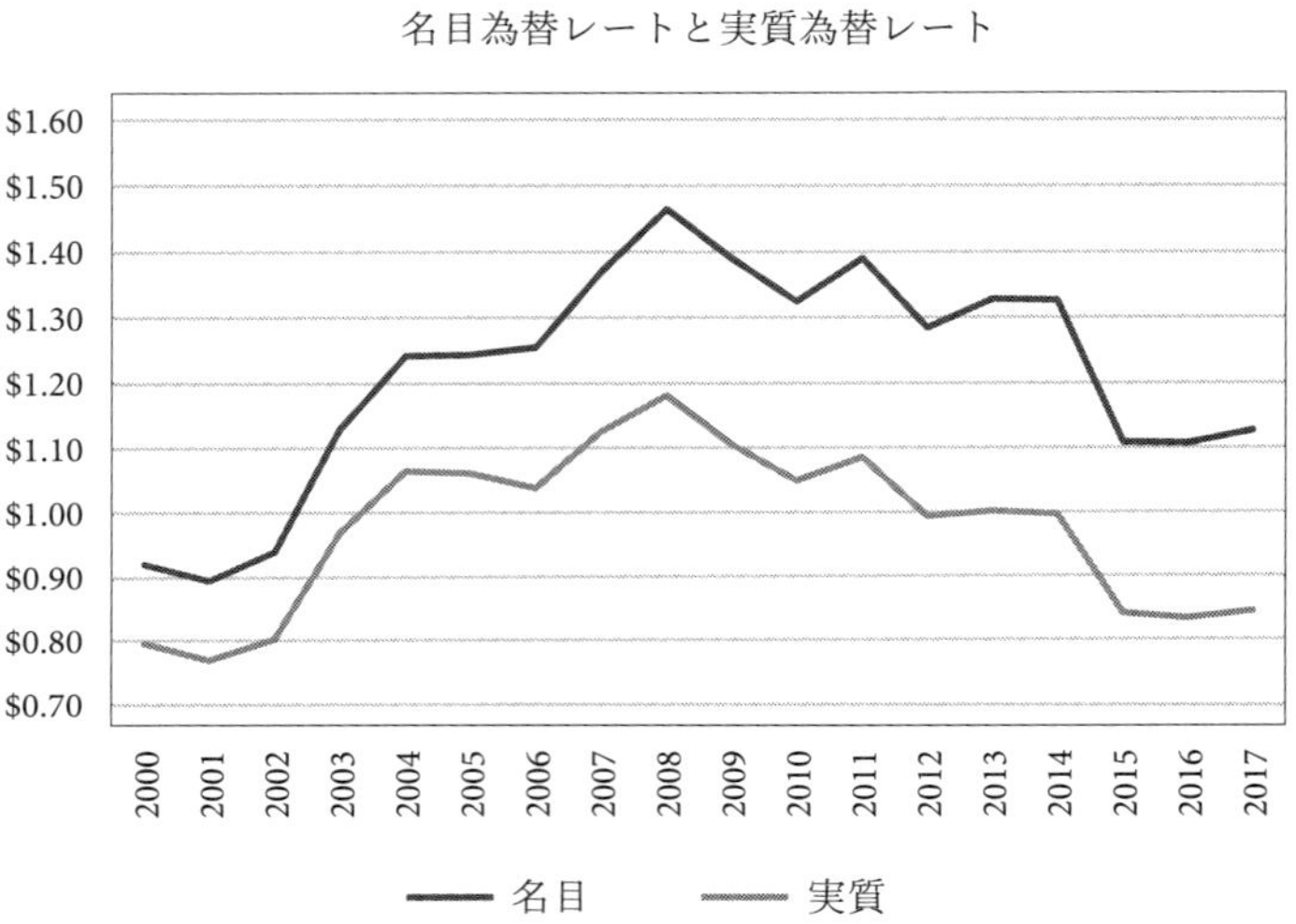

図 A.1　名目為替レートと実質為替レート
実質為替レート（RER）は、PPP レートに対する名目レートの比率である。RER が 1 に満たない場合、ユーロは安いということだ。この見方によれば、ユーロは 2007 年から 2008 年にいくらか高くなっているが、2015 年以降は安くなっている。ボラティリティはこの一連のデータの標本標準偏差である。

為替レートのPPP理論はこう言える。実質為替レートは長期的に見て1に近づくべきものだ。図A・1はドルに対するユーロの名目為替レートと実質為替レートを示したものである。すなわち、アメリカとユーロ圏の19カ国の比較である。2017年のE^{PPP}は1・33ドルで、市場レートは1・13ドルである。したがってRERは0・84となる。理屈によれば、RERは上昇するはずだ。つまり、ユーロはこの先数年のあいだ上がる（もしくは、ドルの価値が下がる）。

RERは名目為替レートより変動が大幅に少ないわけではないことに注意してほしい。市場レートのボラティリティは0・17ドルで、ICPベースのRERは0・12ドルである。短期的に見れば、相対価格の動きは金融レートの動きの大部分を相殺しない。

バラッサ・サミュエルソン効果

富裕国のほうが賃金は高く、だから物価は高い。この状況をバラッサ・サミュエルソン効果と言う。多くの財は国際的に取引されていない（たとえばヘアカット）。国際的に取引されるものでも、現地で流通コストが生じる（労務費や商業用不動産の賃料）。バラッサの１９６４年の論文にある図は、富裕国は貧困国よりも為替レートが高くなる傾向があることを示している。その物価は市場為替レートの水準から予想されるものより高い。これは第7章で使ったヘアカットの例に合致する。

アンガス・ディートンとアラン・ヘストンは45年後に同じデータを見て、バラッサ・サミュエルソン効果を確認した（Deaton and Heston, 2010）。ほとんどの新興市場では、アメリカドルの市場為替レートとＰＰＰレートの比率は2から4となっている。低所得国では、たとえ貿易財（機械など）の価格がおおむね同じだったとしても、非貿易財とサービスが安いからだ。こうした違いが意味するのは、発展途上国は市場レートよりＰＰＰレートで見るほうが豊かであるということだ。ちなみに、ＰＰＰベースで見ると、世界の不平等さはいくらか薄れる。

まずはさまざまな国の物価と賃金を比べるところから始めよう。

図A・2の左のグラフは、予想どおり名目物価と名目賃金が国のあいだで比例していることを示している。左の直線の傾きは1だ。右のグラフには、バラッサ・サミュエルソン効果が見える。実質為替レートは実質賃金が高い国で高くなっている。一方では、基本的なプライシング理論から予想できるように、賃金は物価の違いの多くを説明する。

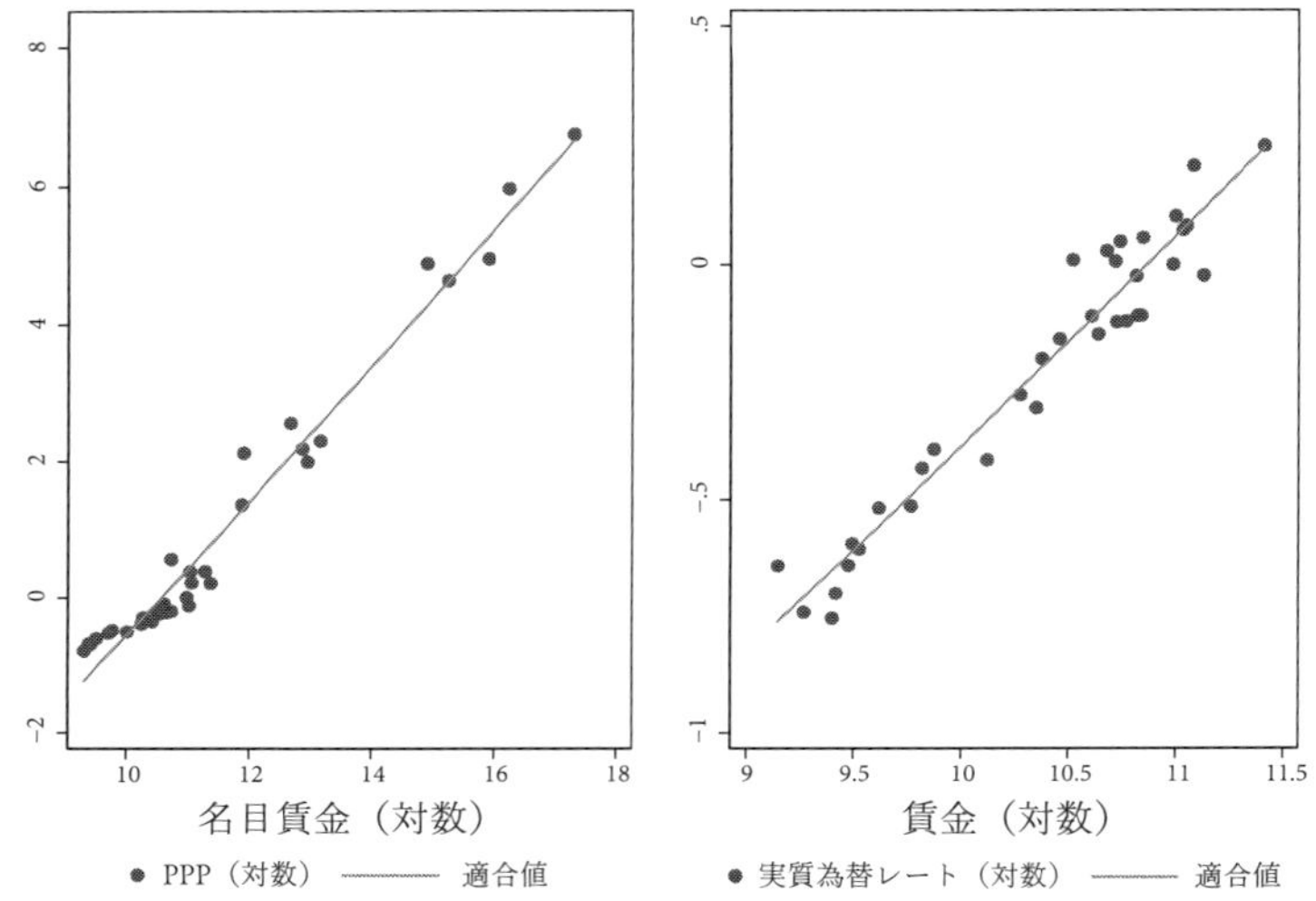

図 A.2　2015 年の物価と賃金
（左）PPP（対数）と名目賃金（対数）
（右）変数は外国為替レートで調整されているので、このグラフが表示しているのは、RER の対数と実質賃金の対数である。

他方、データは1人当たり所得が近い国のあいだでも実質為替レートはさまざまであることも示している。これは第7章で見たフェラーリの例に合い、マークアップの違いが価格の違いの原因になっている。ディートンとヘストンが論じたように、国の生活コストを比べるときに物価指数を使うと、多くの問題が起こることに注意したほうがいい（Deaton and Heston, 2010）。しかし、こうした問題は、所得や開発の水準が異なる国、あるいは気候の異なる国のあいだで比較するときにもっとも難しくなる。多くの財がその場所だけで消費され、ほかの場所では消費されないからだ。たとえば、基本的な食料バスケットに、アジアでは米が含まれるが、アフリカでは含まれない。そうなると共通のバスケットを定義するのは難しくなり、相対価格指数を計算してPPP方式を適用するのは難しくなる。アイス

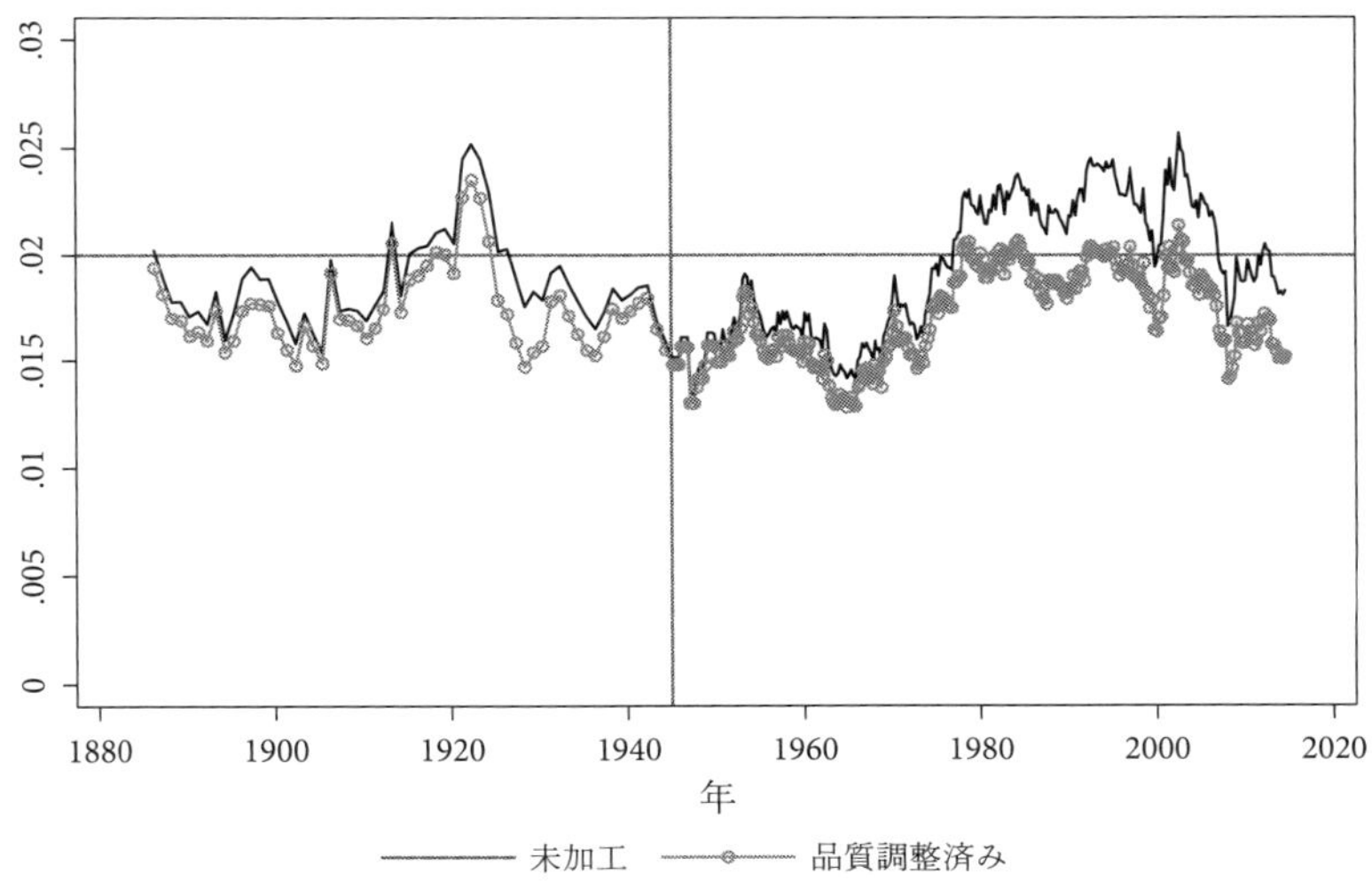

図 A.3　単位コストと品質調整

品質調整済みの測定値は、企業と家計の特性の変化を考慮している。データは 1886 年から 2015 年。

出所：Philippon (2015)

ランドのレイキャビクとワシントンDCでは、住む人にとって暖房費と冷房費の相対的な重要性は大きく異なるだろう。しかし、本書ではアメリカとヨーロッパの比較に焦点を当てており、財の選好と入手可能性は比較的似ていると言ってもよい。

さらに広く見れば、経済学者は「市場別価格設定行動《プライシング・トゥ・マーケット》」が重要であるとしている。たとえば、ジョージ・アレッサンドリアとジョセフ・P・カボスキは、「貿易財における一物一価の法則からの逸脱は、国のあいだの絶対的購買力平価説が侵害される重要な原因となっている……アメリカの埠頭で、アメリカの輸出者は同じ商品を低所得国へ安い価格で送る。このプライシング・トゥ・マーケットは、国のあいだの貿易財価格の違いを説明するうえで、流通コストなどの現地の非貿易財要因に比べて2倍は重要である」

(Alessandria and Kaboski, 2011)。

D 金融サービスの品質調整

借り手の特性の変化により、仲介資産の未加工の測定値は品質調整を要する。たとえば、企業金融には一流企業によるコマーシャルペーパーの発行もあれば、新興のテック企業による株式発行もある。仲介されるドルに対する監視の必要性は、この二つの活動のあいだで明らかに異なる。同様に、家計金融では、富裕世帯より貧しい世帯に貸し付けるほうが費用がかかる。そして、相対的に貧しい世帯が近年、クレジットにアクセスできるようになっている。消費者金融調査(Survey of Consumer Finances)を利用したケヴィン・B・ムーアとマイケル・G・パランボは、1989年から2007年で、借入残高のある世帯の割合は72%から77%に増加したと述べている(Moore and Palumbo, 2010)。この増加は所得分布の下層に集中している。0から40パーセンタイルの世帯では、借入残高がある世帯の割合が1989年から2007年のあいだに53%から61%になっている。借り手の質の高低の割合が時代とともに変わるとき、測定の問題が生まれる。

そこで私は自分の論文をもとに一連の仲介資産データに品質調整を行なった(Philippon, 2015)。図A・3は、品質調整済みの単位コストを示している。品質調整済みの資産は未加工の仲介資産よりも(わずかに)大きいため、品質調整済みの単位コストは構造的に未加工データよりも低くなっている。二つのデータセットの差は、新しい会社の参入や、外延における信用拡大(すなわち新しい借り手)があるときには広がっていく。しかし、調整済みのデータセットにおいても、仲介資産の単位コストの大きな減少は見られない。少なくとも最近まではそうだ。

つまり、品質調整では金融のコストがいまだに高いことは説明できない。ギョーム・バゾはほかの主要国(ドイツ、イギリス、フランス、日本)で同様の単位コストが見られるとしている(Bazot, 2013)。

用語集

一物一価の法則　law of one price

同一の財は違う国でも、同一通貨に換算した場合、同一価格で販売されるという考え。輸送と流通のコストが少額のときにこの法則に近づく。

売上原価（ＣＯＧＳ）　cost of goods sold

生産に直接要した費用を意味する会計用語。製造業においては、中間投入財（原材料やエネルギー）のほかに、製造ラインで働く人の賃金も含む。研究開発費、管理部門や研究部門の人件費は含まない。

売上利益率　profit margin

企業の総売上に対する利益をパーセントで測定したもの。

営業利益　operating income

事業活動から生じる利益の基本的な指標。売上（収入）から売上原価（ＣＯＧＳ）と販売および一般管理費（ＳＧ＆Ａ）を引いたもの。利息および税金控除前利益（ＥＢＩＴ）のように、税金と利息の支払いは無視する。ただし、ＥＢＩＴは営業外利益も含む。

買い手独占力　monopsony power

１人の買い手が市場支配力を持っている状態。たとえば、ある町である企業が唯一の雇用主である場合。

外部性　externality

コストあるいは便益を創造も選択もしなかった人が負うコスト、もしくは受ける便益。イギリスの経済学者アーサー・セシル・ピグーは、政府は負の外部性を是正するために課税すべきだと主張した。たとえば、気候変動問題に対処するための炭素税がそれにあたる。「ネットワーク外部性」も参照。

価格差別　**price discrimination**

同一の財やサービスを異なる顧客に異なる価格で販売すること。

合併審査　**merger review**

大企業間の合併・買収に対する連邦政府レベルの審査。アメリカでは基本的に司法省か連邦取引委員会が、ＥＵでは競争総局が行なう。

合併の事前届出　**premerger notification**

合併あるいは買収の当事者が、連邦取引委員会と司法省による正式な審査を受けるために提出する届出。

合併・買収　**mergers and acquisitions**

2以上の事業体の統合につながる法的取引。買収は1社が別の事業体を購入する。その企業が新しい所有者となり、別の事業体は消滅する。買収は友好的にも敵対的にもなる。対等合併は同程度の規模の2社が結合する場合を指す。両社の株式は、新たに発行される合併会社の株式に代わる。「水平的合併」、「垂直的合併」も参照。

株主還元率　**payout rate**

資本ストックに対する配当金支払いと自社株買いの比率。

規制の虜　**regulatory capture**

業界の規制を行なう政府機関に対して、業界や利益集団が影響力を行使したり支配したりすること。

規模の経済　**economies of scale**

一定の財やサービスの生産が増えるにつれて、生産の平均コストが下がる現象。もっともわかりやすいのは固定費である。生産が増えると、固定費はより多くの生産単位に分散されるため、平均単位コストは下がる。「ネットワーク外部性」も参照。

逆選択　adverse selection

市場参加者がほかの参加者は持っていない機密情報を自分に有利に利用すること。この場合の情報としては、商品（たとえば中古車）の本当の品質、行為の本当のリスク、資産の本当の価値があげられる。たとえば、ある企業に問題があることを知ったトレーダーは、ほかの人よりも先に株を売ろうとするだろう。逆選択が顕著になると、全員が自分以外の人の取引動機を疑うようになるため、市場が崩壊する可能性がある。

均衡　equilibrium

経済主体の選択が互いに矛盾せず、予算の制約が加わるために一定期間、安定している状態。均衡の単純な例として、供給と需要が等しくなるように価格を調整する市場がある。複雑な例としては労働市場がある。失業率は企業、労働者、消費者という大勢の決定に左右される。

減耗　depreciation

生産に使われる資本ストックの摩耗と陳腐化の合計。「固定資本消耗」ともいう。

購買力平価（ＰＰＰ）　purchasing power parity

同じ財やサービスのバスケットの価格を使って、各国の生活水準を比較する測定ツール。ＰＰＰは為替レートにも、１人当たり実質所得の比較にも使うことができる。ビッグマック指数はビッグマックの価格を利用したＰＰＰである。

国内総生産（ＧＤＰ）　gross domestic product

１年間に国内で生産されたすべての最終財とサービスの価値の合計。「１人当たりＧＤＰ」、「名目

ＧＤＰ」、「実質ＧＤＰ」も参照。

固定資本消耗（ＣＦＫ）　consumption of fixed capital

「減耗」を参照。

産業革命　Industrial Revolution

広範な技術の進化により急速に進む経済の大変革。第一次産業革命は１７８０年ごろのイギリスにおいて、石炭や蒸気力をエネルギーに、機械製造の分野で最初は機械紡績、のちに製鉄で起きた。第二次産業革命は、科学分野の発展と大量生産に特徴づけられる（フォードのモデルＴを思いだしてほしい）。１８７０年ごろには、交通と通信のネットワーク（鉄道、電報）が拡大し、公益事業（ガス、水道、電気）が確立した。主な発明には、電話、肥料、内燃機関などがある。第三次産業革命は、デジタル革命だった。半導体（１９５０年代）に続いて、汎用コンピューター、パーソナルコンピューター、インターネットが生まれた。現代は遺伝学、医薬、人工知能の分野で大きな進化が見られ、第四次産業革命の時代に突入したと言われている。

参入障壁　barriers to entry

新しい企業が市場に参入するのを難しくする障害。障壁を生じさせる可能性があるものとしては、技術（重要な資産）、規制（免許要件など）、既存事業者の戦略的行動がある。「参入しやすさ」も参照してほしい。

参入しやすさ　ease of entry

反トラストおよび合併承認の概念で、将来の競争者が合併企業に重要な制約を与える能力を測るもの。求められるのは適時性（参入を計画し、市場に大きな影響を与えるまで2年未満であること）、可能性（合併前の価格での収益性）、十分性（市場に対する適切な知識と合併企業による積極的な価格設定に耐えられる財源）である。

市場シェア　market share

市場における売上の合計に占めるある企業の売上の割合。

市場支配的地位の濫用　abuse of dominance

支配的企業が市場支配力を行使して、競争の阻害、既存の競争相手の排除、新規の競争相手の参入阻止を行なうこと。複雑で議論を呼ぶ考えであり、その定義は地域によって異なる。アメリカの規制者は好んで独占について話す。

市場支配力　market power

企業が限界費用（販売される最後の1単位を生産するコスト）を超える価格に値上げする力。市場支配力は消費者に負担をかけて企業の利潤を増やすものだが、サンクコストを回収するために必要とされることもあるかもしれない。市場支配力は需要の弾力性と市場における競争の性質に左右される。

実質GDP　real GDP

インフレを考慮した国内総生産。

資本利益率　profit rate

期首の資本ストックに対する減耗分を控除したあとの所得の比率。

自由参入　free entry

新規企業が規制機関や市場支配的企業から妨害されることなく市場に参入し、製品を生産し、販売できること。

集中　concentration

新規企業の参入・成長と既存企業の退出・合併から生じる市場シェアの均衡分布。集中度は上位n社の市場シェア（CR*n*, *n*=4, 8 …）、あるいはハーフィンダール・ハーシュマン指数（ＨＨＩ）で測定できる。

収入　**revenues**

企業の損益計算書の1行目の項目。純売上高ともいう。

需要曲線　**demand curve**

財やサービスの価格と買い手がその価格で買える、あるいは買いたいと思う量の関係を示す右肩下がりの曲線。

需要の弾力性　**elasticity of demand**

財の価格が1％上がったときに、需要量が何％減少するか。もし弾力性が2であるなら、消費者は価格が10％上がったときに商品の購入量を20％減らすということ。

純売上高　**net sales**

「収入」を参照。

純資産価額（ＮＡＶ）　**net asset value**

ファンドの資産価額から負債価額を引いた額。変動ＮＡＶは変動し、固定ＮＡＶは変動しない。

純粋独占　**pure monopoly**

ある企業が特定の場所で特定の商品を供給する唯一の事業者であるといったように、市場に売り手が1人しかいない状態。純粋独占は比較的まれである。

純投資　**net investment**

投資支出額から減耗分を引いた額。純投資は資本ストックの成長を測る。

正味現在価値（ＮＰＶ）　**net present value**

リスクを考慮して割り引かれた将来キャッシュフ

ローの価値。

所得　income
世帯については労働収入と資本所得の合計を指す。企業については、「売上利益率」と「資本利益率」を参照。

垂直的合併　vertical merger
生産チェーンのなかで補完的な関係にある企業同士の合併。「水平的合併」も参照。

垂直的制限　vertical restraints
水平的競争者間の水平的制限に対して、生産や販売プロセスのなかで異なる位置づけにある企業間で合意された制限。最高再販価格あるいは最低再販価格の取り決め、商品の返品を受けいれる契約、ある商品を買うにはほかの商品を買わなければならないという抱き合わせ契約、ライバル企業から購入しないといった排他的な協定などである。アメリカの裁判所は過去数十年のあいだに、こうした制限に寛容になっている。

水平的合併　Horizontal merger
財やサービスの生産と販売が同水準にある競争者間の合併。合併した企業の商品のあいだで競争がなくなることから「単独効果」が、そして同じ市場でほかの製造業者との競争が減ることから「協調効果」が生じる可能性がある。「垂直的合併」も参照。

制限付きの契約　restricted contract
企業間の契約で反競争的な行動を促すもの。「誘導禁止」も参照。

製品市場規制指数　product market regulation index
財やサービスの市場における規制（参入や競争を阻む規制など）を測定した指標。

全要素生産性成長率　total factor productivity growth
一定水準の投入すべてに対して、生産量がどこまで伸びるか測るもの。技術の進化を測るもっとも重要な指標であり、持続的成長にとっての鍵である。

単位労働コスト　unit labor cost
生産1単位当たりの平均労働コスト。

弾力性　elasticity
ほかの変数の1単位増加に対するある変数の変化。たとえば、税収入の弾力性は、GDPが1%増加したときに税収入が何%増加するかということ。

トービンの *q*　Tobin's *q*
会社の資本ストックの再調達原価に対するその会社の市場価値の割合。

独占力　monopoly power
ほかに競争相手が何社かあったとしても、単一の企業が支配する場合の市場支配力を指す一般的な用語。「純粋独占」を参照して比較してほしい。

内生性バイアス　endogeneity bias
人々が先を見越してまわりの状況に反応するとき、内生性バイアスが生まれる。たとえば、人は具合が悪いときに病院に行く。企業は自社商品の需要に自信があるときに投資する。企業は何か要求があるとき、または脅威を感じるときにロビー活動を行なう。内生性バイアスは相関関係の解釈を難しく、ときには不可能にする。実証経済学においては基本的な問題である。

ネットワーク外部性　network externality
あるネットワークに属する価値が、そのネットワークのユーザー数が増えるにつれて増加するというシナジーの一形態。支配的企業の出現につながることがある。

ハーフィンダール・ハーシュマン指数
Herfindahl-Hirschman index

市場の集中度を測るもので、特定の市場で競争する企業の市場シェアの2乗の合計として計算する。

バラッサ・サミュエルソン効果
Balassa-Samuelson effect

貿易財の高い生産性がほかの部門の賃金を上げ、結果として富裕国のサービス業の価格が高くなること。たとえば、インドネシアよりノルウェーのほうがヘアカットの値段が高い理由はこれで説明できる。

パレート効率　efficiency (Pareto)

人間や企業が他者や他社の厚生を悪化させることなく、現状を改善できない状況をパレート効率という（イタリアの経済学者ヴィルフレド・パレートの名前をとってつけられた）。均衡がパレート効率でない場合、経済学者は動揺して修正しようとする。

範囲の経済　economies of scope

財やサービスの多角化に適用される規模の経済。わかりやすい例としては、たとえばガソリンスタンドでコーヒーを販売するなど、一つの店舗で2種類以上の商品を提供する状況である。

反トラスト法　antitrust laws

競争を促進し、独占を防ぐ連邦法および州法。19世紀の終わりに大企業は競争を抑えるために「トラスト」を組織した。反トラスト法は主に合併、カルテル（価格操作）、制限付きの契約（抱き合わせ契約や排他的契約など）を扱う。アメリカの中心となる三つの反トラスト法は、シャーマン法（1890年）、連邦取引委員会法（1914年）、クレイトン法（１９１４年）である。こうした法律はアメリカの外では「競争法」や「独占禁止法」と呼ばれることが多い。

1人当たり実質成長率　growth, real per capita

１人当たり実質ＧＤＰの成長率。生活水準の変化を分析するときの始点となる。たとえば、２０１９年第１四半期、アメリカの名目ＧＤＰは３・８%、物価は０・８%上昇したので、実質ＧＤＰは３%伸びたことになる。アメリカの人口の伸びは約０・７%なので、１人当たりの実質成長率は約２・３%である。「名目ＧＤＰ」、「実質ＧＤＰ」も参照。

1人当たりＧＤＰ　GDP per capita

人口で割った国内総生産。たとえば、２０１８年のアメリカのＧＤＰは20兆５０００億ドルだった。人口はおよそ3億２７００万人。したがってアメリカの１人当たりＧＤＰは６万２７００ドルとなる。

フィンテック　fintech

金融サービス業界におけるデジタルイノベーション。

複占　duopoly

２社による寡占。

不変価格ＧＤＰ　constant price GDP

「実質ＧＤＰ」を参照。

分散化　diversification

複数の企業、産業、国に投資することでリスクを管理する方法。要するに「すべての卵を一つのかごに入れない」ということ。

名目ＧＤＰ　nominal GDP

現地通貨（ドル、ユーロ、人民元など）であらわした国内総生産。換算レートを利用して同じ通貨（ドルが多い）に換算できる。

モラルハザード　moral hazard

保険契約や何らかのセーフティネットがあることで、努力を怠ったり、リスクの高い行動をとったりするようになる状況。たとえば、失業保険や所得補償保険は個人の勤労意欲をそぐ可能性がある。

誘導禁止　anti-steering

企業が顧客をある商品に誘導するのを防ぐ契約上の取り決め。クレジットカード会社は小売店に対して、取引手数料の低いカードを使うように消費者を誘導することを禁じる。病院は保険会社に対して、患者をより安い医療サービス提供者に誘導するのを禁じる。一方、住宅ローン市場で誘導禁止と言えば、貸し手が借り手をコストの高いローンに誘導するのを禁じる規制を指す。

略奪的価格設定　predatory pricing

競争者を市場から駆逐するために、持続不可能な低価格を設定する戦略。

流動資産　liquid asset

価値を変えずに現金化できる資産。

レント　rent

資産の所有者がその資産を再生産あるいは再構築するコストを超えて受けとるもの。

労働分配率　labor share

資本ではなく労働者に分配されるＧＤＰの割合。労働分配率は計算方法によるが、０・６〜０・７になることが多い。

ロスリーダー価格設定　loss-leader pricing

消費者を引きつけて、もっと収益性の高いほかの財やサービスを売るために、あえて赤字で売る会社の戦略。

ロビー活動　lobbying
政治家や官僚に影響をおよぼそうとする行為。事業者、規制者、政治家のあいだで関連情報を共有するなど、害のないものもあるが、レント・シーキングの場合もあるし、汚職につながることもある。

歪度　skewness
確率変数の平均値を中心とした確率分布の非対称性を測定したもの。対称分布の場合、歪みはゼロである。負の歪度のときは左側の裾が長く、大きな負の事象が正の事象より起こりやすいことを意味する。正の歪度のときは右の裾が長く、大きな正の事象が負の事象より起こりやすいことを意味する。

謝辞

本書を書きあげるまで大勢の人とたくさんの団体に助けてもらった。

オリヴィエ・ブランシャールは20年にわたる私の師であり、メンターであり、友人である。彼は事実と理論を同等に重んじること、先入観を排除して流行りの考えには健全な懐疑心を持ってのぞむこと、間違っているように見えるときには常識を疑うことを教えてくれた。

ニューヨーク大学は経済学とファイナンスを学ぶにはすばらしい場所であり、スターン校はこのプロジェクトを完遂するために必要とした支援を柔軟に提供してくれた。

さまざまな考えを展開して本書にまとめることができたのは、大勢の友人や同僚の助けがあったからだ。ヘルマン・グティエレスの才能とエネルギーがなければ、本書を書きあげられなかっただろう。ジャニス・エバリーとチャド・サイヴァーソンは、何度か私の論文について議論し、これ以上は期待できないほど有用な意見を寄せてくれた。ボウ・カッターは本書のアイデアを思いつくきっかけを与えてくれ、正しい質問をするという特別な才能を発揮してくれた。

初期の原稿を読んで意見をくれた以下の方々に深く感謝する。ジェラード・アンダーソン、マチルダ・ボンバルディーニ、ニコラス・クルゼット、トーマス・ディアウノ、フランシスコ・フランコ、ジョン・クウォカ、イリーニ・パパニコラス、ラッセ・ペデルセン、フランチェスコ・トレッビ。

いっしょに執筆した以下の方々からは多くを学ぶ機会をいただいた。マリアム・ファーボディ、カラム・ジョーンズ、ヴィルジリュ・ミドリガン、ロクサーナ・ミエット、ローラ・フェルトカンプ。

以下の方々の深い洞察力にも助けてもらった。アリエル・バーンスタイン、ルイス・カブラル、ジルベール・セットゥ、エマニュエル・コンブ、キアラ・クリスクオロ、ヤン・デ・ロケール、ロビン・ドットリンク、トマソ・デュソ、ラナ・

フォルーハー、グザヴィエ・ガベェ、ボブ・ホール、エリック・ハースト、シーマ・ジャヤチャンドラン、シェブネム・カレムリ＝オズカン、トマ・ピケティ、ハワード・ローゼンタール、タノ・サントス、フィオナ・スコット・モートン、ディーナ・スリニバサン、ヨハネス・ストゥルベル、ジョナサン・テッパー、ジャン・ティロール、ニコラ・ヴェロン、デイヴィッド・ワッセル、ルイジ・ジンガレス、ガブリエル・ズックマン。

私の考えを早い段階で有望だと判断してくれたイアン・マルコムとマーク・スタインマイヤー、専門的で堅苦しい文章を編集してくれたロブ・ガーヴァーとキャサリン・ブリック、専門性を発揮してくれたハーバード大学出版局のチーム、支援してくれたスミス・リチャードソン財団に感謝申しあげる。アビシェーク・バードワージとマティアス・コバルビアスは貴重な助力とフィードバックを提供してくれた。

トマ・フィリポン

競争なきアメリカ

自由市場を再起動する経済学

川添節子訳

2025年 3 月 17 日　第 1 刷発行

発行所 株式会社 みすず書房
〒113-0033 東京都文京区本郷 2 丁目 20-7
電話 03-3814-0131(営業) 03-3815-9181(編集)
www.msz.co.jp

本文組版 キャップス
本文印刷・製本所 中央精版印刷
扉・表紙・カバー印刷所 リヒトプランニング
装丁 金井久幸［TwoThree］

ISBN 978-4-622-09754-9
［きょうそうなきアメリカ］
落丁・乱丁本はお取替えいたします

著者略歴

（Thomas Philippon）

ニューヨーク大学スターン経営大学院教授．仏エコール・ポリテクニークを経て，マサチューセッツ工科大学（MIT）で博士号取得（経済学，2003）．コーポレートファイナンス，ビジネスサイクル，失業など，マクロ経済やファイナンスについて広範に研究している．トマ・ピケティ，エステル・デュフロらと共に，IMF「45歳以下のトップ経済学者25人」に選出（2014）．著作に *Le Capitalisme d'héritiers. La crise française du travail*, Seuil, 2007 がある．

訳者略歴

川添節子〈かわぞえ・せつこ〉翻訳家．慶應義塾大学法学部卒業．ローゼンタール『奴隷会計』，ローゼンフェルド『給料はあなたの価値なのか』（いずれもみすず書房，2022），レヴェック『天体観測に魅せられた人たち』（原書房，2021），スミス『データは騙る』（早川書房，2019），シルバー『シグナル＆ノイズ』（日経 BP，2013）など，訳書多数．

索　引

【カ行】

【サ行】

【タ行】

【ナ行】

【ハ行】

【マ行】

【ヤ行】

【ラ行】

【ワ行】

参考文献

Acemoglu, D., D. Autor, D. Dorn, G.H. Hanson, and B. Price (2016). Import competition and the great US employment sag of the 2000s. *Journal of Labor Economics 34* (S1), S141–S198.

Alesina, A., and F. Giavazzi (2006). *The Future of Europe: Reform or Decline.* Cambridge, MA: MIT Press.

Alessandria, G., and J.P. Kaboski (2011). Pricing-to-market and the failure of absolute PPP. *American Economic Journal: Macroeconomics 3* (1), 91–127.

Alpert, A., D. Powell, and R.L. Pacula (2018). Supply-side drug policy in the presence of substitutes: Evidence from the introduction of abuse-deterrent opioids. *American Economic Journal: Economic Policy 10* (4), 1–35.

Al-Ubaydli, O., and P.A. McLaughlin (2017). RegData: A numerical database on industry-specific regulations for all United States industries and federal regulations, 1997–2012. *Regulation & Governance 11* (1), 109–123.

Andrews, D., C. Criscuolo, and P.N. Gal (2015). Frontier firms, technology diffusion and public policy. OECD Productivity Working Papers, no.2, OECD, Paris, 1–38.

Ansolabehere, S., J.M. de Figueiredo, and J.M.SnyderJr. (2003). Why is there so little money in U.S. politics? *Journal of Economic Perspectives 17* (1), 105–130.

Arayavechkit, T., F. Saffie, and M. Shin (2014). Capital-based corporate tax benefits: Endogenous misallocation through lobbying. Working paper, University of Pennsylvania.

Ashenfelter, O., and D. Hosken (2010). The effect of mergers on consumer prices: Evidence from five mergers on the enforcement margin. *Journal of Law and Economics 53* (3), 417–466.

Ashenfelter, O., D.S. Hosken, and M. Weinberg (2011). The price effects of a large merger of manufacturers: A case study of Maytag-Whirlpool. NBER Working Paper No.17476, National Bureau of Economic Research, Cambridge, MA, October.

Auerbach, A.J. (2002). Taxation and corporate financial policy. In *Handbook of Public Economics*, ed. A.J. Auerbach and M. Feldstein, vol. 3, 1251–1292. New York: Elsevier.

Autor, D.H., D. Dorn, and G.H. Hanson (2016). The China shock: Learning from labor-market adjustment to large changes in trade. *Annual Review of Economics 8* (1), 205–240.

Autor, D., D. Dorn, L. Katz, C. Patterson, and J.Van Reenen (2017). Concentrating on the fall of the labor share. *American Economic Review 107* (5), 180–185.

Azar, J.A., I. Marinescu, M.I. Steinbaum, and B. Taska (2018). Concentration in US labor markets: Evidence from online vacancy data. NBER Working Paper No.24395, National Bureau of Economic Research, Cambridge, MA, March.

Azoulay, P., B. Jones, J.D. Kim, and J. Miranda (2018). Age and high-growth entrepreneurship. NBER Working Paper No.24489, National Bureau of Economic Research, Cambridge, MA, April.

Bajgar, M., G. Berlingieri, S. Calligaris, C. Criscuolo, and J. Timmis (2019). Industry concentration in

Europe and North America. OECD Productivity Working Papers, no.18, OECD, Paris, January.

Baker, R.B., C. Frydman, and E. Hilt (2018). Political discretion and antitrust policy: Evidence from the assassination of President McKinley. NBER Working Paper No.25237, National Bureau of Economic Research, Cambridge, MA, November.

Baker, T., and B.G.C. Dellaert (2018). Behavioral finance, decumulation and the regulatory strategy for robo-advice. Research Paper 18-19, Institute for Law and Economics, University of Pennsylvania, July.

Basu, S., J.G. Fernald, N. Oulton, and S. Srinivasan (2003). The case of the missing productivity growth. *NBER Macroeconomics Annual 18*, ed. M. Gertler and K. Rogoff, 9–63.

Baumgartner, F.R., J.M. Berry, M. Hojnacki, D.C. Kimball, and B.L. Leech (2009). *Lobbying and Policy Change: Who Wins, Who Loses, and Why.* Chicago: University of Chicago Press.

Bazot, G. (2013). Financial consumption and the cost of finance: Measuring financial efficiency in Europe (1950–2007). Working Paper, Paris School of Economics.

Bekkouche, Y., and J. Cagé (2018). The price of a vote: Evidence from France 1993–2014. CEPR Discussion Paper No.12614, Centre for Economic Policy Research, London, January.

Benmelech, E., N. Bergman, and H. Kim (2018). Strong employers and weak employees: How does employer concentration affect wages? NBER Working Paper No.24307, National Bureau of Economic Research, Cambridge, MA, February.

Berger, A., R. Demsetz, and P.E. Strahan (1999). The consolidation of the financial services industry: Causes, consequences, and implications for the future. *Journal of Banking and Finance 23* (2), 135–194.

Berger, D., K.F. Herkenhoff, and S. Mongey (2019). Labor market power. NBER Working Paper No.25719, National Bureau of Economic Research, Cambridge, MA, March.

Bergman, M., M. Coate, M. Jakobsson, and S. Ulrik (2010). Comparing merger policies in the European Union and the United States. *Review of Industrial Organization 36* (4), 305–331.

Bergstresser, D., J. Chalmers, and P. Tufano (2009). Assessing the costs and benefits of brokers in the mutual fund industry. *Review of Financial Studies 22* (10), 4129–4156.

Bertrand, M., M. Bombardini, R. Fisman, and F. Trebbi (2018). Tax-exempt lobbying: Corporate philanthropy as a tool for political influence. NBER Working Paper No.24451, National Bureau of Economic Research, Cambridge, MA, March.

Besley, T., and A. Case (2003). Political institutions and policy choices: Evidence from the United States. *Journal of Economic Literature 41* (1), 7–73.

Birnbaum, J.H. (1992). *The Lobbyists.* New York: Times Books.

Blanchard, O. (2003). Comment on Basu et al. *NBER Macroeconomics Annual 18*, ed. M. Gertler and K. Rogoff, 64–71.

Blanes i Vidal, J., M. Draca, and C. Fons-Rosen (2012). Revolving door lobbyists. *American Economic Review 102* (7), 3731–3748.

Blonigen, B.A., and J.R. Pierce (2016). Evidence for the effects of mergers on market power and efficiency. NBER Working Paper No.22750, National Bureau of Economic Research, Cambridge, MA, October.

Bloom, N., C.I. Jones, J.V. Reenen, and M. Webb (2017). Are ideas getting harder to find? NBER Working Paper No.23782, National Bureau of Economic Research, Cambridge, MA, September.

Bombardini, M., and F. Trebbi (2011). Votes or money? Theory and evidence from the US Congress. *Journal of Public Economics 95* (7–8), 587–611.

Bombardini, M., and F. Trebbi (2012). Competition and political organization: Together or alone in lobbying for trade policy? *Journal of International Economics 87* (1), 18–26.

Bork, R. (1978). *The Antitrust Paradox.* New York: Basic Books.

Brynjolfsson, E., A. Collis, W.E. Diewert, F. Eggers, and K.J. Fox (2019). GDP-B: Accounting for the value of new and free goods in the digital economy. NBER Working Paper No.25695, National Bureau of Economic Research, Cambridge, MA, March.

Brynjolfsson, E., and A. McAfee (2014). *The Second Machine Age.* New York: W.W. Norton〔邦訳　エリック・ブリニョルフソン、アンドリュー・マカフィー『ザ・セカンド・マシン・エイジ』村井章子訳、日経 BP 社、2015 年〕.

Buccirossi, P., L. Ciari, T. Duso, G. Spagnolo, and C. Vitale (2013). Competition policy and productivity growth: An empirical assessment. *Review of Economics and Statistics 95* (4), 1324–1336.

Bundestags-Drucksache (2013). Parliamentary paper no.17/12340.

Byrne, D.M., J.G. Fernald, and M.B. Reinsdorf (2016). Does the United States have a productivity slowdown or a measurement problem? *Brookings Papers on Economic Activity* (Spring), 109–182.

Carree, M., A. Günster, and M.P. Schinkel (2010). European antitrust policy 1957–2004: An analysis of commission decisions. *Review of Industrial Organization 36* (2), 97–131.

Carril, R., and M. Duggan (2018). The impact of industry consolidation on government procurement: Evidence from Department of Defense contracting. NBER Working Paper No.25160, National Bureau of Economic Research, Cambridge, MA, October.

Case, A., and A. Deaton (2015). Rising morbidity and mortality in midlife among white non-Hispanic Americans in the 21st century. *Proceedings of the National Academy of Sciences 112* (49), 15078–15083.

Case, A., and A. Deaton (2017). Mortality and morbidity in the twenty-first century. *Brookings Papers on Economic Activity* (Spring), 397–467.

Cette, G., J. Fernald, and B. Mojon (2016). The pre-Great Recession slowdown in productivity. *European Economic Review 88*, 3–20.

Chalk, M.N.A., M. Keen, and V.J. Perry (2018). The tax cuts and jobs act: An appraisal. IMF Working Paper No.18/185, International Monetary Fund, August.

Chalmers, J., and J. Reuter (2012). Is conflicted investment advice better than no advice? NBER Working Paper No.18158, National Bureau of Economic Research, Cambridge, MA, June, rev. September 2015.

Combe, E. (2010). Les vertus cachées du low cost aérien. In *Ouvrage Innovation Politique 2012.* Fondapol-PUF.

Corrado, C., D. Sichel, C. Hulten, and J. Haltiwanger, eds. (2005). *Measuring Capital in the New Economy,* Studies in Income and Wealth, vol. 65. Chicago: University of Chicago Press.

Council of Economic Advisers (2016). Benefits of competition and indicators of market power. CEA Issue Brief, Obama White House, April.

Covarrubias, M., G. Gutiérrez, and T. Philippon (2019). From good to bad concentration? U.S. industries over the past 30years. *NBER Macroeconomics Annual 34*, ed. M.S. Eichenbaum, E. Hurst, and J.A. Parker.

Crawford, G.S., O. Shcherbakov, and M. Shum (2018). Quality overprovision in cable television markets. *American Economic Review 109* (3), 956–995.

Crouzet, N., and J. Eberly (2018). Intangibles, investment, and efficiency. *AEA Papers and Proceedings 108*, 426–431.

Cunningham, C., F. Ederer, and S. Ma (2018). Killer acquisitions. Working paper, August 28. http://dx.doi.org/10.2139/ssrn.3241707.

Darolles, S. (2016). The rise of fintechs and their regulation. Financial Stability Review 20, 85–92, Banque de France, April.

Davis, S.J. (2017). Regulatory complexity and policy uncertainty: Headwinds of our own making. Working paper, January. http://www.policyuncertainty.com/media/Davis_RegulatoryComplexity.pdf.

Davis, S.J., and J. Haltiwanger (2014). Labor market fluidity and economic performance. NBER Working Paper No.20479, National Bureau of Economic Research, Cambridge, MA, September.

Deaton, A., and A. Heston (2010). Understanding PPPs and PPP-based national accounts. *American Economic Journal: Macroeconomics 2* (4), 1–35.

Decker, R., J. Haltiwanger, R. Jarmin, and J. Miranda (2014). The role of entrepreneurship in US job creation and economic dynamism. *Journal of Economic Perspectives 28* (3), 3–24.

Decker, R.A., J. Haltiwanger, R.S. Jarmin, and J. Miranda (2015). Where has all the skewness gone? The decline in high-growth (young) firms in the U.S. Working Papers 15–43, Center for Economic Studies, U.S. Census Bureau.

de Figueiredo, J.M., and B.K. Richter (2014). Advancing the empirical research on lobbying. *Annual Review of Political Science 17* (1), 163–185.

de Figueiredo Jr., R.J.P., and G. Edwards (2007). Does private money buy public policy? Campaign contributions and regulatory outcomes in telecommunications. *Journal of Economics and Management Strategy 16* (3), 547–576.

DellaVigna, S., R. Durante, B. Knight, and E. La Ferrara (2014). Market-based lobbying: Evidence from advertising spending in Italy. CEPR Discussion Paper No.9813, Centre for Economic Policy Research, London, February.

Dellis, K., and D. Sondermann (2017). Lobbying in Europe: New firm-level evidence. ECB Working Paper No.2071, European Central Bank, June.

De Young, R., D. Evanoff, and P. Molyneux (2009). Mergers and acquisitions of financial institutions: A review of the post-2000 literature. *Journal of Financial Services Research 36* (2), 87–110.

Djankov, S., T. Ganser, C. McLiesh, R. Ramalho, and A. Shleifer (2010). The effect of corporate taxes on

investment and entrepreneurship. *American Economic Journal: Macroeconomics 2* (3), 31–64.

Djankov, S., R. LaPorta, F. Lopez-de-Silanes, and A. Shleifer (2002). The regulation of entry. *Quarterly Journal of Economics 117* (1), 1–37.

Dolfen, P., L. Einav, P.J. Klenow, B. Klopack, J. Levin, L. Levin, and W. Best (2019). Assessing the gains from e-commerce. NBER Working Paper No.25610, National Bureau of Economic Research, Cambridge, MA, February.

Drechsler, I., A. Savov, and P. Schnabl (2017). The deposits channel of monetary policy. *Quarterly Journal of Economics 132* (4), 1819–1876.

Dube, A., J. Jacobs, S. Naidu, and S. Suri (2018). Monopsony in online labor markets. NBER Working Paper No.24416, National Bureau of Economic Research, Cambridge, MA, March.

Duso, T., K. Gugler, and B. Yurtoglu (2011). How effective is European merger control? *European Economic Review, 55* (7), 980–1006.

Duval, R., D. Furceri, B. Hu, J.T. Jalles, and H. Nguyen (2018). A narrative database of major labor and product market reforms in advanced economies. IMF Working Paper No.18/19, International Monetary Fund, January.

Economides, N. (1999). U.S. telecommunications today. In *IS Management Handbook*, ed. Carol V. Brown, 7th ed., 191–212. Boca Raton, FL: CRC Press, Taylor and Francis Group.

Egan, M., G. Matvos, and A. Seru (2016). The market for financial adviser misconduct. NBER Working Paper No.22050, National Bureau of Economic Research, Cambridge, MA, February.

Elsby, M., B. Hobijn, and A. Sahin (2013). The decline of the U.S. labor share. *Brookings Papers on Economic Activity* (Fall).

Evans, W.N., E.M.J. Lieber, and P. Power (2019). How the reformulation of OxyContin ignited the heroin epidemic. *Review of Economics and Statistics 101* (1), 1–15.

Faccio, M., and L. Zingales (2017). Political determinants of competition in the mobile telecommunication industry. NBER Working Paper No. 23041, National Bureau of Economic Research, Cambridge, MA, January.

Feenstra, R.C., and D.E. Weinstein (2017). Globalization, markups and U.S. welfare. *Journal of Political Economy 125* (4), 1040–1074.

Feinberg, R.M., and K.M. Reynolds (2010). The determinants of state-level antitrust activity. *Review of Industrial Organization 37* (3), 179–196.

Flandreau, M. (2001). The bank, the states, and the market: An Austro-Hungarian tale for Euroland, 1867–1914. OeNB Working Paper 43, Oesterreichische Nationalbank, Vienna.

Foncel, J., V. Rabassa, and M. Ivaldi (2007). The significant impediment of effective competition test in the new European merger regulation. In *The Political Economy of Antitrust*, ed. Vivek Ghosal and Johan Stennek, 349–367. Bingley, UK: Emerald Insight.

Fouirnaies, A., and A.B. Hall (2014). The financial incumbency advantage: Causes and consequences. *Journal of Politics 76* (3), 711–724.

Furman, J., D. Coyle, A. Fletcher, P. Marsden, and D. McAuley (2019). Unlocking digital competition. Report of the Digital Competition Expert Panel. UK Government Publishing Service, March.

Gates, R.M. (2014). *Duty: Memoirs of a Secretary at War*. New York: Knopf〔邦訳　ロバート・ゲーツ『イラク・アフガン戦争の真実——ゲーツ元国防長官回顧録』井口耕二、熊谷玲美、寺町朋子訳、朝日新聞出版、2015 年〕.

GBD 2016 Healthcare Access and Quality Collaborators (2018). Measuring performance on the Healthcare Access and Quality Index for 195 countries and territories and selected subnational locations: A systematic analysis from the Global Burden of Disease Study 2016. *Lancet 391*, 2236–2271.

Gerber, D.J. (1998). *Law and Competition in Twentieth Century Europe*. Oxford: Clarendon Press.

Goldin, C., and L.F. Katz (2008). Transitions: Career and family lifecycles of the educational elite. *American Economic Review 98* (2), 363–369.

Goldschlag, N., and A. Tabarrok (2018). Is regulation to blame for the decline in American entrepreneurship? *Economic Policy 33* (93), 5–44.

Gordon, R.J. (2016). *The Rise and Fall of American Growth*. Princeton: Princeton University Press〔邦訳　ロバート・J・ゴードン『アメリカ経済——成長の終焉（上・下）』高遠裕子、山岡由美訳、日経 BP 社、2018 年〕.

Greenwood, J., and J. Dreger (2013). The transparency register: A European vanguard of strong lobby regulation? *Interest Groups & Advocacy 2* (2), 139–162.

Greenwood, R., and D. Scharfstein (2013). The growth of finance. *Journal of Economic Perspectives 27* (2), 3–28.

Grossman, G., and E. Helpman (1994). Protection for sale. *American Economic Review 84* (4), 833–850.

Grossman, G.M., and E. Helpman (2001). *Special Interest Politics*. Cambridge, MA: MIT Press.

Grullon, G., J. Hund, and J.P. Weston (2018). Concentrating on *q* and cash flow. *Journal of Financial Intermediation 33*, 1–15.

Grullon, G., Y. Larkin, and R. Michaely (forthcoming). Are U.S. industries becoming more concentrated? *Review of Finance*.

Gutiérrez, G., C. Jones, and T. Philippon (2019). Entry costs and the macroeconomy. NBER Working Paper No.25609, Cambridge, MA, National Bureau of Economic Research, February.

Gutiérrez, G., and T. Philippon (2017). Investment-less growth: An empirical investigation. *Brookings Papers on Economic Activity* (Fall).

Gutiérrez, G., and T. Philippon (2018a). How EU markets became more competitive than US markets: A study of institutional drift. NBER Working Paper No.24700, National Bureau of Economic Research, Cambridge, MA, June.

Gutiérrez, G., and T. Philippon (2018b). Ownership, governance and investment. *AEA Papers and Proceedings 108*, 432–437.

Gutiérrez, G., and T. Philippon (2019a). Fading stars. NBER Working Paper No.25529, National Bureau of Economic Research, Cambridge, MA, February.

Gutiérrez, G., and T. Philippon (2019b). The failure of free entry. Working paper.

Guzman, J., and S. Stern (2016). The state of American entrepreneurship: New estimates of the quantity and quality of entrepreneurship for 15 US states, 1988–2014. NBER Working Paper No.22095, National Bureau of Economic Research, Cambridge, MA, March.

Hamm, K.E., and R.E. Hogan (2008). Campaign finance laws and candidacy decisions in state legislative elections. *Political Research Quarterly 61* (3), 458–467.

Haskel, J, and S. Westlake (2017). *Capitalism without Capital.* Princeton: Princeton University Press〔邦訳 ジョナサン・ハスケル、スティアン・ウェストレイク『無形資産が経済を支配する――資本のない資本主義の正体』山形浩生訳、東洋経済新報社、2020 年〕.

Higham, S., and L. Bernstein (2017). The drug industry's triumph over the DEA. *Wall Street Journal,* October 15.

Hirshleifer, J. (1971). The private and social value of information and the reward to inventive activity. *American Economic Review 61* (4), 561–574.

Holburn, G.L.F., and R.G. Vanden Bergh (2014). Integrated market and nonmarket strategies: Political campaign contributions around merger and acquisition events in the energy sector. *Strategic Management Journal 35* (3), 450–460.

Hölscher, J., and J. Stephan (2004). Competition policy in central eastern Europe in the light of EU accession. *JCMS: Journal of Common Market Studies 42* (2), 321–345.

Hortaçsu, A., and C. Syverson (2015). The ongoing evolution of U.S. retail: A format tug-of-war. *Journal of Economic Perspectives 29* (4), 89–112.

Huckshorn, R.J. (1985). Who gave it? Who got it? The enforcement of campaign finance laws in the states. *Journal of Politics 47* (3), 773–789.

Hyatt, H.R., and J.R. Spletzer (2013). The recent decline in employment dynamics. *IZA Journal of Labor Economics 2* (5).

Hylton, K.N., and F. Deng (2007). Antitrust around the world: An empirical analysis of the scope of competition laws and their effects. *Antitrust Law Journal 74* (2), 271–341.

Jayachandran, S. (2006). The Jeffords effect. *Journal of Law and Economics 49* (2), 397–425.

Jones, C. (2017). Discussion: Long-term growth in advanced economies. Presentation at the ECB Sintra Forum on Central Banking, European Central Bank, June 28.

Jovanovic, B., and P.L. Rousseau (2001). Why wait? A century of life before IPO. *American Economic Review 91* (2), 336–341.

Kalemli-Ozcan, S., B. Sorensen, C. Villegas-Sanchez, V. Volosovych, and S. Yesiltas (2015). How to construct nationally representative firm level data from the ORBIS global database. NBER Working Paper No.21558, National Bureau of Economic Research, Cambridge, MA, September.

Kang, K. (2016). Policy influence and private returns from lobbying in the energy sector. *Review of Economic Studies 83* (1), 269–305.

Khan, L.M. (2017). Amazon's antitrust paradox. *Yale Law Journal 126* (3), 710–805.

Kleiner, M.M., and A.B. Krueger (2013). Analyzing the extent and influence of occupational licensing on the labor market. *Journal of Labor Economics 31* (S1), S173– S202.

Kroszner, R.S., and T. Stratmann (2005). Corporate campaign contributions, repeat giving, and the rewards to legislator reputation. *Journal of Law and Economics 48* (1), 41–71.

Krueger, A.B. (2017). Where have all the workers gone? An inquiry into the decline of the U.S. labor force participation rate. *Brookings Papers on Economic Activity* (Spring).

Krueger, A.B., and O. Ashenfelter (2018). Theory and evidence on employer collusion in the franchise sector. NBER Working Paper No.24831, National Bureau of Economic Research, Cambridge, MA, July.

Krugman, P. (1998). It's baaack: Japan's slump and the return of the liquidity trap. *Brookings Papers on Economic Activity 2*, 137–187.

Kumar, S. (2016). Relaunching innovation: Lessons from Silicon Valley. *Banking Perspectives 4* (1), 19–23.

Kwoka, J. (2015). *Mergers, Merger Control, and Remedies*. Cambridge, MA: MIT Press.

Kwoka, J. (2017a). A response to the FTC critique. Working paper, April 6. https://papers.ssrn.com/sol3/papers.cfm?abstract_id=2947814.

Kwoka, J.E. (2017b). U.S. antitrust and competition policy amid the new merger wave. Research report, Washington Center for Equitable Growth, July 27. https://equitablegrowth.org/research-paper/u-s-merger-policy-amid-the-new-merger-wave/.

Kwoka, J., and L.J. White (2014). *The Antitrust Revolution*, 6th ed. Oxford: Oxford University Press.

Leech, B.L., F.R. Baumgartner, T.M. La Pira, and N.A. Semanko (2005). Drawing lobbyists to Washington: Government activity and the demand for advocacy. *Political Research Quarterly 58* (1), 19–30.

Leucht, B. (2009). Transatlantic policy networks in the creation of the first European anti-trust law. In *The History of the European Union*, ed. W. Kaiser, B. Leuchter, and M. Rasmussen, 56–73. London: Routledge.

Leucht, B., and M. Marquis (2013). American influence on EEC competition law. In *The Historical Foundations of EU Competition Law*, ed. K.K. Patel and H. Schweitzer. Oxford: Oxford University Press.

Lewis, B., A. Augereau, M. Cho, B. Johnson, B. Neiman, G. Olazabal, M. Sandler, S. Schrauf, K. Stange, A. Tilton, E. Xin, B. Regout, A. Webb, M. Nevens, L. Mendonca, V. Palmade, G. Hughes, and J. Manyika (2001). U.S. productivity growth, 1995–2000. McKinsey Global Institute, October.

Lucca, D., A. Seru, and F. Trebbi (2014). The revolving door and worker flows in banking regulation. NBER Working Paper 20241, National Bureau of Economic Research, Cambridge, MA, June.

Lyon, S.G., and M.E. Waugh (2018). Redistributing the gains from trade through progressive taxation. *Journal of International Economics 115*, 185–202.

Mahoney, C. (2008). *Brussels versus the Beltway: Advocacy in the United States and the European Union*. Washington, DC: Georgetown University Press.

Mathews, A.W. (2018). Behind your rising health-care bills: Secret hospital deals that squelch competition. *Wall Street Journal*, September 18.

McGrath, C. (2006). The ideal lobbyist: Personal characteristics of effective lobbyists. *Journal of*

Communication Management 10 (1), 67–79.

Meyer, B., and J. Sullivan (2018). Consumption and income inequality in the United States since the 1960s. *VOX*, January 15.

Miller, M.H. (1998). Financial markets and economic growth. *Journal of Applied Corporate Finance 11* (3), 8–15.

Mishak, M.J. (2016). Drinks, dinners, junkets, and jobs: How the insurance industry courts state commissioners. Center for Public Integrity, October 3.

Monnet, J. (1978). *Memoirs*. London: Collins〔邦訳　ジャン・モネ『ジャン・モネ――回想録』近藤健彦訳、日本関税協会、2008 年〕.

Moore, K.B., and M. Palumbo (2010). The finances of American households in the past three recessions: Evidence from the Survey of Consumer Finances. FEDS Working Paper No.6, Finance and Economics Discussion Series, February.

Mullainathan, S., M. Noeth, and A. Schoar (2012). The market for financial advice: An audit study. NBER Working Paper No.17929, National Bureau of Economic Research, Cambridge, MA, March.

Olley, G.S., and A. Pakes (1996). The dynamics of productivity in the telecommunications equipment industry. *Econometrica 64* (6), 1263–1297.

Olson, M. (1971). *The Logic of Collective Action: Public Goods and the Theory of Groups*. Cambridge, MA: Harvard University Press〔邦訳　マンサー・オルソン『集合行為論――公共財と集団理論』依田博、森脇俊雅訳、ミネルヴァ書房、1996 年〕.

Papanicolas, I., L.R. Woskie, and A.K. Jha (2018). Health care spending in the United States and other high-income countries. *JAMA 319* (10), 1024–1039.

Perrone, M., and B. Wieder (2016). Pro-painkiller echo chamber shaped policy amid drug epidemic. The Center for Public Integrity, December 15.

Peters, R.H., and L.A. Taylor (2016). Intangible capital and the investment-*q* relation. *Journal of Financial Economics 123* (2), 251–272.

Philippon, T. (2015). Has the US finance industry become less efficient? On the theory and measurement of financial intermediation. *American Economic Review 105* (4), 1408–1438.

Philippon, T., and A. Reshef (2012). Wages and human capital in the U.S. finance industry: 1909–2006. *Quarterly Journal of Economics 127* (4), 1551–1609.

Philippon, T., and A. Reshef (2013). An international look at the growth of modern finance. *Journal of Economic Perspectives 27* (2), 73–96.

Pierce, J.R., and P.K. Schott (2016). The surprisingly swift decline of US manufacturing employment. *American Economic Review 106* (7), 1632–1662.

Pigou, A.C. (1932). *The Economics of Welfare*, 4th ed. London: Macmillan〔邦訳　A・C・ピグウ『厚生経済学』全 4 巻、気賀健三ほか訳、東洋経済新報社、1953 – 55 年〕.

Piketty, T., and E. Saez (2006). The evolution of top incomes: A historical and international perspective. *American Economic Review 96* (2), 200–205.

Pinkham, R. (1999). European airline deregulation: The great missed opportunity? *SAIS Europe Journal* (1 April).

Rajan, R.G., and L. Zingales (2003). *Saving Capitalism from the Capitalists.* New York: Crown Business〔邦訳 ラグラム・ラジャン、ルイジ・ジンガレス『セイヴィング キャピタリズム』堀内昭義、アブレウ聖子、有岡律子、関村正悟訳、慶應義塾大学出版会、2006 年〕.

Reinhart, C.M., and K.S. Rogoff (2009). *This Time Is Different: Eight Centuries of Financial Folly.* Princeton: Princeton University Press〔邦訳 カーメン・M・ラインハート、ケネス・S・ロゴフ『国家は破綻する――金融危機の 800 年』村井章子訳、日経 BP 社、2011 年〕.

Renkin, T., C. Montialoux, and M. Siegenthaler (2017). The pass-through of minimum wages into US retail prices: Evidence from supermarket scanner data. Working paper, November.

Ritter, J.R. (2019). Initial public offerings: Updated statistics, April. https://site.warrington.ufl.edu/ritter/files/2019/04/IPOs2018Statistics-1.pdf.

Robinson, J. (1952). The generalization of the general theory. In *The Rate of Interest and Other Essays.* London: Macmillan.

Schreyer, P. (2002). Computer price indices and international growth and productivity comparisons. *Review of Income and Wealth 48* (1), 15–31.

Schuur, J.D., H. Decker, and O. Baker (2019). Association of physician organization–affiliated political action committee contributions with US House of Representatives and Senate candidates' stances on firearm regulation. *JAMA Network Open 2* (2), e187831.

Sen, A. (1982). *Poverty and Famines: An Essay on Entitlement and Deprivation.* New York: Oxford University Press〔邦訳 アマルティア・セン『貧困と飢饉』黒崎卓、山崎幸治訳、岩波書店、2000 年〕.

Shapiro, C. (2018). Antitrust in a time of populism. *Journal of Industrial Organization 61*, 714–748.

Snyder, J. (1989). Election goals and the allocation of campaign resources. *Econometrica: Journal of the Econometric Society 157* (3), 637–660.

Snyder, J. (1992). Long-term investing in politicians; or, give early, give often. *Journal of Law and Economics 35* (1), 15–43.

Song, J., D.J. Price, F. Guvenen, N. Bloom, and T. von Wachter (2019). Firming up inequality. *Quarterly Journal of Economics 134* (1), 1–50.

Srinivasan, D. (2019). The antitrust case against Facebook: A monopolist's journey towards pervasive surveillance in spite of consumers' preference for privacy. *Berkeley Business Law Journal 16* (1), 39–101.

Stigler, G.J. (1971). The theory of economic regulation. *Bell Journal of Economics and Management Science 2* (1), 3–21.

Stratmann, T. (1998). The market for congressional votes: Is timing of contributions everything? *Journal of Law and Economics 41* (1), 85–114.

Stratmann, T. (2019). Campaign finance. In *The Oxford Handbook of Public Choice*, ed. R.D. Congleton, B. Grofman, and S. Voight, vol. 1, 415–432. New York: Oxford University Press.

Stratmann, T., and F.J. Aparicio-Castillo (2007). Campaign finance reform and electoral competition: Comment. *Public Choice 133* (1–2), 107–110.

Syverson, C. (2004). Market structure and productivity: A concrete example. *Journal of Political Economy 112* (6), 1181–1222.

Syverson, C. (2017). Challenges to mismeasurement explanations for the US productivity slowdown. *Journal of Economic Perspectives 31* (2), 165–186.

Tabakovic, H., and T.G. Wollmann (2018). From revolving doors to regulatory capture? Evidence from patent examiners. NBER Working Paper No.24638, National Bureau of Economic Research, Cambridge, MA, May.

Tirole, J. (2017). *Economics for the Common Good.* Princeton: Princeton University Press〔邦訳　ジャン・ティロール『良き社会のための経済学』村井章子訳、日本経済新聞出版社、2018 年〕.

Tripathi, M., S. Ansolabehere, and J.M. Snyder (2002). Are PAC contributions and lobbying linked? New evidence from the 1995 lobby disclosure act. *Business and Politics 4* (2), 131–155.

Tseng, P., R.S. Kaplan, B.D. Richman, M.A. Shah, and K.A. Schulman (2018). Administrative costs associated with physician billing and insurance-related activities at an academic health care system. *JAMA 319* (7), 691–697.

Valletta, R.G. (2016). Recent flattening in the higher education wage premium: Polarization, skill downgrading, or both? NBER Working Paper No.22935, National Bureau of Economic Research, Cambridge, MA, December.

Vassalos, Y. (2017). Le pantouflage financier à la commission européenne. *Savoir / Agir* (3), 49–57.

Vita, M., and F.D. Osinski (2018). John Kwoka's *Mergers, Merger Control, and Remedies:* A critical review. *Antitrust Law Journal 82* (1), 361–388.

Welch, W.P. (1980). The allocation of political monies: Economic interest groups. *Public Choice 35* (1), 97–120.

Whelan, K. (2000). A guide to the use of chain aggregated NIPA data. FRB Working Paper, US Federal Reserve Board, June.

Zeitz, D. (2009). Overview of microeconomic reforms undertaken by EU member states based on the MICREF database. Joint Research Center, European Commission. Luxembourg: Publications of the European Community.

Zingales, L. (2017). Towards a political theory of the firm. *Journal of Economic Perspectives 31* (3), 113–130.

Zucman, G., T. Tørsløv, and L. Wier (2018). The missing profits of nations. NBER Working Paper No.24701, National Bureau of Economic Research, Cambridge, MA, June, rev. August.